SANÇÕES TRIBUTÁRIAS:
Definição e Limites

GUSTAVO MASINA

SANÇÕES TRIBUTÁRIAS:
Definição e Limites

SANÇÕES TRIBUTÁRIAS: Definição e Limites
© GUSTAVO MASINA

Direitos reservados desta edição por
MALHEIROS EDITORES LTDA.
Rua Paes de Araújo, 29, conjunto 171
CEP 04531-940 – São Paulo – SP
Tel.: (11) 3078-7205 – Fax: (11) 3168-5495
URL: www.malheiroseditores.com.br
e-mail: malheiroseditores@terra.com.br

Composição: PC Editorial Ltda.
Capa
Criação: Vânia Lúcia Amato
Arte: PC Editorial Ltda.

Impresso no Brasil
Printed in Brazil
04.2016

Dados Internacionais de Catalogação na Publicação (CIP)

M397s   Masina, Gustavo.,
          Sanções tributárias : definição e limites / Gustavo Masina. – São
        Paulo : Malheiros, 2016.
          312 p. ; 21 cm.

          Inclui bibliografia.
          ISBN 978-85-392-0333-8

          1. Sanções tributárias – Brasil. 2. Direito tributário – Brasil.
        I. Título.

CDU 34:336.2(81)   CDD 343.8104

Índice para catálogo sistemático:
1. Sanções tributárias: Brasil   34:336.2(81)
(Bibliotecária responsável: Sabrina Leal Araujo – CRB 10/1507)

Aos meus filhos Rafael e Luca;
e à minha esposa Renata, por continuar sonhando ao meu lado.

"(...) we do not punish men for their wickedness, but for particular breaches of law. There may be some ignoble but prudent characters who have never broken a law, and never been punished, and noble ones who have – our system of punishment is not necessarily the worse for that. We may have to answer for our characters on the Day of Judgement, but not at Quarter Sessions. The state is not an agent of cosmic justice; it punishes only such acts as are contrary to legal rules."

(S. I. Benn, "An approach to the problems of punishment", *Philosophy*, vol. 33, n. 127, out. 1958, p. 327).

PREFÁCIO

Não obstante tratar-se de tema da mais alta importância, tanto teórica quanto prática, que atormenta diuturnamente os operadores do Direito Tributário há muito tempo, inexistia uma obra, assim extensa como profunda, que tratasse, em caráter monográfico, das sanções tributárias no Brasil. Esta obra que o leitor tem em mãos colmata, com consistência e profundidade, esta lacuna, devendo ser lida e aplicada por todos aqueles que pretendem se debruçar sobre os limites da atuação estatal no que se refere à imposição de sanções, tanto em geral quanto no âmbito específico do Direito Tributário.

Embora o tema já tivesse sido tratado em caráter monográfico no exterior, por meio de excelentes obras publicadas especialmente na Espanha e na Itália, não havia ainda quem tivesse assumido o ônus de tratá-lo em toda a sua extensão e complexidade no Brasil. Talvez o tema estivesse esperando quem reunisse condições profissionais e acadêmicas para fazê-lo. É precisamente o caso do Dr. GUSTAVO MASINA, reconhecido advogado e professor de cursos de graduação e pós-graduação em Direito Tributário. Conquanto jovem, ele reúne, como poucos da sua geração, notável experiência profissional e acadêmica.

No âmbito profissional, exerceu, sempre com distintivo brilho, as principais funções que um profissional do Direito Tributário pode e deve exercer: iniciou sua carreira exercendo a advocacia contenciosa e consultiva em escritório especializado em Direito Tributário; continuou-a exercendo consultoria tributária em empresa internacional de auditoria; e, atualmente, milita na advocacia tributária em escritório com atuação nas mais variadas áreas do Direito, em especial no âmbito do Direito Tributário. Em todos esses anos, foi acumulando grande experiência na área do Direito Tributário, notadamente, mas não apenas, na área que abarca o objeto desta tese: a imposição de sanções tributárias.

No âmbito acadêmico, sua experiência é igualmente expressiva. Além de especialista em Direito Tributário e em Direito Empresarial, o autor é Mestre e Doutor em Direito Tributário pela centenária Faculdade de Direito da Universidade Federal do Rio Grande do Sul. Por conhecê-lo há mais de uma década, e ter tido a alegria de ter sido o seu orientador tanto no curso de mestrado quanto no de doutorado, posso tranquilamente afiançar as suas qualidades: ele alia uma fina capacidade analítica a uma sólida formação interdisciplinar, conjugadas com um salutar inconformismo intelectual e uma grande capacidade de trabalho. Algumas dessas qualidades puderam ser sobejamente testadas nas duas bancas que tive a honra de presidir. Tanto na banca de mestrado quanto na de doutorado, GUSTAVO MASINA manifestou incomum tranquilidade ao responder aos seus arguidores, inclusive sobre questões complexas e controversas a respeito das quais defendeu, com a necessária humildade, mas sem abrir mão da sua altivez intelectual, suas posições pessoais, até mesmo contra as manifestações das inapeláveis e rigorosas bancas arguidoras.

O resultado dessas qualidades profissionais e acadêmicas não poderia ser senão uma obra ampla e profunda sobre um tema ao mesmo tempo complexo e atual como o das sanções tributárias. Depois de definir as normas sancionatórias e de investigar a sua finalidade, tão esquecida por aqueles que examinaram o tema, o autor passa a analisar especificamente as sanções tributárias, seu conceito e suas espécies, assim as penais como as administrativas. Optando por seguir a antiga tradição de investigar as normas prescritivas, da categoria das regras, por meio da sua decomposição analítica em hipótese e consequente, o autor empreende apreciável esforço para reconstruir todas as partes constituintes da estrutura lógica das normas sancionatórias. Ele não para, porém, por aí, indo além para examinar também a influência de outras espécies de normas sobre as sanções, notadamente os princípios jurídicos e os postulados normativos – dentre esses, especialmente, os da proibição de excesso, da proporcionalidade e da razoabilidade.

Durante todo este percurso, o autor não foge de assuntos controversos, como a distinção entre sanções pecuniárias e políticas, a relação entre sanção e ilícito, a interpretação da legislação que disponha sobre sanções tributárias, a cumulação de sanções penais e administrativas, o estado de necessidade e o erro de proibição, entre tantos outros pontos. Tudo isso, é importante que se enfatize, é examinado com base em exemplos, decisões judiciais e administrativas recentes, especialmente do Supremo Tribunal Federal, do Superior Tribunal de Justiça e do Conselho Administrativo de Recursos Fiscais, com fundamento em referências à legislação tributária em vigor e em extensa bibliografia não apenas nacional como estrangeira, especialmente espanhola, italiana e inglesa.

PREFÁCIO

O resultado dessa pesquisa é um trabalho monográfico denso, profundo e com enorme utilidade prática, que cresce em importância tendo em vista a crescente aplicação de sanções por parte das autoridades fiscais no Brasil e sua acrítica manutenção pelos órgãos administrativos de soluções de controvérsias nas três ordens federativas.

O caráter inaugural da presente tese reside, de um lado, na proposta de definição das normas sancionatórias e de reconstrução da sua estrutura lógica. De outro, na incorporação, no regime jurídico das normas sancionatórias, dos limites provenientes de princípios e de postulados normativos. Desconheço obra, no Direito Tributário Brasileiro, que tenha empreendido esforço desta natureza na sistematização das regras, dos princípios e dos postulados no âmbito das sanções tributárias, com conclusões claras e objetivas que se abrem corajosamente à crítica. Por meio dela, o leitor saberá, com segurança, com base no que, como e em que medida as sanções tributárias podem ser validamente impostas no Brasil.

A presente obra supera, portanto, os estudos tributários de influência positivista, baseados, sobretudo, na influência das obras de Kelsen e Bobbio no âmbito do Direito Tributário, em favor de uma visão mais ampla do ordenamento jurídico e da própria função da Ciência do Direito. Não tenho dúvida, portanto, de que se trata de obra cuja leitura é obrigatória para todos aqueles que pretendem examinar a natureza e os limites das normas sancionatórias no Brasil, devendo receber, pelos méritos aqui realçados e por aqueles outros que o sensível leitor irá perceber, a acolhida a que faz jus como importante contributo ao aprimoramento dos estudos tributários no Brasil.

São Paulo, 23 de março de 2016.

HUMBERTO ÁVILA

Professor Titular de Direito Tributário da USP
e da Universidade Federal do Rio Grande do Sul

SUMÁRIO

PREFÁCIO – PROF. HUMBERTO ÁVILA 9

INTRODUÇÃO 17

TÍTULO I
SANÇÕES TRIBUTÁRIAS: DEFINIÇÃO E CRITÉRIOS

1. SANÇÕES JURÍDICAS

   1.1 Esboço conceitual 29

   1.2 As normas sancionatórias e o ilícito 33

   1.3 A dimensão normativa das normas jurídicas sancionatórias: regras 38

   1.4 A dupla finalidade das normas sancionatórias 41

2. SANÇÕES TRIBUTÁRIAS

   2.1 Teoria das sanções tributárias 49

      2.1.1 A inaplicabilidade dos princípios constitucionais tributários 50

      2.1.2 A inaplicabilidade dos princípios penais 55

      2.1.3 A recondução a sobreprincípios e postulados normativos 63

   2.2 Tributo e sanção de ato ilícito 65

   2.3 Sanções tributárias: conceito 70

   2.4 Sanções tributárias: espécies

      2.4.1 Sanções penais tributárias 76

      2.4.2 Sanções administrativo-tributárias 81

         2.4.2.1 Sanções pecuniárias: multas 82

         2.4.2.2 Sanções políticas 88

3. AS SANÇÕES ADMINISTRATIVO-TRIBUTÁRIAS

   3.1 Competência 92

14   SANÇÕES TRIBUTÁRIAS: DEFINIÇÃO E LIMITES

3.2   Estrutura lógica

3.2.1   *Notas introdutórias* 93

3.2.2   *A estrutura lógica das normas sancionatórias: hipótese e consequência* 93

    3.2.2.1   Hipótese da norma sancionatória 95

        3.2.2.1.1   *Critério material* 97

        3.2.2.1.2   *Critério espacial* 100

        3.2.2.1.3   *Critério temporal* 100

    3.2.2.2   Consequente da norma sancionatória 102

        3.2.2.2.1   *Critério pessoal* 103

            3.2.2.2.1.1   Sujeito ativo 103

            3.2.2.2.1.2   Sujeito passivo

                3.2.2.2.1.2.1   *Notas introdutórias*   105

                3.2.2.2.1.2.2   *Infrator* 113

                3.2.2.2.1.2.3   *Responsável* 114

        3.2.2.2.2   *Critério quantitativo* 115

            3.2.2.2.2.1   Base de cálculo e alíquota das multas   116

3.3   Da constituição à cumulação

3.3.1   *Obrigações tributárias e sanções*

    3.3.1.1   Considerações iniciais 118

    3.3.1.2   Obrigação tributária principal e normas sancionatórias 119

    3.3.1.3   Obrigação tributária acessória e normas sancionatórias 121

3.3.2   *A constituição das sanções administrativo-tributárias* 124

3.3.3   *A interpretação da legislação que dispõe sobre sanções tributárias* 130

3.3.4   *A aplicação das sanções tributárias* 134

3.3.5   *A cumulação de sanções tributárias*

    3.3.5.1   Considerações iniciais 141

    3.3.5.2   Sanções penais tributárias *x* sanções administrativo-tributárias 142

    3.3.5.3   Sanções administrativo-tributárias *x* sanções administrativo-tributárias 147

Título II

Sanções Administrativo-Tributárias: Limites

---

1. Excludentes e Limitações Constitucionais

SUMÁRIO

1.1 Notas introdutórias 155
1.2 Causas excludentes de ilicitude e de culpabilidade 160
  1.2.1 O estado de necessidade 165
  1.2.2 O erro de proibição 168
1.3 Limitações constitucionais ao poder sancionador tributário 176

2. As Sanções Tributárias e os Princípios Jurídico

2.1 O poder sancionador tributário e o Estado de Direito 186
2.2 As sanções tributárias e a legalidade
  2.2.1 Esboço conceitual e dimensão normativa 191
  2.2.2 A legalidade no âmbito tributário 194
  2.2.3 A legalidade no âmbito sancionador tributário 199
    2.2.3.1 As sanções tributárias e a reserva de lei 201
    2.2.3.2 As sanções tributárias e o princípio da tipicidade 209
2.3 As sanções e a segurança jurídica
  2.3.1 Esboço conceitual e dimensão normativa 214
  2.3.2 A segurança jurídica no âmbito tributário 219
  2.3.3 A segurança jurídica no âmbito sancionador tributário 220

3. As Sanções Tributárias e os Postulados Normativos

3.1 Notas introdutórias 225
3.2 Proibição de excesso
  3.2.1 Esboço conceitual e forma de atuação 228
  3.2.2 A proibição de excesso e o Direito Tributário 232
  3.2.3 A proibição de excesso e o Direito Tributário Sancionador 235
3.3 Proporcionalidade
  3.3.1 Esboço conceitual e forma de atuação 240
    3.3.1.1 Adequação 244
    3.3.1.2 Necessidade 248
    3.3.1.3 Proporcionalidade em sentido estrito 253
  3.3.2 A proporcionalidade e o Direito Tributário 255
  3.3.3 A proporcionalidade e o Direito Tributário Sancionador 259
    3.3.3.1 A proporcionalidade como limitadora da atividade legislativa 262
    3.3.3.2 A proporcionalidade como limitadora da atividade administrativa de aplicação das sanções tributárias 266

16 SANÇÕES TRIBUTÁRIAS: DEFINIÇÃO E LIMITES

3.4 Razoabilidade

3.4.1 Esboço conceitual e forma de atuação 268
3.4.2 A razoabilidade e o Direito Tributário 274
3.4.3 A razoabilidade e o Direito Tributário Sancionador . 279

CONCLUSÕES 285

BIBLIOGRAFIA 293

INTRODUÇÃO

1. Delimitação do tema

O presente estudo tem como objeto de análise as sanções tributárias e suas principais características, os critérios necessários à sua classificação e também seus limites. Toda vez que um sujeito descumpre alguma obrigação tributária promove um ilícito. A falta de recolhimento de tributos, a omissão no envio de determinada declaração ou mesmo seu errôneo preenchimento são todos exemplos de ilícitos tributários. Equivalentes ao descumprimento de obrigações tributárias – sejam obrigações relativas ao pagamento de tributos, sejam obrigações ditas acessórias –, os ilícitos podem ter suas principais características descritas na hipótese de normas jurídicas que visam a reprimir sua repetição futura e também a punir o infrator. Com a descrição do ilícito em sua hipótese, as referidas normas prescreverão restrições aos direitos dos infratores. Tais restrições, que podem ser de ordem penal ou administrativa, são as sanções tributárias. Não obstante no transcorrer do trabalho sejam examinados conceitos e definições que servem de pressuposto lógico e/ou teórico às suas conclusões, por exemplo, os conceitos de sanção jurídica e de ilícito, o presente estudo tem como principal objeto de exame as sanções administrativo-tributárias e seus limites.

Diante de tal objeto, busca-se resposta a perguntas relativas a existência e identificação de limites jurídicos às sanções administrativo-tributárias e também ao modo como tais limites restringirão o poder sancionador tributário. Para tanto, propõe-se a construção de uma teoria da sanção tributária, que seja capaz de auxiliar o aplicador da norma frente à inexistência de um subsistema de enunciados normativos próprio à disciplina das referidas sanções. Partindo da delimitação do conceito de sanção, procurar-se-á demonstrar que, embora inalcançáveis por princípios e garantias penais e mesmo pelos princípios constitucional-tributários, as sanções administrativo-tributárias encontram limites em (sobre)princípios gerais de direito público e em postulados normativos.

18   SANÇÕES TRIBUTÁRIAS: DEFINIÇÃO E LIMITES

Em sua parte final, o trabalho pretende demonstrar a forma como cada sobreprincípio e cada postulado atua na limitação do poder sancionador tributário.

2. *Critérios adotados para a eleição do tema*

A escolha das sanções tributárias e de sua relação com normas constitucionais que protegem os direitos fundamentais à liberdade e principalmente à propriedade como objeto de estudo foi realizada a partir de alguns critérios.

Primeiro critério: a escassez de bibliografia nacional e sua desatualização. A doutrina nacional tem se debruçado com afinco sobre questões tributárias das mais diversas: a competência tributária e os conflitos dela decorrentes, a norma de imposição tributária e sua estrutura lógica (regra-matriz de incidência tributária), os limites constitucionais ao poder de tributar etc. Entretanto, não há muitas obras sobre sanções tributárias. Dentre as mais importantes destacam-se os livros de Sacha Calmon Navarro Coêlho[1] e de Zelmo Denari e Paulo José da Costa Jr.[2]

O livro de Sacha Calmon Navarro Coêlho representou verdadeiro avanço na doutrina nacional, nele sendo elaborado o exame das sanções tributárias a partir da Teoria Geral do Direito, em especial por meio do estudo das obras de Kelsen e Cossio. É apresentada na referida obra, dentre outras variadas questões, a distinção entre sanções decorrentes do descumprimento de obrigações principais e sanções advindas do descumprimento de obrigações acessórias e também entre sanções penais tributárias e sanções tributárias penais. Verdadeiro marco na bibliografia nacional, a referida monografia é possivelmente a mais relevante obra escrita no território brasileiro a respeito do tema. Por sua vez, o livro de Zelmo Denari e Paulo José da Costa Jr. divide-se em duas grandes partes. A primeira parte é dedicada ao Direito Tributário Penal, ao estudo das sanções administrativo-tributárias. A segunda, ao Direito Penal Tributário, às sanções penais e sua relação com os ilícitos tributários. Separados os universos administrativo-tributário e penal-tributário, cada qual foi objeto de análise individualizada.

Tendo sido escritas muitos anos atrás, tais obras, a despeito de sua qualidade e importância, necessitam ser reexaminadas à luz dos mais mo-

---

1. Sacha Calmon Navarro Coêlho, *Teoria e Prática das Multas Tributárias,* 2ª ed., Rio de Janeiro, Forense, 1998.
2. Zelmo Denari e Paulo José da Costa Júnior, *Infrações Tributárias e Delitos Fiscais,* 3ª ed., São Paulo, Saraiva, 1998.

INTRODUÇÃO 19

dernos conceitos de Teoria Geral do Direito. Nas últimas décadas foram grandes os avanços da Ciência do Direito, tornando fundamental, assim, por exemplo, que as lições de outrora sejam postas diante das recentes concepções de sistema jurídico uno e ordenado e perante as atuais referências e distinções conceituais havidas entre regras e princípios, tudo a fim de testá-las para verificar se ainda mantêm-se íntegras e aplicáveis.

Segundo critério: a inexistência de um conjunto organizado de enunciados prescritivos relativos exclusivamente às sanções tributárias. A falta de previsão legal, no Código Tributário Nacional, de enunciados que estabeleçam uma "Parte Geral das Sanções Tributárias" torna bastante difícil a tarefa dos operadores do Direito. Todos os que se aventuram pelos campos tributários deparam-se com a ausência de um regramento sistematizado quanto às sanções tributárias. Tal lacuna legislativa causa grave aumento na insegurança jurídica: afinal, perguntam-se juízes, advogados e outros mais, na limitação das sanções administrativo-tributárias devem ser aplicados os princípios advindos da interpretação do art. 150 da Constituição (princípios constitucional-tributários) e/ou devem ser importados princípios e garantias estabelecidos no âmbito penal? Quais, afinal, os princípios que sustentam e limitam as normas de sanção administrativo--tributárias? Superada a tese de que a Ciência do Direito ostenta função exclusivamente descritiva (Ávila),[3] cabe à doutrina, em resposta a tais questionamentos, promover as necessárias conexões materiais entre os princípios gerais de direito e os postulados normativos, de um lado, e as normas legais que prescrevem sanções tributárias, de outro. Eis a tarefa à qual se propõe o presente livro.

Terceiro critério: a necessidade de exame crítico da doutrina e jurisprudência estrangeiras que tratam de sanções administrativas, inclusive de sanções administrativo-tributárias. Em diversos países, especialmente na Espanha, há muita discussão teórica a respeito da existência de identidade entre sanções penais e sanções administrativas. Há fortes controvérsias doutrinárias e mesmo jurisprudenciais sobre a possibilidade de cumulação de sanções penais e administrativas, sobre a aplicação dos princípios de Direito Penal como limitadores das sanções administrativo-tributárias e sobre a forma pela qual os direitos fundamentais atuam na limitação das restrições decorrentes da aplicação de sanções administrativas em geral e de sanções administrativo-tributárias especificamente. Salvo poucas

---

3. Humberto Ávila, "Função da ciência do direito tributário: do formalismo epistemológico ao estruturalismo argumentativo", *Revista de Direito Tributário Atual*, n. 29, pp. 203-204, 2013.

20 SANÇÕES TRIBUTÁRIAS: DEFINIÇÃO E LIMITES

exceções,[4] a doutrina tributária nacional ignora os avanços dos estudos espanhóis e da jurisprudência do Tribunal Constitucional da Espanha. Mesmo nos campos do Direito Administrativo não são muitos os estudos que examinam a doutrina e/ou a jurisprudência estrangeira.[5]

A sentida falta de aprofundamento doutrinário acerca das limitações que recaem sobre as sanções administrativo-tributárias e a ausência de maior exame das lições estrangeiras e de sua aplicabilidade à realidade nacional servem, assim, de justificativa à eleição do tema. Indispensável ressalvar, desde logo, que a importação de doutrina e/ou jurisprudência advindas de outros países será feita de forma cuidadosa, sempre à luz dos preceitos estabelecidos pela legislação e principalmente pela Constituição da República Federativa do Brasil. Nem toda conclusão a que chegaram os autores e/ou os tribunais estrangeiros poderá ser aplicada no Brasil, pois há importantes variações entre os ordenamentos jurídicos nacional e estrangeiro. Trabalhando com o ordenamento positivo de seus respectivos países, a doutrina e mesmo a jurisprudência estrangeiras serão cuidadosamente importadas. Somente as obras e as decisões que passarem pelo crivo do exame de compatibilidade com o ordenamento jurídico brasileiro é que serão consideradas aptas a influenciar o presente estudo.

Quarto critério: a crescente importância das sanções para o Direito Tributário. A maior participação estatal em diversos ramos e atividades, a malversação das receitas públicas, o insuperável *déficit* existente no regime previdenciário, são algumas dentre as muitas razões pelas quais tem sido constante o aumento das receitas tributárias. A necessidade de grande arrecadação tem exigido uma notável progressão no número de sanções tributárias, no recrudescimento das sanções já existentes e finalmente num maior rigor em sua aplicação. Não apenas existem mais normas sancionatórias do que outrora; há, também, um número maior de sanções de altíssima gravidade, por meio das quais são estabelecidas multas em valores superiores até mesmo ao montante de tributo devido (*v.g.*, a multa de 150% aplicada pelo Fisco Federal, prevista pelo art. 44, § 1º, da Lei 9.430/1996). Não bastasse tudo isso, as autoridades competentes para a aplicação das sanções tributárias, sejam as penais, sejam as administrativas, têm demonstrado maior rigor, recaindo, muitas vezes,

---

4. Paulo Roberto Coimbra Silva, *Direito Tributário Sancionador*, São Paulo, Quartier Latin, 2007. Vide ainda: Fábio Brun Goldschmidt, *Teoria da Proibição de "bis in idem" no Direito Tributário e no Direito Tributário Sancionador*, São Paulo, Noeses, 2014.

5. Como exceção, vale destacar: Daniel Ferreira, *Teoria Geral da Infração Administrativa a partir da Constituição Federal de 1988*, Belo Horizonte, Fórum, 2009.

INTRODUÇÃO 21

em excessos dos mais variados, por exemplo, a cobrança cumulativa de multas isoladas e multas de ofício.

3. Método

As sanções tributárias serão examinadas por uma dupla perspectiva: estrutural e funcional. A análise estrutural circunscreve-se ao exame analítico da norma sancionatória e de sua interação com outras normas jurídicas, inclusive com aquelas que servem de limite às sanções. Recai, ademais, sobre as regras de interpretação dos enunciados normativos e de aplicação das normas sancionatórias. Na tentativa de sistematização das normas, adotar-se-á como modelo teórico o chamado positivismo ético (Campbell).[6] Tal modelo toma do positivismo kelseniano[7] a importância das regras como expressão jurídica de comandos bastante específicos e determinados. Supera-o, contudo, ao admitir o ingresso dos princípios no ordenamento jurídico, como norma-componente do sistema.[8] Em tal composição, as regras serão o ponto de partida para a decisão de qualquer conflito; já os princípios servirão como base axiológica e como limite para as regras (Hage).[9]

As sanções tributárias serão também estudadas segundo um viés funcionalista. A perspectiva estruturalista será complementada pela funcionalista, na linha preconizada por Norberto Bobbio.[10] Em razão da forte influência ocasionada pela obra de Hans Kelsen sobre a doutrina ocidental e especialmente sobre a doutrina tributarista brasileira,[11] os estudos jurídicos têm se limitado ao exame estrutural do Direito. Desde

6. Tom D. Campbell, *The Legal Theory of Ethical Positivism*, Dartmouth, Ashgate, 1996, pp. 5-7. Tratando do mesmo tema, Schauer fala de um positivismo presumido: Frederick Schauer, *Playing by the Rules: a philosophical examination of rule-based decision-making in law and in life*, Oxford, Claredon, 2002, p. 204.

7. Hans Kelsen, *Teoria Pura do Direito*, 3ª ed., Coimbra, Arménio Amado, 1974.

8. "(...) a crise do positivismo jurídico levou à superação da rígida distinção entre direito e moral e a consequente abertura do debate filosófico-jurídico contemporâneo aos valores ético-políticos", cf. Carla Faralli, *A Filosofia Contemporânea do Direito: temas e desafios*, São Paulo, Martins Fontes, 2006, p. 11. Robert Alexy fala na "pretensão de correção" como forma de ligação entre o Direito e a Moral: Robert Alexy, *Constitucionalismo Discursivo*, trad. de Luís Afonso Heck, Porto Alegre, Livraria do Advogado, 2007, p. 40.

9. Jaap Hage, *Studies in Legal Logic*, Netherlands, Springer, 2005, p. 22.

10. Norberto Bobbio, *Da Estrutura à Função*, Barueri, Manole, 2007, p. 113.

11. André Folloni fala em "fenômeno de kelsenização do discurso doutrinário tributarista" (*Ciência do Direito Tributário no Brasil: crítica e perspectivas a partir de José Souto Maior Borges*, São Paulo, Saraiva, 2013, p. 112).

22 SANÇÕES TRIBUTÁRIAS: DEFINIÇÃO E LIMITES

o surgimento da obra-prima de Hans Kelsen (*Teoria Pura do Direito*), a Teoria Geral do Direito voltou-se quase que exclusivamente à estrutura das normas e a seu modo de interação. Deixou de lado qualquer exame funcional, mantendo sem resposta questionamentos acerca da finalidade das normas. Tal fenômeno ocorreu porque a visão purista do Direito – defendida com rigor por Hans Kelsen – não permite avançar além dos elementos estruturais do ordenamento jurídico. A perspectiva kelseniana restaria maculada caso fosse permitida qualquer aproximação ao estudo da finalidade das normas e seus efeitos na sociedade.[12] Para Hans Kelsen, o exame das finalidades ou das funções do Direito é trabalho de sociólogos ou até filósofos; não de juristas. Norberto Bobbio, entretanto, prega que a análise funcional do Direito é importantíssima. Mais do que isso, defende que ela não é contraditória em relação à análise estrutural. Para o jurista italiano, o exame funcional do Direito é complementar ao exame estrutural. Embora a pretensão de conciliar a análise funcional à análise estrutural ainda ocasione certa apreensão, vale notar que recentemente, com maior ou menor timidez, e na maior parte das vezes sem qualquer referência à doutrina de Norberto Bobbio, têm surgido diversas obras que enaltecem a importância do estudo das finalidades das normas e/ou dos enunciados jurídicos, em especial no que toca à interpretação dos textos legislativos.[13] A explicação para tal fenômeno repousa, em grande medida, na comentada aceitação dos princípios como normas jurídicas. O fato de os princípios estabelecerem finalidades a serem alcançadas e mesmo o processo de ponderação que lhe é peculiar, por si só, bastariam para justificar que a doutrina passasse a complementar o exame estrutural das normas jurídicas por meio de seu exame funcional. No campo tributário, entretanto, o exame das finalidades, não obstante ainda muito desprezado pela doutrina,[14] mostra-se deveras relevante também por outros variados motivos: seja para o estudo das contribuições e empréstimos compulsó-

---

12. "(...) há decorrências nocivas do kelsenismo no direito tributário. A principal e mais problemática é a hermenêutica kelseniana, fundada no dualismo entre ser e dever ser, segundo o qual apenas se pode falar racionalmente do que está estabelecido, não do que poderá vir a se estabelecer. Nesse sentido, toda decisão entre duas ou mais alternativas é sempre irracional, livre, volitiva e incontrolável. Em consequência, falar do que pode vir a ser, sugerindo a tomada de decisões em um ou outro sentido, é algo vedado ao pensamento racional e, por isso mesmo, também ao científico" (Folloni, *Ciência do Direito Tributário no Brasil*, cit., pp. 113-114).

13. Por todos, vide Aharon Barak, *Purposive Interpretation in Law*, New Jersey, Princeton University, 2007.

14. "A ciência tradicional não trabalha com a noção de finalidade, ficando apenas na causalidade – e o direito tributário, na mesma toada, satisfaz-se com a causalidade entre fato jurídico e relação jurídica. (...) o direito tributário deve voltar

INTRODUÇÃO 23

rios como espécies autônomas de tributo,[15] seja para a verificação do cada vez mais debatido propósito negocial, seja finalmente para o estudo das sanções jurídico-tributárias.

Trazendo, assim, a proposta teórica do mestre italiano ao estudo das sanções tributárias, pretende-se ir além da análise estrutural das normas ditas sancionatórias. Sem descurar da importância da perspectiva estrutural, buscar-se-á avançar no exame das finalidades das normas de sanção tributárias, único *discrímen* capaz de sustentar sua diferenciação em face de outras prescrições decorrentes do ilícito (*v.g.*, indenizações). Tamanha a importância do exame funcional que o próprio conceito de sanção adotado no presente estudo exige a identificação de que a finalidade das normas sancionatórias refere-se à punição do infrator e à repressão da futura repetição do ilícito (Bentham).[16]

A importância do exame da finalidade das normas de sanção tributária não se restringe, porém, à conceituação da sanção e à classificação das prescrições cujas normas têm em seu antecedente a descrição do ilícito como hipótese (indenizações ou sanções). Tal análise é também fundamental à constatação da necessidade de culpa para a aplicação da sanção – se as sanções devem necessariamente servir à repressão do infrator, a demonstração de culpa (ou dolo) torna-se imprescindível. Nesse sentido, cabe alertar que a despeito da falta de enunciação do método, a análise funcional das sanções tributárias tem sido muitas vezes promovida de forma quase intuitiva, inclusive pelo Supremo Tribunal Federal. No julgamento do RE 79.625-SP, por exemplo, foi decidido que as multas moratórias são inexigíveis em casos de falência exatamente porque apresentam finalidade punitiva.

O estudo das sanções tributárias ora proposto pretende, dessa forma, examiná-las tanto por uma perspectiva estrutural como por uma funcional, sem com isso recair em qualquer contradição metodológica. Somente a análise das sanções por um duplo viés, estrutural e funcional, possibilitará examiná-las em sua plenitude.

Finalmente, cabe referir que na exploração do tema por diversas vezes adotar-se-á o método comparativo, por meio do qual será promo-

---

a trabalhar com a noção de finalidade" (Folloni, *Ciência do Direito Tributário no Brasil*, cit., pp. 390-391).

15. As contribuições e os empréstimos compulsórios são "tributos finalísticos". Vide, nesse sentido: Marco Aurélio Greco, *Contribuições (uma figura sui generis)*, São Paulo, Dialética, 2000, p. 138.

16. Jeremy Bentham, *An Introduction to the Principles of Morals and Legislation*, New York, Oxford University, 1983.

24 SANÇÕES TRIBUTÁRIAS: DEFINIÇÃO E LIMITES

vido um paralelo entre as normas de sanção tributária e as normas de imposição tributária (regras-matrizes de incidência tributária). Estando mais avançados os estudos relativos à estrutura das normas de imposição tributária em relação ao estudo da estrutura das normas sancionatório--tributárias, tal exame comparativo permitirá uma melhor análise e compreensão das sanções. Do mesmo modo, na consideração individual dos princípios e postulados normativos que servem de limitação às sanções administrativo-tributárias, será previamente apresentada a forma pela qual tais normas limitam a instituição e a cobrança dos tributos. Nesse caso, tal análise comparativa será feita com o cuidado de considerar que a maior parte das limitações constitucionais ao poder de tributar encontra-se expressamente disposta no art. 150 da Constituição da República, enquanto as limitações constitucionais ao poder sancionatório-tributário acham-se espalhadas ao longo do texto constitucional e não advêm da interpretação do referido dispositivo.

3. Plano

O estudo ora apresentado divide-se em duas partes: a primeira voltada às sanções jurídico-tributárias e aos critérios necessários à sua identificação e classificação, o que permite a segregação das sanções penal-tributárias e das sanções administrativo-tributárias; a segunda, aos limites impostos pelo ordenamento jurídico nacional às sanções administrativo-tributárias.

A primeira parte do trabalho (Título I) será marcada por uma análise que partirá dos conceitos mais gerais e abstratos aos mais individuais e concretos. Serão estudados no Capítulo 1 os conceitos de sanção jurídica e de norma sancionatória. Partindo das distinções de norma primária e norma secundária, buscar-se-á demonstrar que as sanções são prescrições normativas decorrentes da ocorrência de um ilícito tipificado na hipótese de uma norma jurídico-sancionatória. Seguindo no estudo da norma sancionatória, será examinada sua dimensão normativa.

No Capítulo 2, logo após apresentarem-se as razões pelas quais deve ser estruturada uma teoria das sanções tributárias que guarde independência em relação tanto ao ordenamento penal como ao tributário, será analisado o conceito de sanção tributária a partir da distinção feita pelo Código Tributário Nacional na oportunidade em que definido o conceito de tributo (art. 3º). Na conceituação das sanções tributárias serão identificadas suas principais características, dentre as quais se destacam suas finalidades punitiva e pedagógica. Passo seguinte, será examinada a clas-

INTRODUÇÃO 25

sificação das sanções tributárias que as divide em sanções administrativas (administrativo-tributárias) e sanções penais (penal-tributárias). Feito isso, apresentar-se-á o exame individualizado da sanção administrativo--tributária pecuniária e da sanção administrativo-tributária não pecuniária.

Especificando ainda mais o objeto de estudo, a análise recairá, na primeira parte do Capítulo 3, especificamente sobre as sanções administrativo-tributárias. Será inicialmente analisada a competência dos entes tributantes para a criação de enunciados normativos que tratem acerca das sanções administrativo-tributárias. Logo adiante, será estudada a estrutura lógica da norma de sanção tributária, apartando-se sua hipótese (descritor) de sua consequência (prescritor). Tanto a hipótese como a consequência da norma sancionatória serão então dissecadas, expondo-se os critérios ou elementos de cada qual. Tal exame será realizado por meio da comparação da norma sancionatória com a chamada regra-matriz de incidência tributária.

Identificada a estrutura lógica da norma de sanção tributária, examinar-se-ão as relações existentes entre o descumprimento das obrigações tributárias e as sanções administrativo-tributárias. Também será estudada a forma de constituição das referidas sanções administrativo-tributárias, bem como as regras de interpretação dos enunciados que dispõem sobre tais sanções e as regras relativas à sua aplicação. Esclarecidos tais pontos, será enfrentada a tormentosa questão relativa à possibilidade de cumulação das sanções tributárias.

No Título II, o presente trabalho recairá sobre os limites advindos do sistema jurídico às sanções administrativo-tributárias. Em seu capítulo inicial serão apresentadas as causas excludentes de ilicitude e culpabilidade e restará examinada sua pertinência no campo sancionador tributário. Logo adiante, demonstrar-se-ão as razões pelas quais devem ser aplicados os sobreprincípios (princípios gerais de Direito Público) e os postulados normativos como limites ao poder sancionador dos entes tributantes.

O Capítulo 2 do Título II tratará dos sobreprincípios e do papel que exercem como trava ao exercício do poder punitivo dos entes tributantes. A análise recairá sobre o princípio do Estado de Direito, o princípio da Legalidade e o princípio da Segurança Jurídica. Primeiro, será exposto o que representam tais princípios e como são descritos e desenvolvidos pela Teoria Geral do Direito. Depois, será visto como atuam no âmbito do Direito Tributário. Finalmente, será demonstrada a forma pela qual devem ser aplicados no campo sancionador tributário.

No Capítulo 3 do Título II serão estudados os postulados normativos. O exame terá como objeto de análise os postulados da *proibição de ex-*

26   SANÇÕES TRIBUTÁRIAS: DEFINIÇÃO E LIMITES

cesso, da *proporcionalidade* e da *razoabilidade*. Da mesma forma como procedido em relação aos sobreprincípios, a análise dos postulados como limitadores do poder sancionador dos entes tributantes será promovida por meio do método comparativo. Tratando-se de metanormas bastante gerais e abstratas, os postulados normativos serão apresentados primeiro como elementos fundamentais a todo o ordenamento; depois como limitadores da competência tributária, verdadeiras limitações constitucionais ao poder de tributar; e só então como limitações ao poder sancionatório dos entes tributantes. Nesse sentido, aproveitando a raiz comum dos ordenamentos jurídicos ocidentais e por isso a existência dos mencionados postulados normativos no âmbito jurídico dos mais diversos países, serão buscadas lições na doutrina e jurisprudência estrangeiras. Sempre considerados à luz do Estado de Direito e por isso garantidores dos direitos fundamentais dos cidadãos perante a potestade sancionatória dos entes tributantes, os postulados normativos, a exemplo do que já ocorrera com os princípios, serão, então, individualmente examinados.

Título I
SANÇÕES TRIBUTÁRIAS: DEFINIÇÃO E CRITÉRIOS

1
SANÇÕES JURÍDICAS

1.1 Esboço conceitual. 1.2 As normas sancionatórias e o ilícito. 1.3 A dimensão normativa das normas jurídicas sancionatórias: regras. 1.4 A dupla finalidade das normas sancionatórias.

1.1 Esboço conceitual

No intuito de viver em comunidade de forma harmônica e organizada, o homem sujeita-se ao ordenamento jurídico.[1] Faz o que lhe é permitido ou imposto; evita o que lhe é proibido. Na linha prenunciada por Rousseau,[2] as pessoas estabelecem um pacto, um compromisso de

1. "Así pues, el Derecho se presenta como un conjunto de normas elaboradas y vividas por los hombres bajo el estímulo de las necesidades de su existencia colectiva y con el propósito de realizar determinados valores en esta. Pertenece, por lo tanto, el Derecho a la región de las normas elaboradas por los hombres para satisfacer necesidades sociales sentidas por éstos, mediante el cumplimiento de ciertos fines" (Luis Recaséns Siches, *Filosofía del Derecho*, 17ª ed., México, Porrúa, 2003, p. 154). Em diversas palavras: Maria José Falcon y Tella e Fernando Falcon y Tella, *Fundamento y Finalidad de la Sanción: un derecho a castigar?* Madrid, Marcial Pons, 2005, p. 91.

2. Jean-Jacques Rousseau, *Do Contrato Social,* São Paulo, Ática, 1978. Segundo Jerzy Wróblewski: "Legal rules indicate how their addresses ought to (or may) behave and motivate their decisions with various degrees of effectiveness; these rules formulate the standards of qualification of the said behavior as consistent or inconsistent with them" (*The Judicial Application of Law*, Dordrecht, Kluwer, 1992, p. 48). Para Rudolf Stammler, a grande vantagem trazida pela doutrina do contrato social exemplificada pela obra de Rousseau é que, "comprendida la vida social del hombre como una colaboración a base de un contrato, su fin general será la realización de la voluntad general" (*Modernas Teorías del Derecho y del Estado*, México, Botas Ediciones Librería, 1955, p. 58). Vide ainda Giorgio Del Vecchio, "Breves notas sobre os vários significados da teoria do contrato social", in *Direito, Estado e Filosofia*, Rio de Janeiro, Politécnica, 1952, pp. 351-359.

30 SANÇÕES TRIBUTÁRIAS: DEFINIÇÃO E LIMITES

obediência às normas jurídicas, que faz nascer o "sentimento de se achar obrigado pelo que é válido" (Alf Ross).[3] Muitas vezes, entretanto, tal sentimento se esvai diante da tentação de obter alguma vantagem pessoal. A simples existência das normas jurídicas acaba não sendo suficiente para que os cidadãos ajam de acordo com os seus comandos. Mesmo diante das normas jurídicas, as pessoas têm liberdade de agir, livre-arbítrio.[4] Podem adotar condutas em conformidade ou em desconformidade com as normas, como bem percebido por Libório Hierro[5] ao afirmar que "toda a linguagem prescritiva pressupõe a liberdade do sujeito a que se dirige para decidir o curso da ação". A possibilidade de que as normas não sejam cumpridas justifica a criação de reprimendas àqueles que desrespeitarem o compromisso de obedecê-las. Tais reprimendas são as sanções. Nesse sentido, sanções são consequências jurídicas que servem à punição do infrator e ao desestímulo do comportamento indesejado – são "a consequência jurídica de um ato ilícito", verdadeiro reflexo do descumprimento de normas previamente estabelecidas.

---

3. Alf Ross, *Direito e Justiça,* trad. de Edson Bini, Bauru, Edipro, 2003, p. 88. Nesse mesmo sentido, refere Aleksander Peczenik: "There exists a general *prima-facie* moral obligation to obey the law because general disobedience would create chaos" (*On Law and Reason,* Dordrecht, Kluwer, 1989, p. 242).

4. Edgar de Godói da Mata-Machado, *Direito e Coerção,* Rio de Janeiro, Forense, 1957, p. 356. Segundo Aníbal Bruno, a liberdade do querer é um dogma kantiano (*Direito Penal,* vol. 1, 3ª ed., Rio de Janeiro, Forense, 1978, p. 107).

5. "Todo el lenguaje prescriptivo presupone la libertad del sujeto a que se dirige para decidir el curso de la acción" (Liborio Hierro, *La Eficacia de las Normas Jurídicas,* Barcelona, Ariel, 2003, p. 16). No mesmo sentido: "where the divergence of preference or judgment is extreme, individuals who know the law can also choose not to comply, but should in that case have fair advance knowledge of any sanction exigible for breach of the predetermined rule" (Neil MacCormick, *Legal Reasoning and Legal Theory,* Oxford, Oxford University, 2003). Preferindo-se a doutrina de Norberto Bobbio: "es de la naturaleza de toda prescripción el ser violada, en cuanto expresa no lo que es, sino lo que debe ser" (*Teoría General del Derecho,* 2ª ed., Bogotá, Temis, 2005, p. 104). Em lição que trata das punições (*punishment*), H. L. A. Hart afirmava: "its primary operation consists simply in announcing certain standards of behavior and attaching penalties for deviation, making it less eligible, and then leaving individuals to choose. This is a method of social control which maximizes individual freedom within the coercive framework of law in a number of different ways, or, perhaps, different senses. First, the individual has an option between obeying or paying. The worse the laws are, the more valuable the possibility of exercising this choice becomes in enabling the individual to decide how he shall live ("Prolegomenon to the principles of punishment", in *Punishment and Responsibility: essays in the philosophy of law,* New York, Oxford University, 1968, p. 22).

SANÇÕES JURÍDICAS

O Direito pode ser visto, pois, sob uma perspectiva voltada às suas principais características:[6] imperatividade e coercibilidade. Dentro de tal perspectiva, é possível afirmar que existem normas ditas primárias, que representam a sua imperatividade. Tais normas prescrevem mandamentos, imposições, que permitem, ordenam ou proíbem determinados comportamentos. Pode ser dito, também, que existem outras normas, ditas secundárias, que têm como pressuposto lógico o prévio descumprimento de uma norma primária previamente existente, válida e vigente. As normas secundárias denotam a coercibilidade do Direito, sendo o modo pelo qual o ordenamento jurídico reage ao descumprimento de seus comandos primários.[7] No presente estudo, as normas secundárias serão denominadas normas sancionatórias.

Importa observar, inicialmente, que para serem entendidas como sanções, tais prescrições devem necessariamente impor um mal a quem houver descumprido a norma original. Não basta que a norma descreva em sua hipótese um fato equivalente ao descumprimento de outra norma jurídica. Para ser considerada uma norma sancionatória, a regra jurídica deverá prescrever em seu consequente um mal a ser infligido ao infrator ("all punishment is a mischief: all punishment in itself is an evil").[8] Pela definição de John Austin, o mal que será imposto no caso de um comando ser desobedecido será chamado de sanção.[9] A caracterização de uma sanção exige a imposição de um mal àquele que descumprir a norma

6. Não interessa, aqui, a discussão relativa à essencialidade das sanções (coercibilidade) para o próprio conceito de Direito. Autores como Hart e Scott Shapiro defendem que a coercibilidade é uma característica contingente, mas não necessária, do conceito de Direito. Mesmo tais autores, contudo, admitem a importância das sanções como reforço na tomada de decisão pelos cidadãos, premissa fundamental adotada no presente estudo. Destacando a importância das sanções e fazendo um exame comparativo do entendimento dos mencionados doutrinadores frente à linha de pensamento de Bentham e Austin, vide, por todos, Frederick Schauer, *The Force of Law*, Cambridge, Harvard University, 2015.

7. Nesse sentido: Jaime Aneiros Pereira, "Cuestiones dogmáticas del régimen de infracciones y sanciones tributarias", in *Régimen de Infracciones y Sanciones Tributarias: LV Semana de Estudios de Derecho Financiero*, Madrid, Instituto de Estudios Fiscales, 2012, pp. 18-19. Vide ainda: Luciano Amaro, "Infrações tributárias", *RDT*, n. 67, 1995, p. 25.

8. Bentham, *An Introduction to the Principles of Morals and Legislation*, New York, Oxford University, 1983, p. 158. Já Beccaria afirmava que "para que a pena produza efeito, basta que o mal que ela inflige exceda o bem que nasce do delito" (Cesare Beccaria, *Dos Delitos e das Penas*, trad. de J. Cretella Jr. e Agnes Cretella, 3ª ed., São Paulo, Ed. RT, 2006, p. 72).

9. "(...) the evil which will probably be incurred in case a command be disobeyed or (to use an equivalent expression) in case a duty be broken, is frequently

32 SANÇÕES TRIBUTÁRIAS: DEFINIÇÃO E LIMITES

primária. Possível notar, assim, que existem várias normas nas quais estabelecidas consequências jurídicas a partir da ocorrência de algum ilícito, mas que escapam ao conceito de norma sancionatória por não terem como finalidade infligir um mal a quem descumpriu a norma primária – o dever de indenizar prescrito na norma decorrente da interpretação do art. 927 do Código Civil serve de bom exemplo.

Vale reforçar: na linha ora adotada, as sanções são sempre um mal imposto ao infrator, conforme também defendiam A. Flew[10] e S. I. Benn.[11] Estão descartadas, portanto, no âmbito do presente estudo, as chamadas sanções positivas ou premiais – Norberto Bobbio[12] afirma que essas sanções equivaleriam aos estímulos ou incentivos estabelecidos pelo ordenamento para reforçar a obrigação de que sejam cumpridas as normas primárias. Muito embora se reconheça a existência de prescrições positivas que estimulem a realização de certos comportamentos já prescritos em outras normas, com o intuito de reforçar a eficácia dessas normas pré-existentes e assim direcionar as condutas dos cidadãos, tais incentivos serão considerados integrantes de uma categoria diversa das sanções. Sanções e incentivos, portanto, não se confundem no âmbito do presente trabalho: as primeiras representam sempre e necessariamente um mal a ser infligido ao infrator; os segundos, um benefício a estimular a conduta dos cidadãos na mesma linha em que prescritas as normas de comportamento – a consideração de um conceito mais restrito de sanção traz diversas vantagens, dentre as quais maior clareza para fins de discernimento diante de outros institutos (Paliero/Travi).[13]

Fundamental esclarecer, ainda, que as sanções deverão ter sempre e necessariamente finalidades repressora e pedagógica.[14] Sobre tal questão,

called a sanction" (John Austin, *The Providence of Jurisprudence Determined*, New York, Prometheus, 2000, p. 15).

10. Antony Flew, "The justification of punishment", *Philosophy*, vol. 29, n. 111, out. 1954, p. 293.

11. S. I. Benn, "An approach to the problems of punishment", *Philosophy*, vol. 33, n. 127, out. 1958, pp. 325-341.

12. Bobbio, *Da Estrutura à Função*, Barueri, Manole, 2007, p. 7.

13. Carlo Enrico Paliero e Aldo Travi, *La Sanzione Amministrativa: profili sistematici*, Milano, Giuffrè, 1998, p. 4.

14. "Much confusing shadow-fighting between Utilitarians and their opponents may be avoided if it is recognized that it is perfectly consistent to assert both that the General Justifying Aim of the practice of punishment is its beneficial consequences and that the pursuit of this general aim should be qualified or restricted out of deference to principles of Distribution which require that punishment should be only of an offender for an offence" (Hart, "Prolegomenon to the principles of punishment", cit., p. 9).

SANÇÕES JURÍDICAS   33

John Rawls[15] menciona que as sanções devem ter caráter retributivo e utilitarista: toda e qualquer sanção jurídica objetiva a punição do infrator e o desestímulo da repetição do ilícito. A punição do infrator e o desestímulo à repetição do ilícito são as finalidades das normas sancionatórias, sua razão de existir. Dessa forma, somente serão consideradas sanções jurídicas as prescrições normativas estabelecidas visando a reprimir quem descumpriu uma norma previamente estabelecida e ainda a dissuadir quem eventualmente cogite repetir o ato ilícito. Prescrições marcadas por finalidades outras – *v.g.*, finalidade indenizatória – não podem ser qualificadas como sanções.

Flew, pretendendo elencar as principais características das sanções jurídicas (*punishment*), refere acertadamente que elas devem ser sempre um mal (*evil*); devem ser decorrência de uma ofensa; devem ser aplicadas contra o infrator; devem ser intencionais e ainda devem ser aplicadas por alguma autoridade devidamente constituída.[16] Tais características – verdadeiras exigências conceituais, aparecem também no âmbito das sanções tributárias, conforme será demonstrado.

1.2   As normas sancionatórias e o ilícito

O breve esboço conceitual apresentado anteriormente já demonstra que as sanções são prescrições normativas imputadas em face do descumprimento de normas jurídicas previamente existentes (normas primárias). São consequências jurídicas negativas porque representam um malefício ao infrator, estando prescritas em normas sancionatórias que têm por hipótese a descrição de um ato equivalente ao prévio descumprimento de outras normas jurídicas (normas primárias). O presente trabalho pressupõe, assim, a existência de normas jurídicas distintas: a norma primária na qual estabelecidos deveres e direitos subjetivos e a norma secundária na qual prescrita sanção pelo descumprimento da norma primária.[17]

---

15. John Rawls, "Two concepts of rules", in Frederick Schauer e Walter Sinnott-Armstrong, *The Philosophy of Law: classics and contemporary readings with commentary*, New York, Oxford University, 1996, p. 683. Como explica S. I. Benn, a perspectiva utilitarista das sanções preocupa-se com as suas consequências positivas ou benéficas (*beneficent consequences*); a perspectiva retributivista preocupa-se exclusivamente com a punição do ilícito (Benn, "An approach to the problems of punishment", cit., p. 326).
16. "The justification of punishment", cit., p. 293.
17. "Em reescritura reduzida, num corte simplificado e abstrato, a norma jurídica apresenta composição dúplice: norma primária e norma secundária. Na primeira, realizada a hipótese fáctica, *i.e.*, dado um fato sobre o qual ela incide, sobrevêm,

34 SANÇÕES TRIBUTÁRIAS: DEFINIÇÃO E LIMITES

Da mesma forma que a realização de um fato enquadrado na hipótese de uma norma primária faz nascer uma relação jurídica da qual serão extraídos direitos subjetivos e deveres, seu desrespeito, caso enquadre-se na hipótese de outra norma dita secundária ou sancionatória, dará ensejo à punição do infrator.[18] Haverá, assim, de um lado, normas de conduta estabelecendo comportamentos permitidos, obrigatórios e proibidos (normas primárias); de outro, normas de sanção, as quais fixam penalidades em face de comportamentos proibidos ou de omissões adotadas perante comportamentos obrigatórios (normas secundárias).

Possível antecipar, desde logo, que as normas primárias cujo descumprimento dará origem à sanção e as normas sancionatórias apresentarão igual estrutura sintática: hipótese e consequência. A razão de tal identidade estrutural reside no fato de que ambas são normas-regras. Por outro lado, as normas primárias e as sancionatórias são dotadas de diversos conteúdos semânticos: as primeiras têm em sua hipótese a descrição de um fato lícito e em seu consequente a prescrição de uma relação jurídica; as segundas têm em sua hipótese a descrição de um fato ilícito e em seu consequente a prescrição de uma sanção. A sanção nada mais é do que a prescrição estabelecida por normas jurídicas (secundárias) em face do descumprimento de outras normas jurídicas (primárias).

Para entender as sanções, faz-se necessário, portanto, examinar as normas sancionatórias. Como quaisquer normas jurídicas, as normas sancionatórias resultam da interpretação de enunciados normativos. Como ensina Riccardo Guastini,[19] "a operação intelectual que conduz do enunciado ao significado – ou se se preferir, a operação de identificação do significado, se chama interpretação". Premissa básica da presente tese,

pela causalidade que o ordenamento institui, o efeito, a relação jurídica com sujeitos em posições ativa e passiva, com pretensões e deveres (para nos restringirmos às relações jurídicas em sentido estrito). Na segunda, a hipótese fáctica, o pressuposto é o não cumprimento, a inobservância do dever de prestar, positivo ou negativo, que funciona como fato jurídico (ilícito, antijurídico) fundante de outra pretensão, a de exigir coativamente perante órgão estatal a efetivação do dever constituído na norma primária. Ainda que eventualmente juntas, por conveniência pragmática, linguisticamente formuladas como unidade, logicamente são duas proposições normativas. Lógica e juridicamente, são diversas, pelos sujeitos intervenientes, pelos fatos jurídicos e efeitos" (Lourival Vilanova, *Causalidade e Relação no Direito*, 4ª ed., São Paulo, Ed. RT, 2000, pp. 188-189).

18. Hans Nawiasky, *Teoría General del Derecho*, Madrid, Rialp, 1962, p. 36.

19. "L'operazione intellettuale che conduce dall'enunciato al significato – o, se si preferisce, l'operazione di identificazione del significato – si chiama interpretazione" (Riccardo Guastini, *Il Diritto come Linguaggio. Lezioni*, 2ª ed., Torino, Giappichelli, 2006, p. 29).

SANÇÕES JURÍDICAS   35

texto e norma não se confundem: normas são significados de enunciados legislativos e têm origem na atividade interpretativa; textos são enunciados linguísticos a partir dos quais é promovida a referida atividade interpretativa. Nesse sentido, o alerta de Eros Grau é digno de registro: "O que em verdade se interpreta são os textos normativos; da interpretação dos textos resultam as normas. Texto e norma não se identificam. A norma é a interpretação do texto normativo".[20] E como a interpretação é atividade humana influenciada pelas experiências de cada indivíduo, já não há mais como negar que ela é sempre construtiva e que os textos não apresentam significados prontos para serem simplesmente anunciados (Gadamer).[21] Conforme referido por Jeremy Waldron,[22] palavras não determinam significados; pessoas o fazem ("words do not determine meanings; people do").

Logo, as normas de sanção construídas pela interpretação de enunciados normativos têm necessariamente em sua hipótese a descrição de um ato que representa o descumprimento prévio de uma norma primária (norma de conduta na qual estabelecida uma obrigação ou proibição).[23] Tal ato será a partir de agora denominado ilícito. Fácil perceber: o ilícito representa o descumprimento de uma norma de conduta e é um *prius* em relação à sanção.

Representando o descumprimento de uma norma primária, o ilícito expressa violação à ordem jurídica: a realização de um ato proibido ou

20. Eros Roberto Grau, *Ensaio e Discurso sobre a Interpretação/Aplicação do Direito*, 5ª ed., São Paulo, Malheiros Editores, 2009, p. 27. No julgamento do RE 357.950-RS, o Min. Eros Grau reafirmou seu entendimento doutrinário, sustentando que, "em verdade, a Constituição nada diz; ela diz o que esta Corte, seu último intérprete, diz que ela diz. E assim é porque as normas resultam da interpretação e o ordenamento, no seu valor histórico-concreto, é um conjunto de interpretações, isto é, conjunto de normas; o conjunto das disposições (textos, enunciados) é apenas ordenamento em potência, um conjunto de possibilidades de interpretação, um conjunto de normas potenciais" (STF, Pleno, RE 357.950-RS, rel. Min. Marco Aurélio, j. 9.11.2005, *DJU* 15.8.2006, p. 25).
21. "O sentido de um texto supera seu autor não ocasionalmente, mas sempre. Por isso a compreensão nunca é um comportamento meramente reprodutivo, mas também e sempre produtivo" (Hans-Georg Gadamer, *Verdade e Método*, 6ª ed., São Paulo, Vozes, 2004, p. 392). Sobre o caráter produtivo (e não reprodutivo) do processo de interpretação, vide ainda Lênio Luiz Streck, *Jurisdição Constitucional Hermenêutica: uma nova crítica do direito*, Porto Alegre, Livraria do Advogado, 2002, p. 169.
22. Jeremy Waldron, "Vagueness in law and language: some philosophical issues", *California Law Review*, n. 82, 1994, p. 509.
23. "Norms of conduct are a species of regulative norms. A regulative norm qualifies (1) an action or (2) a state of affairs as prescribed, permitted or prohibited" (Peczenik, *On Law and Reason*, 1989, p. 276).

36 SANÇÕES TRIBUTÁRIAS: DEFINIÇÃO E LIMITES

a omissão perante uma conduta obrigatória – de normas permissivas não é possível que decorra um ilícito, conforme já haviam percebido Manuel Atienza e Juan Ruiz Manero.[24] Como ensina Norberto Bobbio, o ilícito representa uma ação quando a norma primária prescrevia uma omissão e representa uma omissão quando a norma primária prescrevia uma ação.[25]

No tocante ao Direito Tributário, a afirmativa de que as normas permissivas não podem ser descumpridas traz à tona a constatação de que a desobediência às chamadas normas de competência tributária não se traduz num ilícito, o que impede sua punição por normas sancionatórias. Relembrando: as normas de competência outorgam a seus destinatários parcelas de poder, permitindo-lhes realizar determinados atos jurídicos. Por exemplo, a norma de competência advinda da interpretação do art. 155, III, da CF outorga aos Estados Federados o poder de instituir Imposto sobre a Propriedade de Veículos Automotores (IPVA). Tratando-se de uma permissão – consoante lecionam Ernst Forsthoff[26] e Riccardo Guastini[27] –, não há como conceber que de tal norma decorra um ilícito passível de sanção. A omissão quanto ao exercício de tal competência tributária por parte de algum dos Estados não pode dar causa a qualquer punição – pensar diferente é ir de encontro ao caráter permissivo da norma de competência, que se tornaria, então, uma verdadeira obrigação.

---

24. "Solo las normas de mandato (las que prohíben u obligan) definen acciones ilícitas (hacer lo prohibido o non hacer lo debido); los permisos – las normas regulativas permisivas, por el contrario, no producen una división de la conducta en lícita e ilícita: lo simplemente permitido tanto puede hacerse como dejar de hacerse" (Manuel Atienza e Juan Ruiz Manero, *Ilícitos Atípicos*, Madrid, Trotta, 2006, p. 25).

25. Norberto Bobbio, *Teoria da Norma Jurídica*, 4ª ed., Bauru, Edipro, 2008, p. 152.

26. Ernst Forsthoff, *apud* José Souto Maior Borges, "Prefácio", in Humberto Ávila, *Sistema Constitucional Tributário*, 4ª ed., São Paulo, Saraiva, 2010, p. XLIX.

27. Riccardo Guastini ressalta que as normas de competência estabelecem uma permissão: "Al nivel de las normas de conducta ordinarias, puede decirse que en un sentido importante, las obligaciones cumplen una función primaria, mientras que los permisos cumplen una función secundaria. (...) Al nivel de las normas sobre la producción normativa (normas que no versan sobre comportamientos sino sobre actos normativos), los permisos cumplen, en cambio, una función primaria mientras que las obligaciones juegan un papel secundario. En efecto, las normas permisivas son – según algunos – instrumentos para instituir autoridades normativas, mientras que las normas imperativas (obligaciones y permisiones) sirven para limitar o delimitar la autoridad normativa conferida" (*Distinguiendo: estudios de teoría y metateoría del derecho*, trad. de Jordi Ferrer i Beltrán, Barcelona, Gedisa, 1999, pp. 119-120).

SANÇÕES JURÍDICAS 37

Daí porque transparece inconstitucional qualquer interpretação do art. 11 da chamada Lei de Responsabilidade Fiscal (LC 101/2000) que redunde na conclusão de que o exercício parcial da competência tributária daria origem a alguma sanção ao respectivo Ente Tributante. Tendo sido expressa a Constituição Federal ao permitir (e não obrigar) a instituição de tributos pelos Entes Políticos, não poderia uma lei sancionar a omissão do Ente Político quanto ao exercício da faculdade que lhe foi outorgada. Daí porque qualquer negativa de repasse de transferências voluntárias a Entes Políticos por suposta falta do total exercício de suas competências tributárias mostra-se inconstitucional.

Importante esclarecer, ainda, que tampouco a nulidade dos atos praticados em desconformidade às respectivas normas de competência seria uma forma de sanção. A nulidade do referido ato é, sim, consequência jurídica do descumprimento da norma de competência, mas isso, por si só, não faz dela uma sanção. Exatamente como antecipado no esboço conceitual trazido linhas atrás, as sanções devem representar um mal a ser infligido ao infrator e devem ter como finalidade a sua punição e também o desestímulo à repetição do ilícito. A nulidade do ato promovido em desconformidade com a norma de competência que regula a sua inserção no ordenamento não representa necessariamente um mal imposto ao sujeito que o promoveu tampouco tem por finalidade a sua punição.[28] A nulidade do ato desconforme não é, portanto, uma sanção.

De volta ao conceito de ilícito, necessário refletir acerca de suas mais comuns acepções. Por ilícito tem-se o descumprimento de uma norma de conduta – ilícito seria, assim, fato contrário à prescrição de

---

28. "(...) em muitos casos a nulidade pode não ser um mal para aquele que não satisfez uma qualquer condição exigida para a validade jurídica. Um juiz pode não ter qualquer interesse material na validade de sua sentença e esta ser-lhe indiferente; a parte que descobre não estar vinculada ao contrato relativamente ao qual foi demandada, porque era menor ou não tinha assinado o documento escrito exigido para certos contratos, poderá não reconhecer aqui a ameaça de um mal ou sanção. Mas, para além dessas críticas banais que poderiam ser resolvidas com alguma dose de engenho, há razões mais importantes para a nulidade não poder ser assimilada ao castigo associado a uma regra como estímulo para a inibição das atividades que a regra proíbe. No caso de uma regra de direito criminal, podemos identificar duas coisas distintas: um certo tipo de conduta que a regra proíbe e a sanção dirigida ao seu desencorajamento. (...) Não se trata de algo semelhante à conduta desencorajada pela regra criminal algo que as regras jurídicas que estipulam formas jurídicas para os contratos visassem suprimir" (H. L. A. Hart, *Conceito de Direito*, 3ª ed., Lisboa, Fundação Calouste Gulbenkian, 2001, pp. 41-46). No mesmo sentido, Scott J. Shapiro, *Legality*, Cambridge, Harvard University, 2011, p. 65.

38 SANÇÕES TRIBUTÁRIAS: DEFINIÇÃO E LIMITES

uma norma de conduta que obrigue ou que proíba certo comportamento.[29] Em outro sentido, pode-se entender que ilícito equivaleria à descrição abstrata constante da hipótese de uma norma sancionatória. Finalmente, ilícito pode ser entendido como a realização de um fato que se enquadre na descrição abstrata da hipótese de incidência de uma norma sancionatória – em tal hipótese o conceito de ilícito deixaria de abarcar os descumprimentos de normas primárias que não tenham sido descritos como hipóteses de normas secundárias (sancionatórias). Na primeira acepção, ilícito é fato; na segunda, é hipótese normativa de norma sancionatória; e na terceira, é fato jurídico, eis que enquadrado na hipótese da norma sancionatória (fato típico, antijurídico e reprovável). No presente estudo adotar-se-á a primeira das três acepções: ilícito será considerado o descumprimento de uma norma de conduta (norma primária) que proíba ou que obrigue determinado comportamento, esteja ou não previsto como hipótese de alguma norma sancionatória. Tal observação mostra-se bastante relevante, dela resultando a constatação de que nem todo ilícito é sancionado – são sancionados apenas os ilícitos descritos na hipótese de uma norma sancionatória. Da mesma forma, a assunção de tal conceito de ilícito demonstra que sua qualificação como "tributário", "civil" ou "administrativo" diz respeito à origem da norma de conduta desrespeitada, e não ao ramo do Direito do qual oriunda a correlata norma sancionatória. É por isso que um ilícito tributário pode ser punido por uma sanção penal ou por uma sanção administrativa, por exemplo.

1.3 *A dimensão normativa das normas jurídicas sancionatórias: regras*

As sanções jurídicas são prescrições normativas aplicadas em face do descumprimento de normas de conduta. São, portanto, consequências da aplicação de normas jurídicas (normas sancionatórias). Cabe examinar, assim, se tais normas sancionatórias podem ser regras e/ou princípios – no modelo de positivismo ético ora adotado, regras e princípios convivem de forma ordenada no sistema jurídico.

---

29. Atienza e Manero, *Ilícitos Atípicos*, 2006, p. 24. Para Luciano Amaro: "infração é um comportamento qualquer, por ação ou por omissão, contrário a uma norma jurídica. É uma conduta omissiva ou comissiva que infringe um comando legal" ("Infrações tributárias", 1995, p. 25). No mesmo sentido: "ilícito ou infração tributária são categorias relativas ao mundo fático" (Paulo de Barros Carvalho, *Direito Tributário: linguagem e método*, 3ª ed., São Paulo, Noeses, 2009, p. 846).

SANÇÕES JURÍDICAS

As normas jurídicas dividem-se em regras e princípios, conforme tradicional lição de Robert Alexy[30] e Neil MacCormick.[31] Sem maior espaço para grandes digressões teóricas quanto às diferenças existentes entre regras e princípios – muitas a respeito das quais ainda não há consenso doutrinário –, o presente trabalho adotará como premissa os conceitos apresentados por Humberto Ávila:

> [*regras são*] normas imediatamente descritivas, primariamente retrospectivas e com pretensão de decidibilidade e abrangência, para cuja aplicação se exige a avaliação da correspondência, sempre centrada na finalidade que lhes dá suporte ou nos princípios que lhes são axiologicamente sobrejacentes, entre a construção conceitual da descrição normativa e a construção conceitual dos fatos;[32]
>
> [*princípios são*] normas imediatamente finalísticas, primariamente prospectivas e com pretensão de complementaridade e de parcialidade, para cuja aplicação se demanda uma avaliação da correlação entre o estado de coisas a ser promovido e os efeitos decorrentes da conduta havida como necessária à sua promoção.[33]

Na linha doutrinária ora adotada, a diferença entre regras e princípios parte de três critérios fundamentais:[34] *a*) natureza do comportamento prescrito; *b*) natureza da justificação exigida; e *c*) medida de contribuição para a decisão.

De acordo com o primeiro critério (*natureza do comportamento prescrito*), as regras são normas imediatamente descritivas,[35] porquanto

---

30. Robert Alexy, *Teoría de los Derechos Fundamentales*, Madrid, Centro de Estudios Políticos e Constitucionales, 2002, p. 83; trad. brasileira: *Teoria dos Direitos Fundamentais*, trad. de Virgílio Afonso da Silva, 2ª ed., 4ª tir., São Paulo, Malheiros Editores, 2015, p. 85. Importante esclarecer que no presente estudo os postulados normativos são entendidos como um gênero próprio, e não como uma espécie do gênero "normas jurídicas". Tais postulados são metanormas e divergem das normas jurídicas em função e estrutura. Nesse sentido, vide Humberto Ávila, *Teoria dos Princípios: da definição à aplicação dos princípios jurídicos*, 16ª ed., São Paulo, Malheiros Editores, 2015, pp. 163 e ss.
31. "(...) the concepts of law and of legal system are, as has been elaborately asserted and reasserted herein, not exhausted by reference to the role set of legal rules. Principles also belongs within the 'genus' law, legal system comprise principles and all the rest of it as well as laws" (MacCormick, *Legal Reasoning and Legal Theory*, cit., p. 244).
32. Ávila, *Teoria dos Princípios...*, cit., p. 102.
33. Idem, ibidem.
34. Idem, ibidem, pp. 95-97.
35. Sobre o caráter descritivo das regras, vide Frederick Schauer, *Thinking like a Lawyer: a new introduction to legal reasoning*, Cambridge, Harvard University, 2012.

40 SANÇÕES TRIBUTÁRIAS: DEFINIÇÃO E LIMITES

estabelecem a prescrição de um comportamento proibido, permitido ou obrigatório; já os princípios são normas imediatamente finalísticas, que estabelecem um ideal a ser perseguido, não um comportamento a ser promovido ou evitado. Em razão de tal critério, afirma Aulis Aarnio[36] que as regras são normas do que fazer (*ought-to-do norms*) e os princípios são normas do que deve ser (*ought-to-be norms*). Evidente que o estado de coisas ditado pelos princípios somente poderá ser alcançado a partir da realização de um determinado comportamento, mas isso não depõe contra a constatação de que tal comportamento não está prescrito pelo princípio.

Pelo segundo critério (*natureza da justificação exigida*), a aplicação das regras demanda a realização de um raciocínio de subsunção, que permita cotejar os fatos ocorridos em face da descrição constante na hipótese normativa; a aplicação dos princípios, por sua vez, requer o exame da correlação entre o estado de coisas indicado como fim a ser alcançado e os efeitos da conduta promovida. No caso das regras, o aplicador deve se preocupar com a demonstração da correspondência entre a descrição da hipótese normativa e o fato ocorrido; no caso dos princípios, entretanto, o foco deverá recair sobre a correlação entre o estado de coisas exigido e os efeitos da conduta adotada.

Finalmente, estabelece o terceiro critério (*medida de contribuição para a decisão*) que as regras são preliminarmente decisivas e abarcantes, tendo forte pretensão de decidibilidade. Os princípios, por seu turno, têm pretensão de complementaridade e de parcialidade, tendo em vista que sua aplicação sempre leva em conta outras normas. No que toca a esse terceiro critério, Robert Alexy[37] assevera categoricamente que os princípios são razões *prima facie* e que as regras são razões definitivas. Tal afirmação deve ser entendida no sentido de que os princípios são necessariamente sopesados com outras normas durante o processo de ponderação exigido para sua aplicação, ao passo que as regras, salvo casos excepcionais de "superação", sendo válidas, devem ser imediata e irrefutavelmente aplicadas sempre que houver correspondência entre a descrição de sua hipótese e o comportamento em questão.

Trazendo às normas sancionatórias os três critérios de distinção entre regras e princípios, vê-se que elas são, por sua própria natureza, sempre

---

36. "The answer can be given and the difficulty can be solved, if and only if legal principles and norms like them are not understood as ought to do – but, consequently, as ought to be norms" (Aulis Aarnio, *Reason and Authority: a treatise on the dynamic paradigm of legal dogmatics*, Cambridge, Dartmouth, 1997, p. 183).

37. Alexy, *Teoría de los Derechos Fundamentales*, cit., p. 100; *Teoria dos Direitos Fundamentais*, cit., p. 103.

SANÇÕES JURÍDICAS 41

e necessariamente, regras. Considerando o primeiro critério de distinção entre regras e princípios (*natureza do comportamento prescrito*), percebe--se que as normas sancionatórias são regras porque ordenam um comportamento, em vez de estabelecerem um fim a ser alcançado. Tais normas ditam, por exemplo, que aquele cujo ato se enquadrar no ilícito descrito em sua hipótese deverá pagar uma multa. Nas normas sancionatórias há sempre uma prescrição na qual estabelecido um malefício ao infrator, uma obrigação. No tocante ao segundo critério (*natureza da justificação exigida*), as normas sancionatórias também apresentam-se como típicas regras, tendo em vista que sua aplicação demanda um raciocínio de subsunção. O aplicador deve examinar se houve o descumprimento de uma norma de conduta tal qual descrito na hipótese da norma sancionatória. Havendo o enquadramento do referido descumprimento na hipótese da norma sancionatória, deverá ser aplicada a sanção. Finalmente, quanto ao terceiro critério (*medida de contribuição para a decisão*), também parece evidente que as normas sancionatórias são regras pois devem ter forte pretensão de decidibilidade – são e devem ser razões definitivas à aplicação da sanção que prescrevem.

As normas sancionatórias, portanto, são regras. Por esse motivo, apresentam uma hipótese normativa e uma consequência jurídica.[38] Especificamente consideradas em sua estrutura lógica, as normas sancionatórias podem ser decompostas em: (i) uma hipótese na qual descrito um ilícito equivalente ao descumprimento de uma norma de conduta que obrigava ou proibia algum comportamento; e (ii) um consequente no qual prescrita uma sanção, que deverá representar um mal a ser imposto ao infrator.

1.4 A dupla finalidade das normas sancionatórias

Conforme já observado, as normas sancionatórias são sempre regras. Por esse motivo apresentam estrutura lógica formada por uma hipótese (descritor) e uma consequência (prescritor). Em sua hipótese normativa haverá a descrição de algum ilícito – o descumprimento de uma norma de conduta previamente existente, que obrigue ou proíba determinado comportamento. No consequente, a prescrição de uma pena (sanção), que representará um mal a ser ocasionado ao infrator.

Há, contudo, algo mais a diferenciar as normas sancionatórias das demais normas jurídicas: sua finalidade. Conforme sustenta Frederick

---

38. Schauer, *Thinking like a Lawyer...*, cit., p. 23.

42   SANÇÕES TRIBUTÁRIAS: DEFINIÇÃO E LIMITES

Schauer,[39] toda regra tem uma justificativa de fundo, uma finalidade para a qual foi criada ("every rule has a background justification – sometimes called a rationale – which is the goal that the rule is designed to serve"). Ponto fundamental à compreensão das normas sancionatórias, não há como evitar sejam analisadas as finalidades que justificam as sanções.

A importância do exame da finalidade para a interpretação dos enunciados normativos e assim para a construção das normas já foi destacada por Jerzy Wroblewski.[40] Pierluigi Chiassoni[41] adota o mesmo entendimento, enquanto Neil MacCormick e Zenon Bankowski[42] referem claramente que a finalidade do texto normativo deve auxiliar na tarefa hermenêutica.

Outorgando ainda maior ênfase à importância da finalidade durante o processo de interpretação que dá origem às normas, merece destaque a obra de Aharon Barak.[43] O referido autor trata com profundidade a relevância da finalidade para a interpretação jurídica, explorando as nuances do modelo hermenêutico que chama de interpretação finalística (*purposive interpretation*).[44] Segundo refere, a interpretação finalística combina elementos subjetivos (*e.g*,. a intenção do autor do texto interpretado) e elementos objetivos (*e.g*., a intenção do homem médio ou de um intérprete razoável ou a finalidade do texto segundo depreende-se de outras fontes normativas). Tal modelo de interpretação tem primado pela

---

39. Idem, ibidem, p. 15.

40. Wróblewski, *The Judicial Application of Law*, cit., p. 91. Sobre a importância da finalidade para a interpretação das regras, afirma Schauer: "we might be required to look to the purpose behind the rule to see whether some particular fringe application should be include or not" (Schauer, *Thinking like a Lawyer...*, cit., p. 19).

41. Pierluigi Chiassoni, *Tecnica dell'Interpretazione Giuridica*, Bologna, Il Mulino, 2007, p. 73.

42. Zenon Bankowski e Neil MacCormick, "Statutory interpretation in the United Kingdom", in Neil MacCormick e Robert S. Summers (coords.), *Interpreting Statutes: a comparative study*, Dartmouth, Aldershot, 2008, p. 371.

43. Aharon Barak, *Purposive Interpretation in Law*, New Jersey, Princeton University, 2007.

44. "The interpretation is purposive because its goal is to achieve the purpose that the legal text is designed to achieve. (...) The purposive interpretation is based on three components: language, purpose and discretion. (...) The second and core component of purposive interpretation is the element of purpose (the *telos*). This is the *ratio juris*, the purpose at the core of the text (will, contract, statute or constitution). This purpose is the values, goals, interests, policies and aims that the text is designed to actualize. It is the function that the text is designed to fulfill. The purpose of the text is a normative concept. (...) The author of the text formulated the text. The interpreter of the text formulated its purpose" (Barak, *Purposive Interpretation in Law*, cit., pp. 88-89).

SANÇÕES JURÍDICAS 43

busca da síntese entre texto e sistema normativo ("the goal is synthesis and integration between text and legal system").[45] De forma acertada, a referida doutrina enaltece a importância da finalidade para a interpretação construtiva das normas jurídicas. A busca pela finalidade dos enunciados prescritivos, assim, tornou-se deveras importante no processo interpretativo conducente à elaboração das normas jurídicas, justificando, por isso, especial atenção também no que atine às normas sancionatórias. Isso porque, também no âmbito sancionatório, o simples exame estrutural das normas já não mais satisfaz a Ciência do Direito. Fundamental, pois, na linha prenunciada por Norberto Bobbio,[46] suplementar tal exame estrutural a partir de uma análise funcional das normas jurídicas.

Voltando novamente o foco de atenção às regras sancionatórias, pode-se perceber que elas apresentam sempre dupla finalidade: punir o infrator e desencorajar a prática futura de novos ilícitos. Pondo fim à tradicional discussão formada entre os partidários das visões utilitarista e retributivista das sanções – os primeiros a defender a maior importância da finalidade pedagógica e os segundos a maior importância da finalidade punitiva em sentido estrito –, H. L. A. Hart[47] e A. Flew[48] esclarecem que ambas são perfeitamente conciliáveis e não excludentes. Conforme acertadamente identificado pela referida doutrina, as sanções servem, de um lado, para reprimir o infrator; de outro, para desestimular a promoção de novos ilícitos.[49]

45. Idem, ibidem, p. 95.
46. "(...) se quisermos deduzir uma consideração final, tal seria que a análise estrutural, atenta às modificações da estrutura, e a análise funcional, atenta às modificações da função, devem ser continuamente alimentadas e avançar lado a lado, sem que a primeira, como ocorreu no passado, eclipse a segunda, e sem que a segunda eclipse a primeira como poderia ocorrer em uma inversão das perspectivas a que os hábitos, as modas, o prazer do novo pelo novo, são particularmente favoráveis" (Norberto Bobbio, *Da Estrutura à Função...*, cit., p. 113).
47. Hart, "Prolegomenon to the principles of punishment", cit., pp. 2-3.
48. "Sometimes, it seems to be assumed that there must be an inconsistency in justifying the adoption and enforcement of a law or a system of laws by *both* utilitarian and retributive appeals. But there is no necessary inconsistency" (Flew, "The justitication of punishment", cit., p. 306).
49. Para Beccaria: "o fim da pena, pois, é apenas o de impedir que o réu cause novos danos aos seus concidadãos e demover os outros de agir desse modo" (Beccaria, *Dos Delitos e das Penas*, cit., 2006, p. 43). Eduardo Garcia Maynez refere que "el fin de la sanción es estimular a la observancia de la norma, por lo cual tales consecuencias han de implicar un mal" (Eduardo Garcia Maynez, *Introducción a el Estudio del Derecho*, México, Porrúa, 1978, p. 308). Já em Ricardo A. Guiborg se lê: "la reacción social (moral o jurídica) ante una acción que se juzga ilícita consiste

44 SANÇÕES TRIBUTÁRIAS: DEFINIÇÃO E LIMITES

A dupla finalidade das sanções – repreender o infrator e prevenir a repetição do ilícito –, é traço fundamental à sua própria identificação como instituto jurídico autônomo. Trata-se de caráter essencial à caracterização das sanções, que se refere não apenas ao próprio infrator, como também a qualquer outro cidadão que porventura estivesse inclinado a descumprir a norma de conduta. Pelas palavras de Jeremy Bentham,[50] as sanções funcionam tanto como uma prevenção geral direcionada a todo e qualquer cidadão quanto como uma prevenção especial direcionada exclusivamente ao infrator.

Percebe-se, pois, a equivocidade do entendimento, em grande medida já superado, que sustentava a possível existência de sanções não punitivas, que teriam finalidade exclusivamente ressarcitória. Durante longo tempo sustentaram certos autores e alguns Tribunais, nos campos do Direito Tributário, a existência de sanções com caráter de ressarcimento ou compensação, que não teriam finalidade punitiva.[51]

a menudo en una acción permitida, que se ejerce sobre el infractor con el objeto declarado de castigarlo, reeducarlo, constituirlo en ejemplo para la comunidad o consternarlo a reparar el daño causado, pero siempre (además) con el fin implícito de proclamar el apego social a la norma a costa del autor del acto ilícito" (Ricardo A. Guiborg, *Pensar en las Normas,* Buenos Aires, Eudeba, 1999, p. 22). Bobbio prefere sintetizar seu pensamento afirmando que "el fin de la sanción es la eficacia de la norma, o, en otras palabras, la sanción es un medio para obtener que las normas sean menos violadas o que las consecuencias de la violación sean menos graves" (Bobbio, *Teoría General del Derecho,* cit., p. 108). No que atine às sanções administrativas, refere Alejandro Nieto que sua função é "asegurar el respeto a la legalidad y castigar el incumplimiento de las obligaciones y prohibiciones legalmente impuestas" (Nieto, *Derecho Administrativo Sancionador,* cit., p. 34). No Brasil, vide Carlos Ari Sundfeld, "Infrações e sanções administrativas", *RF* 298/100, 1985.
50. "The prevention of offences divides itself into two branches: particular prevention, which applies to the delinquent himself; general prevention, which is applicable to all members of the community without exception" (Jeremy Bentham, *The Rationale of Punishment,* New York, Prometheus Books, 2009, p. 61).
51. "Conforme o caso, determina-se que dadas condutas violatórias de obrigações tributárias sejam objeto de sanções, cuja finalidade está em reparar o dano causado. (...) A ideia exclusiva de reparação é o que distingue, com nitidez, as sanções indenizatórias das repressivas. Sendo ambas, sempre, figuras corretivas da obrigação tributária descumprida, enquanto as primeiras (as sanções indenizatórias) têm por conteúdo o princípio do restabelecimento ou equivalência na ordem externa, as sanções repressivas contêm algo mais, que as caracteriza" (Hector Villegas, *Direito Penal Tributário,* trad. de Elisabeth Nazar, São Paulo, Ed. RT, 1974, p. 319). Relembre-se, ainda, a lição de Paulo de Barros Carvalho: "As multas de mora são também penalidades pecuniárias, mas destituídas da nota punitiva em sentido estrito. Nelas predomina o intuito indenizatório, pela contingência de o Poder Público receber a destempo, com as inconveniências que isso normalmente acarreta, o tributo a que

SANÇÕES JURÍDICAS 45

Eram apresentados exemplos referentes a juros de mora e correção monetária e também traçavam-se paralelos com as "sanções civis" de natureza indenizatória. Gaetano Paccielo,[52] por exemplo, referia que "as sanções civis têm, primordialmente, uma função retributiva". Não é esta, contudo, a posição mais acertada, ao menos não em face da base teórica adotada no presente trabalho. Como já referido, as sanções, inclusive as tributárias, têm sempre e necessariamente caráter punitivo, buscando, assim, reprimir o infrator e desestimular a prática futura de novos ilícitos. Não servem, portanto, para ressarcir ou indenizar a vítima ou a sociedade (Nawiasky[53] e Sainz de Bujanda[54]). A reparação de danos, essa sim, ao contrário das sanções, tem por finalidade recompor o *status quo ante* e restabelecer os direitos e/ou o patrimônio do ofendido. Daí por que, no que tange à velha discussão acerca da natureza da multa tributária moratória, se punitiva ou indenizatória, cabe antecipar, trata-se de prescrição punitiva, como, aliás, já admitido pela própria Procuradoria-Geral da Fazenda Nacional (Parecer PGFN/CRJ n. 2113/2011). Não fosse assim, tal multa não seria uma sanção, como percebido pelo Supremo Tribunal Federal ao julgar o RE 79.625-SP.[55] No referido precedente, foi corretamente apontado pelo Min. Cordeiro Guerra que:

tem direito" (Paulo de Barros Carvalho, *Curso de Direito Tributário,* 23ª ed., São Paulo, Saraiva, 2011, p. 622).
52. Gaetano Paciello, "As sanções do direito tributário", in Yves Gandra da Silva Martins (coord.), *Sanções Tributárias,* São Paulo, Ed. RT, 1990, p. 61.
53. "A veces se admite como tercera forma de sanción la obligación jurídica de indemnizar los daños o, lo que es igual, la responsabilidad (*Haftung*) por una deuda. Pero en estos casos se trata sólo de una eventual obligación que sustituye a otra y caso de que no sea voluntariamente cumplida sólo puede ser llevada a efecto a su vez mediante la coacción" (Nawiasky, *Teoría General del Derecho*, cit., p. 35).
54. Para Fernando Sainz de Bujanda: "(…) cabe, en fin, que la norma tributaria configure una sanción que no vaya dirigida a obtener el cumplimiento de la prestación tributaria de contenido pecuniario, ni a resarcir al ente público acreedor del daño experimentado por una prestación morosa, sino a castigar al infractor por la transgresión del ordenamiento que la infracción – cualquiera que sea su modalidad – entraña. Esa sanción puede tener contenido diverso (…) pero su finalidad – esto es lo decisivo – no consiste en asegurar los derechos de contenido patrimonial que al Fisco acreedor corresponden dentro de una relación jurídica concreta – (…), sino in intimidar al contribuyente – tanto al infractor actual, como a cualquier otro infractor en potencia – para que la conducta contraria al ordenamiento tributario no se reitere o no llegue a producirse. La sanción es, entonces, netamente represiva o punitiva. Se trata, en suma, de una pena" (Fernando Sainz de Bujanda, *Sistema de Derecho Financiero*, t. 1, vol. 2, Madrid, Facultad de Derecho de La Universidad Complutense, 1985, p. 622).
55. STF, Tribunal Pleno, RE 79.625, rel. Min. Cordeiro Guerra, j. 14.8.1975, *RTJ* 80/104.

46 SANÇÕES TRIBUTÁRIAS: DEFINIÇÃO E LIMITES

(...) compensada a mora pela correção monetária do tributo exigido e pelos juros moratórios, (a sanção fiscal) é sempre punitiva, pois que a sanção aplicada não o é pela mora, mas pelo simples fato do inadimplemento, daí a considerar a sua natureza como punitiva e não moratória.

Prosseguindo na fundamentação de seu voto, o Min. Cordeiro Guerra sustentou ainda que:

(...) o escopo direto das multas e penas pecuniárias não está em produzir para o erário um lucro que o indenize do prejuízo que sofreu, mas o de impor ao transgressor um mal, uma pena, um dano, que seja o correspectivo jurídico de sua conduta ilícita. Se assim não fosse, a lei se limitaria a obrigar o inadimplente a pagar o tributo que não pago, cujo montante, no máximo, poderia ser aumentado dos juros. Mas como se explicaria – nota o escritor – que o inadimplente possa ser constrangido a pagar cinco, sete, dez vezes a importância do tributo que deveria ter pago? Na lei transluz claramente o intento de *punir* o transgressor. O proveito para o erário é somente consequência indireta dessa punição, como o é, em proporção menor, em todos os casos de penas pecuniárias. Outro ofício, próprio também dessas penas, é de servir de meio de intimidação para aqueles que ainda não transgrediram a lei.

De fato, como já afirmado, as normas sancionatórias servem tanto para punir o infrator (finalidade punitiva em sentido estrito) como também para diminuir o ímpeto dele próprio e das demais pessoas em promover atos ilícitos iguais ao que deu origem à sanção (finalidade pedagógica). Não podem servir para promover o ingresso de recursos aos cofres estatais tampouco remunerar a mora ou qualquer outra tarefa relativa a ressarcimento ou indenização. São ao mesmo tempo regras com finalidade punitiva em sentido estrito e com finalidade pedagógica. Punitiva (em sentido estrito) porque punem o sujeito que promoveu o ato ilícito enquadrado na descrição de sua hipótese; pedagógica porque sua eficácia vai muito além da punição do infrator, servindo como desestímulo inclusive a outras pessoas que cogitassem promover o mesmo ilícito.[56]

56. Nesse sentido, acerca das sanções administrativas, Fábio Medina Osório refere que: "A finalidade punitiva da sanção administrativa não é incompatível com uma finalidade disciplinar, embora se aparte, por óbvio, da pretensão ressarcitória. O exercício do poder disciplinar é, necessariamente, em alguma medida, também punitivo, embora busque um acentuado objetivo pedagógico. Ocorre, de um lado, que essa pretensão pedagógica tampouco está descartada ou é estranha às finalidades repressivas ordinariamente presentes nas penas ou sanções administrativas"

SANÇÕES JURÍDICAS 47

Vale observar que a finalidade punitiva em sentido estrito é alcançada por meio da eficácia retroativa da norma sancionatória: é punido o infrator que já promoveu o ato ilícito. Busca a norma jurídica atingir fato já ocorrido e assim punir o infrator na medida do malefício por ele causado. A finalidade pedagógica, por sua vez, é cumprida mediante a eficácia prospectiva da norma: a sanção serve como desestímulo à prática futura de novos ilícitos. A simples existência da norma sancionatória funciona como (mais uma) razão ao cumprimento das normas primárias pelos cidadãos. Nesse sentido, a finalidade pedagógica da regra sancionatória acaba por reforçar a eficácia da norma de comportamento cujo desrespeito dá ensejo à aplicação da penalidade. Sabem todos que a promoção daquele determinado ilícito dará causa à aplicação da pena prescrita na regra sancionatória. Tal prévio conhecimento dos efeitos jurídicos decorrentes do ilícito acaba por reforçar a obrigação quanto ao cumprimento da norma primária. Há um somatório de forças entre a previsão da regra de comportamento e a simples existência da regra sancionatória, a influenciar, de forma prospectiva, os comportamentos – tais forças transmudam-se em razões conducentes ao cumprimento do preceito estabelecido pela norma primária (Austin[57]). As normas sancionatórias servem, assim, como reforço à obediência devida pelos sujeitos às normas primárias;[58] pelas palavras de Frederick Schauer, são cruciais na motivação para a obediência e assim na adequação dos comportamentos em face do quanto estabelecido pelo Direito.[59]

É possível afirmar, pois, que à eficácia própria da norma de comportamento (norma primária) soma-se a eficácia dita prospectiva da respectiva regra sancionatória (norma secundária) – como afirma S. I. Benn,[60] uma das grandes atribuições das normas sancionatórias é a de assegurar

(Fábio Medina Osório, *Direito Administrativo Sancionador,* 4ª ed., São Paulo, Ed. RT, 2011, p. 97).
57. "By a dozen or score of punishments, thousands of crimes are prevented" (Austin, *The Providence of Jurisprudence Determined,* cit., p. 40).
58. Traçando um paralelo entre os fundamentos das sanções penais e administrativas, Alejandro Nieto fala num fundamento político-criminal, definido como "la coacción psicológica (Feuerbach) o la actualmente llamada (Gimbernat, Munoz Conde, Cerezo Mir) motivación de la norma penal en cuanto que solo una amenaza penal establecida por la ley con anterioridad al hecho es susceptible de paralizar los impulsos tendentes a su comisión" (Alejandro Nieto, *Derecho Administrativo Sancionador,* 5ª ed., Madrid, Tecnos, 2012, p. 182).
59. Frederick Schauer, *The Force of Law.* Cambridge: Harvard University. 2015, p. 76: "they seem nonetheless crucial in promoting a motivation to obey and thus in promoting compliance with the law".
60. Benn, "An approach to the problems of punishment", cit., p. 341.

48 SANÇÕES TRIBUTÁRIAS: DEFINIÇÃO E LIMITES

o cumprimento das normas primárias. Na linha também defendida por Scott Shapiro e Ezio Vanoni,[61] operam, ambas, norma primária e norma secundária, em favor da obediência ao quanto estabelecido pela primeira (norma primária).

Parece, no entanto, que entre as finalidades punitiva (em sentido estrito) e pedagógica existe uma relação de primazia que pode variar de sanção a sanção. Há sanções cuja finalidade primordial é a punição do infrator, tendo em vista, por exemplo, a restrita possibilidade de que o ilícito punido venha a se repetir no futuro, seja novamente pelo infrator, seja por terceiros. Já em outros casos a punição do infrator ocupa papel secundário, sendo mais relevante a mensagem passada à sociedade, no sentido de que não ficarão impunes atos promovidos em desacordo com as normas de conduta estabelecidas pelo ordenamento – tal mensagem servirá para desestimular a repetição do ilícito. A identificação de qual dentre as duas mencionadas finalidades deve preponderar é (árdua) tarefa do intérprete no processo hermenêutico que dará origem à norma sancionatória e mesmo do julgador que irá avaliar os limites de cada sanção perante os limites constitucionais ao poder de sancionar.

---

61. "The rules are taken as reasons quite apart from the sanctions that would attend their violation or the moral considerations that independently apply to the actions required" (Shapiro, *Legality*, cit., p. 70). Vide ainda Ezio Vanoni, *Naturaleza y Interpretación de las Leyes Tributarias,* Madrid, Instituto de Estudios Fiscales, 1973, p. 158.

2
SANÇÕES TRIBUTÁRIAS

2.1 Teoria das sanções tributárias: 2.1.1 A inaplicabilidade dos princípios constitucionais tributários; 2.1.2 A inaplicabilidade dos princípios penais; 2.1.3 A recondução a sobreprincípios e postulados normativos. 2.2 Tributo e sanção de ato ilícito. 2.3 Sanções tributárias: conceito. 2.4 Sanções tributárias: espécies: 2.4.1 Sanções penais tributárias: 2.4.2 Sanções administrativo-tributárias: 2.4.2.1 Sanções pecuniárias: multas – 2.4.2.2 Sanções políticas.

2.1 Teoria das sanções tributárias

Não há no Brasil enunciados constitucionais direcionados expressamente às sanções tributárias. Tampouco há qualquer codificação legal acerca das sanções tributárias que aponte os princípios basilares de um subsistema normativo próprio e a partir daí consolide um conjunto ou subconjunto ordenado de dispositivos cuja interpretação servirá ao surgimento de normas gerais válidas para a União, Estados, Distrito Federal e Municípios. Falta-nos um código nacional de enunciados gerais que disponha de forma ordenada sobre sanções administrativo-tributárias, a tanto não bastando as poucas e desconexas disposições espalhadas ao longo do Código Tributário Nacional.

Diante da ausência de enunciados constitucionais expressamente direcionados ao campo sancionador-tributário e da falta de previsão legal a respeito de um conjunto organizado de normas gerais relativas às sanções tributárias, buscam-se soluções das mais diversas: alguns, na linha adotada pelo Supremo Tribunal Federal, ignoram a limitação incorporada ao Texto Constitucional e estendem às sanções os princípios decorrentes da interpretação do art. 150 da CF ("princípios constitucionais tributários"), a partir daí reordenando as normas legais espalhadas aqui e acolá e formulando um esboço de subsistema normativo próprio das sanções tributárias; outros, partindo de pretensas justificativas relativas à

50 SANÇÕES TRIBUTÁRIAS: DEFINIÇÃO E LIMITES

mesma origem comum do Direito Sancionador Administrativo, do Direito Sancionador Tributário e do Direito Penal, importam princípios penais formados em um ambiente essencialmente preocupado com a proteção da liberdade individual e os utilizam como base para a construção de um sistema próprio às normas de sanção administrativo-tributárias.

Nenhum dos caminhos parece ser o mais adequado, conforme a seguir demonstrado.

2.1.1 A inaplicabilidade dos princípios constitucionais tributários

Há no Brasil grande celeuma acerca da melhor interpretação do art. 150 da CF, enunciado constitucional que dá origem aos chamados princípios constitucionais tributários.[1]

O enunciado do art. 150 da CF traz em si a base interpretativa que dá origem às mais importantes imunidades e aos chamados princípios constitucionais tributários. Tais "princípios", em verdade, constituem uma série de princípios, regras e mesmo postulados que protegem os contribuintes e responsáveis de excessos decorrentes do exercício do poder de tributar repartido pela Carta Constitucional entre os entes políticos. Não obstante a expressão "princípios constitucionais tributários" já estar consagrada na doutrina e mesmo na jurisprudência nacional, o estágio atual da Ciência do Direito exige seja observado o fato de que em tal rol há normas que são princípios, outras que são regras ou postulados e outras ainda que apresentam caráter bi- ou mesmo tridimensional (ora atuam como princípios, ora como regras e ora até como postulados).[2] Visando

---

1. "Expressa ou implicitamente formulados, o elenco de tais princípios – tributários pelo conteúdo, mas constitucionais pela fonte de que promanam – forma o objeto do *Direito Constitucional Tributário*" (Antônio Roberto Sampaio Dória, *Direito Constitucional Tributário e Due Process of Law: ensaio sobre o controle judicial da razoabilidade das leis*, 2ª ed., Rio de Janeiro, Forense, 1986, p. 4). Para Ruy Barbosa Nogueira, o "Direito Tributário tem princípios próprios" (Ruy Barbosa Nogueira, *Curso de Direito Tributário*, 14ª ed., São Paulo, Saraiva, 1995, p. 39).

2. "Na perspectiva da espécie normativa que a exterioriza, a legalidade é tridimensional. Sua dimensão normativa preponderante é de regra, na medida em que descreve o comportamento a ser adotado pelo Poder Legislativo e, reflexamente, pelo Poder Executivo (na parte regulamentar), proibindo a instituição ou majoração de tributos a não ser por meio de um procedimento parlamentar específico. É preciso esclarecer, desde já, que a legalidade possui, no seu aspecto material conteudístico, sentido normativo indireto tanto de princípio, na medida em que estabelece o dever de buscar um ideal de previsibilidade e de determinabilidade para o exercício das atividades do contribuinte frente ao poder de tributar, quanto de postulado, porquanto exige do aplicador a fidelidade aos pontos de partida estabelecidos pela própria lei"

SANÇÕES TRIBUTÁRIAS 51

a facilitar sua identificação, porém, o conjunto de normas resultante da interpretação do art. 150 da CF será denominado simplesmente "princípios constitucionais tributários".

Estabelece o enunciado constitucional que é vedado aos entes tributantes "exigir ou aumentar tributo sem lei que o estabeleça" (inc. I); "cobrar tributos em relação a fatos geradores ocorridos antes do início da vigência da lei que os houver instituído ou aumentado" (inc. II, "a"); "cobrar tributos no mesmo exercício financeiro em que haja sido publicada a lei que os instituiu ou aumentou" (inc. II, "b"); "cobrar tributo antes de decorridos noventa dias da data em que haja sido publicada a lei que os instituiu ou aumentou" (inc. II, "c"); "utilizar tributo com efeito de confisco" (inc. IV); e "estabelecer limitações ao tráfego de pessoas ou bens, por meio de tributos interestaduais ou intermunicipais, ressalvada a cobrança de pedágio pela utilização de vias conservadas pelo Poder Público" (inc. V).

Em todos os incisos supramencionados – que dão origem aos chamados princípio da legalidade, princípio da irretroatividade, princípio da anterioridade de exercício, princípio da anterioridade nonagesimal, princípio do não confisco e princípio da livre circulação – não há qualquer menção a sanções, mas, apenas, a tributos. O Texto Constitucional é claro ao estabelecer as referidas garantias em favor dos contribuintes, protegendo-os contra excessos na cobrança e/ou instituição de tributos. A falta de qualquer menção às sanções, que melhor esclareceria o âmbito de aplicação das normas constitucionais construídas a partir da interpretação do referido dispositivo, porém, faz surgir interessante debate: partindo da distinção entre tributo e sanção de ato ilícito, alguns autores entendem que as referidas garantias constitucionais não se aplicam às sanções tributárias;[3] outros, contudo, por meio de interpretações que

(Humberto Ávila, *Sistema Constitucional Tributário,* 4ª ed., São Paulo, Saraiva, 2010, p. 124). Quanto à igualdade e à possibilidade de que seja ela aplicada como regra, princípio ou postulado, vide Humberto Ávila, *Teoria da Igualdade Tributária,* 3ª ed., São Paulo, Malheiros Editores, 2015, pp. 138-144.

3. Hugo de Brito Machado, *Curso de Direito Tributário,* 36ª ed., São Paulo, Malheiros Editores, 2015, p. 41; Estevão Horvath, *O Princípio do Não Confisco no Direito Tributário,* São Paulo, Dialética, 2002, p. 114; Misabel de Abreu Machado Derzi, "Notas", in Aliomar Baleeiro, *Direito Tributário Brasileiro,* 11ª ed., Rio de Janeiro, Forense, 2007, p. 579; Ricardo Mariz de Oliveira, "Direitos fundamentais do contribuinte", in Ives Gandra da Silva Martins (coord.), *Direitos Fundamentais do Contribuinte,* São Paulo, Centro de Extensão Universitária/Ed. RT, 2000, p. 241; Vitorio Cassone, "Direitos fundamentais do contribuinte", in Ives Gandra da Silva Martins (coord.), *Direitos Fundamentais do Contribuinte,* São Paulo, Centro de Extensão Universitária/Ed. RT, 2000, p. 397.

52 SANÇÕES TRIBUTÁRIAS: DEFINIÇÃO E LIMITES

priorizam a teleologia subjacente às normas constitucionais, e mesmo porque o gênero obrigação tributária principal abriga tanto a obrigação de pagar o tributo como a de pagar as multas tributárias, defendem a aplicação da norma constitucional não só aos tributos, como também às sanções.[4]

No trato da matéria, o Supremo Tribunal Federal apresenta entendimento no sentido de que devem ser aplicados os chamados princípios constitucionais tributários não só na limitação dos tributos mas também na das multas e demais sanções estabelecidas pelos entes tributantes. Especificamente em relação ao princípio do não confisco oriundo da interpretação do art. 150, IV, da Constituição, o Supremo Tribunal Federal estendeu sua aplicação às multas quando do julgamento da ADI 551-RJ.[5] Em tal ocasião, o Tribunal Pleno da Corte Constitucional afirmou que as multas tributárias de 200% e 500% estabelecidas pela Constituição do Estado do Rio de Janeiro tinham caráter confiscatório, razão pela qual foram declaradas inconstitucionais. Segundo o voto condutor do julgado, da lavra do Min. Ilmar Galvão, a limitação constitucional ao poder de tributar advinda da interpretação do inc. IV do art. 150 da Constituição "estende-se, também, às multas decorrentes de obrigações tributárias, ainda que não tenham elas natureza de tributo". Muito embora tenha invocado como precedente o acórdão por meio do qual havia sido julgado o RE 91.707[6] e neste último

4. Ives Gandra da Silva Martins, "Direitos fundamentais do contribuinte", in Ives Gandra da Silva Martins (coord.), *Direitos Fundamentais do Contribuinte,* São Paulo, Centro de Extensão Universitária/Ed. RT, 2000, p. 57; Ricardo Lobo Torres, "Direitos fundamentais do contribuinte", in Ives Gandra da Silva Martins (coord.), *Direitos Fundamentais do Contribuinte,* São Paulo, Centro de Extensão Universitária/Ed. RT, 2000, p. 173; Américo Masset Lacombe, "Direitos fundamentais do contribuinte", in Ives Gandra da Silva Martins (coord.), *Direitos Fundamentais do Contribuinte,* São Paulo, Centro de Extensão Universitária/Ed. RT, 2000, p. 225; Marilene Talarico Rodrigues, "Direitos fundamentais do contribuinte", in Ives Gandra da Silva Martins (coord.), *Direitos Fundamentais do Contribuinte,* São Paulo, Centro de Extensão Universitária/Ed. RT, 2000, p. 337; Helenilson Cunha Pontes, "Direitos fundamentais do contribuinte", in Ives Gandra da Silva Martins (coord.), *Direitos Fundamentais do Contribuinte,* São Paulo, Centro de Extensão Universitária/Ed. RT, 2000, p. 371; João Francisco Bianco, "Direitos fundamentais do contribuinte", in Ives Gandra da Silva Martins (coord.), *Direitos Fundamentais do Contribuinte,* São Paulo, Centro de Extensão Universitária/Ed. RT, 2000, p. 643; Andrei Pitten Velloso, *Constituição Tributária Interpretada,* São Paulo, Atlas, 2007, p. 163.

5. ADI 551, rel. Min. Ilmar Galvão, Tribunal Pleno, j. 24.10.2002, *DJU* 14.2.2003, p. 58, Ement. 02098/01, p. 39.

6. RE 91707, rel. Min. Moreira Alves, 2ª T., j. 11.12.1979, *DJU* 29.2.1980, p. 975, Ement. 01161/02, p. 512, *RTJ* 96-03/1.354.

SANÇÕES TRIBUTÁRIAS 53

haja referência ao RE 81.550,[7] o julgamento da ADI 551-RJ parece ter sido a primeira oportunidade em que o princípio constitucional tributário do não confisco restou aplicado em face de sanções – nos casos anteriores há referência a confisco, razoabilidade e proporcionalidade, sem, contudo, qualquer direcionamento a algum dispositivo constitucional que trate ou tratasse exclusivamente de tributos (não há menção ao art. 150, IV, da Constituição de 1988 ou a algum dispositivo constitucional a ele equivalente, eventualmente existente no Texto Constitucional pretérito).

Embora muitíssimo tentadora, a ideia de aplicar os princípios constitucionais tributários como limites às sanções administrativo-tributárias não se mostra correta. Os enunciados constitucionais são claros ao dispor que tais garantias servem como limitações à instituição e cobrança de tributos. O vocábulo "tributo" chega a ser repetido em quatro dos seis incisos do dispositivo constitucional, evidenciando que a restrição do campo de aplicabilidade dos chamados princípios constitucionais tributários, exclusivamente direcionados aos tributos e não às sanções, foi obra consciente do legislador constituinte e não fruto do acaso. Nos outros dois incisos há referência a contribuintes (inc. II) e a impostos (inc. VI[8]), o que basta a evidenciar que a exclusão das sanções do âmbito de aplicação da norma constitucional foi mesmo obra consciente do constituinte. Há que se considerar, ainda, o fato de que o vocábulo "tributo" já se encontrava definido pelo art. 3º do Código Tributário Nacional (Lei 5.172/1966) quando da promulgação da Carta Constitucional de 1988. Portanto, ao valer-se do termo "tributo", é bastante razoável presumir que o legislador constituinte tenha adotado o sentido jurídico preexistente, advindo da já arraigada interpretação do art. 3º do CTN. Conforme destacado pelo Ministro Cesar Peluzo no julgamento do RE 390.840-MG:[9] "Quando u'a mesma palavra, usada pela Constituição sem definição expressa nem contextual, guarde dois ou mais sentidos, um dos quais já incorporado ao ordenamento jurídico, será esse, não outro, seu conteúdo semântico, porque seria despropositado supor que o texto normativo esteja aludindo a objeto extrajurídico". Na

---

7. RE 81550, rel. Min. Xavier de Albuquerque, 2ª T., j. 20.5.1975, *DJU* 13.6.1975, p. 04181, Ement. 00989-02/629.
    8. Embora não trate exatamente dos chamados princípios constitucionais tributários e sim das imunidades, o referido inciso serve a reforçar a demonstração de que o campo de aplicação do art. 150 da CF está adstrito à limitação do poder de tributar e não do poder de sancionar.
    9. STF, Tribunal Pleno, RE 390840, rel. Min. Marco Aurélio, j. 9.11.2005, *DJU* 15.8.2006.

54 SANÇÕES TRIBUTÁRIAS: DEFINIÇÃO E LIMITES

esteira das lições de Karl Larenz,[10] a interpretação dos signos linguísticos deve partir do sentido literal colhido junto a determinada comunidade discursiva, que servirá de limite ao resultado da interpretação. Havendo mais de um sentido literal, deverá ser adotado como ponto de partida do processo hermenêutico aquele advindo da comunidade jurídica (sentido técnico-jurídico)[11] – esteja ele estipulado pelos textos legais ou tenha ele sido consolidado pela prática dos Tribunais. No mesmo sentido, Andrei Pitten Velloso[12] afirma que "o 'sentido literal possível' será o uso linguístico especial da lei ou o uso linguístico jurídico geral quando houver, não sendo possível, em regra, a utilização do uso linguístico geral". O trabalho do intérprete não termina na adoção do sentido literal previamente estabelecido em leis ou mesmo em julgados – a interpretação é sempre construtiva, não reprodutiva de sentidos previamente estabelecidos. Isso não significa, contudo, que tais sentidos literais previamente estabelecidos possam ser desprezados durante o processo interpretativo. Ao contrário, o sentido literal deve servir de ponto de partida e também de limitador do referido processo. Daí porque, havendo prévio sentido estipulado pelo Código Tributário Nacional, acerca da palavra "tributo", deve ele ser adotado como sentido literal quando da interpretação do enunciado no art. 150 da Constituição. Isso, por si só, basta a obstaculizar a aplicação das normas resultantes da interpretação do mencionado dispositivo constitucional ao campo sancionador tributário.

Tudo leva a crer, assim, que a Constituição recepcionou o sentido de "tributo" antes estipulado pelo Código Tributário Nacional. Essa afirmação remata a questão relativa à constatação de que também no âmbito constitucional "tributo" e "multa" não se confundem. Seria incoerente e

10. Karl Larenz, *Metodologia da Ciência do Direito,* 3ª ed., Lisboa, Calouste Gulbenkian, 1997, p. 454.

11. No que toca à preponderância do significado técnico dos termos quando de sua posterior interpretação: "Molto si è discusso, ad. es. se negli art. 708 del cod. civ. e 57 del cod. com. la parola '*rubare*' dovesse intendersi in senso tecnico o nel linguaggio corrente, ai fini di escludere e includere l'appropriazioni indebita. In queste ipotesi, dunque, sarà compito dell'interprete stabilire se, in questa o quella determinata norma, debba accogliersi l'accezione volgare o quella tecnica. E la soluzione – è chiaro – non può essere imposta a priori. Nel dubbio, tuttavia, e fino a dimostrazione contraria, è da presumere che il legislatore usi i termini giuridici in senso tecnico, vale a dire, nell'accezione che egli stesso ha loro attribuito in altre parti della legge: e ciò appunto in omaggio a quel principio fondamentale della unitarietà della legge vigente, che abbiamo ricordato" (Luigi Vittorio Berliri, *L'Imposta di Ricchezza Mobile,* Milano, Giuffrè, 1949, p. 323).

12. Andrei Pitten Velloso, *Conceitos e Competências Tributárias,* São Paulo, Dialética, 2005, p. 112.

SANÇÕES TRIBUTÁRIAS 55

por isso inaceitável em termos científicos sustentar que tributo e sanção são diferentes quando da interpretação do Código Tributário Nacional, mas se confundem quando da interpretação do Texto Constitucional. Em consequência de tudo o quanto dito, as limitações constitucionais estabelecidas a partir da interpretação dos incs. I, III a VI, do art. 150 da Constituição da República não se aplicam às sanções tributárias. Quanto à limitação prevista no inc. II do referido dispositivo constitucional, muito embora não haja em seu enunciado menção a "tributo", a referência a palavra "contribuinte" serve, da mesma forma, a afastar sua aplicação do campo sancionador tributário.

2.1.2 A inaplicabilidade dos princípios penais

Dando especial enfoque ao caráter punitivo que aproxima o Direito Penal ao Direito Administrativo Sancionador e ao Direito Tributário Sancionador, alguns doutrinadores defendem a ideia de que a base axiológica de um subsistema normativo que trate das normas de sanção administrativo-tributárias deveria ser composta por princípios que vigorem no âmbito penal.

A posição de tais autores apresenta como justificativa a afirmação de que há uma mesma origem comum a todas as sanções; algo como um grande e único *ius puniendi* inerente ao Estado.[13] Coloca-se em dúvida, nessa perspectiva, ademais, a existência de diferenças ontológicas entre ilícitos penais e ilícitos administrativos e mesmo entre sanções penais e sanções administrativas.

A discussão a respeito da existência de identidade ontológica entre ilícitos penais e administrativos ou tributários e a possível origem comum das sanções penais e administrativas teve grande repercussão na Espanha, onde alcançou inclusive a Corte Constitucional. Demonstrando a importância prática da discussão teórica, o Tribunal Constitucional espanhol considerou não haver diferenças materiais entre sanções penais e administrativas, atestando que ambas se filiariam ao mesmo poder de punir estatal. Como afirma Fernando Perez Royo[14] – a exemplo de muitos outros autores nacionais e estrangeiros[15] –, as diferenças entre sanções

---

13. Alejandro Nieto fala de "un metanormativo y un tanto mítico *ius puniendi* estatal" (*Derecho Administrativo Sancionador*, cit., p. 54).
    14. Cf. *Derecho Financiero y Tributario: parte general*, 22ª ed., Madrid, Civitas, 2012, p. 419.
    15. "Ontologicamente não há distinção jurídica entre as várias espécies de penalidades aplicáveis aos delitos civis, administrativos ou criminais, já que as

56 SANÇÕES TRIBUTÁRIAS: DEFINIÇÃO E LIMITES

administrativas e sanções penais seriam puramente formais. Partindo de tais premissas e a fim de melhor preservar os direitos fundamentais dos administrados, a Corte Constitucional espanhola admitiu a limitação das sanções administrativas pelos princípios penais.

Levando em conta o art. 25 da Constituição espanhola ("nadie puede ser condenado o sancionado por acciones u omisiones que en el momento de producirse no constituyan delito, falta o infracción administrativa, según la legislación vigente en aquel momento", e "La Administración civil no podrá imponer sanciones que, directa o subsidiariamente, impliquen privación de libertad"), o Tribunal Constitucional espanhol decidiu que, por serem manifestações da mesma potestade punitiva (*ius puniendi* estatal), tanto as sanções administrativas como as sanções penais encontram-se sujeitas às limitações advindas de normas constitucionais originalmente estabelecidas como meios de proteção às sanções penais.

sanções jurídicas, todas elas, nada mais são, como já foi dito, que punições aplicadas a quem desobedeceu à norma ou comando emitido por uma lei" (Aurélio Pitanga Seixas Filho, "Sanções administrativas tributárias", *Revista Fórum de Direito Tributário,* vol. 1, n. 1, jan./fev. 2003, p. 80). No mesmo sentido: "não existe distinção de caráter ontológico entre a sanção penal e a sanção administrativa" (Edmar Oliveira Andrade Filho, *Infrações e Sanções Tributárias,* São Paulo, Dialética, 2003, p. 10). Preferindo-se: "Ontologicamente não há diferença entre o ilícito civil, administrativo, tributário etc. E o ilícito dito penal ou criminal" (Luciano Amaro, *Direito Tributário Brasileiro*, 15ª ed., São Paulo, Saraiva, 2009, p. 433). Na doutrina estrangeira, vide a lição de Jaime Aneiros Pereira: "En un sentido amplio, estas infracciones y sanciones tributarias tienen naturaleza punitiva ya que, como afirma la mayoría de la doctrina, infracciones y sanciones penales y infracciones y sanciones administrativas son esencialmente iguales" ("Cuestiones dogmáticas del régimen de infracciones y sanciones tributarias", in *Régimen de Infracciones y Sanciones Tributarias: LV Semana de Estudios de Derecho Financiero*, Madrid, Instituto de Estudios Fiscales, 2012, p. 28). Para Gaetano Paciello: "as violações contempladas como crime diferem ontologicamente das violações sancionadas com pena pecuniária somente pela menor gravidade da ofensa" ("As sanções do direito tributário", in Yves Gandra da Silva Martins (coord.), *Sanções Tributárias,* São Paulo, Ed. RT, 1990, p. 48). Vide ainda Manuel Gómez Tomillo, Iñigo Sanz Rubiales, *Derecho Administrativo Sancionador: parte general: teoría general y práctica del derecho penal administrativo*, 3ª ed., Pamplona, Aranzadi, 2013, p. 94. No mesmo sentido: José Pedreira Menéndez, "Infracciones y sanciones tributarias", in Carlos Palao Taboada (org.), *Comentario Sistemático a la nueva Ley General Tributaria,* Madrid, Centro de Estudios Financieros, 2004, p. 528. Na Itália, refere Palazzo: "È nota la pressoché unanime opinione, secondo la quale il riparto tra sanzioni penali e sanzioni amministrative non potrebbe avvenire in base a criterio sostanziali" (Francesco Palazzo, "I criteri di riparto tra sanzioni penali e sanzioni amministrative", *L'Illecito Penale Amministrativo: verifica di un sistema (profili penalistici e processuali)*, Padova, Cedam, 1987, p. 15).

SANÇÕES TRIBUTÁRIAS   57

Veja-se, como exemplo, o quanto decidido na Sentença 18/1981 (STC 18/1981).[16] No referido precedente, o Tribunal Constitucional ditou que

> Los principios inspiradores del orden penal son de aplicación, con ciertos matices, al derecho administrativo sancionador, dado que ambos son manifestaciones del ordenamiento punitivo del Estado, tal y como refleja la propia Constitución (artículo 25, principio de legalidad).

Por seu turno, na Sentença 76/1990 (STC 76/1990),[17] que tratou de sanções administrativo-tributárias então incorporadas à Lei Geral Tributária espanhola, constou que "la recepción de los principios constitucionales del orden penal por el Derecho administrativo sancionador no puede hacerse mecánicamente y sin matices, esto es, sin ponderar los aspectos que diferencian a uno y otro sector del ordenamiento jurídico". Para o Tribunal Constitucional da Espanha, as sanções administrativas e penais decorrem do mesmo *ius puniendi* estatal e por isso os princípios e garantias de Direito Penal devem ser considerados também na interpretação e aplicação das normas de sanção administrativa.

Esmiuçando a fundamentação da jurisprudência espanhola, é possível confirmar que são dois os principais argumentos de que se valem os adeptos do entendimento acerca da possível consideração dos princípios penais nos âmbitos sancionador-administrativo e sancionador administrativo-tributário: a pretensa falta de diferenças ontológicas entre o ilícito administrativo e o penal e a tão propalada existência de um único *ius puniendi* que origina todo e qualquer poder de punir por parte do Estado.

O primeiro argumento trata da inexistência de diferenças ontológicas entre ilícito penal e ilícito administrativo. Penalistas, administrativistas e tributaristas, salvo raríssimas exceções, todos defendem que não há diferenças ontológicas entre ilícito administrativo e ilícito penal.[18] Tanto

16. Examinando o referido precedente, vide Nieto, *Derecho Administrativo Sancionador,* cit., p. 52.
17. Tribunal Constitucional, Pleno, Sentencia 76/1990, de 26.4.1990 (*BOE* n. 129, de 30.5.1990).
18. "Todos los criterios que pretenden hallar una diferencia sustancial entre el delito y la contravención son insuficientes. Cualquier infracción es un ilícito" (Adolfo Carretero-Pérez e Adolfo Carretero-Sanchez, *Derecho Administrativo Sancionador,* Madrid, Revista de Derecho Privado, 1992, p. 101). No mesmo sentido: Juan J. Zornoza Perez, *El Sistema de Infracciones y Sanciones Tributarias (los principios constitucionales del derecho sancionador),* Madrid, Civitas, 1992, p. 55. No Brasil,

58   SANÇÕES TRIBUTÁRIAS: DEFINIÇÃO E LIMITES

um como outro refletem o descumprimento de uma norma primária e podem ser descritos na hipótese de uma norma de sanção administrativa e/ou na hipótese de uma norma penal. Por razões políticas – dentre as quais a própria gravidade do ilícito –, caberá ao legislador descrever o ilícito no antecedente de uma norma sancionatória penal e/ou na hipótese de uma norma de sanção administrativa. Para tais autores, dentre os quais Eduardo García de Enterría[19] e Juan J. Zornoza Pérez,[20] a inexistência de diferenças ontológicas entre o ilícito penal e o administrativo serve de razão à aplicação dos princípios e garantias penais como limitações das sanções administrativas, inclusive das tributárias.

O segundo argumento utilizado na Espanha como justificativa à limitação das sanções administrativas por meio dos princípios e garantias penais diz respeito à pretensa unicidade do *ius puniendi* estatal, que serviria de origem a todo o poder sancionatório e explicaria as muitas semelhanças existentes entre as sanções penais e administrativas.[21] A origem comum

tal entendimento encontra raízes em estudos de 1945: Nelson Hungria, "Ilícito administrativo e ilícito penal", *Revista de Direito Administrativo*, vol. 1, n. 1, p. 24, 1945. Comprovando a integridade do referido entendimento nos dias de hoje: Heraldo Garcia Vitta, *A Sanção no Direito Administrativo*, São Paulo, Malheiros Editores, 2003, p. 30; e Régis Fernandes de Oliveira, *Infrações e Sanções Administrativas,* São Paulo, Ed. RT, 1985, p. 52.

19. Eduardo García de Enterría, "El problema jurídico de las sanciones administrativas", *Revista Española de Derecho Administrativo*, Madrid, out. 1976.

20. "La sustancial identidad entre ilícito penal e ilícito administrativo que resulta del análisis realizado permite afirmar, como hemos visto, la aplicación en el ámbito de las infracciones y sanciones administrativas de los principios garantizadores procedentes del orden penal, dado que ordenamiento penal y ordenamiento sancionador administrativo no son más que manifestaciones del ordenamiento punitivo del Estado" (Zornoza Perez, *El Sistema de Infracciones y Sanciones Tributarias*, cit., p. 67).

21. Para Cristina Pérez-Piaya Moreno: "Un sector importante de nuestra doctrina engloba la potestad sancionadora de la administración y a la potestad judicial en una ficción doctrinal chamada '*Ius Puniendi del Estado'*, rigiéndose ambas por unos principios comunes a todo el ordenamiento sancionador. Se trata de un supraconcepto que comprende tanto el ilícito administrativo como el penal, supraconcepto que acuñaba el Tribunal Supremo antes de la existencia misma de la Constitución Española, (en adelante, CE), la cual supo consagrar el noveloso fenómeno que se había ido elaborando en diversas sentencias. (…) Sin embargo, a nuestro juicio, dicho carácter sancionador que se otorga a este aspecto del derecho tributario debe implicar una naturaleza de ilícitos y sanciones tributarios sustancialmente idéntica a la de los delitos y las penas, naturaleza que al ser compartida por ambas vertientes del derecho sancionador justifica plenamente la existencia de un único 'Ius Puniendi'. Esta naturaleza nos es sino la responsable de que las sanciones traten de reprender conductas ilícitas, al igual que ocurre con las penas, y en absoluto de asegurar un mejor cum-

SANÇÕES TRIBUTÁRIAS 59

entre o poder de instituir sanções penais e administrativas justificaria o intercruzamento das normas de Direito Penal e as de Direito Administrativo Sancionador ou Tributário Sancionador. Desloca-se o foco do ilícito para a sanção, afirmando-se que também as sanções penal e administrativa não teriam diferenças ontológicas (Luis Prieto Sanchis).[22] Tomando a identidade entre as sanções como premissa básica, os defensores de tal linha de pensamento acreditam na existência de um Direito Sancionador – gênero que abarcaria o Direito Penal e o Direito Administrativo Sancionador (no qual estaria incluído o Direito Tributário Sancionador).

A despeito das razões que embasam a doutrina analisada e que fundamentam a jurisprudência espanhola, o estudo da matéria conduz à conclusão de que no Brasil não é possível limitar sanções administrativas por princípios e garantias específicos do Direito Penal. São duas, basicamente, as razões que conduzem a tal conclusão.

plimiento de deber constitucional de contribuir, a pesar de que ciertas deficiencias en la regulación legal del procedimiento sancionador, que serán estudiadas en capítulos posteriores de este trabajo, permitan que ésta se convierta en una finalidad encubierta de la sanción tributaria" (*Procedimiento Sancionador Tributario,* Valencia, Tirant lo Blanc, 2008, pp. 31-32). Na Argentina, Dino Jarach sustenta que "el derecho penal tributario no es un derecho penal que se haya separado del derecho penal común por alguna característica particular de la materia tributaria", razão pela qual entende aplicáveis às sanções tributárias os princípios de Direito Penal (Dino Jarach, *Curso Superior de Derecho Tributario,* 3ª ed., Buenos Aires, Depalma, 1980, p. 267). No mesmo sentido, afirma Vicente Oscar Diaz que "es imprescindible tener presente que, en materia sancionadora o corretora de conductas desvaliosas tributarias, aun las que se producen en el campo administrativo, la valoración de los hechos e interpretación de las normas cae dentro de la potestad punitiva del Estado, cuyo ejercicio – tanto en vía administrativa como judicial – está sujeto a los mismos principios, lo que sólo legitima la sanción" (*Ilícitos Tributarios: perspectivas jurídicas y económicas,* Buenos Aires, Ástrea, 2006, p. 5). Também concluindo pela aplicação dos princípios de Direito Penal sobre as sanções administrativo-tributárias – embora por diversos fundamentos –, vide José Maria Martín e Guillermo F. Rodriguez Usé, *Derecho Tributario General,* 2ª ed., Buenos Aires, Depalma, 1995, p. 316.

22. Para Luis Prieto Sanchis "es una idea quimérica suponer que existen notas internas distintivas" entre sanções penais e administrativas, motivo pelo qual "debemos concluir afirmando que la única diferencia conceptual entre el Derecho penal y el ordenamiento administrativo sancionador radica en la competencia, que en un caso es judicial y en el otro administrativa". Partindo de tais considerações, conclui o autor que "el ordenamiento punitivo del Estado es uno y solo uno, y que, por lo tanto, nada justifica la tradicional separación entre los principios y reglas del Derecho penal y los que han venido inspirando el Derecho administrativo sancionador" (Luis Prieto Sanchis, "La jurisprudencia constitucional y el problema de las sanciones administrativas en el Estado de Derecho", *Revista Española de Derecho Constitucional,* n. 4, jan.-abr. 1982, pp. 101-102).

60 SANÇÕES TRIBUTÁRIAS: DEFINIÇÃO E LIMITES

Primeira: não há como concordar com o entendimento de que a pretensa identidade ontológica existente entre os ilícitos penal e administrativo daria ensejo à conclusão de que também as sanções penais e administrativas seriam idênticas e que por isso seria aceitável a limitação do poder sancionador administrativo-tributário pelos princípios penais. Sequer a premissa inicial do raciocínio posto a exame sustenta-se perante uma análise criteriosa. Como visto, ilícito é fato; é descumprimento de norma primária. Pouco importa se a norma primária está vinculada ao Direito Administrativo ou ao Direito Tributário. O descumprimento da norma primária poderá proporcionar uma sanção administrativa, uma sanção penal ou ambas – o mesmo ilícito pode ser descrito na hipótese de uma norma sancionatório-administrativa e também na de uma norma penal. Como fato, o ilícito é uno e pode ser descrito tanto no antecedente de uma norma de sanção administrativa como no de uma norma penal. As hipóteses das normas penal e administrativa podem coincidir na descrição de um mesmo ilícito. Sua unicidade, contudo, não permite que se fale em identidade ontológica de ilícitos: o ilícito, como descumprimento de uma determinada norma primária, é um só.

Segunda: as sanções penais e administrativas, muito embora pressuponham a ocorrência de um ilícito e tenham as mesmas finalidades de punir o infrator e desestimular a repetição do ato infracional, apresentam entre si importantes diferenças tanto em relação aos bens jurídicos que protegem como especialmente em relação aos bens jurídicos que restringem.[23] Tais diferenças justificam a existência de regimes jurídicos diversos – o penal tendo sanções potencialmente mais rigorosas e por isso sendo mais protetivo dos direitos do infrator; o administrativo tendo sanções potencialmente menos rigorosas do que as penais e por isso sendo menos protetivo dos direitos do infrator, admitindo, por exemplo, a presunção de culpa estabelecida no art. 136 do CTN.

Já foi dito que qualquer sanção produz necessariamente um malefício ao infrator. Tal malefício restringe um direito fundamental e dessa forma atinge algum bem jurídico dentre aqueles que compõem a esfera pessoal do infrator.[24] As sanções penais podem atingir os mais variados bens jurídicos, inclusive e especialmente a liberdade de ir e vir. A gravidade do ilícito influencia o legislador a sancioná-lo com uma pena mais

---

23. Alejandro Huergo Lora, *Las Sanciones Administrativas*, Madrid, Iustel, 2007, p. 165.

24. Para Robert Alexy, os direitos fundamentais protegem bens jurídicos: ações, propriedades, situações e posições jurídicas (*Teoría de los Derechos Fundamentales*, Madrid, Centro de Estudios Políticos e Constitucionales, 2002, p. 188).

SANÇÕES TRIBUTÁRIAS

dura, sendo a restrição à liberdade a mais rigorosa dentre as punições que podem ser prescritas no Brasil. Dessa forma, os ilícitos mais reprováveis são punidos com sanções penais, direcionadas à restrição do direito de liberdade do infrator. As sanções administrativas, por sua vez, não podem atingir a liberdade de ir e vir dos infratores. Elas podem restringir direitos e no campo administrativo-tributário normalmente atingem o patrimônio, mas nunca a liberdade pessoal do infrator. E é exatamente a impossibilidade de as sanções administrativas restringirem o direito de ir e vir que serve de forte obstáculo à importação das garantias penais ao campo sancionador-tributário. As limitações aos malefícios ocasionados pelas sanções devem ser estabelecidas considerando o direito atingido pela punição, motivo pelo qual as limitações estabelecidas no âmbito penal devem ser mais rigorosas do que aquelas estabelecidas no âmbito sancionador administrativo e no âmbito administrativo-tributário. Por outro lado, o equilíbrio entre interesses individuais e interesses públicos apresenta graus e nuances diversos no campo administrativo-sancionador e no campo penal.[25] No campo tributário-sancionador, por exemplo, a proteção dos interesses individuais restringidos pelas sanções deve harmonizar-se com interesses relativos à necessidade de custeio das despesas públicas. A arrecadação de receitas públicas necessárias ao custeio do Estado é o principal objeto de proteção das sanções administrativo-tributárias. Já no campo penal, a proteção dos interesses individuais restringidos pelas sanções deve levar em conta outros interesses individuais postos em risco pelo ilícito e ainda o interesse público relativo à manutenção da ordem. A integridade dos direitos dos demais cidadãos é o principal objeto de proteção das sanções penais.

Evidenciadas todas essas diferenças, mostra-se inaceitável, no Brasil,[26] a aplicação de princípios penais como limitações das sanções administrativas (inclusive das tributárias) – tudo conforme décadas atrás já defendiam Ruy Cirne Lima e Themistocles Brandão Cavalcanti.[27] Não

---

25. Alejandro Nieto fala em diferenças de contexto e realidade que impedem a consideração das limitações penais em face das sanções administrativas (*Derecho Administrativo Sancionador*, 5ª ed., Madrid, Tecnos, 2012, p. 568).

26. Na Argentina, eis a conclusão de Fonrouge: "No obstante el carácter punitivo de las sanciones fiscales y su vinculación esencial con los principios generales del derecho represivo, su singularidad no permite aplicarle las normas del Código Penal" (Carlos M. Giuliani Fonrouge, *Derecho Financiero*, vol. 2, Buenos Aires, Depalma, 1970, p. 646).

27. Ruy Cirne Lima, depois de diferenciar Direito Penal e Direito Administrativo Penal, afirmava que: "Não subsistem no Direito Administrativo Penal, portanto, os princípios mais característicos do Direito Penal. Subsistem, certo, as noções

62 SANÇÕES TRIBUTÁRIAS: DEFINIÇÃO E LIMITES

há como aplicar, por exemplo, o chamado princípio da pessoalidade da pena, consagrado no Direito Penal a partir da intepretação do art. 5º, XLV, da CF, como limitação às sanções administrativo-tributárias – somada à finalidade pedagógica da norma de sanção administrativo-tributária, a impossibilidade de tais sanções restringirem o direito de liberdade individual dos acusados justifica a permissão de responsabilização de terceiros que não tenham praticado o ilícito. Vale notar que o próprio enunciado constitucional expresso no art. 5º, XLV, excetua da norma da pessoalidade a pena de perdimento, em claro indicativo de que o princípio (penal) originado de sua interpretação visa a resguardar apenas e tão-somente o direito de liberdade individual e não o direito à propriedade.

Tamanha a dificuldade de aplicar-se os princípios e garantias vigentes no Direito Penal como limitação às sanções administrativas e administrativo-tributárias – que não seriam, afinal, tão semelhantes em relação às penais, se considerados os bens jurídicos restringidos por umas e outras – que a própria Corte Constitucional espanhola amainou seu entendimento, ditando que os princípios e garantias penais deveriam ser aplicados no âmbito administrativo-sancionador com "algunas matizaciones". Tal manobra, promovida pelos Tribunais espanhóis, deixa em aberto a possibilidade de se aplicarem ou não os princípios e as garantias penais em face de sanções administrativas. Tanto na Sentença 18/1981 (STC 18/1981) como também na Sentença 76/1990 (STC 76/1990) há clara menção acerca das cautelas que há de ter aquele que pretende aplicar normas penais em face de sanções administrativas, o que tem merecido, inclusive, forte crítica doutrinária,[28] tendo em vista não ter a Corte Cons-

fundamentais da violação da regra jurídica e da necessidade de reparação do mal assim causado. Mas os princípios de realização dessa restauração da ordem jurídica variam profundamente. Sob a inspiração própria do Direito Administrativo é que se enunciam as bases práticas do Direito Administrativo Penal. Essa secção do Direito Administrativo não se identifica, dessa sorte, com o Direito Penal, nem se reputa ramo deste último; acusa, sem dúvida, algumas das feições dele, que lhe foi origem, mas encontra-se, por outro lado, indissoluvelmente integrada na economia de um outro sistema jurídico, a cuja organização definitivamente pertence e a cujo ritmo evolutivo para sempre obedece" (*Princípios de Direito Administrativo,* 5ª ed., São Paulo, Ed. RT, 1982, p. 217; 7ª ed., revista e elaborada por Paulo Alberto Pasqualini. São Paulo, Malheiros Editores, 2007, pp. 585-586.) Para Themistocles Brandão Cavalcanti: "Não existe um Direito Penal administrativo com caracter autonomo e creado para uso da Administração. Não se confundem as sancções administrativas com as penas criminaes" (*Instituições de Direito Administrativo Brasileiro,* Rio de Janeiro, Freitas Bastos, 1938, p. 28).

28. Segundo Alejandro Nieto: "Para remediar la catástrofe el Tribunal Constitucional ha encontrado la ingeniosa fórmula de las 'matizaciones': con ellas quedan

SANÇÕES TRIBUTÁRIAS 63

titucional definido quais seriam essas cautelas e tampouco fixado critérios aptos a indicar os casos em que devem e os casos em que não devem ser considerados os princípios e as garantias penais. Segundo o entendimento do Tribunal Constitucional espanhol, portanto, fica a critério do poder discricionário da autoridade julgadora definir caso a caso se devem ou não ser limitadas as sanções administrativas pelos princípios e garantias penais e em que medida as restrições penais deverão ser aplicadas às sanções administrativas.

2.1.3 A recondução a sobreprincípios e postulados normativos

A demonstração de que os princípios tributários e tampouco os princípios penais podem servir como base axiológica de um subsistema normativo próprio às sanções administrativo-tributárias demonstra a necessidade de criar-se uma nova alternativa. As especificidades das sanções administrativo-tributárias exigem a elaboração de uma teoria capaz de orientar a aplicação racional das normas de sanção tributária sem que para isso sejam importados princípios próprios do Direito Penal ou do Direito Tributário.

As particularidades das sanções tributárias as tornam diferentes tanto em relação às sanções penais como em relação às obrigações tributárias, como visto. Se, de um lado, as sanções tributárias carregam em si aspectos próprios a toda e qualquer sanção jurídica, dentre os quais a dupla finalidade de repreender o infrator e prevenir a repetição do ilícito, por outro, o fato de serem criadas num ambiente impregnado por preocupações relacionadas à necessidade de arrecadação de receitas tributárias indispensáveis ao custeio da Administração Pública as aproxima das obrigações tributárias.

A par de justificar a impossibilidade do simples aproveitamento dos princípios constitucionais tributários ou mesmo dos princípios penais

salvadas las garantías formales, pero se deja abierta a la puerta a una aplicación flexible. Pero en el fondo es la negación de los principios y la devolución al juez de la última potestad de resolver los conflictos concretos" (*Derecho Administrativo Sancionador*, cit., p. 43). Alejandro Huergo Lora, por seu turno, dita que "al carecerse de un criterio, una clave interpretativa, que nos diga cuál es la razón de las 'matizaciones', éstas se han convertido en un título inespecífico en manos del legislador que le permite rebajar aquí y allí las garantías penales donde lo tiene por conveniente, sin que hasta el momento tales matizaciones hayan llegado a superar casi nunca esa barrera invisible que las separa de la pura y simple supresión de las garantías penales y que solo el TC parece capacitado para localizar" (*Las Sanciones Administrativas*, Madrid, Iustel, 2007, pp. 41-42).

64 SANÇÕES TRIBUTÁRIAS: DEFINIÇÃO E LIMITES

como limitações ao poder sancionador dos entes tributantes, o caráter híbrido das sanções administrativo-tributárias impõe a apresentação de uma teoria por meio da qual seja construída a base axiológica própria do Direito Tributário Sancionador. E tal base axiológica deverá ser edificada pela recondução das normas sancionatórias a sobreprincípios e postulados normativos, tendo em vista a inexistência de dispositivos constitucionais especificamente direcionados ao campo sancionador-tributário e mesmo de um conjunto de enunciados legais ordenado que sirva à disciplina do tema. As normas de sanção administrativo-tributárias devem manter relação de conexão material com os sobreprincípios e com os postulados normativos e não com normas-princípio moldadas por valores específicos dos campos penal ou mesmo tributário.

Por isso, as normas que prescreverem sanções administrativo-tributárias deverão respeitar a segurança jurídica, a legalidade, os postulados da razoabilidade e da proporcionalidade, para ficar em alguns exemplos. Tais sobreprincípios e postulados, muitíssimo gerais e abstratos, são aplicáveis ao Direito Penal, ao Direito Administrativo, ao Tributário e também ao Direito Sancionador Tributário. E assim se dá não porque há um *ius puniendi* que permeia todas as relações sancionatórias mantidas pelo Estado e por seus cidadãos ou por qualquer outra razão diversa da simples constatação de que o espectro de incidência de tais normas e metanormas ultrapassa as fronteiras movediças e inseguras das divisões do Direito Público.[29] Num Estado Democrático de Direito é inconcebível a existência de sanções livres de quaisquer limites e a falta de enunciação específica de princípios relacionados ao campo sancionador tributário dá ensejo à aplicação direta dos sobreprincípios e postulados normativos. A discussão acerca da aplicação dos princípios específicos do Direito Tributário ou do Direito Penal inclusive torna-se menos importante a partir da constatação de que as sanções tributárias deverão respeitar os sobreprincípios e os postulados normativos, consoante já havia percebido Catalina Hoyos.[30]

A consideração de sobreprincípios e postulados normativos levará a resultados bastante parecidos com os que se obteria pela aplicação di-

---

29. Vide José Souto Maior Borges, *Lançamento Tributário*, 2ª ed., São Paulo, Malheiros Editores, 1999, p. 201.

30. "(...) independientemente de que se acoja la tesis según la cual al derecho administrativo sancionador deben ser aplicados los principios del derecho penal, tal discusión resulta insustancial, por lo menos frente a la aplicación de las garantías mínimas consagradas en la Constitución" (Catalina Hoyos, "Sanciones tributarias en Colombia: política inquisidora?", in Paulo Roberto Coimbra Silva, *Grandes Questões de Direito Tributário Sancionador*, São Paulo, Quartier Latin, 2010, p. 55).

SANÇÕES TRIBUTÁRIAS 65

reta especialmente dos princípios constitucionais tributários e em menor medida dos princípios penais. Por um ou outro caminho ter-se-ia, por exemplo, a proibição da aplicação de sanções administrativo-tributárias excessivas ou retroativas. Confirmando a importância da distinção teórica, há, contudo, hipóteses em que as soluções não coincidem. Veja-se o caso da cobrança de alguma sanção administrativo-tributária no mesmo exercício em que publicada a lei cuja interpretação lhe dá origem. Por não ser aplicável a norma advinda da interpretação do art. 150, III, "b", da CF, a imposição de tal sanção é válida. Fossem aplicáveis os chamados princípios constitucionais tributários decorrentes da interpretação do art. 150 da Constituição – como se representassem não apenas limitações constitucionais ao poder de tributar, mas também limitações ao poder sancionatório dos entes tributantes –, o chamado princípio da anterioridade serviria de fundamento à declaração de inconstitucionalidade da imposição da sanção.

Constatada, assim, a ausência de enunciados constitucionais e mesmo de um conjunto ordenado de dispositivos legais específicos à disciplina das sanções tributárias – salvo poucos artigos de lei inseridos de forma desordenada no Código Tributário Nacional, caberá aos sobreprincípios e postulados normativos limitar o poder sancionador tributário.

2.2 Tributo e sanção de ato ilícito

A relação entre tributo e sanção surge no conceito estabelecido pelo art. 3º do CTN, que dita: "tributo é toda prestação pecuniária compulsória, em moeda ou cujo valor nela se possa exprimir, que não constitua sanção de ato ilícito, instituída em lei e cobrada mediante atividade administrativa plenamente vinculada".

O Código Tributário Nacional cria o conceito jurídico de tributo por dissociação: tributo e sanção não se confundem.[31] O modo de distinção de que se valeu o legislador foi o de estabelecer como finalidade exclusiva das normas sancionatórias tributárias a punição de atos ilícitos; de outro

---

31. Ricardo Lobo Torres aponta que o conceito de tributo adotado pelo Código Tributário Nacional foi importado da doutrina italiana, especialmente da obra de Berliri: "A definição de tributo que aparece no art. 3º do CTN inspirou-se na doutrina italiana. (...) decisiva foi a obra de Berliri para a definição do art. 3º do CTN; a fim de evitar que a falta de referência às necessidades financeiras do Estado na definição de tributo levasse a confundi-lo com as penalidades, o jurista italiano acrescentou que o imposto 'não constitui sanção de ato ilícito' – expressão incorporada *ipsis litteris* pelo Código Tributário Nacional" ("As influências italianas no direito tributário brasileiro", *Revista de Direito Tributário*, n. 84, São Paulo, 2002, p. 76).

66 SANÇÕES TRIBUTÁRIAS: DEFINIÇÃO E LIMITES

lado, às normas de imposição tributária foram asseguradas as finalidades fiscais e excepcionalmente também as extrafiscais que não se confundam com a punição de atos ilícitos. Como dito, a punição de ilícitos tributários é finalidade privativa das sanções. Quanto ao ponto, vale recordar: dizem-se fiscais as finalidades meramente arrecadatórias e extrafiscais quaisquer outras, por exemplo, a de regular a balança comercial, tão bem exercida pelo Imposto de Importação e pelo Imposto de Exportação. Dentre as finalidades extrafiscais que podem marcar os tributos, contudo, não se encontra a de punir ilícitos tributários, por expressa vedação estabelecida pelo Código Tributário Nacional.[32] Excepcionalmente, é possível, até mesmo, a existência de tributos cuja finalidade extrafiscal represente a punição de algum ilícito civil ou administrativo. Serve de exemplo o IPTU, que pode ser progressivo no tempo em caso de descumprimento da função social pelo proprietário do imóvel urbano não edificado (art. 182, § 4º, II, CF). Nesse caso, o imposto municipal estará servindo de sanção a um ilícito civil – descumprimento da função social da propriedade.

Voltando à definição das sanções tributárias, já foi dito que as sanções têm sempre e necessariamente dupla finalidade: repreender o infrator (finalidade punitiva em sentido estrito) e desestimular a realização de novos e futuros ilícitos (finalidade pedagógica). Também no âmbito do Direito Tributário, as sanções pressupõem a ocorrência de um ilícito e o objetivo estatal de puni-lo.[33] São reações jurídicas à desobediência das

32. Alfredo Augusto Becker já trabalhava tal ideia ao diferençar sanção de tributo extrafiscal "proibitivo", afirmando que "o ilícito, como integrante da hipótese de incidência, é o único elemento que distingue, no plano jurídico, a sanção do tributo extrafiscal 'proibitivo'" (Alfredo Augusto Becker, *Teoria Geral do Direito Tributário*, 3ª ed., São Paulo, Lejus, 1998, pp. 609-610).

33. Sacha Calmon Navarro Coêlho fala em efeitos repressivo e preventivo das sanções (*Teoria e Prática das Multas Tributárias*, 2ª ed., Rio de Janeiro, Forense, 1998, p. 45). Conforme leciona Gaetano Paciello, as sanções tributárias servem "não apenas para imputar ao sujeito que transgrediu as normas consequências mais desfavoráveis daquelas a que teria ficado sujeito observando a lei (*quia peccatum est*), mas também para afastar o sujeito passivo ou o terceiro da 'tentação' de violar normas (*ne peccetur*) postas em defesa do interesse financeiro do Estado de conseguir entradas por meio de tributos" ("As sanções do direito tributário", cit., p. 145). Paulo Roberto Coimbra Silva afirma serem três as funções das sanções tributárias: preventiva, didática e repressiva ("Sanção tributária: natureza jurídica e funções", *Revista Fórum de Direito Tributário*, vol. 3, n. 17, Belo Horizonte, set.-out. 2005, p. 139). Defende-se na presente tese que as chamadas funções preventiva e didática se confundem no que aqui se está chamando de "função pedagógica". Fernando Perez Royo afirma que "en el supuesto de que la violación afecte al ordenamiento, al derecho objetivo en cuanto tal, la reacción tendrá un diferente carácter: la ley suele ordenar, en estos casos, la aplicación de una sanción, con finalidad no de carácter

SANÇÕES TRIBUTÁRIAS 67

normas de comportamento que preveem obrigações tributárias.[34] Daí a inicial diferença entre tributo e sanção: o primeiro decorre de uma norma tributária que tem descrito em sua hipótese um fato lícito; a segunda advém de uma norma sancionatória que tem descrito em sua hipótese um ilícito.[35] No campo tributário, assim, as sanções não podem servir simplesmente para arrecadar receitas públicas ao Estado – nesse sentido, apresentando entendimento em tudo aplicável à realidade brasileira, já se pronunciaram a Corte Constitucional espanhola (STC 276/2000)[36] e mais recentemente o Tribunal Supremo espanhol (STS 1332/2010).[37]

indemnizatorio, sino represivo, es decir, con intención, por un lado, de intimidar al eventual infractor y hacerle desistir de su propósito de alteración del ordenamiento y por otro lado con la intención de castigar, de retribuir una conducta lesiva para el bien general" (*Infracciones y Sanciones Tributarias*, Sevilla, Instituto de Estudios Fiscales, 1972, p. 22).

34. Jaime Aneiros Pereira, *Las Sanciones Tributarias,* Madrid, Marcial Pons, 2005, p. 61.

35. Menciona Hugo de Brito Machado que "na norma tributária a definição da hipótese de incidência não alberga o descumprimento de qualquer outra norma" e "na norma penal, diversamente, a hipótese de incidência alberga necessariamente o descumprimento de outra norma" (*Comentários ao Código Tributário Nacional,* vol. 1, São Paulo, Atlas, 2003, p. 103).

36. "Como hemos tenido oportunidad de señalar, el tributo, desde una perspectiva estrictamente constitucional, constituye una prestación patrimonial coactiva que se satisface, directa o indirectamente, a los entes públicos con la finalidad de contribuir al sostenimiento de los gastos públicos (SS.T.C. 182/1997, de 28 de octubre, fundamento jurídico 15, y 233/1999, de 16 de diciembre, fundamento jurídico 18), y grava un presupuesto de hecho o 'hecho imponible' (artículo 28 L.G.T.) revelador de capacidad económica (artículo 31.1 C.E.) fijado en la Ley (artículo 133.1 C.E.). Es verdad que, como hemos afirmado en ocasiones, el legislador puede establecer tributos con una función no predominantemente recaudatoria o redistributiva, esto es, configurar el presupuesto de hecho del tributo teniendo en cuenta consideraciones básicamente extrafiscales (S.T.C. 37/1987, de 26 de marzo, fundamento jurídico 13; S.T.C. 197/1992, de 19 de noviembre, fundamento jurídico 6º); pero, en todo caso, es evidente que dicha finalidad contributiva debe necesariamente estar presente y que deben respetarse, entre otros, el principio de capacidad económica establecido en el artículo 31.1 C.E. o, lo que es igual, el hecho imponible tiene que constituir una manifestación de riqueza [S.T.C. 37/1987, de 26 de marzo, fundamento jurídico 13; S.T.C. 186/1993, de 7 de junio, fundamento jurídico 4.a)]. Esto es, precisamente, lo que distingue a los tributos de las sanciones que, aunque cuando tienen carácter pecuniario contribuyen, como el resto de los ingresos públicos, a engrosar las arcas del erario público, ni tienen como función básica o secundaria el sostenimiento de los gastos públicos o la satisfacción de necesidades colectivas (la utilización de las sanciones pecuniarias para financiar gastos públicos es un resultado, no un fin) ni, por ende, se establecen como consecuencia de la existencia de una circunstancia reveladora de riqueza, sino única y exclusivamente para castigar a quienes cometen un ilícito" (STC 276/2000, Tribunal Constitucional, j. 16.11.2000).

68 SANÇÕES TRIBUTÁRIAS: DEFINIÇÃO E LIMITES

Interessante notar que a licitude ou ilicitude que difere tributo e sanção está relacionada à hipótese da norma, e não ao fato concreto cuja ocorrência servirá à sua incidência (Becker).[38] Por outro giro: nas normas sancionatórias, a hipótese deve conter a descrição de um ilícito;[39] nas normas de imposição tributária, a hipótese deve conter a descrição de um fato lícito ou ao menos ser omissa quanto à sua licitude. Como as descrições são sempre restritivas dos fatos que pretendem espelhar, não conseguindo abrangê-los em toda a sua completude, mas apenas apontar algumas dentre suas inúmeras características, caso a hipótese normativa seja omissa quanto à licitude do ato/fato a ser tributado (ex.: auferir renda) é possível que nela se enquadrem fatos lícitos (ex.: auferir renda com trabalho assalariado) e também fatos eventualmente ilícitos (ex.: auferir renda por meio de práticas criminosas).[40] Surge, então, a dúvida: haveria implícito no ordenamento jurídico nacional algum impedimento a que tais normas de incidência tributária fossem aplicadas a fatos ilícitos que tenham se enquadrado em suas hipóteses? O exame cauteloso

---

37. "El distinto ámbito – advierte – en que la obligación tributaria y sanción tributaria operan obligan inexorablemente, de modo tan inexorable como una ley física, a que cuando se pretenden allegar recursos para hacer frente a las necesidades que la sociedad demanda, el legislador ha de actuar sobre los parámetros que inciden en la obligación tributaria. En ningún caso sobre los que operan en el ámbito sancionador, pues las finalidades recaudatorias son ajenas a las sanciones. Por eso la utilización de la sanción tributaria para finales recaudatorios es sencillamente repudiable. Y esto es así porque la sanción tributaria es estructural y cualitativamente distinta de la obligación tributaria. Ello se explica porque lo cardinal de las sanciones tributarias, lo crucial, lo esencial, no es el derecho infringido (tributario) sino la naturaleza del actuar, es decir, su carácter infractor, que acarrea como efecto la sanción. Hay que insistir en ello, lo decisivo cuando de sanciones tributarias se trata no es que sean tributarias sino que son sanciones" (STS 1332/2010, Tribunal Supremo, Sala de lo Contencioso, Recurso 2437/2004, j. 10.2.2010).
38. Vide *Teoria Geral do Direito Tributário*, cit., pp. 605-606.
39. "De um ponto de vista que considera as normas condicionais em posição estática, segundo a tradição kelseniana, estas se dividem em dois espécimes básicos: normas impositivas e normas sancionantes. A diferença entre elas é simples. As impositivas têm hipóteses de incidência compostas de fatos jurígenos lícitos e por consequência comandos que impõem direitos e deveres (relações jurídicas obrigacionais). As sancionantes são feitas de hipóteses de incidência que representam fatos ilícitos e de consequências que consubstanciam sempre sanções (castigos, penas). A norma tributária é do tipo das impositivas, como já vimos" (Sacha Calmon Navarro Coêlho, *Teoria e Prática das Multas Tributárias*, cit., p. 13).
40. Embora cheguem à mesma conclusão ora adotada, há autores que optam por simplesmente afirmar que auferir renda não é ato ilícito, seja qual for a origem da renda. Para estes, a ilicitude pode encontrar-se no ato que deu origem à percepção da renda (ex.: roubo), mas não na percepção em si.

SANÇÕES TRIBUTÁRIAS

do ordenamento jurídico demonstra que não. Conforme referido, a exigência advinda do conceito de tributo requer apenas que a hipótese de incidência da norma de imposição tributária não apresente a descrição de um ato ou fato ilícito. Por essa razão, a regra de imposição tributária do Imposto sobre a Renda e Proventos de Qualquer Natureza ("Imposto de Renda") abarcará qualquer fato que se enquadrar no critério material de sua hipótese normativa ("auferir renda"), mesmo os que representem um ato ilícito, conforme, aliás, acentua, dentre outros,[41] Marco Aurélio Greco.[42] Esse, inclusive, também é o entendimento da Primeira Turma do

41. "Tributo não é sanção de ato ilícito e, portanto, não poderá o legislador colocar, abstratamente, o ilícito como gerador da obrigação tributária ou dimensionar o montante devido tendo como critério a ilicitude. (...) a ilicitude subjacente é irrelevante. A aquisição de renda e a promoção da circulação de mercadorias, *e.g.*, são, abstratamente consideradas, fatos lícitos e passíveis de serem tributados. Se a renda foi adquirida de modo ilegal ou se a mercadoria não poderia ser vendida no País, são fatos que desbordam da questão tributária, são ilicitudes subjacentes" (Leandro Paulsen, *Curso de Direito Tributário*, 2ª ed., Porto Alegre, Livraria do Advogado, 2008, p. 30). Preferindo-se a objetividade de Luciano Amaro: "Registra-se o caráter não sancionatório do tributo, dele distinguindo-se, portanto, as prestações pecuniárias que configurem punição de infrações. Não se paga tributo porque se praticou uma ilicitude, embora se possa ter de pagá-lo com abstração do fato de ela ter sido praticada" (*Direito Tributário Brasileiro*, cit., p. 25). Na mesma linha: Hugo de Brito Machado, *O Conceito de Tributo no Direito Brasileiro*, Rio de Janeiro, Forense, 1987, p. 39; e Fabio Fanuchi, *Curso de Direito Tributário Brasileiro*, vol. 1, São Paulo, Resenha Tributária, 1971, p. 122. Por sua vez, refere Amílcar Falcão que: "Eis aí um obséquio que a correta identificação da consistência econômica do fato gerador oferece: a indiferença, para o Direito Tributário, de ser civil ou penalmente ilícita a atividade em que se consubstancie o fato gerador, não porque prevaleça naquele ramo do Direito uma concepção ética diversa, mas sim porque o aspecto que interessa considerar para a tributação é o aspecto econômico do fato gerador ou a sua aptidão a servir de índice de capacidade contributiva. Em matéria tributária, no que se refere ao fato gerador, poderia resumir-se essa verdade, como o fez Hensel quando tratou das atividades ilícitas, com a fórmula sintética – *non olet*: 'vale efetivamente para elas, num sentido translato, a expressão *non olet*'" (*Fato Gerador da Obrigação Tributária*, 5ª ed., Rio de Janeiro, Forense, 1994, p. 46). *Em sentido contrário*, vide a opinião de Misabel Derzi, "Notas", in Aliomar Baleeiro, *Direito Tributário Brasileiro*, 11ª ed., 16ª tir., Rio de Janeiro, Forense, 2004, p. 714. Em estudo mais recente: Renato Lopes Becho, "A discussão sobre a tributabilidade de atos ilícitos", *Revista Dialética de Direito Tributário*, n. 172, jan. 2010, pp. 86 e ss.

42. "Tributo não é sanção de ato ilícito, mas pode incidir sobre o produto de um crime" (Marco Aurélio Greco, "Breves notas à definição de tributo adotada pelo Código Tributário Nacional", in Eurico Marcos Diniz de Santi (coord.), *Curso de Direito Tributário e Finanças Públicas: do fato à norma, da realidade ao conceito jurídico*, São Paulo, Saraiva, 2008, p. 429).

70 SANÇÕES TRIBUTÁRIAS: DEFINIÇÃO E LIMITES

Supremo Tribunal Federal (*Habeas Corpus* 77.530).[43] Pensar de modo diverso violaria o princípio da igualdade, porquanto, considerando o exemplo dado, estar-se-ia permitindo a tributação da renda oriunda de atividades lícitas e desonerando a renda provinda de crimes ou contravenções – verdadeiro *non sense* num modelo de positivismo ético no qual convivem regras e princípios.

Vale ressaltar, ainda, que tais distinções entre tributo e sanção mantêm-se íntegras em face do quanto disposto no art. 113, § 1º, do CTN ("a obrigação principal surge com a ocorrência do fato gerador, tem por objeto o pagamento de tributo ou penalidade pecuniária"). Sem confundir os conceitos de tributo e sanção, tal dispositivo legal qualifica como principal tanto a obrigação de pagar tributo como a de pagar penalidade pecuniária (espécie de sanção administrativo-tributária). Serve o artigo de lei, nesse sentido, para ratificar a origem tributária da sanção pecuniária aplicada pelas autoridades fiscais, tornando-a, assim, dependente de constituição pelas mencionadas autoridades. Necessário, dessa forma, concordar com Ives Gandra da Silva Martins e Ricardo Mariz de Oliveira,[44] para quem existe um gênero obrigação tributária principal do qual são espécies a obrigação de pagar o tributo e a obrigação de pagar sanção pecuniária.

2.3 Sanções tributárias: conceito

Na esteira do quanto já dito por Frederick Schauer[45] e Robert Summers,[46] as normas jurídicas não servem apenas como ponto de partida

43. "Sonegação fiscal de lucro advindo de atividade criminosa: *non olet*. Drogas: tráfico de drogas, envolvendo sociedades comerciais organizadas, com lucros vultosos subtraídos à contabilização regular das empresas e subtraídos à declaração de rendimentos: caracterização, em tese, de crime de sonegação fiscal, a acarretar a competência da Justiça Federal e atrair pela conexão, o tráfico de entorpecentes: irrelevância da origem ilícita, mesmo quando criminal, da renda subtraída à tributação. A exoneração tributária dos resultados econômicos de fato criminoso – antes de ser corolário do princípio da moralidade – constitui violação do princípio de isonomia fiscal, de manifesta inspiração ética" (HC 77530, rel. Min. Sepúlveda Pertence, 1ª T., j. 25.8.1998, *DJU* 18.9.1998, p. 7, Ement. 01923-03/522). No mesmo sentido: HC 94240, rel. Min. Dias Toffoli, 1ª T., j. 23.8.2011, *DJe*-196, divulg. 11.10.2011, publ. 13.10.2011.
44. Ives Gandra da Silva Martins, "Sanções tributárias", in *Sanções Tributárias*, São Paulo, Ed. RT, 1990, p. 264. No mesmo sentido: Ricardo Mariz de Oliveira, "Sanções administrativas tributárias", in Hugo de Brito Machado (coord.), *Sanções Tributárias Administrativas,* São Paulo, Dialética, 2004, p. 403.
45. *Thinking like a Lawyer: a new introduction to legal reasoning*, Cambridge, Harvard University, 2012, p. 61.
46. "In the type of example I have posed, the rule so created would be effectively implemented without incident by citizen self-application on the front-lines of human

SANÇÕES TRIBUTÁRIAS   71

para o pronunciamento judicial decorrente de disputas entre partes com interesses conflitantes. Servem, antes disso, para guiar o comportamento das pessoas – pela lição de Ricardo Guiborg aprende-se que os sistemas normativos procuram operar como motivos para a realização de certas condutas e para a abstenção de outras.[47] É claro que discordâncias quanto ao cumprimento das normas sempre existirão, seja pela inexistência de interpretação unívoca em relação a qualquer texto, seja pela possibilidade de desrespeito consciente por parte das pessoas obrigadas. A possibilidade de que ocorram tais discordâncias, entretanto, não desnatura as normas jurídicas como vetores de obrigações; ao revés, tal possibilidade apenas dá ensejo à aparição de normas de sanção, que acabarão por reforçar a obrigação surgida a partir da norma dita primária. O descumprimento da norma de instituição do tributo ou do dever instrumental servirá, assim, como pressuposto à aplicação da correlata norma sancionatória.

Será denominado ilícito tributário, portanto, o descumprimento de normas de conduta que prescrevam obrigações tributárias principais ou acessórias (Villegas,[48] Delgado Sancho[49] e Dus[50]). Se uma norma jurídico-tributária estabelecer que toda pessoa que auferir renda deverá recolher aos cofres públicos um imposto calculado pela aplicação de um determinado percentual sobre a renda auferida, seu descumprimento será considerado um ilícito tributário. Havendo uma segunda norma – necessariamente uma regra, descrevendo tal ilícito como hipótese e

---

interaction in, say, 99% of the cases. The life of such a rule of law, and of the many laws like it in many systems is almost entirely a life led outside of the court. There would be however some 'trouble cases', only a few of which would end up in court" (Robert S. Summers, *Essays in Legal Theory,* Netherlands, Kluwer, 2000, p. 105).

47. "En la medida en que los sistemas normativos constituyen esquemas de interpretación de conductas y procuran casi siempre operar como motivos para la realización de conductas deseadas y para la abstención de las indeseadas, la acción se convierte en el objetivo perseguido" (Ricardo A. Guiborg, *El Fenómeno Normativo,* Buenos Aires, Astrea, 1987, p. 33).

48. Para Hector Villegas, "a infração tributária é a violação das normas jurídicas que estabelecem obrigações tributárias e deveres formais" (Hector B. Villegas, "Infrações e sanções tributárias", in Geraldo Ataliba, *Elementos de Direito Tributário,* São Paulo, Ed. RT, 1978, p. 278).

49. Carlos David Delgado Sancho, *Principios del Derecho Tributario Sancionador,* Madrid, El Derecho, 2010, p. 51.

50. "Sotto l'aspetto formale può dirsi, quindi, che l'illecito fiscale consiste nell'inosservanza degli obblighi principali o secondari che discendono dal rapporto tributario e poiché quest'ultimo è fondato direttamente o indirettamente sulla legge, può concludersi che l'illecito fiscale consiste nella violazione di un comando o divieto posto dalle legge stessa" (Angelo Dus, *Teoria Generale dell'Illecito Fiscale,* Milano, Giuffrè, 1957, p. 14).

72 SANÇÕES TRIBUTÁRIAS: DEFINIÇÃO E LIMITES

prescrevendo no caso de sua ocorrência uma determinada pena, ter-se-á, então, uma sanção.[51]

Como qualquer sanção jurídica, as sanções tributárias pressupõem sempre a prévia ocorrência de um ilícito, ato contrário ao Direito.[52] Num Estado Democrático de Direito não há sanção sem ilícito, nem sanção tributária sem ilícito tributário. Não por outra razão, mostravam-se inconstitucionais as multas estabelecidas pela Lei 12.249/10, que alterou o § 15 e introduziu o § 17 no art. 74 da Lei 9.430/1996.[53] Tais sanções decorriam de normas que tinham por hipótese o indeferimento de pedidos de ressarcimento e a não homologação de pedidos de compensação apresentados à Secretaria da Receita Federal do Brasil.

A apresentação de pedidos de ressarcimento e compensação representa o exercício do direito de petição garantido aos contribuintes, e não um ilícito decorrente do descumprimento de obrigações tributárias. Por esse motivo, mesmo que o resultado do pleito administrativo seja desfavorável ao contribuinte, não pode haver a imposição de uma sanção, tendo em vista que não há em tal situação qualquer ilícito passível de punição, mas somente o exercício regular de direito.

Para que seja aplicável a sanção tributária, cabe ressaltar desde já, não basta apenas a ocorrência de um ilícito (descumprimento de obrigação tributária principal ou acessória). Como será visto adiante, somente poderá ser aplicada a sanção tributária caso o ilícito tenha sido promovido com culpa ou dolo. A aplicação das sanções tributárias exige a ocorrência de ilícito culposo ou doloso (antijuridicidade), seu perfeito enquadramento na hipótese da norma sancionatória (tipicidade) e ainda reprovabilidade da conduta do infrator (culpabilidade: imputabilidade, conhecimento do injusto e inexigibilidade de conduta diversa). Somente a conjugação de tais requisitos possibilita a aplicação das sanções tributárias.

Quanto ao mais, cumpre repisar que também as sanções tributárias – como, a rigor, quaisquer sanções – têm dupla finalidade: punir o infrator (finalidade punitiva em sentido estrito) e evitar a repetição do ilícito (finalidade pedagógica).[54] Servem tanto para punir o infrator que descum-

---

51. *Lançamento Tributário*, 2ª ed., São Paulo, Malheiros Editores, 1999, pp. 40-41.

52. F. C. Pontes de Miranda, *Tratado de Direito Privado,* vol. 2, Campinas, Bookseller, 2000, pp. 247 e 287.

53. Os dispositivos incluídos ou alterados pela Lei 12.249/10 foram posteriormente revogados ou modificados pela Medida Provisória 656/2014 e leis posteriores.

54. "Sanciona-se porque a ordem jurídica foi rompida em alguma parte (efeito repressivo) e sanciona-se para que não mais a ordem jurídica seja rompida pelo infrator

SANÇÕES TRIBUTÁRIAS 73

priu alguma norma tributária como para dissuadir a repetição futura do ilícito. Segundo Angelo Dus,[55] a sanção tributária constitui o meio mais comum com que se combate o perigo de novas infrações ao ordenamento jurídico-tributário, tanto por parte da generalidade dos cidadãos como por parte do próprio infrator.

No que atine, ainda, à importância das finalidades para a definição das sanções tributárias e tendo presente que servem elas à punição do infrator e ao desestímulo da prática infracional, resta descartada, desde logo, qualquer possibilidade de estender-lhes a qualificação de ressarcitórias,[56] conforme já mencionado. Segundo leciona Sacha Calmon

(efeito intimidativo, preventivo)" (Humberto Ávila, "Responsabilidade por sucessão empresarial. Responsabilidade da empresa sucessora por penalidades decorrentes de faltas cometidas pela empresa sucedida. Exame da abrangência do art. 132 do Código Tributário Nacional", *Revista Dialética de Direito Tributário,* n. 187, São Paulo, abr. 2011, p. 128). De forma objetiva, Fonrouge afirmava: "A violação dos comandos da lei ou dos regulamentos e, em especial, a realização de manobras destinadas a subtrair-se à obrigação tributária, não importa mero atentado aos direitos pecuniários de um sujeito (o estado) ou desobediência às ordens da administração pública, mas significa alterar a ordem jurídica e os princípios da moral pública. Pela mesma razão, as sanções têm finalidade punitiva, repressiva ou intimidatória e não simplesmente reparatória do dano" (Carlos M. Giuliani Fonrouge, *Conceitos de Direito Tributário,* trad. de Geraldo Ataliba e Marco Aurélio Greco, São Paulo, Edições Lael, 1973, p. 222). No mesmo sentido: "puede decirse que el Derecho Penal tributario está inspirado fundamentalmente en el principio clásico de la prevención general, perseguida a través de la intimidación y que, como consecuencia, la sanción pecuniaria prevista para algunas violaciones de las normas tributarias es una sanción administrativa que tiene la naturaleza y la función de una pena, según resulta con toda evidencia de la finalidad de intimidación y represión que el legislador le atribuye" (Zornoza Perez, *El Sistema de Infracciones y Sanciones Tributarias,* cit., p. 50). Sainz de Bujanda falava em finalidades repressiva e intimidatória das penas tributárias – vide desse autor Fernando Sainz de Bujanda, *En Torno al Concepto y Contenido del Derecho Penal Tributario,* vol. 5: Hacienda y Derecho (texto de la intervención en las I Jornadas Luso-Hispano-Americanas de Estudios Financieros y Fiscales y Texto de sus Conclusiones), Madrid, Instituto de Estudios Políticos, 1967, p. 98. Vide ainda Coêlho, *Teoria e Prática das Multas Tributárias,* cit., p. 45; e Dus, *Teoria Generale dell'Illecito Fiscale,* cit., pp. 19-20.
55. "La sanzione fiscale costituisce il mezzo più comune con cui si combatte il pericolo di nuove infrazioni sia da parte della generalità dei sudditi, sia da parte dell'autore dell'illecito o dei responsabili. Essa costituisce essenzialmente una sofferenza, un male, inflitto a qualcuno perché a peccato e perché non pecchi ulteriormente" (Dus, *Teoria Generale dell'Illecito Fiscale,* cit., 1957, p. 16).
56. Em sentido contrário: "Sin embargo, no todas las sanciones son penas. Hay sanciones que solo tienden a la privación de lo ilícitamente obtenido, tratando de restablecer el orden externo existente antes de la violación. Esas sanciones compensadoras non tienen carácter penal sino civil" (Hector B. Villegas, *Curso de Finanzas, Derecho Financiero y Tributario,* 9ª ed., Buenos Aires, Astrea, 2013, p. 548).

74 SANÇÕES TRIBUTÁRIAS: DEFINIÇÃO E LIMITES

Navarro Coêlho, na sanção tributária "não se vislumbra nada parecido com o ressarcimento do Direito Privado", sendo certo que "ela é, em real verdade, castigo, reprimenda, pena".[57] Da mesma forma pronunciava-se Carlos M. G. Fonrouge, para quem as sanções tributárias servem tanto para prevenir a ocorrência futura do ilícito como para reprimir o infrator: nunca para ressarcir qualquer dano ou prejuízo.[58]

Esclarecido que as sanções tributárias têm sempre finalidade punitiva e pedagógica, e por isso não servem a qualquer ressarcimento ou mesmo à simples arrecadação de receitas tributárias, importa destacar que as sanções tributárias podem ser penais ou administrativas – vide, a propósito, a doutrina de G. Giuliani,[59] G. Gaffuri[60] e Fernando Perez Royo.[61]

---

57. Coêlho, *Teoria e Prática das Multas Tributárias*, cit., p. 18.

58. "Las sanciones fiscales ofrecen acentuado particularismo que justifica su consideración independiente, pero en lo esencial tienen un carácter sancionador, establecido para prevenir y reprimir las transgresiones y no para reparar daño alguno" (Fonrouge, *Derecho Financiero*, cit., p. 634).

59. "Come abbiamo già visto, le sanzioni tributarie possono dividersi in due gruppi: penali e non penali" (Giuliani, *Violazioni e Sanzioni delle Leggi Tributarie*, 2ª ed., Milano, Giuffrè, 1981, p. 41).

60. "Le punizioni che subisce il contribuente colpevole di illeciti tributari appartengono a due grandi categorie giuridiche, con discipline proprie e diverse: da un canto le sanzione amministrative e, dall'altro – quando il fatto antigiuridico costituisca anche reato – le sanzioni penali, che la legge infligge congiuntamente alle prime, con effetti devastanti e certamente eccessivi rispetto all'intento della repressione" (Gianfranco Gaffuri, *Diritto Tributario: parte generale e parte speciale*, 7ª ed., Padova, Cedam, 2012, p. 408). Há alguns outros autores que preferem deslocar o objeto da classificação da sanção para o ilícito, afirmando, assim, que os ilícitos seriam administrativo-tributários ou penais: "un illecito tributario potrà essere sicuramente qualificato come penale o come amministrativo; se infatti la previsione sarà nel senso di una sanzione riconducibile ad una pena (detentiva: reclusione, per il delitto o arresto, per la contravvenzione; o pecuniaria: multa, per il delitto o ammenda, per la contravvenzione) quell'illecito sarà certo un illecito penale, un reato (delitto o contravvenzione, a seconda del tipo di pena); si invece la comminatoria sarà nel senso di una sanzione pecuniaria (indicata anche nominalmente come tale) allora quell'illecito sarà senza dubbio di carattere amministrativo" (Alessio Lanzi e Paolo Aldrovandi, *L'Illecito Tributario,* 3ª ed., Padova, Cedam, 2005, pp. 9-10).

61. Tratando do ordenamento jurídico español: "En nuestro ordenamiento, al igual que sucede en la generalidad de los países y, en todo caso, en los encuadrados dentro del sistema continental, el ejercicio del poder punitivo del Estado en relación con las violaciones de los deberes impuestos por las Leyes fiscales se lleva a cabo mediante una doble vía: la penal propiamente dicha, con la tipificación en el Código Penal de las figuras de delito contra la Hacienda Pública con sus correspondientes penas, y la administrativa, mediante la conminación de sanciones de esta naturaleza para las conductas tipificadas como infracción tributaria" (Perez Royo, *Derecho Financiero y Tributario: parte general*, cit., p. 419). Para José Antonio Martinez Ro-

SANÇÕES TRIBUTÁRIAS 75

A classificação das sanções tributárias em sanções penais e administrativas tem atraído grande atenção por parte de tributaristas brasileiros e estrangeiros.[62] Volta-se, aqui, à discussão relativa à identidade de diferentes tipos de ilícitos e sanções. Na obra de Geraldo Ataliba[63] e na de Misabel Derzi,[64] por exemplo, está dito que não há diferença ontológica entre ilícito tributário e ilícito penal. Haveria, apenas, por razões de política fiscal, cambiáveis ao longo do tempo, a fixação de sanções penais mais rigorosas ou de sanções administrativas menos rigorosas – A. D. Gianini[65] refere que fica a critério da vontade do legislador qualificar um ilícito

driguez: "En el ordenamiento jurídico tributario se pueden dar dos clases de ilícitos: uno en el ámbito administrativo, llamado infracciones tributarias; y otro en el orden penal, llamado delito contra la hacienda pública" (José Antonio Martinez Rodriguez, *La Doctrina Jurídica del Principio "non bis in idem" y las Relaciones de Sujeciones Especiales,* Barcelona, Bosch, 2012, p. 79).
62. A. D. Giannini, *Istituzioni di Diritto Tributario,* 5ª ed., Milano, Giuffrè, 1951, pp. 261 e ss.
63. "Deveras, o ilícito tributário é também penal, em alguns casos, definidos discricionariamente pelo legislador. Porém, ontologicamente, os ilícitos não se distinguem. A distinção é dogmática, residindo unicamente nas sanções – consequência da não prestação" (Geraldo Ataliba, "Denúncia espontânea e exclusão de responsabilidade penal", *Revista de Informação Legislativa,* vol. 32, n. 125, p. 246, Brasília, jan.-mar. 1995). No mesmo sentido: Luiz Vicente Cernicchiaro, "Direito penal tributário", in *Estudos de Direito Público em Homenagem a Aliomar Baleeiro,* Brasília, EUB, 1976, p. 297. Preferindo-se a lição de Aurélio Pitanga Seixas Filho: "ontologicamente não há distinção jurídica entre as várias espécies de penalidades aplicáveis aos delitos civis, administrativos ou criminais, já que as sanções jurídicas, todas elas, nada mais são, como já foi dito, punições aplicadas a quem desobedeceu à norma ou comando emitido por uma lei" ("Sanções administrativas tributárias", *Revista Fórum de Direito Tributário,* vol. 1, n. 1, jan.-fev. 2003, p. 80). Em coerência ao conceito de ilícito ora adotado, são as sanções e não os ilícitos que se distinguem entre penais e administrativas.
64. Misabel Abreu Machado Derzi, "Da unidade do injusto no direito penal tributário", *Revista de Direito Tributário,* n. 63, São Paulo, Malheiros Editores, 1994, p. 219.
65. "Da queste disposizioni resulta che, prescindendosi dalla valutazione intrinseca del fatto, è stato assunto come criterio distintivo dei reati finanziari dalle trasgressioni costituenti un illecito civile l'elemento esteriore della specie della sanzione comminata dalla legge finanziaria, cosicché, in sostanza, è rimesso in tutto a la volontà del legislatore configurar la trasgressione come un reato o come un illecito civile, stabilendo l'un o l'altra specie di sanzione" (Giannini, *Istituzioni di Diritto Tributario,* cit., p. 262). No Brasil, Zelmo Denari e Paulo José da Costa Jr. afirmam que, "sempre que, por razões de política criminal, uma infração tributária for penalizada com sanção restritiva da liberdade pessoal, ela se emancipa e passa a gravitar na esfera do direito penal comum, sendo regulada pelas leis e codificações penais" (Zelmo Denari e Paulo José da Costa Júnior, *Infrações Tributárias e Delitos Fiscais,* 3ª ed., São Paulo, Saraiva, 1998, p. 17).

76   SANÇÕES TRIBUTÁRIAS: DEFINIÇÃO E LIMITES

como crime passível de sanção penal ou como infração administrativa passível de sanção administrativo-tributária.

Não obstante o acerto da conclusão relativa à discricionariedade do legislador quanto à fixação de uma sanção administrativa ou de uma sanção penal em face do descumprimento de alguma obrigação tributária, não há como aceitar a tão propalada identidade ontológica dos ilícitos tributário e penal. Tomado como fato equivalente ao descumprimento de alguma norma de comportamento (norma primária) – e não como hipótese de norma sancionatória, o ilícito é uno. Reforçando o quanto anteriormente referido, vale reiterar que não existe pluralidade de ilícitos, um penal e um administrativo, que possam ser comparados na busca de semelhanças ou diferenças. O ilícito é um só e diz respeito ao descumprimento de uma obrigação tributária.

Evidenciado o equívoco da assertiva que versa sobre a pretensa identidade ontológica dos ilícitos penal e administrativo e confirmada a discricionariedade do legislador quanto à eleição de uma sanção penal ou de uma sanção administrativa em face do descumprimento de alguma obrigação tributária, cabe examinar de forma mais detida a classificação das sanções tributárias.

2.4 Sanções tributárias: espécies

2.4.1 Sanções penais tributárias

A importância do Direito Tributário cresce com o desenvolvimento do Estado. Com o passar dos anos, o Estado tem se envolvido em mais e novas funções, o que aumenta a necessidade da arrecadação de fundos para fazer frente às correlatas despesas públicas. A relação entre as receitas tributárias e as necessidades públicas é bem destacada por Ezio Vanoni, para quem a razão de ser dos tributos é possibilitar ao Estado condições materiais de cumprir com suas finalidades.[66] Considerando que

66. Como preceitua Ezio Vanoni, "Entre tributo e atividade do Estado, visando a prestação de serviços públicos, existe uma relação de meios para fins, que não é indiferente ao Direito, e que deve ser levada em consideração na definição jurídica de tributo. Da necessidade, reconhecida pelo ordenamento jurídico, de se organizar a sociedade sob a forma do Estado, decorre a necessidade de fornecer à entidade estatal os meios necessários ao desenvolvimento da atividade que lhe é própria, procurando-se obter tais meios, quando o produto de outras fontes de receita não seja suficiente, daqueles que tenham interesse na existência do Estado. A razão econômico-jurídica do tributo, a finalidade prática que determina o seu aparecimento e justifica a sua manutenção, é portanto a de colocar o Estado em condições de satisfazer as suas pró-

SANÇÕES TRIBUTÁRIAS

as receitas tributárias constituem a principal receita pública,[67] a pressão pelo aumento da arrecadação tributária tem sido notável. Conforme aponta Klaus Tipke,[68] "tributos são o preço da civilização".

Reflexo da necessidade social e em face da finalidade pedagógica que acompanha as sanções, o legislador elabora mais e mais enunciados penais cujas hipóteses descrevem ilícitos fiscais. Dessa forma, punindo com severas sanções penais a prática de ilícitos fiscais, acaba por reforçar o sentimento de dever quanto ao cumprimento das obrigações tributárias. Na obra de Paulo José da Costa Jr. e Zelmo Denari[69] fala-se no grau de "nocividade social" da infração como justificativa (política) de sua descrição na hipótese de uma norma penal e de seu efeito no aumento da eficácia social da norma de imposição tributária.

Dos enunciados penais constrói-se, assim, as normas de sanção penal-tributárias. E tais normas têm como consequência a prescrição de uma sanção dita penal-tributária. Sanção penal-tributária é, pois, consequência prescrita em norma originada da interpretação de enunciados legislativos editados pela União – compete privativamente à União dis-

---

prias finalidades" (Ezio Vanoni, *Natureza e Interpretação das Leis Tributárias*, trad. de Rubens Gomes de Souza, Rio de Janeiro, Edições Financeiras, 1932, p. 127). Vide ainda: Eduardo Marcial Ferreira Jardim, *Manual de Direito Financeiro e Tributário*, 10ª ed., São Paulo, Saraiva, 2009, p. 44.

67. Ricardo Lobo Torres, *Curso de Direito Financeiro e Tributário*, 14ª ed., Rio de Janeiro, Renovar, 2007, p. 3. No mesmo sentido: Aliomar Baleeiro, *Uma Introdução à Ciência das Finanças*, 15ª ed., Rio de Janeiro, Forense, 1997, p. 157. José Casalta Nabais, por seu turno, é enfático ao afirmar que "um estado, para cumprir as suas tarefas, tem de socorrer-se de recursos ou meios a exigir dos seus cidadãos, constituindo justamente os impostos esses meios ou instrumentos de realização das tarefas estaduais. Por isso, a tributação não constitui, em si mesma, um objetivo (isto é, um objetivo originário ou primário) do estado, mas sim o meio que possibilita a este cumprir os seus objetivos (originários ou primários), actualmente consubstanciados em tarefas de estado de direito social" (José Casalta Nabais, *O Dever Fundamental de Pagar Impostos: contributo para a compreensão constitucional do estado fiscal contemporâneo*, Coimbra, Almedina, 2009, p. 185).

68. Klaus Tipke, *Moral Tributária do Estado e dos Contribuintes*, trad. de Luiz Dória Furquim, Porto Alegre, Fabris, 2012, p. 44.

69. Para Paulo José da Costa Jr. e Zelmo Denari, "uma infração se converte em delito fiscal na exata medida da exacerbação de seu grau de nocividade social. Em determinado momento histórico, por convenção social, certas condutas colocam-se em conflito com os mais significativos valores de uma sociedade politicamente organizada. Quando isto se dá, ocorre, no plano normativo, uma ruptura, e o ilícito fiscal, em decorrência da especificidade da respectiva sanção e por razões de política criminal, converte-se em delito" (Denari e Costa Júnior, *Infrações Tributárias e Delitos Fiscais*, cit., p. 7).

78 SANÇÕES TRIBUTÁRIAS: DEFINIÇÃO E LIMITES

por sobre matéria penal (art. 22, I, da CF). A norma penal tributária tem em sua hipótese a descrição do descumprimento de alguma obrigação tributária e em seu consequente a prescrição da sanção penal. A sanção penal-tributária acarretará restrições em bens e direitos, especialmente no direito de ir e vir (liberdade). Sua aplicação não poderá ser promovida por autoridades administrativas vinculadas ao Poder Executivo. Somente o Poder Judiciário pode aplicar sanções penais.

Interessante notar que as normas sancionatórias penais têm hipóteses de incidência das mais variadas: descrições de ilícitos administrativos (ex.: improbidade administrativa), de ilícitos fiscais (ex.: sonegação) etc. O Direito Penal tem a capacidade de abarcar ilícitos originários dos mais variados ramos do Direito (Administrativo, Civil, Comercial, Tributário), descrevendo-os como hipóteses de normas sancionatórias penais. Tal apropriação de ilícitos originários de outros ramos do Direito faz com que o Direito Penal torne-os crimes passíveis de penas gravíssimas. Tal fenômeno ocorre também na relação firmada com o Direito Tributário. A partir de sua descrição na hipótese de normas de sanção penal, os ilícitos tributários tornam-se crimes.[70]

Sendo certo que a previsão de sanções penais em face de ilícitos tributários ocasiona maior respeito às obrigações tributárias,[71] cabe analisar a relação existente entre pena e crime. Em outras palavras: faz-se importante examinar a relação havida entre as sanções penais e os ilícitos tributários.

Durante anos houve grande discussão acerca da relação firmada entre ilícito tributário e sanção penal: questionou-se, por exemplo, se os crimes que tratam de supressão ou redução de tributos devem aguardar o lançamento definitivo e/ou se o pagamento do crédito tributário afeta a aplicação da sanção penal.

Quanto ao primeiro ponto, vale recordar as conclusões formuladas a partir do exame do crime de que trata o art. 1º da Lei 8.137/1990. Considerando ser obrigatória a constituição definitiva do crédito tributário para a consumação dos crimes previstos nos incisos do referido artigo

70. "(...) a lei penal não vai incidir diretamente sobre comportamentos ou sobre fatos, mas vai incidir sobre comportamentos e fatos regulados antes pela lei tributária. Então, é preciso conhecer a qualificação que a lei tributária dá a esses fatos, os efeitos que a lei tributária atribui a esses fatos, a qualificação que dá aos agentes em torno desses fatos, para só depois entender o fato jurídico sobre o qual poderá incidir a lei penal" (Geraldo Ataliba, "Direito penal tributário", *Revista de Direito Tributário*, n. 64, São Paulo, 1994, p. 30).

71. Paciello, "As sanções do direito tributário", cit., p. 87.

SANÇÕES TRIBUTÁRIAS 79

de lei, foi editada pelo Supremo Tribunal Federal a Súmula Vinculante 24 ("Não se tipifica crime material contra a ordem tributária, previsto no art. 1º, incs. I a IV, da Lei n. 8.137/1990, antes do lançamento definitivo do tributo."). Tratando-se de um crime material,[72] que só se consuma quando estiverem reunidos todos os elementos de sua definição legal,[73] declarou a Corte Suprema que fica suspensa a pretensão punitiva do Estado até que sobrevenha final decisão administrativa acerca do efetivo descumprimento da obrigação tributária.[74] Nessa linha, resguardando a garantia fundamental da ampla defesa, expressa no campo tributário pela permissão de que se apresentem defesas e recursos administrativos contra o lançamento fiscal, estabeleceu o Supremo Tribunal Federal que somente após a resolução definitiva de eventual contencioso administrativo acerca do descumprimento da obrigação tributária é que poderá ter curso a ação penal.[75] Parece correto, a esse respeito, o entendimento firmado nos Tribunais, especialmente porque o eventual acolhimento da defesa ou dos recursos administrativos comprovará que não houve ilícito tributário,

72. "As modalidades delitivas previstas neste artigo são materiais, ou de resultado. Vale dizer, só se aperfeiçoa o crime com a supressão ou com a redução efetiva do tributo" (Denari e Costa Júnior, *Infrações Tributárias e Delitos Fiscais*, cit., p. 115). Para Caio Augusto Takano: "Em relação aos crimes materiais contra a ordem tributária, tipifica o legislador federal como a conduta proibida 'suprimir ou reduzir tributo, ou contribuição social e qualquer acessório', por intermédio de uma das condutas arroladas em seus incisos, sob pena de reclusão de dois a cinco anos" (Caio Augusto Takano, "Crimes contra a ordem tributária: constituição do crédito tributário, consumação e persecução penal à luz da atual jurisprudência do Supremo Tribunal Federal", *Revista Dialética de Direito Tributário*, n. 206, São Paulo, nov. 2012, pp. 9-10). No mesmo sentido: Célio Armando Janczeski, "Crimes fiscais: tipo e elementos", in Marcelo Magalhães Peixoto *et al.* (coord.), *Direito Penal Tributário*, São Paulo, MP Editora, 2005, p. 77.
73. Vide art. 14 do Código Penal.
74. "(...) só se pode falar em 'supressão' ou 'redução do tributo' após o término do procedimento administrativo que culmina com o lançamento definitivo, atividade privativa das autoridades fazendárias" (Cristiano Carvalho e Eduardo Jobim, "Crimes contra a ordem tributária: autonomia ou dependência entre o processo penal e o processo administrativo tributário?", in Marcelo Magalhães Peixoto *et al.* (coord.), *Direito Penal Tributário*, São Paulo, MP Editora, 2005, p. 94). Considerando as múltiplas alterações legislativas, Hugo de Brito Machado sustenta a "subsistência da regra que afirma a extinção da punibilidade pelo pagamento, nos crimes tributários" (Hugo de Brito Machado, "A extinção da punibilidade pelo pagamento nos crimes tributários e a Lei n. 12.282/11", *Revista Dialética de Direito Tributário*, n. 202, São Paulo, jul. 2012, p. 72).
75. Importante registrar a existência de recente precedente em sentido contrário, que vai de encontro ao teor do Verbete Sumular: HC 108037, rel. Min. Marco Aurélio, 1ª T., j. 29.11.2011, *DJe*-022 divulg. 31.1.2012, public. 1.2.2012, *RDDT* 200/146-149, 2012.

80 SANÇÕES TRIBUTÁRIAS: DEFINIÇÃO E LIMITES

retirando, assim, a ilicitude do fato, premissa básica que justificava a aplicação da norma penal.

Por outro lado, no atinente aos efeitos do pagamento em face das sanções penais, devem ser segregados os crimes relacionados ao descumprimento de obrigações tributárias principais daqueles relacionados ao descumprimento de obrigações tributárias acessórias. No primeiro caso, sendo exigida para a tipificação do crime a ocorrência de supressão ou redução de tributo, o seu pagamento servirá à extinção da punibilidade do crime, pois a obrigação tributária principal, cujo descumprimento ensejou a sanção penal, é uma obrigação pecuniária, que restará cumprida. Mesmo que realizado após a data de vencimento da obrigação, o pagamento ou qualquer outra modalidade de extinção do crédito tributário arrolada dentre aquelas previstas no art. 156 do CTN faz com que não haja mais ilícito a ser punido.

Em relação aos ilícitos tributários vinculados ao descumprimento de obrigações acessórias ou deveres instrumentais, da mesma forma, a extinção da obrigação retira a possibilidade de aplicação da sanção penal. Importante alertar, contudo, que o simples pagamento da multa isolada fixada pelas autoridades administrativas como decorrência do ilícito não representa o cumprimento da originária obrigação acessória.[76] Se em tal hipótese o ilícito tributário corresponde ao descumprimento do dever instrumental, somente a realização da correlata obrigação de fazer ou não fazer é que eximirá o contribuinte ou responsável da sanção penal. O pagamento da sanção administrativo-tributária (multa) que resultar do descumprimento do dever instrumental não altera a constatação de que o *faccere* correspondente à obrigação tributária acessória foi e continua descumprido mesmo após a aplicação da sanção administrativa. Consoante leciona Souto Maior Borges,[77] a conversão da obrigação tributária acessória em obrigação principal prevista no art. 113, § 3º, do CTN deve ser vista com ressalvas. Em verdade, o descumprimento do dever instrumental faz nascer uma nova obrigação decorrente de uma norma

---

76. Em sentido contrário, vide: Hugo de Brito Machado, "A extinção da punibilidade pelo pagamento no crime de inadimplemento fraudulento de obrigação tributária acessória", *Revista Dialética de Direito Tributário*, n. 156, set. 2008, pp. 62 e ss.

77. "O art. 113, § 3º, apenas significa que, se descumprida a obrigação acessória, que tem por objeto prestações positivas ou negativas (art. 113, § 2º), instaura-se uma outra relação, que tem por objeto o pagamento de penalidade pecuniária. As obrigações acessórias – tais como as de prestar informações e esclarecimentos ao Fisco, emitir notas fiscais, manter livros fiscais, desde que sejam descumpridas, persistem sendo obrigações dessa mesma espécie, ou seja, obrigações decorrentes de atos ilícitos" (Borges, *Lançamento Tributário*, cit., p. 218).

SANÇÕES TRIBUTÁRIAS   81

de sanção administrativo-tributária (multa). As obrigações decorrentes da norma primária (dever instrumental) e da norma secundária (multa) são inconfundíveis, inclusive porque a primeira representa uma obrigação de fazer e a segunda uma obrigação de dar. Disso tudo resulta o alerta de que o pagamento de multa administrativa não retira a ilicitude da omissão relativa ao descumprimento da obrigação acessória.

2.4.2 Sanções administrativo-tributárias

Sanção administrativa é um mal infligido pela Administração ao administrado como consequência de uma conduta ilícita (García de Enterría e Fernandez).[78] Em diversas palavras, sanção administrativa é um ato de gravame que afeta a esfera jurídica dos particulares, seja mediante a privação de um direito, seja pela imposição de um dever antes inexistente (Suay Rincón).[79] Principal nota distintiva em relação às sanções penais, as sanções administrativas não podem restringir o direito de ir e vir dos cidadãos, motivo pelo qual podem ser aplicadas pelo Poder Executivo – as sanções penais, como visto, podem limitar o direito de ir e vir e são aplicáveis exclusivamente pelo Poder Judiciário.

Espécie de sanção administrativa, a sanção administrativo-tributária é punição que pressupõe o descumprimento de uma obrigação estabelecida por normas de imposição tributária (Del Federico),[80] seja a obrigação de recolher determinado tributo, seja a obrigação de apresentar alguma declaração ao Fisco ou alguma outra obrigação dita acessória. Prescrita no consequente de alguma norma sancionatória, a referida sanção restringirá bens e/ou direitos, não podendo, contudo, afetar a liberdade de ir e vir – o inc. LXVII do art. 5º da Constituição da República não permite prisão civil salvo casos excepcionais, que não tratam do descumprimento

---

78. Eduardo García de Enterría e Tomás-Ramón Fernández, *Curso de Derecho Administrativo II*, 9ª ed., Madrid, Civitas, 2004, p. 163.

79. "Irrogación de un mal: la sanción administrativa es, como se sabe, un acto de gravamen, un acto, por tanto, que disminuye o debilita la esfera jurídica de los particulares, bien sea mediante la privación de un derecho (interdicción de una determinada actividad, sanción interdictiva), bien mediante la imposición de un deber antes inexistente (condena al pago de una suma de dinero: sanción pecuniaria)" (José Suay Rincón, *Sanciones Administrativas*, Bolonia, Publicaciones del Real Colegio de España, 1989, p. 27).

80. Lorenzo del Federico conceitua as sanções administrativo-tributárias como "misure di reazione alla violazione di norme poste a tutela di interessi generali della collettività, applicate dall'amministrazione e consistenti in conseguenze afflittive per l'autore dell'illecito" (Lorenzo del Federico, *Le Sanzione Amministrative nel Diritto Tributario*, Milano, Giuffrè, 1993, p. 22).

82   SANÇÕES TRIBUTÁRIAS: DEFINIÇÃO E LIMITES

de obrigações tributárias. O preceito constitucional impede, assim, que sanções administrativo-tributárias recaiam sobre a liberdade dos contribuintes e responsáveis (Sacha Calmon Navarro Coêlho).[81]

Por fim, no tocante aos bens ou direitos que restringem, as sanções administrativo-tributárias podem ser pecuniárias (multas) ou não pecuniárias (sanções políticas). Devem ser sempre promovidas por autoridades vinculadas ao Poder Executivo, por meio do lançamento fiscal previsto no art. 142 do CTN. Com a finalidade de segregar as sanções administrativas que restringem direitos fundamentais diversos da propriedade (sanções políticas), tratar-se-á inicialmente das sanções administrativas pecuniárias.

2.4.2.1 Sanções pecuniárias: multas

O correto entendimento das sanções administrativo-tributárias pecuniárias e mesmo de sua aplicação exige seja inicialmente observado o quanto disposto no art. 136 do CTN, que versa sobre a responsabilidade do infrator ("Salvo disposição de lei em contrário, a responsabilidade por infrações da legislação tributária independe da intenção do agente ou do responsável e da efetividade, natureza e extensão dos efeitos do ato").

Divergem a doutrina e a jurisprudência dos Tribunais Superiores quanto à melhor interpretação do referido dispositivo legal. Parte entende que de tal enunciado legal advém aos sujeitos infratores responsabilidade objetiva quanto às sanções administrativo-tributárias;[82] outros, que a

---

81. Sacha Calmon Navarro Coêlho, "Infração tributária e sanção", in Hugo de Brito Machado, *Sanções Administrativas Tributárias,* São Paulo, Dialética, 2004, p. 429.

82. "O ilícito puramente fiscal é, em princípio, objetivo. Deve sê-lo. Não faz sentido indagar se o contribuinte deixou de emitir uma fatura fiscal por dolo ou culpa (negligência, imperícia, imprudência)" (Sacha Calmon Navarro Coêlho, "Comentários", in Carlos Valder do Nascimento e André Portella, *Comentários ao Código Tributário Nacional,* 7ª ed., Rio de Janeiro, Forense, 2008, p. 339). Para Zelmo Denari, "ao desconsiderar a participação volitiva do infrator, o legislador deixou de formular qualquer juízo de culpabilidade ao disciplinar a responsabilidade por infrações da legislação tributária" (Denari e Costa Júnior, *Infrações Tributárias e Delitos Fiscais,* cit., pp. 67-68). Já Ricardo Lobo Torres afirma que "aderiu o CTN, em princípio, à teoria da objetividade da infração fiscal. Não importa, para a punição do agente, o elemento subjetivo do ilícito, isto é, se houve dolo ou culpa na prática do ato" (*Curso de Direito Financeiro e Tributário,* cit., p. 268). Leandro Paulsen trata do "caráter objetivo da sanção, com o efeito de afastar qualquer exigência de culpa ou dolo para a caracterização da infração, com o que se torna desnecessário perquirir da intenção do agente" (*Direito Tributário: Constituição e Código Tributário à luz da doutrina*

SANÇÕES TRIBUTÁRIAS 83

norma decorrente da interpretação de tal dispositivo estabelece presunção de culpa do acusado, que pode ser elidida mediante prova em sentido contrário.[83]

Hugo de Brito Machado, por exemplo, defende que muito embora a norma não exija conduta dolosa à aplicação das sanções administrativo-tributárias, ela requer ao menos que haja culpa por parte do acusado. Nessa linha de entendimento, não há como corroborar a ideia de que tal norma estabelece a responsabilidade objetiva do infrator no campo das sanções administrativo-tributárias. Conforme explica o doutrinador ao distinguir responsabilidade objetiva e culpa presumida, "uma coisa é não ser necessária a presença do elemento subjetivo por ser ele presumido. Coisa diversa é a responsabilidade objetiva".[84] Trilhando tal percurso, afirma que "pode parecer que essa norma adota o princípio da responsabilidade objetiva, mas na verdade isto não acontece", pois "seria um verdadeiro absurdo admitir-se a responsabilidade inteiramente objetiva no campo das relações tributárias, negando-se qualquer relevância ao elemento subjetivo do comportamento humano".[85] Em saudada incursão

e da jurisprudência, 14ª ed., Porto Alegre, Livraria do Advogado, 2012, p. 981). No mesmo sentido, ainda: Paulo de Barros Carvalho, *Curso de Direito Tributário*, 23ª ed., São Paulo, Saraiva, 2011, p. 637.

83. "(...) o que o art. 136, em combinação com o item III do art. 112, deixa claro, é que para a matéria da autoria, imputabilidade ou punibilidade, somente é exigida a intenção ou dolo para os casos das infrações fiscais mais graves e para as quais o texto da lei tenha exigido esse requisito. Para as demais, isto é, não dolosas, é necessário e suficiente um dos três graus de culpa. De tudo isso decorre o princípio fundamental e universal, segundo o qual se não houver dolo nem culpa, não existe infração da legislação tributária" (Nogueira, *Curso de Direito Tributário*, cit., pp. 106-107). Regina Helena Costa trilha o mesmo caminho: "quando a lei declara que a responsabilidade por infrações à legislação tributária *independe da intenção do agente*, há que se entender estar afastado tão somente o *dolo*, e não a culpa em sentido estrito. Logo, tal responsabilidade não exige dolo para a sua configuração. Mas, por evidente, exige a culpa do infrator, como é regra em matéria de direito sancionatório, o que demonstra tratar-se de autêntica *responsabilidade subjetiva*" (Regina Helena Costa, *Curso de Direito Tributário: Constituição e Código Tributário Nacional*, São Paulo, Saraiva, 2009, p. 291). No mesmo sentido, vide Luis Eduardo Schoueri, *Direito Tributário*, São Paulo, Saraiva, 2011, p. 691 e Régis Fernandes de Oliveira, *Infrações e Sanções Administrativas*, 1985, p. 25.

84. Hugo de Brito Machado, "Teoria das sanções tributárias", in Hugo de Brito Machado, (coord.), *Sanções Tributárias Administrativas*, São Paulo, Dialética, 2004, p. 173.

85. No mesmo sentido: "Dizer que independe da intenção do agente significa que independe da vontade consciente e livre de praticar a conduta antijurídica, ou seja, do dolo. A palavra intenção, empregada pelo texto normativo, não deixa a menor sombra de dúvida de que se refere ao dolo. (...) Enxergar no art. 136 do CTN a

84 SANÇÕES TRIBUTÁRIAS: DEFINIÇÃO E LIMITES

no campo tributário, Celso Antônio Bandeira de Mello reforça tal posicionamento, aduzindo que "o art. 136, ao contrário do que certas posições preconizam, não consagra a responsabilidade objetiva, mas se trata ainda da expressão da responsabilidade subjetiva, embora o legislador tenha declarado a irrelevância do dolo".[86]

Tem total razão a doutrina que afirma não haver no art. 136 do CTN disposição conducente à responsabilidade objetiva do infrator, mas, sim, uma presunção relativa de culpa. A melhor interpretação do art. 136 do CTN indica que, não havendo disposição de lei em sentido contrário, a responsabilidade do infrator em face das sanções administrativo-tributárias é subjetiva, estando calcada numa presunção (relativa) de culpa. A diferença dos dois tipos de responsabilidade (objetiva e por culpa presumida) é brutal. A responsabilidade objetiva independe de qualquer prova sobre o intuito do agente – não é examinada sua intenção na prática do ilícito. A culpa presumida, por sua vez, permite afastar do agente a aplicação da sanção na hipótese de ser comprovado não ter ele agido com negligência, imprudência ou imperícia. Nessa hipótese, a presunção de culpa pode ser elidida por prova em sentido contrário produzida pelo acusado.

Fundamental atestar que a opção pela alternativa de interpretação do dispositivo legal que redunda numa exigência de culpa do infrator decorre da necessidade de sua compatibilização com os valores subjacentes ao Estado de Direito – em especial com o ideal de juridicidade de que fala Humberto Ávila.[87] O ideal de juridicidade que marca o Estado de Direito impede a aplicação de sanções se não houver culpa ou dolo por parte do infrator, inclusive no atinente às sanções administrativo-tributárias. Responsabilidade objetiva e sanções jurídicas – inclusive sanções administrativo-tributárias – são institutos incompatíveis num Estado de Direito.[88]

---

responsabilidade objetiva, sem a consideração do indispensável aspecto da voluntariedade, acabaria por neutralizar a função maior das sanções estatuídas na legislação tributária, as quais visam assegurar a arrecadação tributária através de intimidações" (Kiyoshi Harada, "Infração fiscal e crimes tributários", in Dejalma de Campos e Antônio Claudio Mariz de Oliveira, *Direito Penal Tributário Contemporâneo: estudos de especialistas*, São Paulo, Atlas, 1995, p. 68).

86. Celso Antônio Bandeira de Mello, "Procedimento tributário", *Revista de Direito Tributário*, vol. 7/8, São Paulo, 1979, p. 64.

87. Cf. *Sistema Constitucional Tributário*, cit., p. 40.

88. Embora tratando das sanções administrativas em geral, e não especificamente das tributárias, refere Fábio Medina Osório que "culpabilidade é uma exigência inarredável para as pessoas físicas ou mesmo jurídicas, decorrente da fórmula substancial do devido processo legal e da necessária proporcionalidade das infrações e

SANÇÕES TRIBUTÁRIAS   85

Em notável lição, Alejandro Huergo Lora[89] destaca que num Estado de Direito a exigência de culpa é consequência necessária do próprio conceito de sanção não apenas no âmbito penal. Especificamente em relação às normas de sanção administrativo-tributárias, a tese da responsabilidade subjetiva é a única sustentável num ordenamento marcado pelos valores subjacentes ao Estado de Direito (conforme também defende Catalina Hoyos[90]).

Tal vinculação entre a exigência de culpa para a aplicação das sanções administrativas e o Estado de Direito – apresentada por Alejandro Huergo Lora e Catalina Hoyos – tem total pertinência ao estudo das sanções tributárias brasileiras. A consagração do Estado Democrático de Direito na Constituição Federal de 1988 – tão bem enaltecida por Misabel Derzi[91] –, não permite a imputação de sanções administrativas a quem houver

das sanções" e "a perspectiva de uma responsabilidade objetiva ou de uma falta de culpabilidade traduziria intolerável arbitrariedade dos Poderes Públicos em relação à pessoa humana" (*Direito Administrativo Sancionador*, cit., pp. 358 e 360).

89. Huergo Lora, *Las Sanciones Administrativas*, cit., p. 378.

90. "La única tesis que ha triunfado, en ese ámbito, es la de la plena subjetividad a la hora de concebir un derecho administrativo o tributario sancionador, pues se ha entendido que es la única sustentable a la luz de los principios, reglas, derechos y garantías propios de los estados sociales y democráticos de derecho, reivindicados en las constituciones contemporáneas" ("Sanciones tributarias en Colombia: política inquisidora?", cit., p. 49).

91. "Estado Democrático de Direito é Estado que mantém clássicas instituições governamentais e princípios como o da separação de poderes e da Segurança Jurídica. Erige-se sob o império da lei, a qual deve resultar da reflexão e codecisão de todos. Mas não é forma oca de governo, na qual possam conviver privilégios, desigualdades e oligocracias. Nele, há compromisso incindível com a liberdade e a igualdade, concretamente concebidas, com a evolução qualitativa da democracia e com a erradicação daquilo que o grande Pontes de Miranda chamou de 'o ser oligárquico' subsistente em quase todas as democracias (cf. op. cit. p. 149). Não há incompatibilidade entre Estado de Direito e Estado Social, mas síntese dialética que supera o individualismo abstrato e a neutralidade do Estado Liberal. Nas novas fórmulas encontradas pelas constituições mais modernas, não há de modo algum renúncia às clássicas garantias jurídicas. Entretanto, ao mesmo tempo, se buscam metas de maior justiça social, condições efetivas de uma vida digna para todos por meio do desenvolvimento e da conciliação entre liberdade e solidariedade (vide José Afonso da Silva, *Curso de Direito Constitucional Positivo*, 5ª ed., São Paulo, Ed. RT, 1989, pp. 99 e ss.). A Constituição de 1988 supõe um constitucionalismo que trabalha essas exigências jurídicas concretas. O Estado deve pôr-se a serviço de uma nova ordem social e econômica, mais justa, menos desigual, em que seja possível a cada homem desenvolver digna e plenamente sua personalidade. Prejudicadas ficam, dessa forma, as teorias de política econômica ou de política fiscal incompatíveis com o Estado Democrático de Direito" (Misabel de Abreu Machado Derzi, "Notas", in Aliomar Baleeiro, *Limitações Constitucionais ao Poder de Tributar*, 7ª ed., Rio de Janeiro, Forense, 2006, pp. 10-11).

86   SANÇÕES TRIBUTÁRIAS: DEFINIÇÃO E LIMITES

agido sem culpa ou dolo. Não bastasse a incompatibilidade havida entre a responsabilização objetiva do infrator e o Estado de Direito, a finalidade punitiva que marca as sanções tributárias serviria como óbice à sua aplicação em casos onde não houvesse culpa ou dolo por parte do agente. Se as sanções jurídicas e dentre essas as tributárias têm sempre finalidade punitiva, não há como admiti-las desvinculadas de culpa ou dolo.[92]

É possível, assim, importar os escólios de Hector Villegas ("se existe culpabilidade em qualquer de suas formas (dolo ou culpa), a infração resta configurada. Se a culpabilidade está totalmente excluída, a infração deixa de ser punível");[93] Dino Jarach[94] ("El principio general también en materia tributaria penal, es el del requisito subjetivo de la culpa, en sentido amplio, pudiendo existir casos especiales, en los que se prescinda de ese requisito"); Carlos D. Delgado Sancho ("no puede existir una infracción sin la existencia de un mínimo de culpa imputable a una persona");[95] Juan J. Zornoza Perez[96] ("la prohibición de la responsabilidad objetiva en materia de infracciones tributarias, que resulta de la presunción constitucional de inocencia, fuerza a entender incluido el elemento subjetivo en la misma noción de infracción"); e também de José Maria Martín e Guillermo F. Rodriguez Usé,[97] tudo a fim de concluir pela impossibilidade de admitir-se a imposição de sanções administrativo-tributárias sem culpa ou dolo por parte do infrator.

Tratando exatamente da necessidade de culpa ou dolo para a fixação de sanções administrativo-tributárias, vale trazer à tona, ainda, o posicionamento do Tribunal Constitucional espanhol, firmado na já referida

92. Paulo Roberto Coimbra Silva, *Direito Tributário Sancionador*, São Paulo, Quartier Latin, 2007, p. 252.
93. Villegas, *Direito Penal Tributário,* trad. de Elisabeth Nazar, São Paulo, Ed. RT, 1974, p. 150.
94. Dino Jarach, *Finanzas Públicas e Derecho Tributario,* Buenos Aires, Abeledo-Perrot, 2013, p. 413.
95. Delgado Sancho, *Principios del Derecho Tributario Sancionador*, cit., p. 172.
96. Zornoza Perez, *El Sistema de Infracciones y Sanciones Tributarias...*, cit., p. 205.
97. "Hasta no hace mucho tiempo, la mayoría de la doctrina, como también la jurisprudencia, consideraba que en el caso de contravenciones, y específicamente de infracciones tributarias, no era imprescindible la presencia de dicho aspecto subjetivo. Por ello, generalmente se hablaba de la objetividad de las infracciones sancionadas por las normas del derecho tributario penal. Sin embargo, en época reciente se ha producido una notable evolución en lo que atañe a la necesidad de este aspecto subjetivo para la configuración de las contravenciones en materia tributaria, excepto para algunas especies de infracciones muy especiales, como lo es, por ejemplo, el contrabando" (Martín e Rodriguez Usé, *Derecho Tributario General*, cit., p. 320).

SANÇÕES TRIBUTÁRIAS 87

Sentença 76/1990.[98] No mencionado caso foi arguida a inconstitucionalidade de alguns dispositivos da Lei Geral Tributária que dispunham sobre sanções administrativo-tributárias. Tais dispositivos, segundo o quanto foi então sustentado, ao não qualificar como culposas as ações ou omissões objeto de punição, dariam ensejo à responsabilização objetiva no campo tributário, o que violaria a exigência de culpa. No exame da questão, a Corte espanhola entendeu que a falta de qualificação das infrações como culposas não permite concluir que a responsabilidade tributária seja objetiva. Pelos termos do precedente espanhol, tal omissão legislativa, acerca da adjetivação das infrações, não poderia levar à equivocada conclusão de que fora suprimido o elemento subjetivo da culpa, em seu lugar tendo se estabelecido a responsabilidade objetiva do infrator ("no puede llevar a la errónea conclusión de que se haya suprimido en la configuración del ilícito tributario el elemento subjetivo de la culpabilidad para sustituirlo por un sistema de responsabilidad objetiva o sin culpa. En la medida de que la sanción de las infracciones tributarias es una de las manifestaciones del *ius puniendi* del Estado, tal resultado sería inadmisible en nuestro ordenamiento"). Como se vê, tomando como premissa o fato de que as sanções administrativas, assim como as penais, decorrem de uma única potestade sancionadora pertencente ao Estado ("*ius puniendi* del Estado"), limitada por princípios constitucionais, entendeu o Tribunal Constitucional espanhol ser inadmissível qualquer interpretação legal que redunde na responsabilidade objetiva dos infratores. Não obstante a tese do *ius puniendi* estatal único não ser aceita no presente trabalho, a consideração do Estado de Direito, como visto, somada à constatação de que toda a sanção deve ter por finalidade punir o infrator, bastam, por si, para justificar a exigência de culpa ou dolo no tipo sancionador administrativo-tributário.

No campo jurisprudencial brasileiro, entretanto, parece ainda não haver maior segurança quanto à natureza da responsabilidade prevista no art. 136 do CTN: se objetiva ou subjetiva. Existem diversos julgados do Superior Tribunal de Justiça nos quais está afirmado que a norma advinda do art. 136 do CTN estabelece a responsabilidade objetiva do infrator, mas que, em razão da "possibilidade de aplicação da equidade e do princípio da lei tributária *in dubio pro* contribuinte", deve ser exigida a comprovação de conduta culposa – tudo na esteira do voto proferido pelo Min. Teori Albino Zavascki nos autos do REsp 494.080-RJ.[99] Embora

98. Tribunal Constitucional, Pleno, Sentencia 76/1990, de 26.4.1990 (*BOE* n. 129, de 30.5.1990).
99. STJ, 1ª T., REsp 494080-RJ, rel. Min. Teori Albino Zavascki, j. 19.10.2004, *DJU* 16.11.2004, p. 188.

88 SANÇÕES TRIBUTÁRIAS: DEFINIÇÃO E LIMITES

louvável a tentativa de atenuar a aplicação rigorosa da norma advinda da interpretação do art. 136 do CTN, tais julgados acabam por desvirtuá-la, recaindo em nítida contradição ao afirmarem estar-se diante de responsabilidade objetiva que carece de prova da culpa do infrator. Conforme já dito, não se está frente à responsabilidade objetiva, mas, sim, à culpa presumida do agente. Por isso, a despeito do equívoco de seus fundamentos, os mencionados julgados mostram-se corretos em suas conclusões.

Vale notar, ademais, que muito embora a norma advinda do art. 136 do CTN permita aos entes tributantes impor sanções administrativo-tributárias decorrentes de ilícitos culposos, nada impede que, ao elaborar os enunciados legais a partir dos quais serão construídas as normas de sanção tributária, venha o legislador a exigir a presença específica do dolo como elemento subjetivo do tipo sancionador-tributário. Em verdade, é bastante comum que a graduação das sanções leve em conta a presença do dolo na prática delituosa. Restando evidente a intenção do agente de promover ato contrário ao ordenamento jurídico – descumprindo, por exemplo, de forma consciente e intencional, alguma obrigação tributária –, mostra-se razoável o aumento da punição que ocorreria não houvesse tal *animus*. Ótimo exemplo de sanção majorada em razão da presença de dolo encontra-se a partir da interpretação do art. 44, § 1º, da Lei 9.430/1996. Consoante prescrito na regra legal, a comprovação da intenção de sonegar, fraudar ou ludibriar a Fazenda Pública (conforme disposto nos arts. 71 a 73 da Lei 4.502/1964) serve para duplicar a multa a ser aplicada sobre o valor do tributo que deixou de ser recolhido aos cofres públicos.

2.4.2.2 Sanções políticas

Dentre as sanções administrativo-tributárias, como visto, as multas destacam-se em número e importância – são as chamadas sanções administrativas pecuniárias.[100] Há, contudo, junto a elas, outra espécie de sanção administrativo-tributária: sanções não pecuniárias, também conhecidas como sanções políticas ou sanções indiretas (Ives Gandra da Silva Martins).[101]

Em variadas situações, a legislação dos entes políticos (União, Estados e Municípios) estabelece que o descumprimento de obrigações tri-

---

100. Paulo Roberto Coimbra Silva, "Sanção tributária: limites quantitativos e qualitativos", *Revista Internacional de Direito Tributário,* Belo Horizonte, jul.-dez. 2005, p. 371. Pela doutrina espanhola: Aneiros Pereira, *Las Sanciones Tributarias,* cit., pp. 26-27.

101. Ives Gandra da Silva Martins, *Da Sanção Tributária,* 2ª ed., São Paulo, Saraiva, 1998, p. 39.

SANÇÕES TRIBUTÁRIAS   89

butárias servirá como justificativa à aplicação de sanções administrativo-
-tributárias não pecuniárias, que consistirão na restrição a certos direitos
(exceto a liberdade de ir e vir, que só pode ser restrita pelas sanções penais
aplicáveis pelo Poder Judiciário). São as chamadas sanções políticas:
restrições ou proibições impostas ao contribuinte como forma indireta
de obrigá-lo ao pagamento do tributo, de que são exemplo a interdição
do estabelecimento, a apreensão de mercadorias, o regime especial de
fiscalização etc.[102]

Sanções políticas, portanto, são sanções administrativo-tributárias
não pecuniárias, instituídas com a finalidade precípua de motivar o recolhimento dos tributos pelos contribuintes e/ou responsáveis. São formas
indiretas de coagir os contribuintes e responsáveis ao cumprimento das
obrigações tributárias.

Mesmo sujeitas a uma série de limitações legais e principalmente
constitucionais,[103] as sanções políticas expressam de forma bastante
nítida sua vocação pedagógica, especialmente quanto ao cumprimento
da obrigação relativa ao pagamento do tributo. É possível afirmar com
segurança que servem mais ao refreamento do ímpeto de alguns contribuintes quanto ao descumprimento das obrigações tributárias do que
efetivamente a sua punição. Não são criadas com a finalidade precípua
de punir o infrator, mas, sim, para diminuir eventual interesse no descumprimento das obrigações tributárias. Há quem defenda, inclusive,
que tais sanções atuam em conformidade com o princípio da igualdade,
protegendo da concorrência desleal ocasionada pela reiterada sonegação
os contribuintes que recolhem em dia seus tributos.

Muitos são os casos em que o Poder Judiciário já decidiu pela in-
constitucionalidade de sanções políticas – nesse sentido, vale recordar as
Súmulas 70,[104] 323[105] e 547.[106] Em seus pronunciamentos, o Supremo
Tribunal Federal declarou serem inconstitucionais as sanções políticas

---

102. Hugo de Brito Machado, "Sanções políticas no direito tributário", *Revista
Dialética de Direito Tributário*, n. 30, São Paulo, mar. 1998, p. 46.
103. Germana de Oliveira Moraes, "Sanções políticas em direito tributário e
o princípio da proporcionalidade", *Revista de Direito Tributário*, n. 82, São Paulo,
2001, pp. 233 e ss.
104. Súmula 70/STF: "É inadmissível a interdição de estabelecimento como
meio coercitivo para cobrança de tributo".
105. Súmula 323/STF: "É inadmissível a apreensão de mercadorias como meio
coercitivo para pagamento de tributo".
106. Súmula 547/STF: "Não é lícito à Autoridade proibir que o contribuinte
em débito adquira estampilhas, despache mercadorias nas alfândegas e exerça suas
atividades profissionais".

90 SANÇÕES TRIBUTÁRIAS: DEFINIÇÃO E LIMITES

relativas à interdição de estabelecimento (Súmula 70), à apreensão de mercadorias (Súmula 323) e à aquisição de estampilhas, despachos nas alfândegas e ao livre exercício de atividade econômica (Súmula 547).

Há, ainda, diversos outros casos de sanções políticas declaradas inconstitucionais, relativas, por exemplo, ao impedimento quanto ao registro de atos societários perante as juntas comerciais ou à impressão de talonário fiscal quando em mora o contribuinte.

A orientação da Suprema Corte firmou-se sempre no sentido de declarar inconstitucionais as sanções políticas de que se serviram a União, os Estados ou os Municípios, visando a coagir os contribuintes e responsáveis ao pagamento de tributos. E isto porque tais sanções violaram direitos fundamentais garantidos pela Constituição Federal, como o direito de petição, o de livre exercício das atividades econômicas e ainda os "princípios" da razoabilidade e da proporcionalidade.

Muito embora o acerto com que declaradas inconstitucionais as diversas sanções objeto de análise pelo Supremo Tribunal Federal, parece precipitada a conclusão de que toda e qualquer sanção administrativo-tributária não pecuniária é inconstitucional. Isso porque a desproporcionalidade e/ou a excessiva restrição aos direitos fundamentais não são marcas conceituais das referidas sanções.[107] Considerando a inexistência de direitos fundamentais absolutos (RE 413.782-SC[108]), há casos nos quais as sanções políticas promovem restrições aos direitos dos contribuintes proporcionais, razoáveis e não excessivas. Nesses casos, mostram-se compatíveis com o sistema constitucional, conforme, aliás, refere Aurélio Pitanga Seixas Filho.[109] O próprio Supremo Tribunal Federal, ao

---

107. Em sentido contrário, leciona Humberto Ávila que as sanções políticas constituem "o uso de meio coercitivo pelo Poder Público que, adotado com o propósito direto ou indireto de forçar o contribuinte a pagar tributo, cause restrição excessiva ou desproporcional ao direito fundamental de livre exercício da atividade lícita, já objeto de limitação intrínseca por outras liberdades" (Humberto Ávila, "Comportamento anticoncorrencial e direito tributário", in Roberto Catalano Botelho Ferraz (org.), *Princípios e Limites da Tributação*, vol. 2: Os princípios da ordem econômica e a tributação, São Paulo, Quartier Latin, 2009, p. 435). A despeito da aparência inicial, eventual dissenso havido entre o presente estudo e o artigo doutrinário em questão parece ser de simples nomenclatura, tendo em vista que o referido autor também admite a existência de sanções administrativas não pecuniárias constitucionais (não excessivas e não desproporcionais). Chama-as, contudo, não de sanções políticas, mas de medidas ordenatórias.

108. STF, RE 413.782-SC, Tribunal Pleno, rel. Min. Marco Aurélio, j. 17.3.2005, *DJU* 3.6.2005, p. 4.

109. Seixas Filho, "Sanções administrativas tributárias", cit., pp. 82-83.

SANÇÕES TRIBUTÁRIAS 91

julgar a ADI 395,[110] declarou que a retenção provisória e temporária de mercadoria até a final comprovação de sua legítima posse por parte do transportador "não constitui coação imposta em desrespeito ao princípio do devido processo legal tributário". Nesse caso, contudo, o Tribunal Constitucional fixou a ideia de que não se está diante de sanção tributária, mas, sim, do exercício do poder de polícia – a referida retenção das mercadorias atingiria inclusive aqueles que não estivessem inadimplentes em face de suas obrigações tributárias. De todo modo, parece possível a existência de sanções políticas consentâneas com a CF/1988, pois não há no Texto Constitucional qualquer impedimento a que as sanções administrativo-tributárias recaiam sobre outros direitos diversos do direito à propriedade.

Em reforço à tese de que a inconstitucionalidade não pode ser considerada uma marca conceitual das sanções políticas, importa lembrar, ainda, da previsão contida no art. 195, § 3º, da CF: "A pessoa jurídica em débito com o sistema da seguridade social, como estabelecido em lei, não poderá contratar o Poder Público nem dele receber benefícios ou incentivos fiscais ou creditícios". No que se refere à proibição de contratar com o Poder Público, trata-se de sanção administrativo-tributária não pecuniária, advinda de norma sancionatória que tem por hipótese o inadimplemento de obrigação tributária principal vinculada às contribuições previdenciárias – nítida sanção política, nos termos ora defendidos. A norma sancionatória oriunda da interpretação do destacado dispositivo constitucional restringe o direito das pessoas jurídicas inadimplentes para com o sistema de seguridade social, vedando sua contratação pelo Poder Público. Tal sanção, criada pelo poder constituinte originário, comprova a existência de sanções políticas constitucionais.

---

110. ADI 395, rel. Min. Cármen Lúcia, Tribunal Pleno, j. 17.5.2007, *DJe*-082 divulg. 16.8.2007, public. 17.8.2007, *DJe* 17.8.2007, p. 22.

3
AS SANÇÕES ADMINISTRATIVO-TRIBUTÁRIAS

3.1 Competência. 3.2 Estrutura lógica: 3.2.1 Notas introdutórias; 3.2.2 A estrutura lógica das normas sancionatórias: hipótese e consequência: 3.2.2.1 Hipótese da norma sancionatória: 3.2.2.1.1 Critério material – 3.2.2.1.2 Critério espacial – 3.2.2.1.3 Critério temporal; 3.2.2.2 Consequente da norma sancionatória: 3.2.2.2.1 Critério pessoal: 3.2.2.2.1.1 Sujeito ativo – 3.2.2.2.1.2 Sujeito passivo: 3.2.2.2.1.2.1 Notas introdutórias – 3.2.2.2.1.2.2 Infrator – 3.2.2.2.1.2.3 Responsável; 3.2.2.2.2 Critério quantitativo: 3.2.2.2.2.1 Base de cálculo e alíquota das multas. 3.3 Da constituição à cumulação: 3.3.1 Obrigações tributárias e sanções: 3.3.1.1 Considerações iniciais; 3.3.1.2 Obrigação tributária principal e normas sancionatórias; 3.3.1.3 Obrigação tributária acessória e normas sancionatórias; 3.3.2 A constituição das sanções administrativo-tributárias; 3.3.3 A interpretação da legislação que dispõe sobre sanções tributárias; 3.3.4 A aplicação das sanções tributárias; 3.3.5 A cumulação de sanções tributárias: 3.3.5.1 Considerações iniciais – 3.3.5.2 Sanções penais tributárias x sanções administrativo-tributárias – 3.3.5.3 Sanções administrativo-tributárias x sanções administrativo-tributárias.

3.1 Competência

No que toca à sua origem, vale referir que o poder sancionador administrativo-tributário é decorrência da competência material relativa à criação dos enunciados cuja interpretação dá origem à norma primária descumprida. A competência legislativa para criar os enunciados normativos que darão origem às sanções administrativas pertence ao mesmo ente político que detém a competência legislativa para criar os enunciados legislativos que darão origem às normas primárias. Conforme ensina Alejandro Nieto, a competência sancionadora no âmbito administrativo é anexa à competência material que dá origem à norma primária.[1]

---

1. "La potestad sancionadora es anejo de la potestad o competencia material que actúa de matriz" (*Derecho Administrativo Sancionador*, 5ª ed., Madrid, Tecnos, 2012, p. 47).

AS SANÇÕES ADMINISTRATIVO-TRIBUTÁRIAS 93

Dessa forma, as sanções administrativo-tributárias devem ser originadas da interpretação de enunciados editados pelos entes políticos dotados da correlata competência tributária – já a enunciação de dispositivos que tratem de sanções penais, como visto, compete privativamente à União, conforme disposto no art. 22, I, da CF. Nesse sentido, quanto às sanções administrativo-tributárias, o descumprimento de obrigações tributárias relativas a tributos estaduais somente pode ser sancionado por normas oriundas da interpretação de enunciados editados pelos Estados; o descumprimento de obrigações tributárias relativas a tributos municipais somente pode ser sancionado por normas oriundas da interpretação de enunciados editados pelos Municípios; e o descumprimento de obrigações tributárias relativas a tributos federais somente pode ser sancionado por normas oriundas da interpretação de enunciados editados pela União.

3.2 Estrutura lógica

3.2.1 Notas introdutórias

Foi visto inicialmente que as normas jurídicas podem ser bipartidas, separando-se as normas primárias das normas secundárias (normas sancionatórias). Para que seu descumprimento seja passível de sanção, as normas primárias devem ser normas de comportamento do tipo regras, que estabeleçam obrigações ou vedações. Já as normas sancionatórias também deverão ser sempre regras, tendo descrito em sua hipótese um ilícito e tendo prescrita em sua consequência uma sanção.

No campo tributário, procurou-se demonstrar já nas primeiras linhas deste trabalho que as normas primárias são regras que impõem uma obrigação tributária principal relativa ao pagamento de um tributo ou ao cumprimento de uma obrigação acessória (dever instrumental). Isso faz com que as regras de sanção tributárias apresentem em suas hipóteses a descrição de ilícitos equivalentes ao descumprimento de uma obrigação tributária e em seus consequentes tipos variados de sanções (sanções penais ou sanções administrativo-tributárias). Cabe, agora, aproximar um pouco mais o estudo às normas que dão origem às sanções administrativo-tributárias, com especial ênfase à estrutura lógica daquelas que dão origem às sanções pecuniárias (multas).

3.2.2 A estrutura lógica das normas sancionatórias: hipótese e consequência

A norma sancionatória tributária será sempre e necessariamente uma regra, como visto. Por essa razão, apresentará hipótese na qual se encon-

94 SANÇÕES TRIBUTÁRIAS: DEFINIÇÃO E LIMITES

tra descrito o fato ilícito e consequência na qual prescrita a sanção a que se sujeitarão os infratores. Pelas palavras de Rudolf Stammler, trata-se de um juízo hipotético.[2] Na mesma linha, ensinam Karl Engisch e Jaap Hage[3] que as regras têm uma estrutura condicional formada por duas partes: a primeira diz respeito às condições necessárias à sua aplicação; a segunda, ao seu comando. Da mesma forma leciona Neil MacCormick, para quem as regras são proposições normativas hipotéticas nas quais se estipula que se certos fatos ocorrerem deverão sobrevir determinadas consequências jurídicas.[4]

Mostra-se fundamental, portanto, decompor a estrutura sintática das regras de sanção tributária, o que pode ser feito tomando de empréstimo os estudos a respeito da estrutura lógica das normas de incidência tributária.

Na doutrina nacional, seguindo a trilha iniciada por Albert Hensel[5] e importada por Geraldo Ataliba,[6] Paulo de Barros Carvalho[7] debruçou-se sobre a estrutura lógica das normas de incidência tributária, a qual chamou de regra-matriz de incidência tributária. A divisão da estrutura das normas tributárias permitiu grandes avanços por parte da doutrina, repercutindo, inclusive, na jurisprudência dos Tribunais e nos atos administrativos promovidos pelos entes tributantes.[8] Tal forma de análise possibilitou o exame individualizado dos diversos caracteres que compõem a norma tributária: material, temporal e espacial, alocados em sua hipótese; pessoal e quantitativo, em sua consequência. O isolamento de tais critérios viabilizou um melhor exame acerca dos pormenores da norma.

Buscando importar ao estudo das normas sancionatórias os progressos atingidos pela doutrina que tratou das normas de incidência

2. Rudolf Stammler, *Tratado de Filosofía del Derecho,* México, Editora Nacional, 1980, p. 314.

3. Karl Engisch, *Introdução ao Pensamento Jurídico,* 8ª ed., Lisboa, Calouste Gulbenkian, 2001, p. 31; e J. Hage, *Studies in Legal Logic,* Netherlands, Springer, 2005, p. 87.

4. "Rules are hypothetical normative propositions, stipulating that if certain circumstances (hereinafter, certain 'operative facts') obtain, then certain consequences are to (or must or 'ought to') follow to be implemented" (Neil MacCormick, *Legal Reasoning and Legal Theory,* Oxford, Oxford University, 2003, p. X).

5. *Diritto Tributario,* trad. de Dino Jarach, Milano, Giuffrè, 1956, pp. 73 e ss.

6. *Hipótese de Incidência Tributária,* 6ª ed., 15ª tir., São Paulo, Malheiros Editores, 2014, p. 42.

7. *Curso de Direito Tributário,* 23ª ed., São Paulo, Saraiva, 2011, p. 301.

8. Nesse sentido, recentemente foi editado pela Receita Federal do Brasil o Parecer Normativo 03/2013, que trata de multas tributárias e se vale da análise estrutural da norma sancionatória em termos próximos aos ora propostos.

AS SANÇÕES ADMINISTRATIVO-TRIBUTÁRIAS 95

tributária, o presente trabalho propõe o desmembramento da estrutura lógica das normas sancionatórias cuja prescrição estabelece uma multa administrativo-tributária,[9] traçando, sempre que possível, um paralelo com a estrutura da norma de incidência tributária ou com a estrutura da norma de dever instrumental cujo descumprimento originou a penalidade.

3.2.2.1 Hipótese da norma sancionatória

Tendo como premissa o fato de que as normas sancionatórias são sempre regras, e não princípios, salta aos olhos a necessidade de estudar sua estrutura lógica a partir da decomposição de sua hipótese e de sua consequência.

Conforme lecionam Lourival Vilanova[10] e Geraldo Ataliba,[11] a hipótese descreve o fato cuja ocorrência irá desencadear a prescrição normativa. A descrição do fato na hipótese normativa torna-o jurídico, atribuindo-lhe, assim, os efeitos (jurídicos) prescritos no consequente da norma.

Não há dúvida, entretanto, de que a descrição do fato apresentada na hipótese normativa jamais consegue replicar a realidade em sua imensidão de detalhes, conforme, dentre outros,[12] sustenta Gregorio Robles.[13] Pela limitação própria da linguagem, a hipótese normativa traz alguns caracteres cuja identificação nos fatos faz com que se opere a incidên-

---

9. Trabalhando na decomposição da estrutura lógica das normas tributárias sancionatórias, vide Eurico Marcos Diniz de Santi, *Lançamento Tributário*, São Paulo, Max Limonad, 1999, pp. 131-135.

10. "(...) a norma jurídica compõe-se de uma hipótese e de uma consequência. A hipótese descreve um fato de possível ocorrência (fato natural ou conduta). Depois, liga uma consequência que ordinariamente tem como referente a conduta humana. A consequência é prescritiva: proíbe, permite, obriga, faculta – o que só é possível sobre a conduta" (Lourival Vilanova, *Causalidade e Relação no Direito*, 4ª ed., São Paulo, Ed. RT, 2000, pp. 44-45).

11. "A h.i. é primeiramente a descrição legal de um fato; é a formulação hipotética, prévia e genérica, contida na lei, de um fato (é o espelho do fato, a imagem conceitual de um fato; é o seu desenho). É, portanto, mero conceito, necessariamente abstrato. É formulado pelo legislador fazendo abstração de qualquer fato concreto. Por isso é mera 'previsão legal' (a lei é, por definição, abstrata, impessoal e geral)" (cf. Geraldo Ataliba, *Hipótese...*, cit., p. 58).

12. Lourival Vilanova, *Causalidade...*, cit., p. 53.

13. "Se descrevo os caracteres essenciais da compra e venda, com base no preceito legal que oferece seu conceito, tampouco estarei descrevendo uma realidade fática, mas um conceito, já que estabelecer um conceito é descrever suas notas essenciais" (Gregório Robles, *O Direito como Texto: quatro estudos de teoria comunicacional do direito*, Barueri, Manole, 2005, p. 84).

96   SANÇÕES TRIBUTÁRIAS: DEFINIÇÃO E LIMITES

cia da regra (Genaro Carrió).[14] A descrição promovida por meio dos enunciados normativos é sempre seletiva de determinadas propriedades que deverão estar presentes nos fatos cujo enquadramento normativo é pretendido – Gregorio Robles fala em "propriedades conotadas".[15] Não obstante o caráter descritivo e por isso limitado da hipótese, verificou-se ser possível decompô-la em três elementos ou critérios: material, espacial e temporal. Tais critérios identificarão os caracteres materiais, espaciais e temporais que deverão constar no fato para que dele possa transcorrer a consequência jurídica prescrita na norma – a identificação de tais caracteres no fato é condição à aplicação da prescrição estabelecida no consequente normativo. Pelas palavras de Paulo de Barros Carvalho,[16] a hipótese ou antecedente normativo "representará invariavelmente uma previsão hipotética, relacionando as notas que o acontecimento social há de ter, para ser considerado fato jurídico".

No caso das normas sancionatórias, o fato descrito na hipótese normativa haverá de ser sempre um ilícito. No campo tributário, tal fato deverá coincidir com o descumprimento de uma obrigação tributária principal ou acessória. Tal relação entre o descumprimento do consequente da norma primária e a descrição constante da hipótese da norma sancionatória não surpreende, pois, como lecionava Lourival Vilanova,[17] "hipóteses e consequências são posições sintáticas relativas, na série de normas: a hipótese, num corte da série, foi consequência, antes; a consequência, num ponto de vista da série de pontos, será hipótese mais adiante". Logo, ocorrido o ilícito e caso ele se enquadre na hipótese da norma sanciona-tória, estarão presentes as condições necessárias à aplicação da sanção.

14. Para Genaro Carrió "todas las palabras que usamos para hablar del mun-do que nos rodea y de nosotros mismos son al menos potencialmente vagas. Sus condiciones de aplicación no están determinadas en todas las direcciones posibles; siempre podemos imaginar casos, supuestos o circunstancias frente a los cuales el uso no dicta la aplicación ni la no aplicación del término" (*Notas sobre Derecho y Lenguaje,* 5ª ed., Buenos Aires, Abeledo-Perrot, 2006, p. 34). Já Riccardo Guastini fala da equivocidade dos textos normativos: "L'ordinamento giuridico è indeterminato (...) E ciò dipende dalla equivocità dei testo normativi, dal fatto cioè che ogni testo normativo ammette una pluralità di interpretazioni ed è perciò soggetto a (possibili) controversie interpretative" (*Interpretare e Argomentare,* Milano, Giuffrè, 2011, p. 39). Humberto Ávila menciona a "incapacidade de a linguagem confinar o futuro em modelos concebidos no passado" ("Função da ciência do direito tributário: do formalismo epistemológico ao estruturalismo argumentativo", *Revista de Direito Tributário Atual,* n. 29, São Paulo, 2013, p. 191).

15. Carrió, *Notas...,* cit., p. 28.

16. Carvalho, *Curso de Direito Tributário,* cit., p. 319.

17. Vilanova, *Causalidade e Relação no Direito,* cit., p. 86.

AS SANÇÕES ADMINISTRATIVO-TRIBUTÁRIAS   97

3.2.2.1.1 *Critério material*

O critério material representa o núcleo da hipótese normativa. Refere-se ao comportamento que despertará a possibilidade de aplicação da norma, despido de quaisquer notas relativas ao espaço e ao tempo em que ocorrido. Sua formação exige necessariamente a presença de um verbo e de um complemento (Paulo de Barros Carvalho).[18]

No campo das normas de imposição tributária, são muitos os exemplos de critérios materiais: "industrializar produtos", "auferir rendas e proventos de qualquer natureza", "prestar serviços de qualquer natureza definidos em lei complementar" etc. Cada norma de incidência tributária apresenta um critério material distinto, que representa um agir cuja realização possibilitará o surgimento da obrigação tributária principal.

No que tange às regras sancionatórias, o critério material da hipótese normativa será sempre a descrição de ato que represente um ilícito, o descumprimento de uma obrigação tributária (obrigação de pagar algum tributo ou dever instrumental). Numa simplificação didática, é possível afirmar que o critério material das normas sancionatórias é sempre formado pelo verbo "descumprir" e por um complemento que descreva alguma obrigação tributária principal ou acessória. Ter-se-iam, assim, os seguintes exemplos de critério material de normas sancionatórias tributárias: *a)* "descumprir a obrigação de recolher o Imposto sobre Produtos Industrializados"; *b)* "descumprir a obrigação de recolher o Imposto sobre a Renda e Proventos de Qualquer Natureza"; *c)* "descumprir a obrigação de recolher o Imposto sobre Serviços de Qualquer Natureza" etc. Do mesmo modo em relação às obrigações acessórias ou deveres instrumentais: "descumprir a obrigação de apresentar declarações de informações econômico-fiscais"; "descumprir a obrigação de emitir documentação fiscal que acompanhe as mercadorias em trânsito"; "descumprir a obrigação de manter em boa guarda os livros fiscais" etc. Por outro giro, também seria possível formar o critério material da norma sancionatória acrescentando à sentença que represente a obrigação tributária principal ou acessória o advérbio de negação "não". Dessa forma, quanto aos critérios materiais das normas sancionatórias exemplificadas anteriormente, ter-se-ia: "não recolher o Imposto sobre Produtos Industrializados"; "não recolher o Imposto sobre a Renda e Proventos de

---

18. Cf. *Curso de Direito Tributário*, cit., p. 324. No mesmo sentido: Luís Cesar Souza de Queiroz, "Regra-matriz de incidência tributária", in Eurico Marcos Diniz de Santi (coord.), *Curso de Especialização em Direito Tributário: estudos analíticos em homenagem a Paulo de Barros Carvalho*, Rio de Janeiro, Forense, 2005, p. 247.

98 SANÇÕES TRIBUTÁRIAS: DEFINIÇÃO E LIMITES

Qualquer Natureza"; "não recolher o Imposto sobre Serviços de Qualquer Natureza". E ainda: "não apresentar declarações de informações econômico-fiscais"; "não emitir documentação fiscal que acompanhe as mercadorias em trânsito"; "não manter em boa guarda os livros fiscais" etc. Tal manobra linguística – a inserção do advérbio de negação antes da descrição do fato jurídico tributário –mostra-se problemática somente quando a originária obrigação representa uma omissão.[19] Nesse caso, por implicação lógica, o critério material da norma sancionatória deverá indicar um verbo de ação. Por exemplo: diante da norma que dispõe ser vedada, até 2020,[20] a tomada de créditos do Imposto sobre Circulação de Mercadorias (ICMS) nas hipóteses de aquisição de energia elétrica, salvo casos excepcionais como os das indústrias e das empresas distribuidoras de energia, somente faz sentido cogitar de uma norma sancionatória que tenha como critério material "registrar créditos de ICMS decorrentes da aquisição de energia elétrica". Pelo fato de a norma de conduta prescrever uma proibição, a norma de sanção deverá apresentar em sua hipótese critério material formado por um verbo de ação ("registrar") e mais um complemento ("créditos de ICMS decorrentes da aquisição de energia elétrica").

Trazendo a teoria à prática do dia a dia, são diversos os exemplos de sanções tributárias que possibilitam a discriminação do critério material da norma sancionatória. O art. 44, inc. I, da Lei 9.430/1996 enuncia que se houver lançamento de ofício, deverá ser aplicada a multa de 75% nos casos de falta de pagamento ou recolhimento, de falta de declaração e nos de declaração inexata. Da interpretação do enunciado legal extraem--se os critérios materiais das diversas normas sancionatórias formadas a partir do mesmo dispositivo: "não pagar ou recolher tributo", "deixar de apresentar declaração" e "apresentar declaração com inexatidão". A multiplicidade de verbos indica serem vários os critérios materiais advindos do texto legal e por isso serem múltiplas as normas sancionatórias a partir dele construídas. Outro exemplo: conforme dita o art. 57, inc. II, da Medida Provisória 2.158-35/2001, sujeitar-se-á à multa de quinhentos reais por mês-calendário aquele que não atender intimação para cumprir obrigação acessória ou para prestar esclarecimentos. Os critérios materiais das normas sancionatórias decorrentes da interpretação do mencionado dispositivo são "deixar de atender intimação para cumprir obrigação acessória" e "deixar de atender intimação para prestar esclarecimentos".

---

19. Nessa hipótese, o modal deôntico da norma de conduta é o proibido.
20. Art. 33, II, "c", da Lei Complementar 87/1996.

AS SANÇÕES ADMINISTRATIVO-TRIBUTÁRIAS 99

Quanto ao critério material da hipótese das normas de sanção administrativo-tributária, também cabe perquirir se a vontade do agente deve compô-lo. Em poucas palavras, deve ser questionado se o elemento volitivo da conduta também compõe o critério material da hipótese da norma sancionatória. Trazendo a discussão para termos penais, deve ser questionado se a culpa ou o dolo devem compor o tipo sancionatório ou se devem ser examinados como um fator externo a ele. Muito embora, como visto, o art. 136 do CTN estabeleça a possibilidade de imputação de sanções administrativo-tributárias com base em mera presunção de culpa, ainda assim a discussão sobre a participação do elemento volitivo no critério material da hipótese da norma de sanção administrativo-tributária mostra-se bastante importante, tendo em vista que há diversos ilícitos punidos com maior rigor por conta exatamente da presença de dolo na conduta do agente.

Diante do ordenamento jurídico espanhol, Alejandro Huergo Lora[21] refere que não se admite a aplicação de sanções administrativas sem se ter em conta as circunstâncias subjetivas que movem o infrator. A aplicação da sanção administrativa demandaria, dessa forma, a presença de culpa ou dolo. Na mesma linha, José Maria Tovillas Morán[22] dita que a ausência do elemento subjetivo na realização do fato serve de obstáculo à própria configuração da ilicitude.

No Brasil, tudo leva a crer que a culpa e o dolo compõem o critério material da hipótese da norma de sanção administrativo-tributária, pois somente haverá ilícito se o infrator tiver agido de forma culposa ou dolosa – admitida, entretanto, como visto, a presunção de culpa de que dispõe o art. 136 do CTN. O complemento do critério material da hipótese da norma de sanção administrativo-tributária carrega implícita em si a exigência de que o ato promovido pelo infrator tenha sido realizado com culpa (real ou presumida) ou dolo – o elemento subjetivo é característica exigida no fato, sem a qual não há a sua subsunção à hipótese da norma sancionatória.

---

21. "El principio de culpabilidad no admite que se sancionen las conductas típicas sin tener en cuenta las circunstancias subjetivas de su autor" (Huergo Lora, *Las Sanciones Administrativas,* Madrid, Iustel, 2007, p. 387).

22. "La ausencia del elemento subjetivo en la realización del hecho tipificado como una infracción tributaria no constituye una circunstancia que excluya la responsabilidad del agente puesto que ni siquiera llega a producirse el presupuesto de hecho, la *fattispecie* del ilícito" (José Maria Tovillas Morán, "Error invencible de hecho y error invencible de derecho como causas de exclusión de la culpabilidad", in Paulo Roberto Coimbra Silva, *Grandes Temas do Direito Tributário Sancionador,* São Paulo, Quartier Latin, 2010, p. 291).

100 SANÇÕES TRIBUTÁRIAS: DEFINIÇÃO E LIMITES

3.2.2.1.2 *Critério espacial*

O critério espacial das normas de incidência tributária indica as coordenadas de espaço em que a ocorrência do fato que apresentar as propriedades selecionadas no critério material da hipótese normativa servirá ao despertar de sua incidência. Em poucas palavras: o critério espacial demonstra os limites territoriais dentro dos quais a ocorrência do fato descrito na hipótese da norma servirá à aplicação da prescrição estabelecida em seu consequente. No tocante às hipóteses das normas de imposição tributária, Paulo de Barros Carvalho[23] ensina que os critérios espaciais podem ser de três tipos: *a*) aqueles nos quais há a expressa indicação do específico e restrito local onde a ocorrência do fato irradiará os efeitos prescritos no consequente da norma; *b*) aqueles nos quais há a indicação de regiões ou zonas onde a ocorrência do fato possibilitará a aplicação da norma; e, finalmente, *c*) aqueles nos quais fica implícita a coincidência entre o critério espacial e o âmbito de validade territorial da lei.

No caso das normas de sanção administrativo-tributárias, há que se perquirir onde deveria ter sido cumprida a obrigação tributária, pois tal local equivalerá ao critério espacial da norma de sanção. Nesse sentido, cabe alertar que o local onde deveria ter sido cumprida a norma originária não necessariamente coincide com o critério espacial da regra-matriz de incidência tributária.[24] Em geral, as obrigações tributárias podem ser cumpridas em todo o território do ente tributante e muitas vezes além – nada impede o recolhimento de algum tributo municipal em agência bancária situada em diversa localidade. De todo modo, os limites territoriais a que adstrita à hipótese da norma de sanção administrativo-tributária coincidirão com aqueles que marcam o local do cumprimento da obrigação tributária.

3.2.2.1.3 *Critério temporal*

O critério temporal da norma de incidência tributária indica as coordenadas de tempo em que ocorrido o fato cuja tributação encontra-se prescrita na norma. Para fins de aplicação da prescrição normativa, tal fato aconteceu naquele determinado momento estabelecido na hipótese da norma. Nos casos das normas de incidência tributária, tal momento pode estar implícita ou explicitamente desvelado na legislação cuja in-

---

23. *Curso de Direito Tributário*, cit., p. 329.
24. Salvo disposição de lei em contrário, o pagamento da obrigação tributária principal deve ser realizado no local de domicílio do sujeito passivo. Vide art. 159 do CTN.

AS SANÇÕES ADMINISTRATIVO-TRIBUTÁRIAS 101

terpretação dá origem à norma de tributação. No caso do Imposto sobre Circulação de Mercadorias, Transporte Interestadual, Intermunicipal e de Comunicações (ICMS), por exemplo, o art. 12, inc. I, da Lei Complementar 87/1996, prescreve que a circulação de mercadorias ocorre no momento em que o produto sai do estabelecimento do contribuinte. Nesse instante, em que a mercadoria trespassa as fronteiras do estabelecimento do contribuinte, surge a obrigação tributária.

No que toca, porém, às normas sancionatórias, faz-se necessária a tomada de outro caminho. Como visto nas páginas anteriores, o critério material da hipótese das normas sancionatórias indica a realização de um comportamento contrário à prescrição estabelecida em uma norma de incidência tributária – tal prescrição gera uma obrigação tributária principal (pagar o tributo) ou acessória (dever instrumental). Por implicação lógica, o descumprimento da obrigação tributária somente pode ocorrer a partir do seu surgimento. É necessário que antes surja a obrigação tributária para que depois ela possa ser descumprida; e o surgimento da obrigação tributária ocorre no momento fixado pelo critério temporal previsto na norma de imposição tributária. Todavia, a possível aplicação da sanção exige mais do que o simples surgimento da obrigação originária: exige seu descumprimento. E o descumprimento das obrigações tributárias somente se define quando do transcurso do prazo estabelecido para seu cumprimento espontâneo. Está-se agora a falar do prazo para o cumprimento da prescrição estabelecida no consequente da norma de imposição tributária: o chamado vencimento da obrigação tributária. Configurado o fato tributário a partir do espelhamento das características exigidas na hipótese da regra-matriz de incidência tributária, nasce uma obrigação que terá, contudo, prazo próprio para ser cumprida, antes do qual não há que falar em mora por parte do sujeito passivo. Por exemplo: quanto ao ICMS, o fato tributável realiza-se no momento em que há a saída da mercadoria do estabelecimento do contribuinte. Em tal momento surge a obrigação tributária relativa ao pagamento do tributo. A verificação de eventual descumprimento de tal obrigação, porém, exige a análise de outro fator temporal: a data de vencimento relativa ao cumprimento da obrigação tributária. A legislação tributária necessariamente estabelece uma data para que, ocorrido o fato tributário, o sujeito passivo cumpra com sua obrigação. Tal data é conhecida como data de vencimento da obrigação. Antes de tal momento não há qualquer descumprimento que possa ocasionar uma sanção. Somente após o decurso da data final para o cumprimento da obrigação é que poderá ser aplicada alguma sanção ao sujeito passivo inadimplente. Portanto, em relação às sanções decorrentes

102 SANÇÕES TRIBUTÁRIAS: DEFINIÇÃO E LIMITES

do descumprimento de obrigações tributárias relativas ao pagamento de tributos, o critério temporal da hipótese da norma sancionatória – ou seja, o momento em que o ilícito ocorre para fins de aplicação da sanção – deve ser entendido como o primeiro instante posterior à data de vencimento da obrigação.

No caso de normas sancionatórias cuja hipótese descreve o descumprimento de um dever instrumental, do mesmo modo deverá ser questionado a partir de que momento tornou-se obrigatório o fazer descumprido pelo contribuinte ou responsável. Somente a partir do instante seguinte ao momento em que passou a ser exigível o cumprimento do dever instrumental é que poderá ser aplicada a sanção, tendo em vista que ilícito existirá apenas de tal data em diante.

3.2.2.2 Consequente da norma sancionatória

Já foi referido nas páginas anteriores: a estrutura lógica das regras é formada por uma hipótese descritiva e por uma consequência prescritiva. No caso das regras sancionatórias, a hipótese descreve um ilícito e é formada pelos critérios material, espacial e temporal. A consequência, por sua vez, prescreve uma sanção, para tanto apresentando os critérios pessoal e quantitativo, este último restrito às normas de sanção pecuniárias.

Se a hipótese descreve os traços necessários e suficientes para que um fato se torne jurídico, a consequência prescreve os efeitos jurídicos que decorrerão de tal fato. No consequente normativo estarão indicados os sujeitos da relação jurídica que se estabelece pela ocorrência de fato correspondente à hipótese normativa. Serão identificadas as pessoas – naturais ou jurídicas, de Direito Público ou Privado – que terão entre si direitos e deveres. Fora isso, nos casos de relações obrigacionais de cunho patrimonial, mais precisamente no caso de obrigações pecuniárias, será determinado no consequente da norma o *quantum* haverá de ser pago pelo sujeito passivo ao sujeito ativo da relação jurídica então instaurada. A consequência das normas de imposição tributária, por exemplo, traz os contornos da relação jurídica que se estabelece entre os contribuintes e responsáveis de um lado e o ente tributante de outro, identificando, inclusive, no caso das obrigações tributárias principais, o valor do tributo devido. Já a consequência das normas de sanção tributária fixa a pena que será aplicada ao infrator ou responsável: nova relação jurídica, estabelecida, agora, entre o infrator ou responsável e o sujeito ativo a quem é devida a sanção.

AS SANÇÕES ADMINISTRATIVO-TRIBUTÁRIAS

3.2.2.2.1 Critério pessoal

Do enquadramento do fato à hipótese normativa decorre a obrigação quanto à aplicação da regra. Encaixando-se o fato na moldura descrita na hipótese da regra, deverão ser impostos os efeitos jurídicos estabelecidos no consequente normativo. Basta o enquadramento do fato à hipótese para que possa ser aplicada a prescrição estabelecida na regra.

O critério pessoal é o primeiro dentre os critérios estabelecidos no consequente das normas de imposição tributária (regras-matrizes de incidência tributária). Ele indica quem são as pessoas que figuram nos polos passivo e ativo da relação jurídico-tributária. Do mesmo modo ocorre em relação às regras sancionatórias, cujo critério pessoal indica quem são as pessoas que deverão figurar nos polos ativo e passivo da relação jurídico-sancionatória.

3.2.2.2.1.1 Sujeito ativo – Valendo-se dos termos do art. 119 do CTN, dita a melhor doutrina que o sujeito ativo da relação jurídico-tributária é o ente público dotado da capacidade de exigir o cumprimento da obrigação tributária. Nesse sentido, distinguem os melhores autores, entre eles Albert Hensel,[25] a competência tributária da capacidade tributária (ativa), esclarecendo que: *a*) competência tributária é a parcela de poder atribuída aos entes políticos pela Constituição da República, por meio da qual lhes é outorgada a condição de editar leis dispondo sobre criação e aumento dos tributos;[26] enquanto *b*) capacidade tributária (ativa) é a capacidade estabelecida por lei para algum ente público promover atividades de cobrança e fiscalização referentes a determinados tributos.[27] A competência

---

25. Albert Hensel já apontava as diferenças da atividade legislativa e da atividade de cobrança do crédito tributário, inclusive conceituando competência tributária: "competenza tributaria significa facoltà di poter esercitare il potere tributario, da punto di vista materiale" (*Diritto Tributario,* cit., 1956, p. 28). Também apontando as diferenças entre competência e capacidade tributária: Luis Eduardo Schoueri, *Direito Tributário,* São Paulo, Saraiva, 2011, p. 520; e Luciano Amaro, *Direito Tributário Brasileiro,* 15ª ed., São Paulo, Saraiva, 2009, p. 293.

26. "Competência tributária é a aptidão para criar, *in abstracto,* tributos. No Brasil, por injunção do princípio da legalidade, os tributos são criados, *in abstracto,* por meio de lei (art. 150, I, da CF), que deve descrever todos os *elementos essenciais* da norma jurídica tributária" (Roque Antonio Carrazza, *Curso de Direito Constitucional Tributário,* 30ª ed., São Paulo, Malheiros Editores, 2015, p. 593). Vide ainda Tácio Lacerda Gama, *Competência Tributária: fundamentos para uma teoria da nulidade,* São Paulo, Noeses, 2009.

27. "O art. 119 do CTN cuida é de definir quem possui capacidade para figurar no polo ativo da relação jurídica, como credor e, assim, fiscalizar, lançar, exigir, se

104 SANÇÕES TRIBUTÁRIAS: DEFINIÇÃO E LIMITES

tributária advém do Texto Constitucional e é indelegável; a capacidade tributária decorre de lei e é delegável pelo ente competente a algum outro ente público. Por tais razões, é possível que o ente político a quem outorgada competência tributária delegue a outrem a capacidade de figurar no polo ativo da relação jurídica mantida junto a contribuintes e responsáveis. Interessante recordar, quanto ao ponto, a título de exemplo, que durante muito tempo a União Federal outorgou ao Instituto Nacional do Seguro Social (Autarquia Federal) a capacidade tributária (ativa) relativa às chamadas contribuições previdenciárias. Durante esse período, a União exercia, por meio da edição de sucessivas leis, a competência tributária que lhe fora conferida pela Constituição Federal; o Instituto Nacional do Seguro Social, por sua vez, exercia a capacidade tributária que lhe fora delegada pelas leis federais, fiscalizando e cobrando o cumprimento das obrigações tributárias relativas às mencionadas contribuições.

No que toca às sanções tributárias, viu-se que a competência para a enunciação dos dispositivos legais está diretamente vinculada à competência tributária. O ente político que detiver a competência tributária também ostentará competência para a enunciação dos dispositivos que tratarem das correlatas sanções administrativo-tributárias. Do mesmo modo, a capacidade de figurar no polo ativo da relação jurídico-sancionatória decorre diretamente da capacidade tributária (ativa) estabelecida na originária norma de imposição tributária. O sujeito ativo dotado da capacidade de cobrar e fiscalizar o cumprimento das obrigações tributárias (principais e acessórias) figurará também no polo ativo da relação jurídico-sancionatória. O ente público detentor da capacidade de cobrar e fiscalizar o cumprimento das obrigações tributárias – inclusive de constituir o crédito tributário decorrente da obrigação tributária principal relativa ao pagamento de algum tributo – será também responsável pela cobrança e exigência das sanções tributárias administrativas. Caberá a tal ente público desde a constituição das sanções administrativo-tributárias por meio de processo administrativo até sua posterior cobrança judicial. É possível dizer, inclusive, que a capacidade de figurar no polo ativo da relação jurídico-sancionatória é uma decorrência da capacidade tributária ativa apresentada no âmbito da relação jurídico-tributária (seja aquela que trata da chamada obrigação tributária principal, seja aquela que trata da chamada obrigação acessória).

necessário em juízo, a satisfação do crédito tributário" (Leandro Paulsen, *Direito Tributário: Constituição e Código Tributário à luz da doutrina e da jurisprudência*, 14ª ed., Porto Alegre, Livraria do Advogado, 2012, p. 919).

AS SANÇÕES ADMINISTRATIVO-TRIBUTÁRIAS

3.2.2.2.1.2 Sujeito passivo

3.2.2.2.1.2.1 Notas introdutórias: Dispõe o art. 121 do CTN que "sujeito passivo da obrigação principal é a pessoa obrigada ao pagamento de tributo ou penalidade pecuniária". Tal definição abarca tanto o sujeito passivo da relação instaurada pela norma de imposição tributária como também o da relação jurídico-sancionatória que advém da aplicação da norma na qual prescrita a pena pecuniária. Nesse aspecto, em relação ao sujeito passivo, o *caput* do art. 121 do CTN não difere entre aquele que deverá sofrer as agruras das sanções administrativo-tributárias pecuniárias (multas) e aquele que responderá pela obrigação de pagar o tributo.

No que toca ao sujeito passivo da relação jurídico-tributária, o art. 121 do CTN estabelece, ainda, em seu parágrafo único, que ele será conhecido por contribuinte quando tiver "relação pessoal e direta com o fato gerador". Dita também que ele será conhecido por responsável quando, "sem revestir a condição de contribuinte, sua obrigação decorra de disposição expressa de lei". Eis a conhecida dicotomia entre contribuinte e responsável: o primeiro é pessoa que tenha relação pessoal e direta com o fato jurídico-tributário;[28] o segundo é quem mantém relação impessoal e/ou indireta com tal fato[29] e seja obrigado ao pagamento do tributo por expressa disposição de lei. Do mesmo modo que o *caput*, o parágrafo único do art. 121 do CTN parece referir-se tanto ao sujeito passivo da relação jurídico-tributária que tem por objeto o pagamento do tributo, como também ao da relação jurídico-sancionatória. Sua interpretação, contudo, mostra-se sinuosa, exigindo redobrada atenção.

Conforme apanhado por Luciano Amaro,[30] não andou bem o legislador ao tratar conjuntamente a sujeição passiva relativa à obrigação de

---

28. No caso dos tributos não vinculados, o contribuinte haverá de ser o sujeito do verbo componente do critério material da hipótese de incidência tributária. Vide Ataliba, *Hipótese de Incidência Tributária*, cit., p. 130.

29. Embora deva ser impessoal e/ou indireta, o responsável deve ter alguma relação com o fato jurídico tributário (Paulsen, *Direito Tributário...*, cit., p. 907). No mesmo sentido, leciona Luís Eduardo Schoueri, para quem o Código Tributário Nacional "limita a possibilidade de designação do responsável a alguém que esteja vinculado ao fato jurídico tributário" (*Direito Tributário*, cit., p. 526).

30. "Segundo quer o Código, o sujeito passivo da obrigação principal pode apresentar-se como tal mesmo que não deva outra coisa além de uma penalidade pecuniária que lhe tenha sido aplicada por uma infração. Já vimos que o Código Tributário Nacional, atropelando o conceito de tributo, definiu a obrigação tributária a partir de *pecuniariedade* de seu objeto e não da *tributariedade* desse mesmo objeto. À vista do conceito codificado, a obrigação tributária pode não ter por objeto um tributo, mas sim uma penalidade (que é a sanção por infração da lei sobre tributos – e nessa

106   SANÇÕES TRIBUTÁRIAS: DEFINIÇÃO E LIMITES

pagar tributo e a sujeição passiva relativa à obrigação de pagar sanção pecuniária. Primeiro, porque o sujeito passivo que diretamente tiver relação com o ilícito deve ser conhecido por infrator, e não por contribuinte. Infrator e contribuinte são categorias jurídicas distintas, que não devem ser confundidas sob qualquer hipótese: infrator é sujeito passivo da relação jurídico-sancionatória e tem por dever o cumprimento da obrigação resultante da norma punitiva; contribuinte é sujeito passivo direto da relação jurídico-tributária que dá origem à obrigação de pagar o tributo. Uma mesma pessoa pode enquadrar-se apenas no conceito de contribuinte, apenas no de infrator ou em ambos. Segundo, porque o parágrafo único do art. 121 do CTN distingue as categorias de "contribuinte" e "responsável" com base em critério inaplicável à obrigação decorrente da norma sancionatória. O critério adotado pelo legislador foi a proximidade do sujeito com o fato gerador ("ligação pessoal e direta"), e não com o ilícito. Em nenhum momento o dispositivo legal relaciona os mencionados sujeitos ("contribuinte" e "responsável") ao ilícito; faze-o, apenas, em face do fato gerador da obrigação de pagar o tributo.[31] De tal constatação decorre a conclusão no sentido de que não advém da interpretação do referido enunciado qualquer norma que estabeleça que "contribuinte" e "responsável" são espécies de sujeito passivo componentes da relação jurídico-sancionatória.

acepção é que se fala em penalidade tributária – mas não configura tributo). Com certeza, ninguém duvidará de que contribuinte seja a pessoa que recolhe tributo, mas é inconcebível a ideia de contribuinte referida a alguém não na condição de pagador de tributos, mas na de pagador de multas pecuniárias (...) Aproveitando a linguagem do Código, se alguém que tem 'relação pessoal e direta' com o fato gerador do tributo é contribuinte quem tem a 'relação pessoal e direta' com uma infração é infrator, nunca contribuinte. Por outro lado, é também impensável a ideia de sujeito passivo responsável como alguém que não tem relação pessoal e direta com a infração, mas é eleito (por disposição expressa de lei) para pagar a penalidade pecuniária cominada para uma infração que não tenha sido praticada por ele. (...) Fica evidente que as categorias de 'contribuinte' e de 'responsável' foram estruturadas a partir do fato gerador do tributo (e não do 'fato gerador da penalidade pecuniária', qualificação que o Código acaba, pelo menos implicitamente, dando à infração tributária). A questão do vínculo entre o infrator (agente) e a infração (ação ou omissão) não se põe em termos de 'relação pessoal e direta' ou 'relação oblíqua' com o 'fato gerador'. O problema é de autoria, *tout court*. É infrator (agente) quem tenha o dever legal de adotar certa conduta (comissiva ou omissiva) e descumpre esse dever, sujeitando-se, por via de consequência, à sanção que a lei comine" (*Direito Tributário Brasileiro*, cit., pp. 305-306).

31. Dentre as muitas acepções da expressão "fato gerador" – bastante criticada pela doutrina exatamente por sua polissemia –, não se encontra qualquer uma sequer próxima ao conceito de ilícito. Não, há, pois, como confundir fato gerador e ilícito tributário.

AS SANÇÕES ADMINISTRATIVO-TRIBUTÁRIAS 107

Tem-se, por tudo isso, que o parágrafo único do art. 121 do CTN, no qual se encontra estabelecida a distinção entre "contribuinte" e "responsável", não se aplica às relações jurídicas decorrentes das normas de sanção tributária. Tal distinção é válida apenas para as relações jurídico-tributárias das quais decorre a obrigação principal de pagar tributos.

Esclarecido o âmbito de aplicação da norma resultante do art. 121 do CTN, e em especial a impertinência das definições de "contribuinte" e "responsável" ao campo das sanções tributárias, mostra-se fundamental partir para o estudo individualizado do polo passivo do critério pessoal das normas punitivas.

O enfrentamento do intricado tema, contudo, exige, já de início, sejam afastadas as normas estabelecidas a partir do enunciado dos arts. 124, 125, 128 e 130 a 133 do CTN. Tais dispositivos tratam: *a*) da solidariedade em relação à obrigação das pessoas "que tenham interesse comum na situação que constitua o fato gerador da obrigação principal" (arts. 124 e 125);[32] *b*) da responsabilidade que pode ser atribuída às "pessoas que tenham interesse em comum na situação que constitua o fato gerador da obrigação principal" (inc. I do art. 124);[33] *c*) da possibilidade de a lei atribuir responsabilidade a outra pessoa vinculada ao "fato gerador" que não seja o "contribuinte" (art. 128); *d*) da responsabilidade relativa a impostos e taxas (art. 130); e *e*) daquela relativa a tributos em geral (arts. 131 a 133).[34] Nenhum dos dispositivos em questão alude a ilícitos e/ou sanções. Limitam-se ao tratamento da sujeição passiva indireta havida no âmbito da relação jurídico-tributária que tem por objeto o pagamento de tributo. Sendo muito evidente a distinção entre tributo e sanção – pano de fundo de todo o sistema erigido pelo Código Tributário Nacional, aparente na própria definição de tributo estabelecida no art. 3º do Código –, a responsabilidade prevista nos mencionados artigos de lei não abarca o dever de pagar multas (sanção pecuniária). Ignorar, aqui, a distinção entre tributo e sanção, ou mesmo pretender, num esforço hermenêutico sem

32. Importante notar que o art. 125, II, do CTN trata de isenção, forma de extinção do crédito tributário relacionada à obrigação de pagar o tributo. Em nenhum momento há qualquer referência à anistia – forma de extinção do crédito tributário que põe fim à obrigação relativa às sanções. Tal constatação reforça o entendimento de que o mencionado dispositivo está voltado exclusivamente às obrigações de pagar o tributo, e não às de cumprir as sanções.
33. No inc. II do art. 124 do CTN consta que são solidariamente responsáveis "as pessoas expressamente designadas por lei". Embora tal dispositivo não se aplique às sanções tributárias, o chamado princípio da legalidade conduz ao mesmo resultado que adviria da aplicação do dispositivo legal.
34. Nesse sentido: Schoueri, *Direito Tributário*, cit., p. 543.

108 SANÇÕES TRIBUTÁRIAS: DEFINIÇÃO E LIMITES

precedentes, que a expressão fato gerador tenha o mesmo significado de ilícito, colidiria frontalmente com o dever de coerência que deve pautar a atividade hermenêutica.[35]

O art. 129 do CTN, não obstante se refira apenas a "créditos tributários" sem especificar se está tratando daqueles decorrentes da obrigação de pagar tributo ou se daqueles originados da obrigação de pagar multas, da mesma forma que os outros dispositivos já referidos, não parece aplicável às relações jurídico-sancionatórias decorrentes de algum ilícito tributário. Isso porque, ao contrário do que entende o Superior Tribunal de Justiça – o qual tem posição firme no sentido de que a responsabilidade de que trata o art. 129 do CTN também diz respeito às sanções[36] –, o mencio-

---

35. Leonor Moral Soriano sustenta que o papel da coerência na argumentação jurídica (*legal reasoning*) seria auxiliar o julgador na tarefa de dar fundamento a uma dentre várias posições jurídicas possíveis em face da diversidade do conjunto normativo (Leonor Moral Soriano, "A modest notion of coherence in legal reasoning. A model for the European Court of Justice", *Ratio Juris*, vol. 16, n. 3, set. 2003, p. 302). Karl Larenz, por sua vez, ao falar sobre as etapas do processo de interpretação, especificamente sobre o "contexto de significado", discorre sobre a chamada "concordância objetiva", explicando que o intérprete deve dar preferência à possibilidade hermenêutica que coincidir com o sentido atribuído à mesma palavra ou expressão por outros dispositivos do mesmo conjunto (*Metodologia da Ciência do Direito*, 3ª ed., Lisboa, Calouste Gulbenkian, 1997, p. 458).

36. O STJ julgou o tema sob o rito dos recursos repetitivos (REsp 923.012-MG), conforme ementa abaixo:

"Tributário. Recurso especial. Recurso especial representativo de controvérsia. Art. 543-C do CPC. Responsabilidade por infração. Sucessão de empresas. ICMS. Base de cálculo. Valor da operação mercantil. Inclusão de mercadorias dadas em bonificação. Descontos incondicionais. Impossibilidade. LC 87/1996. Matéria decidida pela 1ª Seção, no REsp 1111156-SP, sob o regime do art. 543-C do CPC. 1. A responsabilidade tributária do sucessor abrange, além dos tributos devidos pelo sucedido, as multas moratórias ou punitivas, que, por representarem dívida de valor, acompanham o passivo do patrimônio adquirido pelo sucessor, desde que seu fato gerador tenha ocorrido até a data da sucessão. (...) 2. (...) A hipótese de sucessão empresarial (fusão, cisão, incorporação), assim como nos casos de aquisição de fundo de comércio ou estabelecimento comercial e, principalmente, nas configurações de sucessão por transformação do tipo societário (sociedade anônima transformando-se em sociedade por cotas de responsabilidade limitada, *v.g.*), em verdade, não encarta sucessão real, mas apenas legal. O sujeito passivo é a pessoa jurídica que continua total ou parcialmente a existir juridicamente sob outra 'roupagem institucional'. Portanto, a multa fiscal não se transfere, simplesmente continua a integrar o passivo da empresa que é: a) fusionada; b) incorporada; c) dividida pela cisão; d) adquirida; e) transformada (Coêlho, Sacha Calmon Navarro, *Curso de Direito Tributário Brasileiro*, 9ª ed., Rio de Janeiro, Forense, 2008, p. 701) 3. A base de cálculo possível do ICMS nas operações mercantis, à luz do texto constitucional, é o valor da operação mercantil efetivamente realizada ou, consoante o art. 13, inc. I, da Lei Complementar n. 87/96,

AS SANÇÕES ADMINISTRATIVO-TRIBUTÁRIAS 109

nado dispositivo apenas prescreve que as normas subsequentes (oriundas da interpretação dos arts. 130 a 133) serão aplicáveis aos créditos tributários já constituídos e também aos não constituídos, nada estabelecendo acerca da extensão da referida responsabilidade às relações advindas de normas sancionatórias. A melhor interpretação do enunciado legal indica que a responsabilidade em questão abrange os créditos tributários relativos a obrigações de pagar tributo, constituídos ou não constituídos. Nada diz, contudo, em relação aos créditos tributários decorrentes de normas sancionatórias. Em reforço a tal entendimento, importa lembrar que o art. 129 do CTN disciplina a aplicação dos arts. 130 a 133 do mesmo Diploma Tributário, e que tais dispositivos referem-se expressamente a "impostos", "taxas" e "tributos". Nenhum deles menciona sanções ou infrações, o que vem ao encontro do entendimento de que o art. 129 do CTN não é aplicável às relações jurídico-sancionatórias. Correta, a este respeito, a doutrina de Humberto Ávila[37] e Leandro Paulsen.[38]

'o valor de que decorrer a saída da mercadoria'" (REsp 923012-MG, rel. Min. Luiz Fux, 1ª Seção, j. 9.6.2010, *DJe* 24.6.2010).
        Conforme muito bem apanhado por Schoueri (*Direito Tributário*, cit., p. 544), tal acórdão peca (i) por não enfrentar a distinção entre tributo e multa em face da responsabilidade prevista no art. 129 do CTN; e em consequência (ii) por equivocadamente determinar a extensão da responsabilidade prevista no referido dispositivo (também) às sanções.
        37. "Contrariamente ao que foi antes afirmado, poderia ser dito que, embora o art. 132 do CTN diga mesmo respeito somente aos 'tributos' devidos pela empresa sucedida, o art. 129 do mesmo Código prevê que o disposto na Seção II, onde se enquadra o artigo anterior, aplica-se por igual aos 'créditos tributários' definitivamente constituídos ou em curso de constituição. E como o 'crédito tributário', por força do art. 142 do mesmo Código, abrangeria tanto os tributos quanto as penalidades, a responsabilidade tributária da empresa sucessora deveria alcançar, por força dessa combinação entre os referidos dispositivos, também a multa de ofício. 2.1.1.11 Tal argumentação, no entanto, desconsidera, em primeiro lugar, que a previsão contida no art. 129 do CTN é neutra com relação à inclusão de penalidades. Nos termos do próprio art. 142 o mesmo Código, o crédito tributário é constituído pelo lançamento, cuja finalidade é calcular o tributo devido 'e sendo o caso propor a aplicação da penalidade cabível'. A penalidade, portanto, não é elemento necessário, mas apenas eventual do crédito tributário. Na linguagem do Código, ele pode conter somente o tributo, ou o tributo e a penalidade. É, por conseguinte, errôneo pressupor que, onde houver crédito tributário, sempre e necessariamente deverá haver imposição de penalidade. 2.1.1.12 A mencionada argumentação também despreza, em segundo lugar, a existência de uma regra específica regulando o caso da responsabilidade tributária por sucessão empresarial. Levada às últimas consequências, tal justificação conduz à supressão da própria regra particular prevista no art. 132 do CTN, por substituir a palavra 'tributos' pela expressão 'crédito tributário', que até poderia, mas não foi utilizada pelo mencionado Código. Este é o ponto: a interpretação sistemática serve

110 SANÇÕES TRIBUTÁRIAS: DEFINIÇÃO E LIMITES

Por seu turno, o art. 134 do CTN trata da responsabilidade de terceiros em face do descumprimento da obrigação tributária por certos contribuintes. Refere-se especificamente à responsabilidade[39] dos pais (inc. I), dos tutores e curadores (inc. II), dos administradores de bens de terceiros (inc. III), do inventariante (inc. IV), do síndico e do comissário (inc. V), dos tabeliães e escrivães (inc. VI) e dos sócios nos casos de liquidação de sociedade de pessoas (inc. VII). Todos os sujeitos arrolados no referido dispositivo têm responsabilidade pelos tributos devidos por quem assistem: filhos, tutelados etc., pois agem ou deveriam agir em nome daqueles que representam. Segundo extrai-se do *caput* do enunciado legal, tal responsabilidade atinge apenas as obrigações relativas ao pagamento de tributo ("cumprimento da obrigação principal pelo contribuinte") e por isso não as vinculadas a quaisquer sanções. Importa ressaltar, entretanto, que o parágrafo único do artigo de lei estabelece que a mencionada

para auxiliar na descoberta do sentido de uma regra, quando o seu sentido mínimo é insuficiente, por ambiguidade, mas não para afastá-lo quando ele é bastante. 2.1.1.13 De mais a mais, a finalidade do disposto no art. 129 não é delimitar a extensão material da responsabilidade, feita pelos artigos subsequentes, mas apenas demarcar a sua abrangência temporal: a responsabilidade do sucessor abarca os fatos geradores ocorridos antes da sucessão, pouco importando se os créditos tributários a eles referentes foram constituídos antes da sucessão, estão em processo de constituição durante sua realização ou serão constituídos depois dela. O referido dispositivo, a rigor, nada diz com relação à dimensão material da responsabilidade. É o art. 132 do CTN que o faz, em caráter específico" (Ávila, "Responsabilidade por sucessão empresarial. Responsabilidade da empresa sucessora por penalidades decorrentes de faltas cometidas pela empresa sucedida. Exame da abrangência do artigo 132 do Código Tributário Nacional", *Revista Dialética de Direito Tributário*, n. 187, São Paulo, abr. 2011, pp. 120-121).
38. "Entendemos, diferentemente, que em cada artigo se tem de verificar se a responsabilidade é pelos tributos devidos – e quais – e se alcança ou não as penalidades. Não vemos no art. 129 uma norma geral de extensão da responsabilidade às penalidades, até porque deve-se ter em conta o princípio da pessoalidade da pena, que impedirá a transmissão, *e.g.*, no caso de sucessão 'causa mortis'" (Paulsen, *Direito Tributário: Constituição e Código Tributário...*, cit., p. 952).
39. A imensa maioria da doutrina nacional entende tratar-se de responsabilidade subsidiária. Vide Schoueri, *Direito Tributário*, cit., p. 527; Renato Lopes Becho, "Desdobramentos das decisões sobre responsabilidade tributária de terceiros no STF: regras-matrizes de incidência de responsabilização, devido processo legal e prazos de decadência e prescrição", *Revista Dialética de Direito Tributário*, n. 204, set. 2012, p. 50; e Regina Helena Costa, *Curso de Direito Tributário: Constituição e Código Tributário Nacional*, São Paulo, Saraiva, 2009, p. 204. A necessidade de que primeiro haja a impossibilidade de "exigência do cumprimento da obrigação principal do contribuinte" – disposta no próprio enunciado legal – justifica o referido entendimento doutrinário.

AS SANÇÕES ADMINISTRATIVO-TRIBUTÁRIAS 111

responsabilidade também alcança a obrigação de pagar a chamada multa moratória. O legislador estabeleceu, aqui, uma exceção, estendendo às multas moratórias a responsabilidade dos terceiros arrolados no *caput* do art. 134 do CTN. Tal exceção deixa ainda mais claro que a norma oriunda da interpretação do *caput* do dispositivo legal não é aplicável às demais sanções – não haveria porque prescrever sua aplicação às multas moratórias se tal responsabilidade recaísse sobre todas as sanções.

Bem identificados os dispositivos legais cuja aplicação restringe-se às relações jurídico-tributárias e não às relações jurídico-sancionatórias, impõe-se o exame daqueles cujo espectro de incidência abarca as sanções administrativo-tributárias. Há, sem dúvida, dispositivos legais outros, que também tratam de sujeição passiva, aplicáveis, estes sim, às relações jurídico-sancionatórias.

No que tange à responsabilidade pessoal prescrita pelo art. 135 do CTN, há quem entenda, junto a Sacha Calmon Navarro Coêlho[40] e Bernardo Ribeiro de Moraes,[41] que ela abrange as obrigações tributárias propriamente ditas e também as obrigações decorrentes das normas sancionatórias. Nesse sentido, os atos praticados com excesso de poderes, em infração à lei ou mesmo a atos constitutivos de pessoas jurídicas, possibilitariam o surgimento de responsabilidade por parte: *a*) das pessoas referidas no art. 134 do CTN; *b*) de mandatários, prepostos e empregados; e ainda *c*) de diretores, gerentes e representantes de pessoas jurídicas. Por outro lado, Hugo de Brito Machado[42] parece acreditar que tal responsabilidade alcança apenas as obrigações de pagar tributo, e não as sanções. Muito embora não esteja dentro da Seção IV do Capítulo V do Título II do Código Tributário Nacional ("Responsabilidade por Infrações"), a norma advinda da interpretação do art. 135 abrange as obrigações tributárias relacionadas ao pagamento de tributos e também aquelas outras que têm por objeto o pagamento de sanções pecuniárias. A responsabilidade pessoal de que ali se trata – das pessoas

40. "Nas hipóteses do artigo, tributo e multa são transferidos aos terceiros responsáveis" ("Comentários", in Carlos Valder do Nascimento e André Portella, *Comentários ao Código Tributário Nacional,* 7ª ed., Rio de Janeiro, Forense, 2008, p. 329).
41. "A responsabilidade pessoal será pelo crédito tributário resultante dos respectivos atos, abrangendo (...) a dívida decorrente de tributo, com os acréscimos decorrentes do tempo, e mais os acréscimos punitivos" (Bernardo Ribeiro de Moraes, *Compêndio de Direito Tributário,* vol. 2, 3ª ed., Rio de Janeiro, Forense, 1995, p. 523).
42. Segundo Hugo de Brito Machado: "(...) cuida-se de responsabilidade pelo crédito tributário que, em princípio, decorre de ato lícito. A prestação exigida não tem caráter punitivo" (*Comentários ao Código Tributário Nacional,* vol. 2, São Paulo, Atlas, 2004, p. 595).

112 SANÇÕES TRIBUTÁRIAS: DEFINIÇÃO E LIMITES

referidas no artigo anterior, dos mandatários, prepostos e empregados e dos diretores, gerentes e representantes de pessoas jurídicas – exige atos praticados com excesso de poderes ou infração à lei, contrato social ou estatutos. Cabe notar que há ilicitude na prática dos mencionados atos; eles contrariam normas previamente existentes, advindas de contrato ou mesmo da lei (Misabel Derzi).[43] A referida ilicitude – intrínseca a tal responsabilidade – possibilita que também as penalidades, e não apenas as obrigações de pagar tributo, possam ficar a cargo dos responsáveis de que trata o artigo de lei. Vale registrar, entretanto, que a responsabilidade pela sanção, quando decorrente de ato contrário à lei, exige mais do que o simples descumprimento de obrigação tributária. Evidentemente que não basta o simples descumprimento de alguma obrigação tributária para que a sanção tributária possa ser estendida a terceiro diverso da pessoa que descumpriu a obrigação tributária – por exemplo, ao administrador da pessoa jurídica que inadimpliu com suas obrigações tributárias. A infração à lei exigida pela norma em questão diz respeito à prática dolosa promovida pelo chamado responsável (Navarro Coêlho).[44]

Feito tal prévio esclarecimento, cumpre avançar no exame da regulamentação acerca da responsabilidade pelos ilícitos e pelas sanções deles decorrentes, que também se encontra prevista nos arts. 136 e 137 do CTN.

O art. 136 do CTN foi objeto de amplo exame linhas atrás. Consoante referido e ao contrário do que sustenta parcela considerável da doutrina e da jurisprudência nacionais, sua melhor interpretação não conduz à responsabilidade objetiva do sujeito passivo da relação tributário-sancionatória. A interpretação de tal dispositivo conduz à construção de norma que permite a imposição de sanções administrativo-tributárias desde que não seja ilidida a presunção (relativa) de culpa do agente e/ou do responsável.

O art. 137 do CTN, por sua vez, estabelece a responsabilidade pessoal do agente, especificando em seus incisos as hipóteses nas quais haverá de ser aplicado. De seu *caput* já é possível extrair que se está a tratar, aqui, da responsabilidade de quem praticou o ilícito (agente) em nome de terceiro (responsável). Trata-se de nova acepção ao vocábulo "responsabilidade", como bem percebido por Luciano Amaro.[45] Confor-

---

43. Misabel Abreu Machado Derzi, "Notas", in Aliomar Baleeiro, *Direito Tributário Brasileiro*, 11ª ed., Rio de Janeiro, Forense, 2000, p. 757.
44. "No art. 135, o dolo é elementar" (Sacha Calmon Navarro Coêlho, *Comentários ao Código Tributário Nacional*, 7ª ed., Rio de Janeiro, Forense, 2008, p. 330).
45. "Infrações tributárias", *RDT* 67, São Paulo, 1995, p. 34.

AS SANÇÕES ADMINISTRATIVO-TRIBUTÁRIAS 113

me sustenta o referido autor,[46] o sentido da palavra "responsabilidade" disposta no art. 137 do CTN "nada tem a ver com sujeição passiva indireta". Para fins de interpretação do art. 137 do CTN, "responsabilidade" é a qualidade de quem deverá responder pela sanção tendo praticado o ilícito ao agir em nome de terceiro. Resta claro, assim, que, por ser pessoal, a responsabilidade prevista no art. 137 do CTN abarca apenas o agente que promoveu o ato em nome de terceiro.

3.2.2.2.1.2.2 *Infrator:* Selecionadas as normas relativas à responsabilidade tributária a partir de sua aplicação ao campo sancionador – como visto, no Código Tributário Nacional há diversos enunciados restritos à relação jurídico-tributária –, fundamental voltar-se à identificação das espécies de sujeito passivo existentes no âmbito da relação jurídico-sancionatória.

Não obstante seja inaplicável às relações decorrentes das normas sancionatórias a distinção entre contribuinte e responsável estabelecida no art. 121 do CTN, o polo passivo da relação jurídico-sancionatória também pode ser bipartido. Na esteira do quanto previsto no art. 136 do CTN, a sujeição passiva no âmbito das relações jurídico-sancionatórias pode ser direta ou indireta. Na sujeição passiva direta apresenta-se o agente ou infrator; na sujeição passiva indireta, o responsável.

Infrator é o sujeito que praticou o ato ilícito cuja punição encontra-se prescrita no consequente da norma sancionatória.[47] A promoção do ato ilícito pode ocorrer em nome próprio ou de terceiros, pouco importa. O essencial para que se qualifique alguém como infrator é que tal pessoa tenha praticado o ato ilícito cuja ocorrência terá como consequência a sanção tributária.

O infrator pode ou não se confundir com o contribuinte (sujeito passivo direto da relação jurídico-tributária). Se o sujeito que promoveu ou tinha a obrigação de promover o fato jurídico tributário relativo a algum imposto for o mesmo que praticou o ilícito, infrator e contribuinte confundir-se-ão. Por exemplo: há muitos casos nos quais algum contribuinte deixa de cumprir com a obrigação de recolher certo imposto federal e é descoberto pela Fiscalização, que lhe impõe a chamada multa de ofício prescrita pela norma advinda da interpretação do art. 44, inc. I, da Lei 9.430/1996. Em tal hipótese, fácil notar, a mesma pessoa que tem obrigação de pagar o tributo tem também obrigação de pagar a multa.

46. Idem, p. 32.
47. Idem, p. 35.

114 SANÇÕES TRIBUTÁRIAS: DEFINIÇÃO E LIMITES

Contribuinte e infrator, nesse caso, confundem-se. Podem, contudo, ser pessoas distintas. Veja-se o caso daqueles que se encontram arrolados no art. 134 do CTN: pai, tutor, curador etc. Tais pessoas são representantes de outrem. São representantes dos contribuintes. Os contribuintes são os filhos, os tutelados, os curatelados etc. Ocorre, entretanto, que na hipótese de algum dos sujeitos referidos no art. 134 do CTN cometer alguma infração com dolo específico contra as pessoas por si representadas, tal sujeito assumirá responsabilidade pessoal pelas infrações cometidas (art. 137, III, "a", do CTN). Nesse caso, infrator (pai, tutor, curador, etc.) e contribuinte (filho, tutelado, curatelado etc.) não se confundirão.[48] Há outros casos, ademais, em que o infrator não é contribuinte, mas mero sujeito passivo de alguma obrigação de fazer que tenha o ente tributante no polo ativo (dever instrumental). Pense-se, aqui, no sujeito imune que tem a obrigação de apresentar sua Declaração de Imposto de Renda Pessoa Física. Caso tal sujeito descumpra a obrigação de fazer imposta pela legislação tributária, e havendo norma sancionatória que a tanto penalize, haverá de ser-lhe aplicada uma determinada sanção. O infrator, aqui, por não ter qualquer obrigação de recolher tributo aos cofres públicos, eis que imune, não poderá ser também qualificado como contribuinte.

3.2.2.2.1.2.3 *Responsável*: Responsável é a pessoa que deve responder pela sanção muito embora não tenha promovido pessoalmente o ato ilícito objeto da punição. Conforme visto, agente ou infrator é aquele que promove pessoalmente o ato ilícito descrito na hipótese da norma sancionatória. Em oposição, responsável é aquele que, a despeito de não ter promovido o ilícito, foi imbuído pela lei do dever de responder pela sanção.

Fundamental ter presente que não basta a simples previsão em lei para que se configure a responsabilidade de terceiro pelo cumprimento da obrigação decorrente da norma sancionatória. Acresça-se a tal previsão a exigência de que o responsável tenha dolo ou culpa, ainda que presumida, pela ocorrência do ilícito. Na esteira do quanto já exposto, a melhor interpretação do art. 136 do CTN estabelece a presunção de culpa do sujeito passivo da relação jurídico-sancionatória. Tal presunção aplica-se não só ao infrator, como também ao responsável. Não pode a legislação atribuir, *e.g.*, a responsabilidade pelo pagamento de multas tributárias a

---

48. Não havendo dolo específico tal qual exigido pelo art. 137 do CTN, o contribuinte também será sujeito passivo da relação jurídico-sancionatória: na condição de responsável. Nessa hipótese, ele não será infrator por não ter praticado o ilícito. Vide a seguir a definição de responsável.

AS SANÇÕES ADMINISTRATIVO-TRIBUTÁRIAS 115

quem não praticou o ilícito e nem agiu de forma culposa ou dolosa para que este fosse promovido. Afigura-se, assim, inconstitucional, por ofensa ao próprio Estado de Direito, qualquer enunciado legal que imponha a terceiro diverso do infrator a responsabilidade por alguma sanção tributária salvo quando este apresentar culpa ou for ela ao menos presumida. Veja-se, nesse sentido, o caso do mandante que por meio de representação contratual ordena a promoção de algum ilícito. Trata-se de bom exemplo de responsável que pode agir com culpa e assim tornar-se coobrigado ao cumprimento da sanção tributária. Se o mandante determinar ao mandatário que promova algum ilícito passível de punição na esfera tributária, caberá punição ao mandatário (infrator) e também ao mandante (responsável). Contra o mencionado responsável milita presunção de culpa *in eligendo*.[49] Havendo, contudo, dolo específico a originar diretamente as infrações, a responsabilidade, então, recairá exclusivamente sobre o mandatário (infrator). Conforme disciplina o art. 137, III, do CTN, em tais casos o mandatário (infrator) terá responsabilidade pessoal.

3.2.2.2.2 Critério quantitativo

As normas de imposição tributárias (regras-matrizes de incidência tributária), por servirem à instituição de obrigações pecuniárias, apresentam, sempre, em seu consequente, o chamado critério quantitativo. Tal critério indica o valor do tributo que deverá ser pago pelo sujeito passivo. Na esteira de tradicionais ensinamentos, tem-se que o critério quantitativo subdivide-se em base de cálculo e alíquota. Base de cálculo é a grandeza sobre a qual será calculado o valor do tributo devido – segundo Aires F. Barreto,[50] "o direito, ao definir base de cálculo, nada mais faz do que disciplinar a sentença matemática que terá efeitos no campo fenomênico". Ela representa a dimensão econômica do fato cuja tributação encontra-se estabelecida na norma de imposição tributária,[51] e tem entre suas principais funções confirmar, afirmar ou infirmar o critério material da hipótese de incidência.[52] Não há dúvida de que a própria Constituição Federal – art.

---

49. Amaro, "Infrações tributárias", cit., p. 33.
50. Aires F. Barreto, *Curso de Direito Tributário Municipal*, São Paulo, Saraiva, 2009, p. 156.
51. Ataliba, *Hipótese de Incidência Tributária*, cit., p. 108; Costa, *Curso de Direito Tributário*, cit., p. 211.
52. Para Paulo de Barros Carvalho, três são as funções da base de cálculo: "A versatilidade categorial desse instrumento jurídico se apresenta em três funções distintas: a) medir as proporções reais do fato; b) compor a específica determinação da dívida; e c) confirmar, infirmar ou afirmar o verdadeiro critério material da descrição

116 SANÇÕES TRIBUTÁRIAS: DEFINIÇÃO E LIMITES

145, § 2º, a utiliza com o fim de identificar as espécies tributárias. Já a alíquota é o instrumento pelo qual é calculado o tributo. A alíquota pode ser *ad valorem* ou específica. A primeira é um percentual que incide sobre a base de cálculo; a segunda, um valor específico aplicável de acordo com alguma medida de peso, tamanho ou unidade.

Bastante evidente que nem toda regra jurídica apresentará em seu consequente um critério quantitativo. Na verdade, somente aquelas normas cuja consequência consubstancia uma obrigação pecuniária é que o terão. Por esse motivo, tal critério é aplicável apenas às regras sancionatórias que tratem de sanções pecuniárias (multas), e não a qualquer norma sancionatória.

Da mesma forma que ocorre com as normas de imposição tributária, as normas sancionatórias relativas às multas apresentam em seu consequente critério quantitativo que permite seja calculado o valor da sanção que prescrevem. Normalmente contêm base de cálculo e alíquota e em geral enfrentam as mesmas discussões que orbitam em torno do critério quantitativo das normas de imposição tributária.

3.2.2.2.2.1 Base de cálculo e alíquota das multas – A sistemática de fixar uma base de cálculo e uma alíquota também é comum às sanções tributárias pecuniárias (multas). Existem várias multas fixadas a partir da aplicação de uma alíquota sobre determinada base. Vejam-se, por exemplo, as normas decorrentes da interpretação do art. 44, inc. I e § 1º, da Lei 9.430/1996: será aplicada multa de 75% ou de 150% sobre "a totalidade ou diferença de imposto ou contribuição nos casos de falta de pagamento ou recolhimento, de falta de declaração e nos de declaração inexata". Em tais casos, a legislação é muitíssimo clara quanto à base de cálculo (o valor do tributo que deixou de ser pago ou recolhido) e às alíquotas das multas em questão (75% ou 150%).

Há outros casos, contudo, em que a legislação estabelece um valor fixo a título de multa, a ser pago quando realizada conduta equivalente à hipótese da norma sancionatória. Está-se, aqui, perante hipóteses de alíquota específica aplicada no campo das sanções. As multas de que trata o art. 57 da Medida Provisória 2.158-35/2001, com a redação da Lei 12.873/2013, servem como bom exemplo. Conforme enuncia o referido dispositivo, as pessoas jurídicas sujeitas ao pagamento de Imposto sobre a Renda e Proventos de Qualquer Natureza, segundo o regime de tribu-

---

contida no antecedente da norma" (*Curso de Direito Tributário*, 23ª ed., São Paulo, Saraiva, 2011, p. 400).

AS SANÇÕES ADMINISTRATIVO-TRIBUTÁRIAS   117

tação do lucro presumido e o do lucro real, que deixarem de cumprir as obrigações acessórias exigidas nos termos do art. 16 da Lei 9.779/1999, estarão sujeitas a multas de R$ 500,00 ou R$ 1.500,00, respectivamente.

Não coincidentemente, os exemplos referem-se a: (i) multas em percentuais incidentes sobre o valor do tributo não recolhido, para casos de descumprimento de obrigações tributárias principais; e (ii) multas em valores fixos para casos de descumprimento de obrigações acessórias (deveres instrumentais). A clara expressão econômica da infração relacionada ao descumprimento da obrigação de pagar tributo possibilita que a correlata norma sancionatória tenha seu consequente moldado pela aplicação de uma alíquota sobre o valor da obrigação pecuniária descumprida. Por outro lado, o descumprimento das obrigações acessórias (deveres instrumentais) não é tão facilmente quantificável, pois tais obrigações não são pecuniárias, mas, ao contrário, são obrigações de fazer. Tal característica justifica o porquê de serem comumente estabelecidas multas em valores fixos para sancionar o descumprimento de obrigações acessórias (deveres instrumentais).

Se, entretanto, não há óbice lógico no estabelecimento de multas em valor fixo para o descumprimento de obrigações tributárias acessórias e de multas decorrentes da aplicação de alíquotas percentuais sobre o valor do tributo não recolhido no caso de descumprimento de obrigações principais, a fixação de multas percentuais sobre o valor do tributo ou da base de cálculo do tributo nos casos de descumprimento de obrigações acessórias não se mostra válida. Da mesma forma com que a base de cálculo serve para confirmar, infirmar ou afirmar o critério material da hipótese da norma de imposição tributária (regra-matriz de incidência tributária), também a base de cálculo das normas sancionatórias serve a tal desiderato (Neder).[53] Se o critério material da norma punitiva trata do descumprimento de uma obrigação acessória, não há como admitir que a base de cálculo da multa represente o valor do tributo. Deve haver uma relação entre o critério material da norma sancionatória e a sua base de cálculo. E nesse sentido, sempre que a base de cálculo da multa não mantiver sintonia com o critério material da respectiva norma sancionatória, deverá ser declarada a inconstitucionalidade da sanção por violação ao postulado da razoabilidade – vale lembrar que, diversamente, no caso das normas de imposição tributária, o conflito entre critério material e base de cálculo resolve-se pela prevalência da base de cálculo.[54]

---

53. Marcos Vinicius Neder, "O regime jurídico da multa isolada sobre estimativas", *Revista Diálogo Jurídico*, n. 16, Salvador, maio-ago. 2007.
54. Carvalho, *Curso de Direito Tributário*, cit., p. 404.

118 SANÇÕES TRIBUTÁRIAS: DEFINIÇÃO E LIMITES

3.3 Da constituição à cumulação

3.3.1 Obrigações tributárias e sanções

3.3.1.1 Considerações iniciais

Demonstrada a estrutura lógica característica da norma de sanção administrativo-tributária, serão agora examinadas as relações existentes entre o descumprimento das obrigações tributárias e as sanções.

Na linha do quanto exposto até o presente momento, existem sanções tributárias que têm por pressuposto a falta de recolhimento de tributos, bem como sanções tributárias cujo pressuposto é o descumprimento de algum dever instrumental. Essa a razão pela qual Sacha Calmon Navarro Coêlho[55] afirma que, "em se tratando de sanções tributárias, será preciso examinar primeiramente a obrigação e depois a sanção".

Partindo da previsão legal constante do art. 113 do CTN, as obrigações tributárias são classificadas em dois grupos: o das obrigações principais e o das obrigações acessórias. As obrigações principais são aquelas relacionadas ao dever de recolher aos cofres públicos certa quantia a título de tributo ou de sanção pecuniária. São sempre obrigações de dar, de recolher valores ao erário. As obrigações acessórias, por seu turno, são as relacionadas a atividades diversas do simples recolhimento de algum valor a título de tributo ou sanção pecuniária – nos termos do art. 113, § 2º, do CTN, são obrigações que "têm por objeto as prestações, positivas ou negativas, nela previstas no interesse da arrecadação ou da fiscalização dos tributos".

Vejam-se os seguintes exemplos: se uma determinada empresa deixar de recolher o Imposto sobre a Renda e Proventos de Qualquer Natureza (IRPJ) devido a partir da obtenção de algum ganho de capital, haverá de fazê-lo com o acréscimo de uma multa de 75%, caso tal falha venha a ser descoberta por um agente fiscal e dela decorra um lançamento de ofício (art. 44, inc. I, da Lei 9.430/1996). Se, entretanto, essa mesma empresa deixar de cumprir com seus deveres instrumentais, terá que arcar com diversas multas, por exemplo, aquela relativa ao descumprimento da obrigação de apresentar escrituração contábil digital (ECD), prevista no art. 16 da Lei 9.779/1999. A empresa que tiver descumprido a mencionada obrigação acessória, caso tenha apurado lucro

---

55. *Teoria e Prática das Multas Tributárias*, 2ª ed., Rio de Janeiro, Forense, 1998, p. 23.

AS SANÇÕES ADMINISTRATIVO-TRIBUTÁRIAS 119

real em sua última declaração, haverá de pagar multa de R$ 1.500,00 por mês de atraso – conforme regra advinda da interpretação do art. 57, I, "b", da Medida Provisória 2.158-35/2001 (redação dada pela Lei 12.873/2013). No primeiro caso estar-se-á diante de sanção decorrente do descumprimento de uma obrigação principal; no segundo, perante sanção decorrente do descumprimento de uma obrigação acessória (dever instrumental).

3.3.1.2 Obrigação tributária principal e normas sancionatórias

Conforme mencionado, a obrigação tributária principal de que trata o art. 113, § 1º, do CTN refere-se sempre a uma prestação pecuniária, consistente no dever de pagar multas ou tributos. A obrigação tributária é o vínculo legal que se impõe sobre a vontade do indivíduo e torna obrigatório o recolhimento de valores ao erário (Luqui).[56] Todos aqueles cujos atos se enquadrarem na descrição contida na hipótese da norma de imposição tributária terão incorrido na formação de uma obrigação tributária e por isso deverão recolher aos cofres públicos o valor do respectivo tributo.

Não obstante o § 1º do art. 113 do CTN estabeleça que a obrigação tributária principal "surge com a ocorrência do fato gerador", seu descumprimento somente ocorre a partir do transcurso da data de seu vencimento. A obrigação tributária principal é necessariamente obrigação pecuniária (art. 3º do CTN). Exige, portanto, a previsão, em lei ou ato infralegal,[57] da respectiva data de seu vencimento. Somente quando não for promovido o recolhimento do tributo e já houver transcorrido a data de seu vencimento é que será possível falar em descumprimento da obrigação tributária principal – a partir daí o sujeito passivo da relação jurídico-tributária encontrar-se-á em mora. É tamanha a importância da

---

56. "(...) la obligación tributaria es el vínculo legal que constriñe la voluntad particular, mandando entregar al Estado una suma de dinero desde el momento que se produce el acto o el hecho previsto en Ella y que le sea imputable" (Juan Carlos Luqui, "Consideraciones sumarias sobre la obligación tributaria", in Ives Gandra da Silva Martins (org.), *Sanções Tributárias,* São Paulo, Resenha Tributária, 1979, p. 362). Vide, ainda, José Juan Ferreiro Lapatza, *Direito Tributário: teoria geral do tributo,* Barueri, Manole, 2007, pp. 211-212; José Souto Maior Borges, "Em socorro da obrigação tributária: uma nova abordagem epistemológica", in Eurico Marcos Diniz Santi, *Direito Tributário e Finanças Públicas,* São Paulo, Saraiva, 2008, p. 400; e ainda Amaro, "Infrações tributárias", cit., pp. 247-248.

57. O Supremo Tribunal Federal firmou entendimento de que o vencimento dos tributos pode ser fixado por ato infralegal. Nesse sentido: RE 172394, rel. Min. Marco Aurélio, rel. p/ Acórdão Min. Ilmar Galvão, Tribunal Pleno, j. 21.6.1995.

120 SANÇÕES TRIBUTÁRIAS: DEFINIÇÃO E LIMITES

data do vencimento da obrigação tributária principal, que parte da doutrina nacional defende a sua inserção dentre os critérios do consequente da regra-matriz de incidência tributária.[58]

Inserido ou não dentre os critérios da chamada regra-matriz de incidência tributária, portanto, o vencimento da obrigação tributária principal é fundamental para a constatação de seu descumprimento. Considerando que o descumprimento da obrigação tributária principal é pressuposto para a incidência da norma de sanção, sobressai evidente, desde já, sua relevância para a verificação acerca da aplicação da sanção. Relembrando: para o presente estudo, ilícito tributário corresponde ao descumprimento de alguma obrigação tributária (o ilícito é fato, e não hipótese normativa). No caso da obrigação principal, o ilícito equivalerá ao não recolhimento do tributo até a data fixada como vencimento da obrigação.

Desse modo, diante da ocorrência do ilícito relativo ao descumprimento da obrigação tributária principal, o legislador poderá conceber normas sancionatórias que o tenham como pressuposto. Criará, assim, enunciados legais cuja interpretação dará origem a sanções administrativo-tributárias.

No âmbito dos tributos federais, destacam-se três diferentes sanções administrativo-tributárias cuja hipótese descreve o descumprimento de uma obrigação tributária principal: a multa moratória, a multa de ofício e a multa de ofício qualificada. A sanção denominada multa moratória é aquela aplicada quando o sujeito passivo descumprir a obrigação tributária principal, estando prevista no art. 61 da Lei 9.430/1996. Tal multa equivale a 0,33% do valor do tributo devido por dia de atraso, estando limitada a 20% do valor do tributo (art. 61, § 2º, da Lei 9.430/1996). A multa de ofício, por sua vez, decorre da lavratura de lançamento por parte das autoridades fiscais, quando for constatado que houve descumprimento da obrigação tributária principal. Tal sanção somente pode ser aplicada diante do descumprimento da obrigação tributária principal e caso seja necessário aos agentes fiscais lavrar lançamento de ofício. Essa multa

---

58. Conforme a tradicional lição de Paulo de Barros Carvalho, a regra-matriz de incidência tributária é composta de diversos critérios, dentre os quais o chamado critério temporal. Tal critério temporal indica o momento em que ocorrido o fato tributável ("fato gerador"); nada tendo a ver com a data de vencimento da obrigação tributária. Ocorre que a data de vencimento da obrigação tributária é essencial à verificação acerca de seu descumprimento e da mora por parte do sujeito passivo. Por essa razão, há quem defenda ser necessária a inserção de mais um critério no arcabouço da regra-matriz de incidência tributária: o critério temporal do consequente. Tal critério indicaria exatamente a data de vencimento da obrigação. Nesse sentido: Queiroz, "Regra-matriz de incidência tributária", cit., p. 254.

AS SANÇÕES ADMINISTRATIVO-TRIBUTÁRIAS 121

equivale a 75% do valor do tributo devido e não recolhido, e encontra-se prescrita no art. 44, I, da Lei 9.430/1996. A multa de ofício qualificada, finalmente, oriunda da interpretação do art. 44, § 1º, da Lei 9.430/1996, é aquela aplicada pelas autoridades administrativas, por meio de lançamento de ofício, sempre que o descumprimento da obrigação tributária principal estiver vinculado à sonegação, fraude ou conluio, conforme definido nos arts. 71 a 73 da Lei 4.502/1964. Em geral, as sanções administrativo--tributárias estaduais e municipais veiculadas a fim de coibir e punir o descumprimento da obrigação relativa ao recolhimento de algum tributo costumam seguir o exemplo das sanções federais, também dividindo-se em multas moratórias, de ofício e qualificadas.

Configurando-se sanções decorrentes do descumprimento de alguma obrigação tributária consistente no dever de recolher ao erário determinada quantia a título de tributo, a multa moratória, a multa de ofício e a multa de ofício qualificada têm em comum o fato de dependerem da mora do sujeito passivo. Dessa forma, para que seja aplicada qualquer das referidas multas, haverá de estar bem identificado o descumprimento da obrigação de recolher determinado tributo, o que somente ocorre a partir do transcurso da data de seu vencimento.

3.3.1.3 Obrigação tributária acessória e normas sancionatórias

Obrigação tributária acessória é aquela que consiste numa obrigação de fazer, conforme, dentre muitos outros,[59] leciona Misabel Derzi:[60]

(...) podemos concluir que, segundo o art. 113 do CTN, a diferença entre a chamada obrigação principal e a chamada obrigação acessória reside no fato de que a primeira tem como objeto um dar dinheiro ao Estado, ou prestação patrimonialmente avaliável; a segunda tem como objeto um fazer ou não fazer alguma coisa, despida a prestação em si de estimabilidade patrimonial. (...) O caráter pecuniário da prestação,

---

59. Alcides Jorge Costa, "Obrigação tributária", in Ives Gandra da Silva Martins (coord.), *Curso de Direito Tributário,* 13ª ed., São Paulo, Saraiva, 2011. E ainda: Hugo de Brito Machado, "Algumas questões a respeito da obrigação tributária acessória", in Heleno Taveira Torres, *Teoria Geral da Obrigação Tributária: estudos em homenagem ao Professor José Souto Maior Borges*, São Paulo, Malheiros Editores, 2005, p. 294; Tercio Sampaio Ferraz Júnior, "Obrigação tributária acessória e limites de imposição: razoabilidade e neutralidade concorrencial do Estado", in Heleno Taveira Torres, *Teoria Geral da Obrigação Tributária: estudos em homenagem ao Professor José Souto Maior Borges*, São Paulo, Malheiros Editores, 2005, pp. 264 e ss.

60. Misabel de Abreu Machado Derzi, "Notas", in Aliomar Baleeiro, *Direito Tributário Brasileiro,* cit., p. 701.

SANÇÕES TRIBUTÁRIAS: DEFINIÇÃO E LIMITES

quer em relação ao tributo em sentido estrito, quer em relação à sanção é o critério decisivo que estrema a obrigação principal da acessória.

Salvo a obrigação de recolher aos cofres públicos o valor dos tributos, o sujeito passivo da relação jurídico-tributário tem diversas obrigações acessórias, tais como apresentar declarações ao ente tributante e manter seus livros fiscais devidamente escriturados. Muito embora não se discuta a existência de deveres formais ou instrumentais que exijam dos contribuintes e responsáveis a promoção de atos vinculados à sua obrigação de pagar tributos, são diversas as críticas à expressão "obrigação acessória". Diz-se que tais deveres não são obrigações por não terem caráter pecuniário e/ou por seu cumprimento não extinguir o vínculo existente entre o sujeito passivo e o sujeito ativo da relação jurídico--tributária.[61] Diz-se, também, que não são acessórias porque em muitas oportunidades não há obrigação principal à qual se vincular (seriam obrigações autônomas e independentes).[62] Vejam-se, por exemplo, os casos de deveres instrumentais a que estão obrigados sujeitos imunes ou isentos. Especialmente quanto à autonomia dos deveres instrumentais, merecem destaque os julgados do Superior Tribunal de Justiça, dentre os quais aquele que resultou dos EDcl nos EDcl no REsp 1.116.792-PB.[63] Em tal precedente foi declarado com total acerto que "os deveres instrumentais, previstos na legislação tributária, ostentam caráter autônomo em relação à regra-matriz de incidência do tributo, uma vez que vinculam, inclusive, as pessoas físicas ou jurídicas que gozem de imunidade ou outro benefício fiscal". Reconhecida, assim, pelo Poder Judiciário, acertadamente, a autonomia dos deveres instrumentais.

Como resultado das muitas críticas apresentadas pela doutrina à expressão "obrigação acessória", entende-se que as mesmas efetivamente espelham um dever obrigacional não pecuniário, representado por uma obrigação de fazer ou não fazer autônoma em relação à obrigação de recolher determinado tributo aos cofres públicos. Denominar tal obrigação de dever instrumental ou aceitar a expressão consagrada a partir do uso legislativo torna-se, a partir da estipulação de seu conceito, questão de menor importância.

---

61. Schoueri, *Direito Tributário*, cit., p. 418.
62. Vide Amaro, "Infrações tributárias", cit., pp. 249-250. Também Misabel Abreu Machado Derzi, in Aliomar Baleeiro, *Direito Tributário Brasileiro*, cit., pp. 698-699.
63. EDcl nos EDcl no REsp 1116792-PB, rel. Min. Napoleão Nunes Maia Filho, 1ª Seção, j. 22.8.2012, *DJe* 6.9.2012. No mesmo sentido: REsp 1116792-PB, rel. Min. Luiz Fux, 1ª Seção, j. 24.11.2010, *DJe* 14.12.2010.

AS SANÇÕES ADMINISTRATIVO-TRIBUTÁRIAS 123

Mais importante do que a definição acerca da melhor nomenclatura – se obrigações acessórias ou se deveres instrumentais –, fundamental definir se tais deveres jurídicos, sempre representativos de um *faccere*, exigem previsão em lei ou se podem ser criados por atos infralegais. Tal discussão remonta à interpretação do art. 113, § 2º, do CTN. Estabelece o referido artigo de lei que a obrigação acessória decorre da "legislação tributária", o que dá margem a duas alternativas de interpretação: a de que tal expressão indica que os deveres instrumentais podem ser criados por atos infralegais; e a de que a expressão "legislação tributária" é sinônimo de lei em sentido estrito. Quanto ao ponto, mostra-se correta a lição de Sacha Calmon Navarro Coêlho, para quem as obrigações acessórias "deverão decorrer de previsões legais em estrito senso, ou seja, de leis em sentido formal e material, até porque ninguém está obrigado a fazer ou deixar de fazer senão em virtude de lei, a teor da Constituição da República".[64] Sendo certo que a interpretação do Código Tributário Nacional deve ser feita à luz da Constituição Federal, não há como descurar da norma advinda do art. 5º, II, da Carta da República, a qual prevê que "ninguém será obrigado a fazer ou deixar de fazer alguma coisa senão em virtude de lei". Conforme prescreve o Texto Constitucional, somente o Poder Legislativo tem competência para impor obrigações e deveres. Portanto, não obstante a expressão "legislação tributária" possa ser interpretada como inclusiva de atos infralegais, a imposição constitucional advinda do art. 5º, II, da Constituição da República exige, quanto à norma decorrente do art. 113, § 2º, do CTN, que os deveres instrumentais decorram de lei em sentido estrito. Essa a interpretação mais consentânea com o Texto Constitucional.

Demonstrada a necessidade de que lei em sentido estrito prescreva as obrigações tributárias acessórias, cumpre avançar no exame das consequências advindas de seu descumprimento. Da mesma forma que ocorre com o descumprimento das obrigações principais, o desrespeito aos deveres instrumentais configura ilícito passível de sanção. Se houver regra sancionatória cuja hipótese abarque o descumprimento de algum dever instrumental, deverá sobrevir a aplicação da correlata sanção tributária (Navarro Coêlho).[65]

Vale relembrar: a sanção advinda do descumprimento de um dever instrumental também poderá ser penal ou administrativo-tributária. Por exemplo: dispõe o art. 2º, I, da Lei 8.137/1990 que constitui crime con-

---

64. Misabel de Abreu Machado Derzi, "Notas", in Aliomar Baleeiro, *Direito Tributário Brasileiro*, cit., p. 702.

65. *Teoria e Prática das Multas Tributárias*, cit., p. 51.

124   SANÇÕES TRIBUTÁRIAS: DEFINIÇÃO E LIMITES

tra a ordem tributária "fazer declaração falsa ou omitir declaração sobre rendas, bens ou fatos, ou empregar outra fraude, para eximir-se, total ou parcialmente, de pagamento de tributo". A materialidade de tal crime consiste na elaboração de declaração falsa ou na omissão de declaração obrigatória sobre rendas, bens ou fatos, tendo por fim a redução do valor de tributo devido. Dessa forma, não importa à caracterização do crime a existência de efetiva redução ou não pagamento de tributo. Basta a apresentação da declaração falsa ou a omissão na apresentação da declaração obrigatória e o elemento volitivo (a intenção de não pagar ou pagar menos). A pena pecuniária de que trata o art. 7º, IV, da Lei 10.426/2002, por sua vez, representa uma sanção administrativo-tributária resultante do descumprimento da obrigação do sujeito passivo de apresentar à Administração Tributária declarações com incorreções ou omissões. Do mesmo modo, servem à punição do descumprimento de obrigações acessórias as sanções estabelecidas nos incs. I a III do art. 57 da Medida Provisória 2.158-35/2001.

Inquestionável, pois, que o descumprimento dos deveres instrumentais, se descrito na hipótese de uma regra sancionatória, fará com que surja o dever de atender a uma obrigação sancionatória administrativo--tributária ou mesmo penal.

3.3.2 A constituição das sanções administrativo-tributárias

As sanções administrativo-tributárias podem ser pecuniárias (multas) ou não pecuniárias (sanções políticas), sempre dependendo de constituição por parte das autoridades administrativas. Dita o art. 142 do CTN que:

> Compete privativamente à autoridade administrativa constituir o crédito tributário pelo lançamento, assim entendido o procedimento administrativo tendente a verificar a ocorrência do fato gerador da obrigação correspondente, determinar a matéria tributável, calcular o montante do tributo devido, identificar o sujeito passivo, e, sendo o caso, propor a aplicação da penalidade cabível.

O lançamento fiscal não serve apenas à constituição do crédito tributário relativo à obrigação tributária que representa o dever de pagar algum tributo, mas, também, à constituição do crédito tributário decorrente da aplicação da norma sancionatória que dará ensejo ao dever de pagar uma multa tributária. Serve, ainda, à cominação de sanções administrativo-tributárias não pecuniárias (sanções políticas) – ao mencionar que compete ao lançamento propor a sanção cabível, o art. 142 do CTN não qualifica

AS SANÇÕES ADMINISTRATIVO-TRIBUTÁRIAS 125

a sanção nem se vale da consagrada expressão "multa". Por isso, sua melhor interpretação traz à tona a exigência de que também as sanções políticas deverão ser propostas pelo lançamento fiscal.

Esclarecida a razão pela qual também as sanções políticas deverão ser propostas pelo lançamento fiscal, cabe avançar no estudo da forma de constituição das sanções pecuniárias. Como visto, a aplicação de uma norma sancionatória pecuniária dá ensejo ao surgimento da obrigação tributária relativa ao dever de recolher uma multa. Pelos termos enunciados no art. 113 do CTN, tal obrigação também se denomina obrigação tributária principal, dela resultando um crédito tributário. Conforme tradicional lição de José Souto Maior Borges,[66] o lançamento expressa duas competências distintas: a competência relativa à constituição do tributo e a competência relativa à constituição da sanção pecuniária. Nesse sentido, a partir da verificação acerca do descumprimento de alguma obrigação tributária principal, o lançamento poderá constituir tanto um crédito tributário que decorra da obrigação de pagar algum tributo como um crédito tributário que decorra da obrigação de recolher uma multa tributária.

No que tange à exigência de formal constituição das sanções administrativo-tributárias tanto pecuniárias como não pecuniárias, cabe referir que se trata de decorrência das garantias estabelecidas pela Constituição Federal quanto ao direito à ampla defesa, ao contraditório e ao devido processo legal (art. 5º, LIV e LV, CF). Somente haverá ampla defesa e contraditório se for possibilitado ao sujeito passivo da relação jurídico-tributária, por meio de processo administrativo devidamente regulamentado, o conhecimento dos fatos que lhe são imputados e das normas sancionatórias em seu desfavor aplicadas. Daí por que a invocação de diversas normas sancionatórias sem a perfeita identificação de qual delas está sendo aplicada como base legal ao enquadramento do fato em questão – prática bastante comum por parte das autoridades administrativas – viola os referidos direitos fundamentais e deve ser rechaçada pelos Tribunais Administrativos e Judiciais. Não satisfaz aos princípios da ampla defesa e contraditório o arrolamento de múltiplos dispositivos legais nos quais previstas variadas infrações e sanções e/ou o apontamento não individualizado de diversos fatos que teriam sido praticados pelo sujeito passivo. O agente administrativo tem o dever de apontar apenas e tão somente as normas sancionatórias que está efetivamente aplicando ao caso, relacionando-as aos fatos evidenciados. Sem tal expressa e inequívoca relação entre fato ilícito e norma sancionatória, não há lançamento válido no que tange à aplicação da penalidade.

---

66. *Lançamento Tributário,* 2ª ed., São Paulo, Malheiros Editores, 1999, p. 157.

126 SANÇÕES TRIBUTÁRIAS: DEFINIÇÃO E LIMITES

Oportuno reforçar: a motivação do lançamento fiscal é fundamental não apenas para a constituição do crédito tributário relacionado à obrigação de pagar o tributo, mas, também, para a constituição do crédito tributário referente à obrigação decorrente da norma de sanção tributária e mesmo à cominação de eventual sanção política. O ato de cominação da sanção política e o de constituição de multa tributária haverá, sempre, de apresentar adequada motivação, o que se dá por meio da indicação dos fatos evidenciados pelas autoridades e pelo apontamento das normas jurídicas em cujas hipóteses enquadram-se os mencionados fatos segundo a ótica fiscal. Sem a devida e precisa correlação entre fato ilícito e norma sancionatória, é inválido o ato administrativo que pretendia servir à constituição da sanção (Perez Nieto).[67]

O ato administrativo que promover a prescrição individual de alguma sanção administrativo-tributária também deverá demonstrar claramente se houve culpa ou dolo pelo agente ou se se está diante de culpa apenas presumida de que trata o art. 136 do CTN. Estando indicado no lançamento fiscal que o agente ou responsável agiu com culpa, poderá ele apresentar seus argumentos em contraposição ao posicionamento estatal e assim buscar o afastamento da sanção. Da mesma forma, sendo caso de culpa presumida, a correta motivação do lançamento fiscal permitirá que o acusado invista contra a presunção legal. Finalmente, deverão as autoridades fiscais provar o *animus* do agente quando estiverem tratando de infrações dolosas que envolvam fraude, simulação etc. Nos casos em que é exigida conduta dolosa do infrator, a constituição da sanção administrativo-tributária requer prova cabal do elemento subjetivo do tipo infracional. Em tal hipótese, tendo em vista a maior gravidade das sanções infligidas ao acusado, a exigência de motivação detalhada do lançamento fiscal encontra ainda maior justificativa. Nesse sentido, não obstante prevaleça na Espanha a presunção de inocência, e não a presunção de culpa que vige no Brasil, importa mencionar o quanto decidido por seu Tribunal Constitucional na Sentença 164/2005. No referido caso, vinculando a exigência de exauriente fundamentação por parte das auto-

---

67. "Entre las exigencias de la resolución sancionadora tributaria se encuentra la de su motivación, cuyos elementos se concretan en el 212.3 LGT. Si bien ésta puede ser sucinta (art. 54.1 LRJAPC y PAC), al menos debe ser suficiente para que su destinatario conozca la *ratio decidendi* del castigo y en concreto la explicación de su culpabilidad" (Rafael Perez Nieto, "Principios y garantías de derecho sancionador tributario: culpabilidad, *non bis in idem*, prueba ilícitamente obtenida, derecho a no autoincriminarse", in Manuel José Baeza Díaz-Portales (dir.), *V Congreso Tributario: cuestiones tributarias problemáticas y de actualidad*, Madrid, Consejo General del Poder Judicial, 2010, p. 39).

AS SANÇÕES ADMINISTRATIVO-TRIBUTÁRIAS 127

ridades responsáveis pela constituição das sanções tributárias à prova da culpabilidade do agente, o Tribunal Constitucional espanhol afirmou que "no se puede por el mero resultado y mediante razonamientos apodícticos sancionar, siendo imprescindible una motivación específica en torno a la culpabilidad o negligencia y las pruebas de las que ésta se infiere" (STC 164/2005).[68] Restringindo a aplicação do precedente espanhol aos casos de sanções que exijam conduta dolosa – por conta da presunção de culpa advinda da interpretação do art. 136 do CTN, mostra-se pertinente sua consideração sempre que se estiver diante de acusações de sonegação, fraude ou conluio (art. 44 da Lei 9.430/1996 cumulado com arts. 71 a 73 da Lei 4.502/1964).

Dito isso, e a despeito de também servir à cominação de sanções políticas, interessa reiterar que o lançamento fiscal pode servir tanto à constituição de créditos tributários relacionados à ocorrência do fato gerador da obrigação tributária principal como também de créditos tributários oriundos da aplicação de uma norma sancionatória (multa). Tal constatação permite observar que o tributo e a multa tributária, nesse caso, serão constituídos pelo mesmo ato administrativo (lançamento). Nada obsta, entretanto, que o lançamento constitua apenas o tributo. Num passado recente, quando ainda não havia sido pacificado o entendimento jurisprudencial que estabelece ser o depósito judicial nova modalidade de constituição do crédito tributário[69] no que toca aos tributos sujeitos ao lançamento por homologação, houve casos em que as autoridades fiscais, visando a se precaverem da decadência, lavravam o lançamento de ofício.[70] Por meio de tais lançamentos, as referidas autoridades apenas constituíam o crédito relacionado à obrigação de pagar tributo, e não aquele vinculado à sanção administrativo-tributária. A falta de constituição de crédito tributário que espelhasse a obrigação de pagar multa decorria do pressuposto de que não havia ilícito a ser punido. O depósito judicial do

68. Sentença 164/2205, Tribunal Constitucional, Sala Segunda, j. 20.6.2005, *BOE* 173, 21.7.2005.
69. Tal entendimento jurisprudencial ignora que, nos termos do art. 146 da CF, somente lei complementar pode dispor sobre lançamento. Ignora, ademais, que o Código Tributário Nacional estabelece três e apenas três modalidades de lançamento: de ofício, por homologação e por declaração. Por completa ausência de permissivo legal, portanto, parece-nos não ser possível admitir que o depósito judicial sirva à constituição do crédito tributário.
70. O art. 63 da Lei 9.430/1996 prevê a possibilidade de promover-se o lançamento fiscal a fim de obstar o transcurso do prazo decadencial, quanto aos tributos federais, na hipótese de encontrar-se suspensa a exigibilidade do crédito tributário em razão de liminar proferida em processo judicial.

128 SANÇÕES TRIBUTÁRIAS: DEFINIÇÃO E LIMITES

valor do imposto, da taxa, da contribuição de melhoria, do empréstimo compulsório ou da contribuição – se realizado antes do transcurso do prazo de vencimento do tributo –, ilidia a mora, obstaculizando a aplicação da sanção. Dessa forma, exclusivamente para evitar a decadência, era constituído o crédito tributário relativo ao tributo cujo valor já havia sido depositado em juízo, mas não aquele relativo a qualquer multa. Não menos comum, havia e ainda há casos outros em que o lançamento serve exclusivamente à constituição de multas – o melhor exemplo é aquele em que constituídas as chamadas multas isoladas (art. 44, II, da Lei 9.430/1996). Tais multas isoladas decorrem do descumprimento de alguma obrigação tributária acessória, hipótese em que não deixou de ser recolhido qualquer tributo. Descumprida apenas a obrigação acessória, não há tributo a ser cobrado. Nesses casos, resta às autoridades, apenas, a possibilidade de lançar a referida penalidade. Como se vê, o tributo e a sanção administrativo-tributária pecuniária (multa tributária) podem ser constituídos por meio do mesmo lançamento ou mediante lançamentos individualizados.

Os debates acima referidos – a respeito da necessidade de constituição do crédito tributário relativo à obrigação de pagar as multas, remetem à importância do lançamento fiscal como meio de evitar a decadência do poder-dever de constituição e cobrança das multas tributárias. Da mesma forma que ocorre em relação à obrigação tributária principal que tem por objeto o pagamento de tributos, aquela outra, cujo objeto é o pagamento de multas, também pode ser extinta pela decadência. A decadência, como forma de extinção da obrigação tributária e do correlato crédito tributário, prevista no art. 156, inc. V, do CTN, atinge não apenas as obrigações relativas ao pagamento dos tributos. A decadência fulmina, também, as obrigações tributárias (e seus correlatos créditos) que têm por objeto o pagamento de multas.

No que toca à regra legal que define a contagem do prazo decadencial, a constituição do crédito tributário relativo às multas deve ser promovida dentro de cinco anos a partir do primeiro dia do exercício seguinte àquele em que o lançamento poderia ser efetuado (art. 173, I, do CTN). Conforme dita o art. 149, inc. VI, do CTN, a constituição do crédito tributário relativo ao pagamento de penalidade pecuniária deve ser feita por meio de lançamento de ofício. Nesse sentido, já se pronunciou a Segunda Turma do Superior Tribunal de Justiça quando do julgamento dos EDcl no REsp 1384832-RN.[71] No referido caso, que tratava da

---

71. EDcl no REsp 1384832-RN, rel. Min. Humberto Martins, 2ª T., j. 18.3.2014, DJe 24.3.2014.

AS SANÇÕES ADMINISTRATIVO-TRIBUTÁRIAS

constituição de penalidade pecuniária decorrente do descumprimento de obrigação tributária acessória, restou decidido que o lançamento fiscal de multas decorrentes do descumprimento de obrigações acessórias deveria observar o prazo estabelecido pelo art. 173 do CTN.

Não há como desconsiderar, ainda, que a constituição das sanções administrativo-tributárias por meio do lançamento fiscal traz outra importante consequência: possibilitar ao acusado a oposição de defesas e a interposição de recursos perante os Órgãos Administrativos. É assegurado ao acusado apresentar seus argumentos de defesa perante a Administração Pública, sendo-lhe garantido duplo grau de jurisdição administrativa – o próprio art. 151, III, do CTN dispõe a respeito das "reclamações e recursos" administrativos. A garantia da existência de dois graus de jurisdição na esfera administrativa traz consigo a constatação de que é inconstitucional a substituição da sanção como resultado do julgamento de recursos pelos Tribunais Administrativos. Há diversos casos em que os Tribunais Administrativos, entendendo, por exemplo, não haver prova da conduta dolosa do infrator, acabam por reduzir a multa que havia sido aplicada em elevado percentual. Acreditando estar frente à conduta culposa e não dolosa, os Tribunais Administrativos afastam a multa qualificada e em seu lugar impõem a multa de ofício por simples descumprimento da obrigação de pagar os tributos – no âmbito federal tem sido comum a substituição da multa de 150% oriunda da interpretação do art. 44, § 1º, da Lei 9.430/1996, pela multa de 75% advinda da interpretação do inc. I do mesmo dispositivo legal. Tal prática acaba por impedir que os acusados apresentem defesa e recurso administrativo contra a imputação da multa de ofício, mostrando-se, ao final, fator impeditivo do exercício da ampla defesa e mesmo do contraditório garantidos pela Constituição Federal (art. 5º, LIV e LV). Identificado erro na qualificação da conduta infracional, por exemplo, em razão de ter a autoridade lançadora pressuposto dolo ao final não comprovado, devem as autoridades julgadoras desconstituir a sanção e não a substituir.

Digno de menção, finalmente, o fato de que as multas tributárias também podem ser constituídas por declarações do contribuinte. Nos casos de tributos sujeitos ao lançamento por homologação, verificada a ocorrência de algum ilícito e não tendo sido promovida a chamada denúncia espontânea a que se refere o art. 138 do CTN, poderá o sujeito passivo antecipar-se a qualquer ação fiscalizatória e declarar sua obrigação de recolher o tributo, a multa de mora e os juros. Nesse caso, a declaração do contribuinte que servirá à constituição do tributo – *e.g.*, DCTF ou GIA – servirá, também, à constituição da multa de mora.

130 SANÇÕES TRIBUTÁRIAS: DEFINIÇÃO E LIMITES

3.3.3 A interpretação da legislação que dispõe sobre sanções tributárias

O Código Tributário Nacional apresenta em seu Livro Segundo as chamadas "Normas Gerais de Direito Tributário". No Capítulo IV do Título I ("Legislação Tributária") dispõe sobre "Interpretação e Integração da Legislação Tributária".

Encontram-se consolidados no referido capítulo enunciados de normas jurídicas que prescrevem a forma como deverão ser promovidas a interpretação e a integração em matéria tributária. São normas sobre normas, que guiam a interpretação dos dispositivos e a aplicação das normas advindas da legislação tributária. Servem para balizar os trabalhos do intérprete e do aplicador no âmbito jurídico tributário.

No que importa ao presente estudo, o mencionado Capítulo IV do Título I do Livro Segundo do Código Tributário Nacional apresenta enunciado que dará origem à norma relativa exclusivamente à interpretação da legislação que versar sobre sanções tributárias.

Eis o quanto disposto no art. 112 do CTN:

Art. 112. A lei tributária que define infrações, ou lhe comina penalidades, interpreta-se da maneira mais favorável ao acusado, em caso de dúvida quanto:

I – à capitulação legal do fato;

II – à natureza ou às circunstâncias materiais do fato, ou à natureza e extensão dos seus efeitos;

III – à autoria, imputabilidade, ou punibilidade;

IV – à natureza da penalidade aplicável, ou à sua graduação.

Desnecessário qualquer esforço a fim de reconhecer que o mencionado dispositivo traz ao terreno das normas de sanção administrativo--tributárias brocardo latino reconhecido no campo penal: *in dubio pro reo*. Se houver dúvida na interpretação da lei que (i) comine penalidades e/ou (ii) defina infrações tributárias, deverá ser eleita a alternativa hermenêutica mais favorável ao acusado. A interpretação jurídica mais favorável ao acusado, quanto à legislação que define infrações, é a restritiva, que reduz o espectro de incidência da hipótese da norma sancionatória na qual descrito o tipo legal. Por conseguinte, nos casos em que a legislação cominar penalidades – o que supõe a possibilidade de que o ilícito venha a ser punido por diferentes sanções –, a interpretação mais benéfica ao acusado será aquela que redundar na aplicação da sanção mais branda.

AS SANÇÕES ADMINISTRATIVO-TRIBUTÁRIAS 131

O *caput* do dispositivo permite antever que a mencionada norma interpretativa visa a garantir a mais branda dentre as possíveis interpretações da lei na qual forem prescritas sanções tributárias e/ou forem descritas hipóteses de normas sancionatórias. Por essa razão, sendo possível extrair da lei duas interpretações distintas quanto à sanção prescrita no consequente normativo, o aplicador deverá considerar a que ocasione menor restrição aos bens e direitos dos acusados. Do mesmo modo, sendo possível mais de uma interpretação quanto ao enunciado de cuja interpretação resultar a hipótese de incidência da norma sancionatória, deverá ser eleita a que for mais restritiva e por isso mais favorável aos acusados – quanto mais específica a descrição da hipótese da norma sancionatória, menor será o seu espectro de incidência.

Mesmo correndo sério risco de redundar em infrutífera repetição, o legislador resguardou-se quanto à aplicação da norma advinda da interpretação do *caput* do art. 112 do CTN, especificando, em cada um de seus incisos, as hipóteses em que haveria de ser privilegiada a interpretação mais benéfica a quem for acusado da prática de algum ilícito tributário ou contra quem venha a ser apontada alguma sanção tributária. Pecou pelo excesso, mas zelou pela garantia de que a interpretação dos dispositivos legais que dispuserem sobre infrações e sanções tributárias e mesmo a aplicação das normas resultantes de tal interpretação serão feitas em favor do acusado.

Nesse sentido, o inc. I do referido artigo estabelece que a interpretação da lei que cominar penalidades ou definir infrações deverá ser favorável ao acusado no tocante especificamente à capitulação legal do fato. Deve-se entender capitulação legal do fato como o enquadramento do ilícito na hipótese da norma sancionatória, conforme esclarece Hugo de Brito Machado.[72] Veja-se o seguinte exemplo: uma norma de imposição tributária determina que as empresas ofereçam à incidência do Imposto sobre a Renda e Proventos de Qualquer Natureza os valores que representarem acréscimo patrimonial durante um determinado ano-calendário, permitidas apenas e tão somente as deduções apontadas na legislação de regência do tributo. Dentre tais deduções encontram-se as chamadas despesas necessárias (§ 1º do art. 299 do Regulamento do Imposto de Renda – Decreto 3.000/1999), que são aquelas "pagas ou incorridas para a realização das transações ou operações exigidas pela atividade da empresa". Visando a aproveitar-se do permissivo legal, uma determinada empresa deduz do Lucro Real (base de cálculo de seu

---

72. Hugo de Brito Machado, *Comentários*..., vol. 2, cit., p. 278.

132 SANÇÕES TRIBUTÁRIAS: DEFINIÇÃO E LIMITES

imposto) o valor dos dispêndios tidos com a manutenção da aeronave de propriedade particular de um de seus sócios, utilizada, apenas, em viagens sem qualquer vinculação ao objeto social da empresa. Indubitável, assim, estar-se diante de um ilícito tributário: o recolhimento a menor do Imposto sobre a Renda, descumprimento parcial da norma de imposição tributária que prescreve uma obrigação tributária principal. As autoridades fiscais, ao identificar a mencionada dedução, facilmente verificaram que a despesa em questão não se enquadrava na definição legal de despesa necessária. Por isso, promoveram, à luz do art. 149, inc. V, do CTN, o lançamento de ofício que serve à constituição do tributo e também da sanção pecuniária. Quanto à sanção, entretanto, surgiu--lhes dúvida acerca da capitulação legal do fato: seria o caso de aplicar a multa de ofício de 75% prevista no art. 44, I, da Lei 9.430/1996 para casos de simples descumprimento da obrigação tributária principal, ou seria o caso de aplicar a multa qualificada prescrita na norma advinda da interpretação do § 1º do mesmo dispositivo para os casos de ação dolosa que envolvam fraude, simulação ou conluio? O fato enquadrar-se-ia em mero erro a justificar a aplicação da primeira sanção ou envolveria a combinação de dolo e simulação, fraude ou conluio, a justificar a aplicação da multa qualificada? Não estando certas quanto à presença do dolo e/ou não obtendo provas seguras a respeito de sua existência ou da caracterização de algum dos três vícios de que tratam os arts. 71 a 73 da Lei 4.502/1964 (fraude, simulação e conluio), as autoridades fiscais têm obrigação – decorrente da norma resultante da interpretação do art. 112, I, do CTN – de aplicar a sanção mais branda (multa de 75% prevista no art. 44, I, da Lei 9.430/1996). A norma advinda da interpretação do inc. I do art. 112 do CTN impõe às autoridades, em caso de dúvida quanto à capitulação legal do ilícito, a aplicação da lei mais benéfica ao acusado. Importante destacar, ainda, que incertezas sobre a capitulação do fato podem decorrer tanto da interpretação do enunciado da norma (se mais ou menos restritivo, se mais ou menos includente) como da interpretação do fato (se ele apresenta ou não determinadas características exigidas na descrição do tipo legal).[73] Em razão disso, não há como concordar, no ponto, com Leandro Paulsen,[74] para quem o mencionado dispositivo trata de "dúvidas em relação aos fatos, não quanto ao direito".

---

73. Sobre interpretação dos enunciados e dos fatos e a exigência de que o resultado de ambos encontre-se no mesmo nível de abstração, vide Jaap Hage, *Reasoning with Rules: an essay on legal reasoning and its underlying logic*, Netherlands, Kluwer, 1997, p. 95. Sobre interpretação do texto e interpretação do fato, vide ainda Riccardo Guastini, *Interpretare e Argomentare,* cit., pp. 6 e ss.

74. Paulsen, *Direito Tributário*, cit., p. 892.

AS SANÇÕES ADMINISTRATIVO-TRIBUTÁRIAS 133

O inc. II, por sua vez, ao referir à possibilidade de haver dúvida sobre a "natureza ou às circunstâncias materiais do fato, ou à natureza e extensão dos seus efeitos", não inova em face do quanto já previsto no inc. I. Conforme referido, o inc. I do art. 112 do CTN abarca tanto os casos em que há dúvida na interpretação do enunciado que dá origem à norma sancionatória como também aos casos em que há dúvida sobre a interpretação do fato cuja ocorrência poderá servir à aplicação desta. Logo, a determinação de que seja aplicada a sanção menos gravosa, ou que seja afastada a acusação acerca da ocorrência de alguma infração, sempre que houver dúvida quanto à natureza ou às circunstâncias do fato, ou quanto à natureza e extensão de seus efeitos, já estava abrangida pela norma advinda da interpretação do inciso anterior.

No que diz respeito ao inc. III do mencionado artigo de lei, enuncia ele que, havendo dúvida quanto à "autoria, imputabilidade ou punibilidade", a lei tributária que define infrações ou prescreve sanções deverá ser interpretada de modo mais favorável ao acusado. Não obstante a autoria possa ser classificada como uma característica do fato e assim já estar englobada dentre as hipóteses previstas nos incs. I e II do mesmo dispositivo legal, coube a ela maior atenção por parte do legislador. Nesse sentido, o texto constante do inc. III do art. 112 do CTN deixa claro que, se houver dúvida sobre quem promoveu o ilícito, deverá ser afastada a aplicação de qualquer sanção – nem se fale aqui em aplicação de sanção menos gravosa, porque em caso de dúvida sobre a autoria não se pode cogitar acerca da aplicação de qualquer sanção. Num Estado Democrático de Direito é inadmissível a aplicação de qualquer sanção jurídica no caso de haver dúvida a respeito da autoria do ilícito. No que tange à referência feita pelo legislador à imputabilidade, fundamental rememorar sua definição. Pelas palavras de Aníbal Bruno,[75] imputabilidade é o "conjunto de condições pessoais que dão ao agente capacidade para lhe ser juridicamente imputada a prática de um fato punível". Seguindo a trilha de tradicional doutrina penal, exemplificada por Juarez Tavares e Juarez Cirino dos Santos,[76] sabe-se que a imputabilidade é um dos elementos que compõem a culpabilidade e expressa-se pela apresentação de maturidade e de condições psicológicas que permitam ao agente saber da ilicitude de seu ato. Havendo dúvida, portanto, quanto à existência de tais condições, de forma a tornar questionável a compreensão da ilicitude do ato por parte

---

75. Aníbal Bruno, *Direito Penal*, vol. 2, Rio de Janeiro, Forense, 1967, p. 39.

76. Juarez Tavares, *Teorias do Delito (variações e tendências)*, São Paulo, Ed. RT, 1980, p. 74. Vide ainda: Bruno, *Direito Penal*, cit., p. 49; e Juarez Cirino dos Santos, *Manual de Direito Penal: parte geral*, São Paulo, Conceito Editorial, 2011, p. 149.

134 SANÇÕES TRIBUTÁRIAS: DEFINIÇÃO E LIMITES

do infrator (*v.g.* erro de proibição),[77] quando da interpretação da legislação tributária, deverá ser eleita a alternativa hermenêutica mais favorável ao acusado no tocante à definição da infração e/ou à aplicação da sanção. No que concerne, finalmente, à menção feita pelo inc. III do art. 112 do CTN à "punibilidade", fundamental recordar sua definição. Punibilidade é o poder do Estado de reprimir atos contrários ao ordenamento, por meio da aplicação de sanções. Dessa forma, havendo dúvida sobre ser ou não permitido ao Estado punir o acusado por meio de sanção tributária – como ocorre, por exemplo, nos casos em que se mostra duvidosa a subsunção do ilícito à hipótese excepcional de uma anistia –, a interpretação da legislação tributária que definir infrações ou cominar penalidades deverá ser a mais favorável ao acusado.

Finalmente, o inc. IV do art. 112 do CTN trata da existência de dúvida quanto à natureza da penalidade aplicável ou sua graduação. Nesse caso, a dúvida não residiria na interpretação da hipótese da norma sancionatória ou na interpretação dos fatos, mas, sim, na natureza ou graduação da prescrição normativa. Por "natureza da penalidade aplicável" deve-se entender a espécie da sanção a ser aplicada considerando seu objeto – o bem jurídico que será atingido pela sanção. Nesse sentido, haverá de ser analisado se as sanções cuja aplicação é posta em cheque são pecuniárias ou não, se são restritivas de liberdade ou de outros direitos etc. O bem jurídico atingido pelas sanções comparadas indicará qual a mais grave e essa deverá ser evitada em prol do acusado.

3.3.4 A aplicação das sanções tributárias

O art. 105 do CTN estabelece regra geral quanto à aplicação da legislação tributária. Segundo o mencionado dispositivo, "a legislação tributária aplica-se imediatamente aos fatos geradores futuros e aos pendentes". Considerando tal norma, a legislação tributária deve ser aplicada prospectivamente a atos ou fatos futuros. O Código Tributário segue, quanto ao ponto, a norma constitucional da irretroatividade, que tem origem, no tocante às normas que criam ou aumentam tributos, na interpretação do art. 150, III, "a", da CF.

Há, contudo, exceções à irretroatividade no campo tributário, dentre as quais se destaca aquela que trata da aplicação retroativa da lei que deixar de definir algum ato como infração ou que cominar alguma sanção mais branda do que a vigente à época em que fora ele promovido.

77. Conforme se verá adiante, se o erro de proibição for invencível, a sanção não poderá ser aplicada.

AS SANÇÕES ADMINISTRATIVO-TRIBUTÁRIAS   135

Neste sentido, consta expressamente do art. 106, II, do CTN:

Art. 106. A lei aplica-se a ato ou fato pretérito:

I – em qualquer caso, quando seja expressamente interpretativa, excluída a aplicação de penalidade à infração dos dispositivos interpretados;

II – tratando-se de ato não definitivamente julgado:

a) quando deixe de defini-lo como infração;

b) quando deixe de tratá-lo como contrário a qualquer exigência de ação ou omissão, desde que não tenha sido fraudulento e não tenha implicado em falta de pagamento de tributo;

c) quando lhe comine penalidade menos severa que a prevista na lei vigente ao tempo da sua prática.

A aplicação retroativa da legislação que disponha sobre sanções tributárias somente é possível em casos restritos, previstos nas alíneas do inc. II do art. 106 do CTN. E mesmo em tais casos requer a observância de alguns requisitos.

Prescreve a norma advinda da interpretação do mencionado artigo de lei que a legislação aplica-se a ato ou fato pretérito quando estes ainda não tiverem sido "definitivamente julgados". A definição acerca da interpretação da referida expressão gerou muita controvérsia, tendo justificado a propositura de centenas de ações que permitiram ao Superior Tribunal de Justiça dar a palavra final sobre o seu alcance. Visando a esquivar-se da aplicação retroativa da legislação posterior mais benéfica aos infratores, alguns entes tributantes sustentaram que a expressão "definitivamente julgados" referia-se apenas ao contencioso administrativo instaurado perante os Órgãos da Receita Federal ou das Fazendas Estaduais e Municipais. Como se sabe, a notificação de lançamentos fiscais possibilita o exercício do direito de petição aos órgãos tributantes, por parte dos contribuintes ou responsáveis. Dessa maneira, podem os sujeitos passivos da relação jurídico-tributária apresentar, nos termos da lei, impugnações ou outras defesas perante os órgãos administrativos. Por meio de tais instrumentos, buscarão a declaração de nulidade ou a reforma dos atos administrativos promovidos pelas autoridades fiscais. Por opção ou mesmo em caso de final desprovimento de seu pleito administrativo, podem, ainda, apresentar-se perante o Poder Judiciário, reclamando, uma vez mais, a declaração de nulidade ou a reforma dos atos administrativos. Visando, pois, a restringir a aplicação da norma advinda da interpretação do inc. II do art. 106 do CTN, alguns entes tributantes sustentaram que

136   SANÇÕES TRIBUTÁRIAS: DEFINIÇÃO E LIMITES

a lei posterior mais benéfica aos contribuintes ou responsáveis somente seria aplicável caso, no momento de sua entrada em vigor, ainda houvesse discussão administrativa acerca do ato administrativo que havia constituído o crédito tributário ou que havia indeferido pleitos de restituição, ressarcimento ou compensação. Havendo ato definitivamente julgado na esfera administrativa, segundo era então sustentado por alguns entes tributantes, não poderia ser aplicada a lei posterior mais benéfica. Ocorre que a interpretação dada por tais entes a respeito da expressão "definitivamente julgados" mostrava-se excessivamente restritiva. Não tendo o legislador feito qualquer ressalva ou mesmo qualificado tal expressão (por exemplo: "definitivamente julgados perante a esfera administrativa"), não pode o Fisco fazê-lo por meio da interpretação. Nesse sentido, o Superior Tribunal de Justiça pacificou seu entendimento quanto à obrigação de que seja aplicada a lei posterior mais benéfica aos contribuintes nos casos previstos no art. 106, inc. II, do CTN, enquanto ainda não houver julgamento definitivo na esfera administrativa ou na esfera judicial. Caso o lançamento ainda se encontre em discussão perante qualquer das duas esferas – administrativa ou judicial –, será possível aplicar a lei posterior mais benéfica que desqualifique alguma infração ou que reduza alguma penalidade. Conforme referido pelo Ministro Teori Albino Zavascki no voto-condutor do REsp 488.326-RS:[78]

> (...) se aplica retroativamente lei que comine percentual de multa mais benéfico ao contribuinte, (...) enquanto não encerrada a execução fiscal, considerando-se não encerrada a ação, para esse efeito, até a ultimação dos atos destinados à satisfação da prestação (arrematação, adjudicação ou remição).

Quanto às alíneas do art. 106, II, do CTN, necessário sejam submetidas a um exame mais detido, inclusive porque respeitosa doutrina[79] as considera repetitivas, e não normas alternativas que tratam de hipóteses distintas.

A alínea "a" dispõe que será aplicada a lei posterior mais benéfica quando ela deixar de definir algum ato como infração. Está-se, aqui, perante mudança na hipótese de incidência da norma sancionatória.

---

78. REsp 488.326-RS, rel. Min. Teori Albino Zavascki, 1ª T., j. 3.2.2005, *DJU* 28.2.2005, p. 191.
79. Hugo de Brito Machado, *Curso de Direito Tributário*, 36ª ed., São Paulo, Malheiros Editores, 2015, p. 102; Amaro, *Direito Tributário Brasileiro*, cit., p. 203, para quem as alíneas "a" e "b" tratam da mesma hipótese, exceto pela apresentação de duas exceções pela alínea "b".

AS SANÇÕES ADMINISTRATIVO-TRIBUTÁRIAS 137

Havendo no passado norma sancionatória cuja hipótese tornava passível de punição determinado ato, e caso tal norma venha a ser modificada – revogada ou restringida em sua hipótese, tornando não mais sancionável o mencionado ato –, tal modificação normativa terá aplicação imediata desde que o lançamento fiscal por meio do qual havia sido aplicada a sanção não tenha sido definitivamente julgado. Nesse caso, o ato poderá inclusive seguir correspondendo ao descumprimento de uma obrigação tributária principal ou acessória, desde que não seja mais descrito na hipótese de uma norma sancionatória. A Primeira Turma do Superior Tribunal de Justiça já teve a oportunidade de aplicar a norma advinda da interpretação da mencionada alínea "a" do inc. II do art. 106 do CTN. No julgamento do REsp 981.511-AL,[80] verificou-se que, mesmo após sua revogação pela Lei 11.941/2009, a multa prevista no art. 41 da Lei 8.212/1991 continuava a ser aplicada. Estando ainda *sub judice* o lançamento fiscal por meio do qual havia sido constituído o crédito tributário relativo à sanção, o Tribunal Superior, embasando seu entendimento na interpretação do art. 106, II, "a", do CTN, determinou a aplicação da norma oriunda da interpretação da lei posterior mais benéfica ao sujeito passivo da relação jurídico-tributária, cancelando a multa originada da legislação então revogada.

Já a alínea "b" do inc. II do art. 106 do CTN prescreve que deverá ser aplicada a lei posterior mais benéfica quando ela deixar de tratar algum ato como contrário à exigência de ação ou omissão, desde que não tenha ele sido fraudulento nem implicado na falta de pagamento de tributo. Nesse caso, está-se a falar não de modificação na hipótese da norma sancionatória, mas de alteração na obrigação tributária cujo descumprimento representava um ilícito. Deixando de ser obrigatória alguma conduta ou passando a ser admitida alguma omissão por ter sido modificada a norma primária que até então vigorava, tal mudança retirará o caráter ilícito dos atos praticados. E tal mudança normativa terá efeitos não somente em relação a casos futuros, mas, inclusive, a casos pretéritos, desde que o correlato lançamento fiscal ainda não tenha sido definitivamente julgado. A Primeira Turma do Superior Tribunal de Justiça enfrentou tal questão durante o julgamento do REsp 1.286.911-SC.[81] No referido caso, discutia-se a aplicação retroativa de uma norma estadual que havia acabado com a obrigação dos contribuintes do Imposto sobre Circulação de Mercadorias, Transportes Interestaduais, Intermunicipais e Comunicações

---

80. REsp 981511-AL, rel. Min. Luiz Fux, 1ª T., j. 1.12.2009, *DJe* 18.12.2009.
81. REsp 1286911-SC, rel. Min. Benedito Gonçalves, 1ª T., j. 17.5.2012, *DJe* 22.5.2012.

138 SANÇÕES TRIBUTÁRIAS: DEFINIÇÃO E LIMITES

(ICMS) de apresentar notas fiscais numa determinada repartição pública objetivando a obtenção de um visto sem o qual não seria permitida a tomada do crédito nelas espelhado. Tendo o contribuinte descumprido referida obrigação tributária acessória, foi-lhe imputada sanção pelas autoridades fiscais. Ocorre, porém, que a norma que prescrevia a obrigação acessória foi posteriormente revogada. Encontrando-se ainda pendente de julgamento final o ato administrativo pelo qual a sanção havia sido imposta, foi determinada pelo Tribunal Superior a aplicação da norma oriunda da interpretação da legislação posterior mais benéfica de forma a obstaculizar a punição do acusado. Pelas palavras então lançadas pelo Ministro Benedito Gonçalves, "a revogação da citada obrigação fiscal e por conseguinte da infração correspondente fulmina a penalidade". Tal caso esclareceu, ademais, que as exceções previstas na própria alínea "b" do inc. II do art. 106 do CTN ("desde que não tenha sido fraudulento e não tenha implicado em falta de pagamento de tributo") devem ser consideradas de forma cumulativa – somente poderá ser evitada a aplicação da lei posterior mais benéfica se houver sido comprovada a fraude e também a falta de recolhimento de tributo.

Por fim, a alínea "c" do inc. II do art. 106 do CTN estabelece que se posteriormente houver redução da sanção estabelecida à época em que ocorrido o ato ilícito, tal redução deverá ser aplicada de forma retroativa nos casos em que não houver sido definitivamente julgado o lançamento fiscal no qual originalmente imposta a sanção. Trata-se da mais comum dentre as três hipóteses relacionadas pelo inc. II do art. 106 do CTN. Veja-se o seguinte exemplo: a Lei 10.932/1997 do Estado do Rio Grande do Sul, ao dar nova redação ao art. 9º da Lei 6.537/1973, reduziu as multas aplicadas em caso de descumprimento das obrigações tributárias principais pelos contribuintes e responsáveis do Imposto sobre Circulação de Mercadorias, Transportes Interestaduais, Intermunicipais e Comunicações (ICMS). As multas que antes estavam previstas nos patamares de 50% (multa privilegiada), 100% (multa básica) e 200% (multa qualificada), foram reduzidas, respectivamente, para 30%, 60% e 100%. Não houve, em tal caso, qualquer alteração na hipótese da norma sancionatória ou nas obrigações cujos descumprimentos davam origem aos ilícitos. Houve, apenas e tão somente, a redução da penalidade. Por essa razão, inúmeros lançamentos que ainda se encontravam em discussão perante as esferas administrativa ou judicial, diante de tal redução – verdadeiro fato novo surgido após o ingresso das defesas administrativas ou judiciais –, tiveram em si reduzidas as multas que haviam sido originalmente fixadas. Instado a se manifestar sobre tal

AS SANÇÕES ADMINISTRATIVO-TRIBUTÁRIAS 139

questão, o Superior Tribunal de Justiça pacificou seu entendimento no sentido de determinar a aplicação das multas posteriores mais benéficas aos contribuintes.[82] No que concerne à hipótese legal agora tratada – alínea "c" do inc. II do art. 106 do CTN –, interessante examinar, ainda, o fenômeno ocorrido a partir da publicação da Medida Provisória 449 em de 4.12.2008. A mencionada Medida Provisória, posteriormente convertida na Lei 11.941/2009, estendeu às contribuições previdenciárias as sanções administrativas estabelecidas para os demais tributos federais por meio da Lei 9.430/1996. Os descumprimentos das obrigações tributárias relativas às contribuições previdenciárias, portanto, até o advento da referida Medida Provisória, desafiavam as sanções diretamente estabelecidas na Lei 8.212/1991; a partir de então, passaram a ter contra si direcionadas as sanções fixadas na Lei 9.430/1996. Ocorre, entretanto, que não houve, nesse caso, apenas a simples alteração do percentual de multa fixado em

82. "Processual civil e tributário. Recurso especial. Ausência de prequestionamento. Súmula n. 282/STF. Multa tributária. Superveniência de *lex mitior*. Redução do valor (art. 106, II, do CTN). Precedentes. 1. Ação declaratória c/c anulatória de débito fiscal ajuizada por Ergoflex Móveis para Escritório Ltda. contra a Fazenda Nacional, em que se discute a forma de recolhimento da Cofins e o parcelamento de débito, dentre outros temas. Sentença julgando extinto o processo sem julgamento do mérito. Interposta apelação pela autora, o TRF da 4ª Região deu-lhe parcial provimento, tão-somente para limitar a multa moratória em 20% (vinte por cento). Recurso especial da Fazenda Nacional apontando violação dos arts. 106 do CTN, 61 da Lei n. 9.430/96, 84 da Lei n. 8.981/95 e 3º da Lei n. 9.964/00, sob o fundamento de que o CTN refere-se a processo administrativo não definitivamente julgado, sendo inaplicável à ação judicial que procura desfazer um lançamento já definitivo. Afirma, ainda, que a multa de 20% prevista na Lei n. 9.430/96 só é aplicável aos lançamentos efetuados após a data de sua vigência. 2. Ausência de pronunciamento do acórdão recorrido quanto ao art. 3º, I, da Lei n. 9.964/00. Incidência do enunciado n. 282 da Súmula do STF. 3. A jurisprudência do STJ está firmada no sentido de que, nos casos em que ainda não houve trânsito em julgado da execução fiscal, é plenamente possível a aplicação da lei posterior mais benéfica ao contribuinte, inclusive nos casos de redução da multa moratória. 4. Recurso especial parcialmente conhecido e não-provido" (REsp 802.405-RS, rel. Min. José Delgado, 1ª T., j. 1.6.2006, *DJU* 30.6.2006, p. 180).
"Tributário. Multa. Redução. Lei mais benigna. A expressão 'ato não definitivamente julgado' constante do art. 106, II, letra 'c', do Código Tributário Nacional alcança o âmbito administrativo e também o judicial; constitui, portanto, ato não definitivamente julgado o lançamento fiscal impugnado por meio de embargos do devedor em execução fiscal. Embargos de declaração acolhidos, com efeitos modificativos, conhecendo-se do recurso especial e dando-lhe provimento" (EDcl no REsp 181.878-RS, rel. Min. Ari Pargendler, 2ª T., j. 18.2.1999, *DJU* 22.3.1999, p. 176).

140 SANÇÕES TRIBUTÁRIAS: DEFINIÇÃO E LIMITES

relação à ocorrência do mesmo ilícito. Houve, sim, mudança da sistemática de aplicação das sanções administrativo-tributárias: antes do advento da Medida Provisória, eram aplicadas de forma cumulada tanto a multa de mora prevista no art. 35, inc. II, como a multa por descumprimento de obrigação acessória prescrita na norma originada do art. 32, § 4º, ambos da Lei 8.212/1991. Com a remissão feita à Lei 9.430/1996, passou-se a não ser mais admissível a cumulação das multas de mora e isolada. Por conseguinte, o mesmo ilícito que antes dava ensejo à aplicação da multa de mora e da multa por descumprimento de obrigação acessória, a partir da mudança legislativa, passou a servir exclusivamente à multa de ofício. No tocante à aplicação retroativa da lei mais benéfica, surge, então, dúvida sobre quais elementos deverão ser comparados a fim de verificar se a situação passou a ser sancionada por penalidade menos severa. Tendo sido alterada a sistemática de punição, afastando-se a cumulação de multas antes admitida pelo subsistema normativo específico às contribuições previdenciárias, devem ser comparadas a carga sancionatória total do período posterior (aplicação exclusiva da multa por descumprimento da obrigação acessória) e a carga sancionatória total do período anterior à alteração legislativa (aplicação conjunta da multa por descumprimento da obrigação acessória e da multa moratória). Não basta comparar a multa moratória anterior e a multa moratória posterior; nem comparar a multa por descumprimento de obrigação acessória anterior com a multa por descumprimento de obrigação acessória fixada pela lei posterior. As análises isoladas não são adequadas à final verificação acerca da existência de penalidade mais benéfica ao contribuinte, advinda de legislação posterior ao momento em que a infração ocorreu. Considerada, assim, a *ratio legis* subjacente ao enunciado do art. 106 do CTN – beneficiar os infratores pela legislação posterior que lhes seja mais favorável –, deve ser reduzida a carga sancionatória aos termos devidos segundo a lei mais recente, tudo consoante já decidido pelo Tribunal Regional da 4ª Região (AC 20037111001/202-6).[83]

---

83. Conforme consta do voto condutor proferido pelo Des. Otávio Roberto Pamplona: "(...) com a alteração legislativa referida, combinada com o art. 106, II, 'c', do CTN, em alguns casos a multa será mais gravosa, e, em outros, mais benéfica. A título de exemplificação, nos casos de Lançamento de Ofício em que não haja sonegação, fraude, ou conluio, a multa poderá ser reduzida para 75% (art. 35-A da Lei 8.212/91 c/c o art. 44, I, da Lei 9.430/1996), no caso em que o contribuinte tenha confessado o débito, dando origem a um 'Lançamento de Débito Confessado' (...)" (TRF4, 2ª T., AC 20037111001/202-6, rel. Des. Otávio Roberto Pamplona, j. 10.11.2009, *DE* 13.1.2010).

AS SANÇÕES ADMINISTRATIVO-TRIBUTÁRIAS

3.3.5 A cumulação de sanções tributárias

3.3.5.1 Considerações iniciais

A aplicação de uma ou mais sanções em face do mesmo ilícito é tema que merece cuidados especiais, notadamente no campo tributário, em que, como visto, coexistem sanções administrativas e sanções penais.[84]

Na esteira do quanto já referido, os ilícitos tributários, aqui considerados como fatos que representam o descumprimento de obrigações tributárias principais ou acessórias, podem dar origem a sanções penais e sanções administrativas. Basta terem sido descritos na hipótese de incidência de normas sancionatórias penais para que os ilícitos tributários estejam aptos a desencadear consequências jurídicas como a reclusão do agente infrator; por outro lado, tendo sido descritos nas hipóteses de normas de sanção administrativo-tributárias, sua ocorrência desencadeará a possibilidade de que sejam aplicadas penas administrativas.[85]

No que concerne a tal questão, são muitas as dúvidas relativas à possibilidade de aplicação de duas ou mais sanções sobre o mesmo ilícito tributário. O exame atento do ordenamento jurídico nacional demonstra não existir qualquer regra que expressamente autorize ou que impeça a aplicação de uma sanção penal e de uma sanção administrativa sobre o mesmo ilícito tributário.[86] A ausência de uma regra que prescreva a proibição ou que expressamente permita tal cumulação, todavia, não libera tal cumulação da obrigação de passar pelo crivo de compatibilidade com os sobreprincípios e postulados normativos a que submissas as sanções tributárias.

Da mesma forma, não há no ordenamento jurídico nacional regra que proíba a aplicação concomitante de duas sanções administrativo-

---

84. Sobre as dificuldades do tema, vide Nieto, *Derecho Administrativo Sancionador*, cit., p. 430.

85. Pontes de Miranda já referia que o mesmo fato pode desencadear a incidência de diversas normas jurídicas: "O mesmo suporte fático pode ficar sob a incidência de duas ou mais regras jurídicas, donde, com o mesmo ato, ter o agente de sofrer pena criminal, indenizar e sofrer perda do pátrio poder, ou de cargo público, ou de outro direito" (Pontes de Miranda, *Tratado de Direito Privado*, vol. 2, Campinas, Bookseller, 2000, p. 242).

86. Não há como concordar, quanto ao ponto, com o entendimento de Fábio Brun Goldschmidt, para quem está consagrada "a proibição de *bis in idem* como princípio orientador de todo o Direito Punitivo". Para o autor gaúcho, não havendo expressa permissão constitucional, está vedado o *bis in idem* no ordenamento jurídico nacional (*Teoria da Proibição de "bis in idem" no Direito Tributário e no Direito Tributário Sancionador*, São Paulo, Noeses, 2014, pp. 299 e 305).

142 SANÇÕES TRIBUTÁRIAS: DEFINIÇÃO E LIMITES

-tributárias sobre o mesmo ilícito. A falta de uma regra que prescreva tal vedação – mais uma lacuna decorrente da inexistência de um conjunto de enunciados legais específico para as sanções tributárias administrativas, no qual se evidenciasse um conjunto de normas gerais aplicáveis a todos os entes políticos –, se não importa numa negativa *a priori* quanto à possibilidade de ocorrer a mencionada cumulação, deixa em aberto a possibilidade de que tal vedação decorra diretamente da aplicação de algum princípio ou postulado normativo.

Diversa é a conclusão quando se trata da aplicação de mais de uma sanção penal sobre o mesmo ilícito tributário – vale lembrar uma vez mais que o conceito de ilícito adotado no presente estudo equivale ao prévio descumprimento de uma norma de conduta e não à descrição contida na hipótese da norma sancionatória. A aplicação de mais de uma sanção penal perante a ocorrência do mesmo ilícito encontra-se expressamente vedada pela norma decorrente da interpretação do art. 70 do Código Penal, que versa sobre o chamado concurso formal de crimes.[87] Tal regra legal impede no âmbito penal – inclusive no que toca às sanções penais decorrentes da prática de ilícitos tributários – a aplicação de mais de uma pena em face do mesmo crime.

3.3.5.2 Sanções penais tributárias x sanções administrativo-tributárias

Não raro, alguns contribuintes são acusados da prática de atos considerados fraudulentos, que teriam servido à redução ou ao não pagamento de tributos. Com fulcro nas normas oriundas da interpretação dos arts. 142 e 149 do CTN, em tais casos, as autoridades lavram o lançamento fiscal – ato administrativo por meio do qual são constituídos os créditos tributários relativos ao tributo e às sanções administrativas. Frente à prática dolosa por parte do infrator, as autoridades fiscais impõem multas tributárias qualificadas. Na hipótese de o referido ilícito tributário também se enquadrar na tipificação de algum crime, as referidas autoridades ainda encaminham o caso ao Ministério Público a fim de verificar se também deverá ser aplicada alguma sanção penal. Surge, assim, a possibilidade de cumulação das sanções administrativo-tributárias e das sanções penais tributárias.

Muito embora não haja regra que a proíba nem que expressamente a autorize, a cumulação de sanções administrativas e sanções penais em

---

87. O concurso formal de crimes ocorre quando uma mesma ação ou omissão gera mais de um crime. Conforme disciplina o Código Penal (art. 70), nessa hipótese será aplicada a sanção mais gravosa. No caso de as sanções serem iguais, a pena aplicada será exasperada de um sexto até a metade.

AS SANÇÕES ADMINISTRATIVO-TRIBUTÁRIAS 143

face do mesmo ilícito não encontra óbice no ordenamento jurídico nacional.[88] Inexiste qualquer impedimento a que o Direito Penal também sancione algum ilícito já apenado por outro ramo do Direito (Civil, Administrativo, Tributário etc.). Da mesma forma com que um ilícito civil pode gerar a obrigação do infrator quanto ao pagamento de multa civil decorrente de cláusula penal e também ensejar sua responsabilização por eventual crime como o estelionato, pode o ilícito tributário dar origem a uma sanção administrativa e outra penal.[89] Descabe falar, assim, em princípio do *non bis in idem* que impeça, em face do mesmo ilícito, a aplicação conjunta de uma sanção penal e de uma sanção administrativa – nesse sentido, no exterior, já decidiu a Corte de Justiça da União Europeia (Sentença C-617/2010).[90] A cumulação exige, contudo, o exame da forma como coexistem as penalidades administrativa e penal.

De acordo com o quanto disposto no art. 142 do CTN, o lançamento constitui o crédito tributário relativo à obrigação tributária que tem por objeto o pagamento do tributo e também o crédito tributário relativo à sanção administrativo-tributária pecuniária (multa). Provêm do mesmo ato administrativo (lançamento) tanto o tributo como as multas administrativas. Dessa forma, as sanções administrativo-tributárias são constituí-

---

88. Atestando não haver qualquer impedimento à cumulação de sanções penais e sanções administrativas, vide Rafael Munhoz de Mello, *Princípios Constitucionais de Direito Administrativo Sancionador,* São Paulo, Malheiros Editores, 2007, p. 213; e também Daniel Ferreira, *Sanções Administrativas,* São Paulo, Malheiros Editores, 2001, p. 133. Em sentido contrário, entendendo que o princípio *ne bis in idem* impede a aplicação concomitante de sanções penais e de sanções administrativo-tributárias: Paulo Roberto Coimbra Silva, *Direito Tributário Sancionador,* São Paulo, Quartier Latin, 2007, p. 352. No direito comparado, tem-se: "El principio *ne bis in idem*, imperante en el derecho penal ordinario, que impide aplicar dos sanciones por una misma infracción y hasta determina la unidad de la pena tanto en el concurso ideal como en el concurso real (arts. 54 y s. Cód. Penal), no es de estricta aplicación en materia fiscal" (Carlos M. Giuliani Fonrouge, *Derecho Financiero,* vol. 2, Buenos Aires, Depalma, 1970, p. 668).
89. Carlos César Sousa Cintra, "Reflexões em torno das sanções administrativas tributárias", in Hugo de Brito Machado (coord.), *Sanções Administrativas Tributárias,* São Paulo, Dialética, 2004, p. 60.
90. Conforme em tal sentença restou decidido, a partir da previsão contida no art. 50 da Carta dos Direitos Fundamentais da União Europeia, relativa à proibição de dupla sanção sobre o mesmo ilícito: "o art. 50 da Carta não se opõe a que um Estado-membro imponha, para os mesmos factos de inobservância das obrigações de declaração em matéria de IVA, uma combinação de sobretaxas fiscais e de sanções penais (...) os Estados-membros dispõem de uma liberdade de escolha das sanções aplicáveis" (Acórdão do Tribunal de Justiça, Grande Seção, 26.2.2013, Processo C-617-10).

144 SANÇÕES TRIBUTÁRIAS: DEFINIÇÃO E LIMITES

das pelas próprias autoridades fiscais por meio do mesmo ato administrativo que serve à constituição do tributo. A sanção penal tributária, por seu turno, não pode ser aplicada pelas autoridades fiscais. A aplicação da sanção penal demanda sempre processo judicial – ela compete somente ao Poder Judiciário.

Fácil perceber, assim, que nos crimes materiais, como naquele de que trata o art. 1º da Lei 8.137/1990, em que a ilegítima supressão ou a redução dos tributos se faz obrigatória à configuração do tipo penal, para a aplicação da sanção penal é necessário aguardar o desfecho do contencioso administrativo eventualmente travado a partir da notificação do lançamento fiscal, tudo, inclusive, como já decidido pelo Supremo Tribunal Federal (*Habeas Corpus* 81.611-DF).[91] Somente depois de ter sido declarado o descumprimento da obrigação tributária pelo lançamento definitivo é que poderá ser aplicada a sanção penal. Como definido pela Corte Constitucional, a definitiva declaração dos Órgãos Administrativos acerca do descumprimento da obrigação tributária é condição objetiva de punibilidade na esfera penal. O ideal de coerência que marca o sistema jurídico impede que o mesmo fato não seja considerado como o descumprimento de uma obrigação tributária para fins de aplicação de sanções administrativo-tributárias e o seja para fins de aplicação de sanções penais.[92]

Nos crimes materiais, que exigem redução ou supressão do tributo, a aplicação da sanção penal depende da final constituição do crédito tributário relativo à obrigação principal, que ocorrerá quando do encerramento do contencioso administrativo,[93] conforme se depreende da interpretação combinada dos arts. 142, 149 e 174 do CTN. É a partir do momento em que as autoridades fiscais declaram de modo definitivo

---

91. HC 81.611, rel. Min. Sepúlveda Pertence, Tribunal Pleno, j. 10.12.2003, *DJU* 13.5.2005, p. 6.

92. Para Fábio Brun Goldschmidt, "se o julgamento de um processo influir no outro, de modo a inutilizá-lo conforme o resultado que se tenha no primeiro, a suspensão do processo potencialmente prejudicado é medida que se impõe como forma de dar coerência ao ordenamento (...) prevenindo-se a prolação de decisões contraditórias" (*Teoria da Proibição*, cit., p. 452). Sobre o conceito de coerência e sua importância para o Direito, dentre outros, vide Soriano, "A modest notion of coherence in legal reasoning...", cit., p. 296.

93. Também entendendo que somente haverá constituição definitiva do crédito tributário quando o lançamento não mais estiver sujeito a alterações perante as autoridades administrativas: Borges, *Lançamento Tributário*, cit., p. 357. Em sentido contrário, afirmando que há constituição definitiva do crédito tributário desde a notificação do lançamento fiscal: Santi, *Lançamento Tributário*, cit., p. 252.

AS SANÇÕES ADMINISTRATIVO-TRIBUTÁRIAS 145

não ter sido pago ou ter sido reduzido o pagamento de algum tributo que restará possível aplicar a sanção penal quanto aos crimes materiais relativos à ordem tributária – esse o momento em que restará declarado de modo definitivo o descumprimento da obrigação tributária. Não faria nenhum sentido permitir que as autoridades penais prosseguissem na aplicação das sanções penais tributárias tendo as autoridades responsáveis pelo cumprimento das obrigações tributárias já declarado não ter havido qualquer ilícito. Conforme leciona Misabel Derzi, "no momento em que o Direito Tributário não é infringido ou que o próprio legislador dispensa o contribuinte de pagar o tributo devido, concedendo remissão ou anistia, automaticamente fica excluída a ilicitude penal".[94]

Portanto, a respeito da ocorrência de descumprimento das obrigações tributárias, a palavra final das autoridades fiscais vincula a autoridade judicial a quem compete aplicar a sanção penal. Se as autoridades administrativas tiverem declarado que não houve descumprimento de qualquer obrigação tributária, não poderá o Poder Judiciário aplicar as sanções penais correlacionadas ao suposto ilícito.

A relação até aqui examinada, fundamental destacar, é aquela formada entre a declaração definitiva do descumprimento da obrigação de pagar o tributo e a sanção penal. Não se tratou, ainda, da competência para a qualificação de tal descumprimento como ato doloso ou culposo. Tal temática traz consigo séria dúvida: qual o reflexo, na esfera penal, da desqualificação do ato como fraudulento, promovida pelas autoridades fiscais? Haveria alguma consequência na aplicação da sanção penal, caso as autoridades fiscais, ao longo do contencioso administrativo instaurado pelo contribuinte, entendam por manter o lançamento quanto ao tributo, mas cancelar a multa qualificada inicialmente constituída por suposta atividade fraudulenta?

Imagine-se o seguinte exemplo: na apuração dos valores devidos a título de Imposto sobre a Renda e Proventos de Qualquer Natureza, certa empresa exclui despesas que acreditara dedutíveis. Deparando-se com a redução indevida do imposto, o Fisco resolve autuar a empresa contribuinte, acrescendo à base de cálculo do tributo o valor das referidas despesas. Não bastasse, qualificando como dolosa a mencionada prática, as autoridades administrativas aplicam a multa qualificada de 150% prevista no parágrafo único do art. 44 da Lei 9.430/1996. Consequência de sua declaração acerca da conduta dolosa que teria sido promovida pelo

---

94. Misabel Abreu Machado Derzi, "Direito penal tributário", *Revista de Direito Tributário*, n. 64, São Paulo, 1994, p. 35.

146 SANÇÕES TRIBUTÁRIAS: DEFINIÇÃO E LIMITES

contribuinte, as autoridades fiscais encaminham ofício ao Ministério Público para a tomada de providências quanto à aplicação de sanção penal. Notificada do lançamento, mesmo concordando com a inexistência de permissão legal quanto à dedução das despesas identificadas na auditoria fiscal, a empresa não aceita a aplicação da pesada multa, sustentando que jamais teve a intenção de reduzir o valor dos tributos por meio de práticas ilícitas. Por esse motivo, protocola perante os órgãos administrativos impugnação que resta posteriormente acolhida pela Delegacia da Receita Federal de Julgamento. No julgamento da defesa administrativa, o Órgão Administrativo entende por afastar a multa qualificada eis que não foi constatada qualquer prática dolosa. Tal conclusão, a respeito da inexistência de dolo no descumprimento da obrigação tributária, vincularia as autoridades judiciais quando da aplicação da sanção penal? A resposta é negativa.

As sanções penal e administrativa são autônomas e independentes no que toca à definição acerca do intuito fraudulento que teria motivado a conduta do agente infrator. Muito embora somente as autoridades fiscais tenham competência para declarar se houve descumprimento da obrigação tributária, não é exclusividade delas o poder-dever de declarar se tal descumprimento foi realizado de forma dolosa, de qualificar o *animus* do agente. Tal juízo de valor, a respeito da intenção do infrator, deve ser feito pelas autoridades fiscais quanto às sanções administrativas e pelas autoridades judiciais quanto às sanções penais, inclusive porque cada qual tem a seu dispor diversas ferramentas aptas à investigação da intenção do acusado. A exigência de coerência não pode servir como impeditivo ao exercício da autonomia das autoridades penais e administrativas quanto à constatação da intenção do agente.

Como se vê, existe entre as esferas penal e administrativo-tributária, quanto à aplicação de sanções a respeito do mesmo ilícito, relativa independência:[95] de um lado, no que toca aos crimes materiais, deve o Poder Judiciário aguardar o final pronunciamento da Administração Pública acerca da ocorrência de ilícito tributário (descumprimento de

95. Para Rafael Munhoz de Mello: "As esferas administrativa e penal são independentes, de modo que a conclusão do processo administrativo pode ser diversa da do processo penal. (...) Todavia, a independência das instâncias não é absoluta" (*Princípios Constitucionais...*, cit., pp. 215-216). No julgamento do *Habeas Corpus* 84.105-SP, o Min. Marco Aurélio Mello foi enfático ao reiterar que "há a independência, não existe a menor dúvida, das esferas civil, administrativa e penal. Mas a ordem jurídica é única, sendo essa independência norteada pela interpretação sistemática das diversas normas" (STF, 1ª T., HC 84.105, rel. Min. Marco Aurélio, j. 15.6.2004, *DJU* 13.8.2004, p. 275).

AS SANÇÕES ADMINISTRATIVO-TRIBUTÁRIAS 147

alguma obrigação tributária); de outro, pode haver divergência no que tange à presença de dolo ou culpa na promoção do ilícito, sendo possível ao Poder Judiciário entender que foi ele promovido com dolo mesmo que os Órgãos Administrativos tenham decidido de modo diverso (ou vice-versa).

No que concerne aos crimes formais, para os quais basta, por exemplo, a apresentação de documentação falsa com o objetivo de reduzir ou suprimir o valor do tributo (art. 2º, inc. I, da Lei 8.137/1990), há também a necessidade de se aguardar o final do contencioso administrativo surgido a partir da impugnação ao lançamento. A razão é idêntica àquela apresentada em relação aos crimes materiais: as autoridades administrativas devem confirmar o descumprimento da obrigação tributária acessória, indicado no lançamento por meio do qual constituída a correlata sanção administrativa. Quando não houver mais qualquer possibilidade de reversão do juízo acerca do descumprimento da obrigação tributária acessória por parte do próprio ente tributante, representado pelas autoridades julgadoras que compõem seus Tribunais Administrativos, aí então poderão ser aplicadas as sanções penais.

Em hipóteses restritas, vale mencionar, pode haver a aplicação exclusiva da sanção penal. Basta imaginar um caso em que a sanção administrativo-tributária tenha sido revogada por lei posterior aplicável retroativamente forte no art. 106, inc. II, do CTN. Em tal situação, surgirá a possibilidade de aplicação exclusiva da sanção penal. A relação de causa e efeito ora estudada existe entre o ilícito tributário e a sanção penal, e não entre a sanção administrativa e a penal. Dessa forma, mesmo que não seja aplicada qualquer sanção administrativo-tributário, ocorrendo ilícito tipificado na norma penal, deverá ser imposta a sanção penal.

3.3.5.3 Sanções administrativo-tributárias
x sanções administrativo-tributárias

Constatada a inexistência de qualquer vedação à cumulação de sanções penais e sanções administrativas, impõe-se examinar, agora, se há óbice à aplicação concomitante de duas sanções administrativo-tributárias em face do mesmo ilícito.

Foi visto que no Direito Penal não podem duas sanções recair sobre o mesmo fato – concurso formal de crimes (art. 70 do Código Penal). Haverá de ser aplicada a maior dentre as sanções penais concorrentes, ou, se ambas coincidirem, deverá ser majorada a pena. No âmbito administrativo-tributário não há idêntica previsão legal. A ausência de dispositivo

148 SANÇÕES TRIBUTÁRIAS: DEFINIÇÃO E LIMITES

legal que expressamente vede a cumulação de duas ou mais sanções administrativo-tributárias em face do mesmo ilícito representa mais uma lacuna decorrente da falta de positivação de um subsistema normativo específico a tratar das sanções tributárias. A solução de tal questão exige a apresentação da já enunciada teoria das sanções tributárias, por meio da qual é sustentada a aplicação dos (sobre)princípios gerais de Direito Público e dos postulados normativos ao campo sancionador tributário. Somente por meio da aplicação de tais normas e postulados é que poder--se-á justificar se e quando é possível a cumulação de duas sanções administrativo-tributárias sobre o mesmo ilícito.

Há casos em que um ilícito tributário pode dar origem à cobrança de duas sanções administrativas diversas.[96] Basta imaginar as oportunidades em que o descumprimento de uma obrigação tributária leva à aplicação de uma multa administrativa e ainda à inscrição em cadastro de inadimplentes. Há, aqui, apenas um ilícito decorrente do descumprimento de uma única obrigação tributária. Tal ilícito, por enquadrar-se na hipótese de duas normas sancionatórias diversas, possibilitará aprioristicamente a aplicação de duas sanções administrativas – não há norma constitucional ou legal que vede tal cumulação. No exemplo em questão, por estarem sendo restringidos dois direitos fundamentais diferentes, mostra-se válida a cumulação das sanções. Se, contudo, estivesse sendo duplamente restringido o mesmo direito fundamental (v.g., o direito de propriedade), a cumulação de sanções administrativo-tributárias seria inconstitucional (Ochoa).[97] E assim se dá porque, fosse possível a cumulação de sanções administrativas que restrinjam o mesmo direito fundamental, aumentaria sobremaneira a dificuldade de se promover algum controle de proporcionalidade das sanções. Como alerta Fabio Brun Goldschmidt, "uma cumulação inadvertida de sanções (...) quebra essa proporção, essencial

---

96. Tratando do gênero sanção administrativa, Rafael Munhoz de Mello também admite tal possibilidade, afirmando que "o princípio do *non bis in idem*, por outro lado, não veda ao legislador a possibilidade de atribuir mais de uma sanção administrativa a mesma conduta", impedindo, porém, a aplicação de nova sanção em relação à infração já punida (*Princípios Constitucionais...*, cit., p. 212).

97. A conclusão acerca da proibição de cumulação de duas sanções administrativo-tributárias de caráter pecuniário encontra eco na doutrina espanhola: "Dicha prohibición implica que a una misma conducta ilícita que pudiera ser constitutiva de dos o más infracciones tributarias no se le pueden imponer las sanciones correspondientes a cada una de las infracciones que deriven de dicha acción ilícita. Ahora bien, diferente es el caso en el que una misma conducta ilícita, tipificada en una sola infracción, pueden imponérsele dos tipos de sanción, una pecuniaria y otra no pecuniaria" (José María Diez Ochoa, *Derecho Tributario Sancionador: comentarios y casos prácticos*, Madrid, Centro de Estudios Financieros, 2006, p. 29).

AS SANÇÕES ADMINISTRATIVO-TRIBUTÁRIAS 149

ao pacto democrático".[98] Devendo ser proporcional a sanção ao ilícito (Ramos)[99] e devendo ser garantida a possibilidade de controle da proporcionalidade da sanção, não se mostra constitucional a cumulação de sanções administrativas que afetem o mesmo direito fundamental.

Trazendo todas essas considerações à prática diária e com o intuito de esclarecer a questão por meio da apresentação de exemplos práticos, importa examinar a polêmica relativa à aplicação cumulativa da multa isolada e da multa de ofício previstas no art. 44 da Lei 9.430/1996 (com redação ofertada pela Lei 11.488/2007). Os representantes do Fisco Federal têm defendido que é possível a aplicação cumulativa das multas exatamente sob o raciocínio de que cada qual serve como sanção de um determinado ilícito: a multa de ofício serviria a penalizar o descumprimento da obrigação tributária principal e a multa isolada serviria como sanção pelo descumprimento da obrigação relativa ao recolhimento de estimativas mensais.

Na maior parte das vezes, os casos sobre os quais discutida a aplicação cumulativa das sanções administrativo-tributárias envolvem alguma sociedade sujeita à tributação sobre a renda segundo o modelo conhecido como Lucro Real (arts. 221 e 246 do Regulamento do Imposto sobre a Renda – Decreto 3.000/1999), que opta por promover pagamentos mensais de estimativas de acordo com balancetes de suspensão ou redução (art. 230 do Regulamento do Imposto de Renda). No final do período de apuração do tributo, a empresa calcula o *quantum* devido a título de imposto e efetua seu pagamento descontando os valores das estimativas previamente recolhidas ao erário. Promovendo a fiscalização das empresas que assim procedem, muitas vezes o Fisco Federal identifica não ter sido tributada alguma receita auferida durante um único mês de um determinado exercício financeiro. Diante de tal constatação, as autoridades fiscais costumam lavrar um lançamento de ofício por meio do qual promovem a constituição do crédito tributário relacionado ao tributo e também do crédito tributário concernente à multa de ofício (art. 44, I, da Lei 9.430/1996). Somam a tais débitos, ainda, no mesmo lançamento

---

98. "A proporcionalidade opera como limite ao *jus puniendi*, requerendo se estabeleça – e respeite – a relação entre a figura ilícita e a punição que lhe corresponde. Uma cumulação inadvertida de sanções, contudo, quebra essa proporção, essencial ao pacto democrático" (Goldschmidt, *Teoria da Proibição...*, cit., p. 310).
99. "(...) a proibição do cúmulo de sanções tem origem na preocupação de não punir o indivíduo com demasiada severidade, por relação à ilicitude do acto cometido, à culpa do seu autor e aos danos por ele causados – ideia de proporcionalidade da punição" (Vania Costa Ramos, *"Ne bis in idem" e União Europeia*, Coimbra, Coimbra, 2009, p. 26).

150 SANÇÕES TRIBUTÁRIAS: DEFINIÇÃO E LIMITES

fiscal, o valor da multa isolada supostamente devida pela falta de correto recolhimento da estimativa relacionada ao mês em que deveria ter sido tributado o valor equivalente à despesa objeto da autuação (art. 44, inc. II, "b", da Lei 9.430/1996). Pela ótica fiscal, não apenas deixou de ser cumprida a obrigação principal (pagamento do imposto ao final do exercício financeiro), como também deixou de ser cumprida uma obrigação acessória (recolhimento da estimativa mensal).

Para o bom enfrentamento do tema, importantíssimo, já de início, definir se a obrigação relativa ao recolhimento das estimativas é uma obrigação tributária principal ou se é uma obrigação tributária acessória. Esse raciocínio permitirá saber se ao menos existe a possibilidade de terem sido duas as normas primárias descumpridas. Nesse sentido, não há como descurar que, tratando-se de uma obrigação pecuniária, o recolhimento das estimativas de IRPJ e CSLL/Contribuição Social sobre o Lucro Líquido não se enquadra no conceito de obrigação tributária acessória definido pelo art. 113, § 2º, do CTN. Não havendo como cogitar estar-se diante de novos tributos diversos do IRPJ e da CSLL devidos ao final do exercício fiscal – o recolhimento das estimativas só é constitucional partindo do pressuposto de que se trata de mera antecipação do IRPJ e da CSLL –, fica evidente estar-se diante de mero adiantamento da obrigação tributária principal, cujo fato jurídico tributário ocorrerá no final do ano.[100] Há, em tais casos, apenas uma obrigação tributária principal, que pode ter pagamentos antecipados mês a mês. Portanto, havendo somente o descumprimento de uma obrigação tributária (principal), e não o descumprimento de uma obrigação tributária principal e outra acessória, em tais casos somente poderá ocorrer um ilícito. Diante de um único ilícito, como visto, poderá ser aplicada apenas uma sanção administrativo-tributária pecuniária.

Exatamente por considerarem que nesses casos tanto a multa de ofício como também a isolada têm por hipótese o descumprimento de uma e somente uma obrigação tributária – pagar o tributo –, concluíram os membros da 1ª Turma da Câmara Superior de Recursos Fiscais do Conselho Administrativo de Recursos Fiscais do Ministério da Fazenda que não podem as referidas sanções serem aplicadas cumulativamente. Pelo entendimento do Órgão Julgador, expresso pelo Acórdão 9101-001.657,[101] somente uma multa pode ser aplicada em relação ao

---

100. Marçal Justen Filho, "Periodicidade do Imposto de Renda I", *Revista de Direito Tributário*, n. 63, 1994, p. 22.
101. Acórdão 9101-001.657, Processo 13839.001516/2006-64, 1ª T. da Câmara Superior de Recursos Fiscais, rel. Conselheira Suzy Gomes Hoffmann, j. 15.5.2013.

AS SANÇÕES ADMINISTRATIVO-TRIBUTÁRIAS 151

descumprimento da obrigação tributária principal que tem por objeto o recolhimento de Imposto sobre a Renda e Contribuição Social sobre o Lucro Líquido, tenha ou não havido o recolhimento antecipado de estimativas ao longo do ano.

Perante o Poder Judiciário a questão também tem sido discutida com alguma frequência. A Primeira Turma do Tribunal Regional Federal da 4ª Região, por exemplo, julgou recentemente o Agravo de Instrumento 5005582-87.2013.404.0000/RS,[102] e deixou impresso no respectivo acórdão que "da interpretação sistemática dos dispositivos chega-se à conclusão de que apenas se não for o caso de aplicação da multa prevista no inc. I poderá ser empregada a do inc. II", e que "as chamadas 'multas isoladas' apenas servem aos casos em que não possam ser as multas exigidas juntamente com o tributo devido (inc. I)". No mesmo sentido

102. "Agravo de instrumento. Tributário. Multas. Art. 44 da Lei 9.430/1996 com redação dada pela Lei 1.488/2007. Multa isolada e de ofício. Exigência concomitante. Impossibilidade no caso. 1. A multa do inc. I mostrava-se aplicável nos casos de 'totalidade ou diferença de imposto ou contribuição nos casos de falta de pagamento ou recolhimento, de falta de declaração e nos de declaração inexata'. 2. Por sua vez, a multa do inc. II é exigida isoladamente sobre o valor do pagamento mensal: 'a) na forma do art. 8º da Lei 7.713, de 22.12.1988, que deixar de ser efetuado, ainda que não tenha sido apurado imposto a pagar na declaração de ajuste, no caso de pessoa física; (Incluída pela Lei n. 11.488, de 2007); e b) na forma do art. 2º desta Lei, que deixar de ser efetuado, ainda que tenha sido apurado prejuízo fiscal ou base de cálculo negativa para a contribuição social sobre o lucro líquido, no ano-calendário correspondente, no caso de pessoa jurídica. (Incluída pela Lei n. 11.488, de 2007)'. 3. Da interpretação sistemática dos dispositivos chega-se à conclusão de que apenas se não for o caso de aplicação da multa prevista no inc. I poderá ser empregada a do inc. II. 4. A rigor, portanto, as hipóteses do inc. II, 'a' e 'b', não trazem novas hipóteses de cabimento de multa, mas tão somente formas de exigibilidade isolada das multas do inc. I, em consequência de, nos casos ali descritos, não haver nada a ser cobrado a título de obrigação tributária principal. 5. Em outras palavras, as chamadas "multas isoladas" apenas servem aos casos em que não possam ser as multas exigidas juntamente com o tributo devido (inc. I), pois, em verdade, são todas elas apenas formas de exigência das multas descritas no *caput*. 6. Essa interpretação decorre da própria lógica do sistema que pretende prevenir e sancionar o descumprimento de obrigações tributárias. Com efeito, a infração a que se pretende acoimar com a exigência isolada da multa (ausência de recolhimento mensal do IRPJ e CSLL por estimativa) resta completamente abrangida por eventual infração que acarrete, ao final do ano-calendário, o recolhimento a menor dos tributos, e que dê azo, assim, à cobrança da multa de forma conjunta. Em se tratando as multas tributárias de medidas sancionatórias, aplica-se a lógica do princípio penal da consunção, em que a infração mais grave abrange aquela menor que lhe é preparatória ou subjacente. 7. Agravo de instrumento provido (TRF4, 1ª T., AG 5005582-87.2013.404.0000, rel. p/ Acórdão Jorge Antônio Maurique, juntado aos autos em 21.6.2013).

152 SANÇÕES TRIBUTÁRIAS: DEFINIÇÃO E LIMITES

foram julgadas as Apelações Cíveis 5006943-23.2011.404.7110[103] e 5035804-15.2012.404.7100,[104] respectivamente pela 1ª e pela Segunda Turma do mencionado Tribunal Regional Federal, ambas a tratar da cumulação das multas de ofício e isolada prescritas pelas normas advindas da interpretação do art. 44 da Lei 9.430/1996, com a redação ofertada pela Lei 11.488/2007. Embora a fundamentação dos julgados demonstre que o Poder Judiciário voltou-se mais à literalidade da expressão "multa isolada" constante do enunciado legal que serve de base interpretativa à construção da norma sancionatória e menos à constatação de que houve um só descumprimento de obrigação tributária (principal), suas conclusões reforçam a ilegalidade com que cumuladas as multas isoladas e de ofício por parte das autoridades federais.

---

103. TRF4, 1ª T., AC 5006943-23.2011.404.7110, rel. p/ Acórdão Jorge Antônio Maurique, juntado aos autos em 13.3.2014.

104. TRF4, 2ª T., AC 5035804-15.2012.404.7100, rel. p/ Acórdão Luciane Amaral Corrêa Münch, juntado aos autos em 17.2.2014.

Título II
SANÇÕES ADMINISTRATIVO-TRIBUTÁRIAS: LIMITES

1
EXCLUDENTES
E LIMITAÇÕES CONSTITUCIONAIS

1.1 Notas introdutórias. 1.2 Causas excludentes de ilicitude e de culpabilidade: 1.2.1 O estado de necessidade; 1.2.2 O erro de proibição. 1.3 Limitações constitucionais ao poder sancionador tributário.

1.1 Notas introdutórias

Bem estabelecidos o conceito de sanção jurídica e especialmente o de sanção administrativo-tributária, faz-se necessário examinar quais são e como atuam os limites ao poder sancionador tributário existentes no ordenamento jurídico brasileiro – nos termos da lição de Neil MacCormick, sabe-se que o poder legal jamais pode ser ilimitado (*legal power is never unlimited power*).[1] Tal análise recairá especialmente sobre as multas tributárias, por serem elas as sanções administrativo-tributárias mais comumente aplicadas.

Já foi mencionado que multas tributárias são sanções administrativas pecuniárias constituídas por lançamentos fiscais na forma do art. 142 do CTN – conforme anteriormente afirmado, lançamento é o "procedimento administrativo tendente a verificar a ocorrência do fato gerador da obrigação correspondente (...) e, sendo o caso, propor a aplicação da penalidade cabível". Espécie de sanção tributária, as multas são a consequência jurídica resultante da aplicação de uma norma administrativo-sancionatória sobre fato que expresse o desrespeito a uma obrigação tributária principal ou acessória. Representam a mais comum expressão do *ius puniendi* estatal no campo tributário.

---

1. Neil Maccormick, *Institutions of Law: an essay in legal theory*, New York, Oxford University, 2007, p. 205.

156 SANÇÕES TRIBUTÁRIAS: DEFINIÇÃO E LIMITES

As regras sancionatórias nas quais prescritas as multas são completas em sua estrutura lógica: têm em sua hipótese os critérios material, espacial e temporal; em seu consequente, os critérios pessoal e quantitativo. É por meio do critério quantitativo que as multas destacam-se como espécie de sanção tributária. O critério quantitativo possibilita a definição do valor da sanção pecuniária que deverá ser paga pelo infrator ou responsável – o malefício que a multa ocasiona ao infrator é financeiro.

Também é importante ressaltar, uma vez mais, conforme dita o art. 113, § 1º, do CTN, que a obrigação tributária principal "tem por objeto o pagamento de tributo ou de penalidade pecuniária". A dualidade que marca as obrigações tributárias principais gera interessante situação: caso enquadre-se na hipótese de uma regra sancionatória pecuniária, o descumprimento de uma obrigação principal que tenha por objeto o pagamento de tributo dará ensejo ao surgimento de uma (nova) obrigação tributária principal cujo objeto será o pagamento de multa. Esse é exatamente o caso das multas decorrentes do descumprimento da obrigação de pagar o Imposto sobre a Renda ou a Contribuição Social sobre o Lucro Líquido, já tidas como exemplo. Descumprida a obrigação de recolher tais tributos, advirá a obrigação tributária principal de pagar a multa moratória prevista no art. 61 da Lei 9.430/1996 ou a multa de ofício originada da interpretação do art. 44, I, da mesma lei.

É possível, ainda, que o descumprimento de obrigações acessórias dê origem a multas tributárias. Nesse caso, ter-se-á a inobservância de uma obrigação acessória dando ensejo ao surgimento de uma obrigação tributária principal, cujo objeto será o pagamento de uma pena pecuniária (multa). Eis a hipótese de que trata o art. 113, § 3º, do CTN, ao referir que a "obrigação acessória, pelo simples fato de sua inobservância, converte--se em obrigação principal relativamente à penalidade pecuniária".

Especificamente quanto a tal ponto, cabe referir que grande parte da doutrina nacional critica fortemente a norma advinda do art. 113 do CTN. Primeiro, dizem alguns autores que a obrigação tributária principal não poderia ter por objeto o pagamento de penalidade pecuniária, tendo em vista que tributo e sanção são inconfundíveis, conforme preestabelece o art. 3º do CTN. Nesse sentido, qualificar a obrigação de pagar sanção pecuniária como espécie do gênero obrigação tributária (principal) seria contraditório. Segundo, porque as chamadas obrigações acessórias, por faltar-lhes caráter pecuniário, não poderiam ser classificadas como obrigações.[2] Terceiro: não se poderia falar em conversão da obrigação acessória

2. "Como se sabe, alguns entendem que um vínculo obrigacional só se caracteriza quando o objeto da prestação tem conteúdo econômico e a obrigação tem interesse

EXCLUDENTES E LIMITAÇÕES CONSTITUCIONAIS   157

em obrigação principal. No lugar de tal suposta conversão haveria, em verdade, o simples descumprimento de uma obrigação acessória, que, por se enquadrar na hipótese de uma regra de sanção, geraria o dever de pagar multa. Nessa linha, a obrigação originária não se transformaria, mas, em verdade, continuaria descumprida ainda que viesse a ser paga a multa devida pela omissão do contribuinte que se encontrava obrigado a promover algum *faccere*.

Em relação às mencionadas críticas, são procedentes os argumentos daqueles que defendem a separação conceitual entre multas e tributos e por isso não aceitam de bom grado sua conciliação no gênero obrigação tributária principal. Tal entendimento, contudo, não altera o fato de que o Código Tributário Nacional expressamente aloca multas e tributos no gênero "obrigação tributária principal". Visando harmonizar o ordenamento que de um lado difere tributos e sanções e de outro aloca as multas tributárias no gênero "obrigação tributária principal", parece que a norma advinda do art. 113, § 1º, do CTN, serve para reforçar a origem do ilícito sancionado, reafirmando que é o descumprimento de obrigações tributárias o alvo das referidas sanções. No tocante à recusa em denominar de obrigação os chamados deveres instrumentais – como se fosse possível existir apenas obrigações pecuniárias –, já foi referido no presente trabalho que se trata de discussão restrita à nomenclatura do instituto e já superada pela afirmação do uso da expressão "obrigação acessória" como indicativa de deveres de fazer e não fazer exigidos dos contribuintes e responsáveis.[3] Finalmente, cumpre enaltecer a correção do entendimento de que não há conversão de obrigações tributárias acessórias em obrigações principais relativas ao pagamento de sanção pecuniária. O pagamento da sanção é uma decorrência do descumprimento da obrigação acessória, não serve para substituí-la. Da mesma forma que o pagamento da multa

econômico para o credor. Outros entendem que a obrigação, para caracterizar-se como tal, exige apenas o interesse econômico do credor. Há, por fim, quem entenda que a obrigação pode existir mesmo quando inexistam o interesse econômico do credor e o caráter patrimonial do objeto da prestação. Essa diversidade de pontos de vista reflete--se na doutrina de Direito Tributário" (Alcides Jorge Costa, "Obrigação tributária", in Ives Gandra da Silva Martins (coord.), *Curso de Direito Tributário,* 13ª ed., São Paulo, Saraiva, 2011, p. 219). Vide ainda Borges, *Lançamento Tributário,* 2ª ed., São Paulo, Malheiros Editores, 1999, pp. 207-218.
3. "Definir se o melhor nome é 'obrigação' ou 'dever' é importante apenas se essa discussão trouxer consequências ao regime jurídico das obrigações acessórias (...). Não sendo, nomear essa obrigação como 'dever' é questão terminológica incapaz de fornecer soluções para a realidade jurídico-social" (Folloni, *Ciência do Direito Tributário no Brasil: crítica e perspectivas a partir de José Souto Maior Borges*, São Paulo, Saraiva, 2013, p. 152).

158 SANÇÕES TRIBUTÁRIAS: DEFINIÇÃO E LIMITES

devida pelo descumprimento da obrigação de pagar o tributo não exonera o sujeito passivo de seu dever originário (pagar o tributo), o pagamento da sanção pecuniária não o libera do cumprimento da obrigação acessória a que estava vinculado.[4] Não há, assim, conversão de obrigações.

Ocorre, entretanto, que num Estado Democrático de Direito, no qual se impõe a busca de um ideal de juridicidade, de responsabilidade e de previsibilidade tal qual preconizado por Humberto Ávila,[5] a atuação dos

4. O caráter punitivo da sanção impede sua utilização como substituta da obrigação ou dever descumprido. Nesse sentido, embora admitindo a existência de sanções ressarcitórias: "Outro ponto de distinção entre as sanções punitivas e as sanções ressarcitórias reside no caráter substitutivo destas últimas. As primeiras destinam-se a punir o descumprimento de uma obrigação, sem contudo eximir o inadimplente do dever de satisfazê-la. Por isso, as multas punitivas são consectários do ilícito, acrescidas e justapostas ao dever não cumprido, e independem da demonstração de provocação de dano ou prejuízo à vítima. Assim ocorre, e.g., com as multas fiscais. Diferentemente, as sanções de caráter indenizatório não são consequência do ilícito, mas do dano, e por isso sua aplicação não prescinde de sua demonstração e quantificação. São voltadas a reparar o patrimônio do lesado, suprimindo, no mais das vezes, a necessidade de cumprimento da prestação inadimplida, exsurgindo daí a sua nítida feição compensatória. Têm, portanto, via de regra, feição substitutiva e não cumulativa, na medida em que suprem a ausência do cumprimento do dever que enseja sua incidência. Assim sendo, quando o perpetrante de uma lesão satisfaz a respectiva sanção, recompondo o patrimônio danificado, extingue o seu dever. Por isso as sanções indenizatórias são substitutivas. O mesmo não ocorre com a sanção punitiva, na medida em que, uma vez satisfeita, não exime o infrator de cumprir a obrigação cujo inadimplemento ensejou a sua aplicação" (Paulo Roberto Coimbra Silva, *Direito Tributário Sancionador*, São Paulo, Quartier Latin, 2007, p. 67).

5. Ávila, *Sistema Constitucional Tributário*, 4ª ed., São Paulo, Saraiva, 2010, p. 40. Preferindo-se as palavras de J. J. Gomes Canotilho: "O princípio do estado democrático de direito é, fundamentalmente, um princípio constitutivo, de natureza material, procedimental e formal (a doutrina alemã refere-se a material – *verfahrenmässiges Formprinzip*), que visa dar resposta ao problema do conteúdo, extensão e modo de proceder da atividade do estado. Ao 'decidir-se' por um estado de direito a constituição visa conformar as estruturas do poder político e a organização da sociedade segundo a medida do direito. Mas o que significa direito nesse contexto? (...) O direito compreende-se como um meio de ordenação racional e vinculativa de uma comunidade organizada e, para cumprir esta função ordenadora, o direito estabelece regras e medidas, prescreve formas e procedimentos, o direito é, simultaneamente, medida material e forma da vida colectiva (K. Hesse). Forma e conteúdo pressupõem-se reciprocamente: como meio de ordenação racional, o direito é indissociável da realização da justiça, da efectivação de valores políticos, econômicos, sociais e culturais; como forma, ele aponta para a necessidade de garantias jurídico-formais de modo a evitar acções e comportamentos arbitrários e irregulares de poderes públicos" (J. J. Gomes Canotilho, *Direito Constitucional e Teoria da Constituição*, 7ª ed., Coimbra, Almedina, 2003, p. 244).

EXCLUDENTES E LIMITAÇÕES CONSTITUCIONAIS 159

entes tributantes encontra limites no ordenamento jurídico (Bilac Pinto).[6] Existem normas jurídicas que condicionam o agir dos entes tributantes.

O sujeito passivo da relação jurídico-tributária, seja contribuinte, seja responsável, detém direitos fundamentais garantidos pela Constituição Federal, que não podem ser aniquilados nem por tributos nem por sanções. Tais direitos fundamentais, segundo Maurer,[7] são "expressão e concretização do Estado de Direito" e têm "a tarefa de determinar os limites de intervenções estatais e agravamentos estatais". Juntamente às demais garantias estabelecidas na própria Constituição Federal e/ou na legislação nacional, os direitos fundamentais limitam não apenas o poder tributário, mas também o poder sancionador dos entes políticos. Trata-se, aqui, de um dos maiores diferenciais do Estado de Direito em face dos regimes autoritários ou ditatoriais.[8]

União, Estados e Municípios também estão sujeitos ao ordenamento jurídico, inclusive quanto ao exercício de seu poder de punir e, em especial, ao de prever e aplicar as chamadas multas tributárias. Bilac Pinto[9] lembrava que já a Constituição de 1934 trazia em seu art. 184 a proibição de que "as multas de mora, por falta de pagamento de impostos ou taxas lançados, não poderão exceder de dez por cento sobre a importância do débito". Muito embora na Carta Constitucional de 1988 não haja enunciado que contenha tal expressa proibição, a manutenção de um Estado de Direito impõe a exigência de que a criação de multas tributárias deva observar certos limites, dentre os quais aqueles relacionados aos princí-

6. "Toda vez que o exercício do Poder de Tributação perturbar o ritmo da vida econômica, aniquilar ou embaraçar as possibilidades de trabalho honesto e impedir ou desencorajar as iniciativas ilícitas e proveitosas, o que ocorrerá será o desvio ou abuso desse Poder, o que haverá será o exercício ilegal do direito de impor tributos, ilegalidade ou abuso, que pode e deve ser obstado pelo Poder Judiciário, toda vez que a ele se recorra" (Bilac Pinto, "Finanças e direito: a crise da ciência das finanças – Os limites do poder fiscal do Estado – Uma nova doutrina sobre a inconstitucionalidade das leis fiscais", *RF* 82/553, jun. 1940).

7. Hartmut Maurer, *Contributos para o Direito do Estado,* trad. de Luís Afonso Heck, Porto Alegre, Livraria do Advogado, 2007, p. 80. Para o mencionado autor, "os direitos fundamentais são, sem dúvida, antes como depois, direitos de defesa subjetivos do cidadão contra o estado" (idem, ibidem, p. 27).

8. Em sentido parcialmente oposto: "(...) as exigências categóricas impostas ao legislador pela convocação dos direitos fundamentais se reduzem afinal em deixar livre da tributação o mínimo de existência e em evitar que os impostos ultrapassem o limite máximo identificado com a fasquia a partir da qual assumem um carácter sufocante ou confiscatório" (José Casalta Nabais, *O Dever Fundamental de Pagar Impostos: contributo para a compreensão constitucional do estado fiscal contemporâneo,* Coimbra, Almedina, 2009, pp. 554-555).

9. Pinto, "Finanças e direito: a crise da ciência das finanças...", cit., p. 551.

160   SANÇÕES TRIBUTÁRIAS: DEFINIÇÃO E LIMITES

pios gerais de direito e aos postulados normativos. A observância de tais normas servirá para proteger o núcleo de direitos fundamentais, como os da propriedade e da liberdade.

Foi visto anteriormente que há bastante polêmica doutrinária quanto à consideração dos princípios constitucionais tributários e dos princípios penais como limitações às sanções administrativo-tributárias. A despeito das opiniões em sentido contrário, como dito linhas atrás, os princípios constitucionais tributários e os princípios penais não são aplicáveis ao campo sancionador tributário, o que torna necessária a construção de uma teoria das sanções tributárias capaz de justificar a invocação de outras normas e/ou postulados capazes de delimitar as possibilidades de exercício do poder de punir estatal. Tal teoria, nos termos já prenunciados, melhor detalhados a seguir, demonstrará ser indispensável a consideração das causas excludentes de ilicitude e culpabilidade independentemente de estarem expressamente previstas na legislação tributária. Sustentará, também, ser impositiva a observância direta de sobreprincípios e postulados que vigorem em todos os ramos do Direito Público. Um a um, tais pontos serão agora examinados.

1.2 Causas excludentes de ilicitude e de culpabilidade

As sanções administrativo-tributárias – dentre as quais se destacam as multas, têm como pressuposto lógico a ocorrência de um ilícito. Somente a ocorrência de um ilícito que se enquadre na hipótese de incidência da norma sancionatória possibilitará a aplicação da sanção jurídico-tributária. Para a aplicação da sanção administrativo-tributária, porém, não basta o enquadramento do fato na hipótese da norma sancionatória. Para que seja aplicável a sanção, faz-se necessário que à antijuridicidade e à tipicidade do ilícito junte-se também a culpabilidade – tudo tal qual se dá em relação à sanção penal.[10]

O estudo da culpabilidade tem atraído a doutrina penal por muitos anos, o que justifica sejam tomadas de empréstimo algumas de suas lições a fim de verificar se também mostram-se aplicáveis às sanções

10. "(...) não há pena sem culpabilidade, princípio que hoje é imperiosa exigência da consciência jurídica. Determinadas a antijuridicidade e a tipicidade do fato tem de passar-se à culpabilidade do agente para concluir-se pela aplicabilidade da pena" (Aníbal Bruno, *Direito Penal*, vol. 2, Rio de Janeiro, Forense, 1967, p. 23). Juarez Tavares fala na formulação analítica do conceito de delito como a conjugação de antijuridicidade, tipicidade e culpabilidade (*Teorias do Delito (variações e tendências)*, São Paulo, Ed. RT, 1980, p. 1).

EXCLUDENTES E LIMITAÇÕES CONSTITUCIONAIS 161

administrativo-tributárias. A evolução do conceito de culpabilidade promovida pela teoria finalista amplamente aceita no âmbito penal[11] acabou por desencadear a inclusão da culpa e do dolo como elementos subjetivos do tipo, deixando a imputabilidade, o conhecimento do injusto e a inexigibilidade de conduta diversa, elementos que formam a culpabilidade, fora da antijuridicidade e do próprio tipo sancionatório (Cirino dos Santos).[12] No Direito Penal, portanto, a culpabilidade deve ser compreendida como juízo de reprovabilidade, pressuposto de punibilidade diverso da antijuridicidade e da tipicidade.

A antijuridicidade ou ilicitude do ato, o seu perfeito enquadramento no tipo descrito na hipótese da norma sancionatória e a culpabilidade são os três pressupostos exigidos para a aplicação das sanções penais e também das administrativas, inclusive das administrativo-tributárias. Sem estarem cumpridos os três requisitos, não há que falar em punição nos lindes do Direito Penal, tampouco do Direito Tributário Sancionador. Da mesma forma com que a exigência de antijuridicidade decorre do próprio conceito de sanção e a de tipicidade tem por origem a estrutura hipotético--condicional da norma sancionatória (norma-regra), a imposição da culpabilidade como pressuposto de aplicação das sanções administrativas advém da noção de justiça que permeia o Estado de Direito.[13]

A proteção de bens jurídicos que compõem os direitos fundamentais dos infratores é decorrência direta do Estado de Direito. Se, de um lado, a ameaça provocada pelas sanções tributárias resguarda as finanças estatais,[14] de outro, o Estado de Direito garante proteção a bens jurídicos que compõem os direitos fundamentais dos infratores. Há direitos fundamentais que precisam de proteção contra qualquer ato estatal, especial-

---

11. Francisco de Assis Toledo, *Princípios Básicos de Direito Penal,* 5ª ed., São Paulo, Saraiva, 2007, p. 232.
12. Juarez Cirino dos Santos, *Manual de Direito Penal: parte geral*, São Paulo, Conceito Editorial, 2011, p. 149.
13. *Sistema Constitucional Tributário*, cit., 2010, p. 40.
14. Sobre as sanções administrativas, Joachim Englisch dita: "Se puede decir también que cumplen la función de salvaguardar el interés general en una contribución solidaria y en la financiación pública" ("Infracciones y sanciones administrativas y sus implicaciones constitucionales en Alemania", in Paulo Roberto Coimbra Silva, *Grandes Temas do Direito Tributário Sancionador,* São Paulo, Quartier Latin, 2010, p. 245). Para Juan J. Perez Zornoza: "En efecto, el objeto de protección genérico del sistema sancionador tributario es el interés general en la realización del deber de contribuir al sostenimiento de los gastos públicos establecido en el artículo 31 CE" (*El Sistema de Infracciones y Sanciones Tributarias (los principios constitucionales del derecho sancionador)*, Madrid, Civitas, 1992, p. 62).

162 SANÇÕES TRIBUTÁRIAS: DEFINIÇÃO E LIMITES

mente contra atos de força como a aplicação de sanções. Num Estado de Direito sempre haverá direitos fundamentais que merecem resguardo contra o poder de punir dos entes políticos, potencialmente abusivo e por isso sempre perigoso. Pode-se dizer, por isso, que as excludentes de ilicitude e de culpabilidade são normas que protegem direitos fundamentais. Evitam, assim, que os direitos fundamentais sejam restringidos por normas sancionatórias caso o ato punido não represente o descumprimento de alguma norma de comportamento e/ou que tenha sido realizado por agente inimputável ou que não tinha condições de conhecer a ilicitude da prática delituosa.

Nem mesmo a falta de previsão legal acerca das excludentes de ilicitude e culpabilidade no âmbito da legislação tributária justifica sua desconsideração em face das sanções administrativo-tributárias. A ausência de disposição legal acerca das excludentes de ilicitude e culpabilidade representa mais uma lacuna decorrente da falta de regulação ordenada das sanções administrativo-tributárias. No Código Tributário Nacional há apenas previsão de exclusão das sanções na hipótese de o ilícito ter sido promovido em obediência a normas complementares advindas de atos normativos infralegais ou mesmo de decisões administrativas[15] (art. 100, parágrafo único). Para fins de comparação, vale notar que tanto o Código Penal (art. 23) como o Código Civil (art. 188) dispõem expressamente sobre as excludentes de ilicitude e culpabilidade.

Não é possível, contudo, limitar as sanções administrativo-tributárias por meio de normas penais ou civis. Quanto à invocação da norma advinda da interpretação do art. 188 do Código Civil, não há qualquer discussão. Tudo faz crer que as importantes diferenças que separam o Direito Público do Privado barram *a priori* qualquer tentativa de aproximação da norma civilista ao campo sancionador tributário. Já no

15. Sobre o tema já alertava Amílcar de Araújo Falcão: "Outra face do problema, porém, é a que se refere à punibilidade do contribuinte que prestasse obrigação tributária em consonância com circular, portaria ou instrução ilegais e, pois, com violação da lei. Que se trata de atos ilegais, não resta dúvida. Por isso mesmo, se o tributo foi pago em quantia inferior à legalmente prevista, persiste para o contribuinte a obrigação de completá-la. Inegável, entretanto, é que o contribuinte, cumprindo a orientação dada pela própria Administração, não está moralmente implicado na violação da lei e, embora em tais hipóteses se deva pensar, antes, numa responsabilidade objetiva pela falta cometida, é de excluir a aplicação da penalidade" (Amílcar de Araújo Falcão, *Introdução ao Direito Tributário: parte geral*, Rio de Janeiro, Edições Financeiras, 1959, p. 76). Para Ruy Barbosa Nogueira: "O próprio CTN reconhece que quando o contribuinte observa as normas complementares (orientações normativas) fica livre da imposição de penalidades, juros de mora e correção monetária (art. 100, parágrafo único)" (*Curso de Direito Tributário*, 14ª ed., São Paulo, Saraiva, 1995, p. 196).

EXCLUDENTES E LIMITAÇÕES CONSTITUCIONAIS 163

que toca especificamente à consideração da legislação penal no campo sancionador tributário, foi visto que as diferenças entre sanções penais e administrativas não permitem a aplicação das garantias penais como limitação ao exercício do poder sancionador tributário. Os bens jurídicos protegidos e os bens jurídicos restringidos pelas sanções penais e pelas sanções administrativo-tributárias variam e por essa razão variadas são as limitações impostas pelo ordenamento jurídico a umas e outras. Por tudo isso, a norma advinda da interpretação do art. 23 do Código Penal não pode justificar a necessidade de consideração das excludentes quando da aplicação das sanções administrativo-tributárias.

A constatação de que não são aplicáveis como limitações ao poder sancionador tributário as normas advindas da interpretação do Código Civil e do Código Penal, contudo, não afeta a conclusão de que a aplicação das sanções administrativo-tributárias encontra barreiras nas excludentes de ilicitude e de culpabilidade. Tais excludentes devem ser consideradas no campo sancionador-tributário por decorrerem diretamente do próprio conceito de sanção jurídica.

Não é possível evitar a consideração das excludentes no âmbito das sanções administrativo-tributárias porque na verdade elas são mera decorrência lógica das próprias normas sancionatórias. Para Edmar Oliveira Andrade Filho,[16] as excludentes "são aplicáveis ainda que não fossem referidas em textos normativos, porquanto dizem respeito ao pressuposto e justificação da punibilidade e da culpabilidade". Da mesma forma pronunciou-se Fernando Perez Royo[17] ao se deparar com a inexistência de previsão das mencionadas excludentes na Lei Geral Tributária da Espanha. Entendendo-as como mera consequência da exigência de antijuridicidade ou ilicitude no ato/fato objeto de punição, refere o autor espanhol que é admissível deduzir a respectiva excludente do próprio conceito de ilicitude. Na mesma linha, defende Hector Villegas que existem circunstâncias que podem atenuar ou mesmo ilidir a imputação da sanção tributária.[18] Tais argumentos servem perfeitamente como justificativa à

16. Edmar Oliveira Andrade Filho, *Infrações e Sanções Tributárias,* São Paulo, Dialética, 2003, p. 56.
17. "(...) es admisible deducir de la simple mención de la antijuridicidad la existencia, en materia de infracciones tributarias, de causas de justificación? La respuesta a esta pregunta creemos que debe ser afirmativa (...) porque se se ha registrado alguna circunstancia de justificación es evidente que la antijuridicidad no existe" (Fernando Perez Royo, *Infracciones y Sanciones Tributarias,* Sevilla, Instituto de Estudios Fiscales, 1972, p. 79).
18. Hector Villegas, por sua vez, afirmava que existem "circunstâncias que podem atenuar ou mesmo elidir a imputação. Assim, o erro escusável, de fato ou

164 SANÇÕES TRIBUTÁRIAS: DEFINIÇÃO E LIMITES

consideração das excludentes de ilicitude no campo sancionador tributário, tendo em vista serem elas decorrência lógica do conceito de ilícito e por isso do conceito de sanção. Se não há sanção sem ilícito, é inevitável observar as excludentes de ilicitude quando da aplicação de qualquer sanção jurídica, inclusive das administrativo-tributárias. Quanto às excludentes de culpabilidade, porém, sendo a culpabilidade pressuposto de aplicação das penas e não elemento componente da antijuridicidade ou do tipo sancionatório, a sua consideração a despeito da falta de legislação tributária merece nova justificativa.

Não se confundindo com a culpa e o dolo, e por isso estando fora do conceito de tipo sancionatório– ao menos a partir da teoria finalista adotada no Brasil –, a culpabilidade não pode ser tratada como decorrência lógica e necessária do conceito de ilícito. Sua exigência como pressuposto à punição, todavia, decorre da ideia de justiça subjacente ao Estado de Direito. Segundo Maria José e Fernando Falcon y Tella,[19] a pena baseia-se numa noção de merecimento e justiça, e tem como pressuposto a ideia de liberdade da vontade humana. Permitir a punição de inimputáveis ou daqueles que não têm a mínima condição de discernimento a respeito da ilicitude de seus atos feriria a mais básica noção de justiça que necessariamente compõe o Estado de Direito. Como dita Klaus Tipke,[20] "em um Estado de Direito tudo deve o quanto possível ocorrer com justiça. Essa é a mais alta exigência, que se pode fazer perante ele". Por esse

de direito" (*Direito Penal Tributário,* trad. de Elisabeth Nazar, São Paulo, Ed. RT, 1974, p. 150).

19. "Existe una intrincada y secular discusión acerca de si la acción humana es fruto de la libre determinación de la libertad o si, por el contrario, representa un eslabón más en una conexión de hechos causales que no están sometidos a aquélla. Una u otra creencia inciden en la justificación del castigo. La pena y la teoría retributiva se basan en la noción de merecimiento y justicia, en la idea de la libertad de la voluntad humana: es justo y merecido que el hombre pague por sus delitos si era libre a la hora de cometerlos y en un mal uso de esta libertad decidió hacerlos. Si hay libertad hay responsabilidad y culpabilidad y por el contrario si no se ha tenido la oportunidad de elegir – por ejemplo en el caso de actos realizados bajo compulsión o fuerza mayor –, no se adscribe al sujeto responsabilidad por sus acciones de las que nos es culpable. Sólo es retribuirle un hecho antijurídico si ha sido realizado en base a una libre decisión de la voluntad" (Maria José Falcon y Tella e Fernando Falcon y Tella, *Fundamento y Finalidad de la Sanción: un derecho a castigar?,* Madrid, Marcial Pons, 2005, p. 132).

20. *Moral Tributária do Estado e dos Contribuintes,* trad. de Luiz Dória Furquim, Porto Alegre, Fabris, 2012, p. 13. Para Alberto Xavier, o Estado de Direito é aquele que "tem a justiça por fim e a lei como meio de sua realização" (Alberto Xavier, *Os Princípios da Legalidade e da Tipicidade da Tributação,* São Paulo, Ed. RT, 1978, p. 8).

EXCLUDENTES E LIMITAÇÕES CONSTITUCIONAIS 165

motivo, faz-se indispensável a consideração das excludentes de culpabilidade quando da aplicação de quaisquer sanções jurídicas, inclusive das administrativo-tributárias.

Em conclusão parcial, portanto, as excludentes de ilicitude e culpabilidade devem, sim, ser consideradas no momento de aplicação das sanções administrativo-tributárias. A realidade não permite ignorar, todavia, que algumas excludentes comumente aplicadas nos campos do Direito Penal têm pouco ou nenhum espaço no âmbito sancionador tributário – as diferenças entre os bens e direitos restringidos e protegidos pelo Direito Penal e pelo Direito Tributário exigem muito cuidado na utilização das excludentes como limitação das sanções administrativo-tributárias. Basta pensar nas dificuldades de consideração da legítima defesa como excludente de ilicitude em casos que envolvam a aplicação de sanções administrativo-tributárias para que se conclua acerca do grave problema que diz respeito à harmonização da tradição penal com as vicissitudes tributárias. A despeito disso, há espaço, ainda pouco explorado, no terreno do Direito Tributário Sancionador, para a consideração de excludentes de ilicitude como o estado de necessidade ou excludentes de culpabilidade como o erro de proibição.[21]

1.2.1 O estado de necessidade

Na crua dicção do art. 24 do Código Penal, considera-se em estado de necessidade "quem pratica o fato para salvar de perigo atual, que não provocou por sua vontade, nem podia de outro modo evitar, direito próprio ou alheio, cujo sacrifício, nas circunstâncias, não era razoável exigir-se". Não obstante todas as ressalvas já feitas quanto à importação de normas penais, nada impede que o conceito legal de estado de necessidade veiculado no Código Penal seja usado como parâmetro hermenêutico para fins de interpretação dos enunciados que dispõem acerca das normas de sanção administrativo-tributárias. Dessa forma, tomando de empréstimo o referido conceito legal, é possível dizer que o estado de necessidade é a excludente de ilicitude decorrente do balanceamento entre o bem jurídico protegido pela norma sancionatória e o bem jurídico posto em risco pela sanção – o que o aproxima, bastante, do postulado da proporcionalidade

---

21. Na Colômbia, onde os princípios de Direito Penal são considerados aplicáveis em face das sanções administrativo-tributárias, tem-se decidido que a força maior também serve como excludente: Hoyos, "Sanciones tributarias en Colombia: política inquisidora?", in Paulo Roberto Coimbra Silva, *Grandes Questões de Direito Tributário Sancionador*, São Paulo, Quartier Latin, 2010, p. 72.

166 SANÇÕES TRIBUTÁRIAS: DEFINIÇÃO E LIMITES

e/ou do postulado da proibição de excesso. No Direito Sancionador Tributário, normalmente o bem jurídico protegido pela sanção é o interesse público na arrecadação das receitas tributárias (Klaus Tipke).[22] Salvo casos excepcionais de tributos que tenham finalidade extrafiscal, as sanções administrativo-tributárias servem para proteger os cofres públicos da inadimplência dos contribuintes. Já o direito fundamental mais comumente restringido pelas sanções administrativo-tributárias é a propriedade.

Há muito tempo já afirmava Hector Villegas[23] que "a causa excludente de antijuridicidade mais aceitável em direito penal tributário seria o estado de necessidade", na sequência referindo que "aquele que não paga o tributo, porque, se o fizesse, cairia em uma situação de extrema indigência, atentatória à sua saúde corporal ou às condições mínimas de dignidade humana, própria ou de seus dependentes, age em estado de necessidade e seu procedimento não é ilícito". Estado de necessidade, em tal acepção, se confundiria com o postulado da proibição de excesso.

Como dito, o estado de necessidade demanda a realização de um paralelo entre o bem jurídico protegido pela norma sancionatória e o bem jurídico que será preservado caso seja tolerado o ilícito. Imagine-se a seguinte hipótese: um contribuinte direcionava-se a uma instituição financeira com o intuito de pagar algum tributo federal no dia de seu vencimento. Pouco antes de chegar à agência bancária, contudo, presenciou sério acidente de trânsito promovido por motorista que logo evadiu-se do local. Tal acidente resultou em graves danos à integridade física de um transeunte. Temendo pela vida da pessoa ferida, o contribuinte viu-se compelido, então, a socorrê-la. Desviado, assim, de sua rota original, não teve tempo hábil ao recolhimento tempestivo do tributo. Pela simples aplicação da norma advinda do art. 61 da Lei 9.430/1996, o mencionado contribuinte teria restado em mora, devendo, por isso, recolher a multa de 0,33% por dia de atraso. A comprovação do estado de necessidade em que se encontrava, contudo, exclui a multa tributária devida pelo primeiro dia de atraso. A maior relevância do bem jurídico protegido pelo

---

22. *Moral Tributária do Estado e dos Contribuintes*, cit., p. 120. No mesmo sentido: "Es la hacienda pública el bien jurídico que el ordenamiento tributario todo tutela, específicamente, la norma y regular percepción de la renta pública; es decir, el exacto cumplimiento del deber constitucional de contribuir a los gastos públicos, pues solo de esta manera se dota al Estado de los recursos para que pueda cumplir con los objetivos que le vienen impuestos por la normativa constitucional, cuya finalidad última es la de hacer viable es desarrollo de la vida en sociedad en un clima de bienestar general" (Juan M. Álvarez Echagüe, *Las Sanciones Tributarias frente a sus Límites Constitucionales*, Buenos Aires, Ad-Hoc, 2004, p. 33).

23. Villegas, *Direito Penal Tributário*, cit., pp. 222-223.

EXCLUDENTES E LIMITAÇÕES CONSTITUCIONAIS 167

contribuinte (a integridade física da vítima do acidente) em comparação à necessidade de recolhimento do tributo dentro do prazo de vencimento como meio de preservação da arrecadação estatal afeta a ilicitude do ato punido pela multa de mora. A falta de recolhimento do tributo no dia do acidente deveu-se exclusivamente à necessidade do contribuinte socorrer a vítima, e isso retira do atraso o caráter ilícito exigido para a aplicação da sanção administrativo-tributária.

Muito embora se trate de sanções administrativas, e não exatamente de sanções administrativo-tributárias, por corroborar a tese ora defendida, merece destaque o recente entendimento do Superior Tribunal de Justiça, expresso no acórdão originado do REsp 1.123.876/RS.[24] No referido caso, discutiu-se exatamente a obrigação quanto ao pagamento de multas de trânsito por excesso de velocidade quando comprovado que o infrator conduzia uma criança gravemente ferida ao hospital. Tratando especificamente do estado de necessidade como excludente de ilicitude em face de sanções administrativas, foi afirmado no julgado proferido pela Segunda Turma do Superior Tribunal de Justiça que "o estado de necessidade não é um instituto inerente apenas ao Direito Penal; ao contrário, tem-se aí conceito ligado a todo o Direito Sancionador – inclusive nos ramos cível e administrativo". Na fundamentação do voto condutor do referido julgado restou assentado que

(...) à figura do estado de necessidade liga-se a ideia de que não pode existir atentado ao Direito, ao justo, na conduta praticada a fim de salvaguardar bem jurídico de maior relevância do que o bem jurídico maculado. A lógica é evidente: o ordenamento jurídico não pode deslegitimar conduta que é benéfica a bem jurídico que ele próprio confere valor diferenciado (para mais).

Trazendo à fundamentação do acórdão ponderações acerca da coerência que deve haver entre sanções penais e administrativas, e ainda digressões quanto à excepcionalidade da situação que impede a aplicação da pena, restou afirmado pelo Ministro Mauro Campbell Marques que "seria no mínimo desarrazoado – a não dizer injusto – admitir-se que o estado de necessidade se prestaria a excluir uma infração penal relativa à proteção do bem jurídico integridade física e, ao mesmo tempo, ser inservível para excluir uma infração administrativa, que protege abstratamente a segurança jurídica, em razão de uma conduta singular, realizada em tempo, modo e condições únicas".

24. REsp 1123876-DF, rel. Min. Mauro Campbell Marques, 2ª T., j. 5.4.2011, DJe 13.4.2011.

168 SANÇÕES TRIBUTÁRIAS: DEFINIÇÃO E LIMITES

Nos termos do acórdão examinado, a consideração do estado de necessidade como excludente de ilicitude não é privilégio do Direito Penal e prescinde de previsão legal específica em cada ramo do Direito. Também a aplicação das sanções administrativo-tributárias, inclusive e especialmente das multas tributárias, portanto, deverá levá-lo em conta.

1.2.2 O erro de proibição

No que respeita às excludentes de culpabilidade, o destaque deve recair sobre o chamado erro de proibição. Erro de proibição é aquele erro decorrente do desconhecimento do agente acerca da ilicitude do ato por si praticado. O sujeito realiza o ato sem imaginar que está promovendo um ilícito, o que afasta dele a culpabilidade exigida para a aplicação das sanções (Roxin).[25]

Para que sirva como excludente de culpabilidade, o erro de proibição deve ser invencível (Aníbal Bruno):[26] o sujeito não só desconhece a ilicitude do ato por si praticado, como sequer tinha condições de conhecê-la. Consoante ensina Juan. M. Álvarez Enchagüe,[27] somente quando o sujeito incorre num erro de proibição insuperável é que fica impedida a aplicação da sanção.

Vale notar que a justificativa para a consideração do erro de proibição como excludente à aplicação das sanções varia. Para alguns doutrinadores o afastamento de qualquer sanção jurídica por conta do erro de direito inescusável é decorrência lógica do próprio conceito de sanção.[28]

---

25. Claus Roxin, *Estudos de Direito Penal*, trad. de Luís Greco, Rio de Janeiro, Renovar, 2006, p. 139.

26. "O erro essencial exclui, portanto, a punibilidade do fato. Mas a culpabilidade só se exclui inteiramente, e com ela a aplicabilidade da pena, quando essa desconformidade entre a representação e o real não resulte de culpa, isto é, quando o erro é escusável ou invencível. Se o agente incide no erro por não haver procedido com a necessária diligência, isto é, se lhe era normalmente possível, agindo com a diligência comum, inteirar-se das circunstâncias reais, em que se encontrava e agia, e só por imprudência ou negligência não o fez, o fato assume a forma culposa e será punível se a lei prevê, na espécie, a punição por culpa" (Bruno, *Direito Penal*, vol. 2, cit., p. 120).

27. "Solamente cuando el sujeto haya incurrido en un error de prohibición que no ha podido vencer o superar puede ser exculpado, ya que en ese caso habrá actuado típica y antijurídicamente pero sin culpa, por lo cual no puede ser sancionado" (Álvarez Echagüe, *Las Sanciones Tributarias frente a sus Límites Constitucionales*, cit., p. 133).

28. Nuria Puebla Agramunt, "Garantías y principios generales del derecho administrativo sancionador", in Manuel José Baeza Díaz-Portales (dir.), *V Congreso*

EXCLUDENTES E LIMITAÇÕES CONSTITUCIONAIS 169

Conforme já referido, parece, entretanto, que, se a culpabilidade é elemento indispensável à punibilidade, porém não se confunde com a ilicitude ou com a tipicidade, a consideração de suas excludentes não pode ser decorrência lógica do conceito de ilícito ou do de sanção. Diversamente, por não se encontrar a culpabilidade inserida no conceito de ilícito, a consideração de suas excludentes deve ser vista como decorrência do Estado de Direito, de seu ideal de justiça.

Julgando necessária a consideração das excludentes de culpabilidade na aplicação de qualquer sanção jurídica e voltando ao exame das sanções administrativo-tributárias, mostra-se indevida a punição do infrator que acreditava na licitude de seu comportamento, desde que este fosse o resultado de uma interpretação razoável da norma primária tida por descumprida.

O exemplo a seguir, embora longo, poderá melhor elucidar o papel do erro de proibição como excludente de culpabilidade no Direito Sancionador Tributário: diante de muitas normas tributárias que regem os impostos e contribuições federais, determinada empresa ponderou sobre a realização de uma sequência de operações societárias envolvendo aquisições de investimento entre pessoas jurídicas pertencentes ao mesmo grupo econômico (controladas ou coligadas). Tais operações envolveriam a transferência das ações de uma das empresas do grupo e ainda uma posterior incorporação. Detentora do capital social da empresa "A", a empresa "B" utilizaria tal investimento para promover um aumento de capital em uma terceira empresa na qual também detinha participação societária (empresa "C"). A transferência das ações da empresa "A" foi realizada a valor de mercado, considerando as projeções de resultado futuro apontadas em laudo emitido por empresa especializada, tudo nos termos exigidos pelos arts. 385 e 386 do Decreto 3.000/1999 (Regulamento do Imposto de Renda). De tal negócio jurídico resultaria um ágio equivalente à diferença entre o custo de aquisição do investimento pela empresa "C" e o valor patrimonial das ações da empresa "A"; em contrapartida ao ágio, surgiria, para a empresa "B", o correlato ganho de capital.[29] A tributação deste, entretanto, na época em que realizados os atos societários, estava diferida até a promoção de evento futuro, conforme então previsto no art. 36 da Lei 10.637/2002. Na sequência

Tributario: cuestiones tributarias problemáticas y de actualidad, Madrid, Consejo General del Poder Judicial, 2010, p. 72.

29. Ganho de capital é o resultado positivo decorrente da alienação de algum investimento (por exemplo, ações ou quotas) por quantia superior ao seu valor patrimonial.

170 SANÇÕES TRIBUTÁRIAS: DEFINIÇÃO E LIMITES

de tais operações haveria a incorporação da empresa "C" pela empresa "A", o que permitiria, segundo o Regulamento do Imposto de Renda, a amortização fiscal do ágio. Importante frisar: na legislação da época, não havia nenhuma regra que vedasse a realização das operações entre empresas do mesmo grupo econômico ou que exigisse qualquer outro propósito diverso da simples postergação da carga tributária incidente sobre o ganho de capital. Diante de tal cenário, e após obter o aval dos três mais renomados tributaristas do País, a empresa decidiu realizar as operações societárias e usufruir imediatamente do benefício fiscal decorrente da amortização do ágio, deixando diferida, nos termos da lei, a tributação do correlato ganho de capital. Passados quatro anos da realização da incorporação que permitiu fosse iniciada a amortização do ágio, porém, as autoridades fiscais entenderam por autuar a empresa incorporadora. Segundo a ótica fiscal, o mencionado ágio não poderia gerar despesas dedutíveis no cálculo do Imposto de Renda e da Contribuição Social sobre o Lucro Líquido, tendo em vista tratar-se de "ágio interno", que não havia surgido num ambiente de livre independência entre as partes. Em acréscimo ao ponto de vista das referidas autoridades, foi dito que as operações societárias em questão careceriam de propósito negocial diverso da simples postergação da carga tributária, o que lhes tornaria ineficazes perante o Fisco. Com base em tais considerações, em verdade exigências que não decorriam da legislação nacional, o Fisco passou a cobrar da empresa não apenas os tributos que deixaram de ser recolhidos e os juros de mora sobre eles incidentes, mas também a multa de ofício prescrita na norma originada da interpretação do art. 44, I, da Lei 9.430/1996. A correta avaliação do caso, frente a tudo quanto até aqui exposto, em especial à obrigatoriedade da consideração do erro de proibição como causa excludente da culpabilidade, impede, porém, a aplicação da sanção tributária. Em tal hipótese, desejassem as autoridades fiscais se opor aos efeitos tributários das operações societárias diante de tal complexa situação, poderiam fazê-lo por meio do lançamento e cobrança do tributo e dos correlatos juros de mora. Não poderiam, contudo, partir para a instituição e cobrança da multa tributária prevista no inc. I do art. 44 da Lei 9.430/1996.

Não há dúvida de que eventual divergência de entendimento entre contribuintes e autoridades fiscais possibilita a instituição e cobrança do tributo, cabendo ao sujeito passivo encaminhar sua irresignação para posterior exame por parte da Administração Pública ou mesmo do Poder Judiciário. Necessário ponderar, entretanto, em casos como o do exemplo acima reproduzido, no qual o contribuinte não só promoveu interpretação

EXCLUDENTES E LIMITAÇÕES CONSTITUCIONAIS 171

razoável do enunciado normativo,[30] como também agiu com toda a cautela e diligência que dele se poderiam esperar, inclusive contratando renomados tributaristas que atestaram a legitimidade das operações societárias e a validade de seus efeitos tributários, se é realmente correta a aplicação de multas tributárias. O dogma da necessária aplicação de multa em todo e qualquer caso de lançamento de ofício promovido pelas autoridades administrativas não pode resistir à demonstração de que falece qualquer possibilidade de aplicação de sanções administrativo-tributárias se não houver consciência da ilicitude por parte do infrator.[31] Dessa forma, sendo razoável a interpretação legal promovida pelo contribuinte ou responsável, e estando ela amparada por respeitável doutrina e/ou jurisprudência, não haverá culpabilidade a justificar a aplicação de sanções tributárias. Em outros termos: para se afastar a punibilidade por meio do erro de proibição, o enunciado que dá origem à norma de imposição tributária deverá admitir diversas interpretações plausíveis e a interpretação efetivamente promovida pelo contribuinte ou responsável deverá ser coerente, verossímil e razoável. No Brasil, examinando as sanções administrativas, e não

30. O Supremo Tribunal espanhol já decidiu que "no es la recurrente quien ha de acreditar la razonabilidad de su posición, sino que es el órgano sancionador quien debe expresar las motivaciones por las cuales la tesis del infractor es *'claramente'* rechazable" (STS 5858/2007, Supremo Tribunal, Sala de lo Contencioso, j. 10.7.2007, *BOE* 129, 30.5.1990). Segundo Vicente Oscar Diaz, "es sabido que las leyes tributarias no se lucen por su pulcritud interpretativa para el sujeto medio en general, habida cuenta de que el ordenamiento tributario introduce en su redacción figuras que exceden el marco normal de interpretación y que llevan razonablemente a criterios honestos – pero contrapuestos – de interpretación" (*Ilícitos Tributarios*..., p. 9). Pela doutrina: "No cabe sanción si el contribuyente se ha acogido a una interpretación de la norma que resulta razonable y no descabellada" (Agramunt, "Garantías y principios generales del derecho administrativo sancionador", cit., p. 73). Vide ainda: "(…) se requiere, por un lado, que la norma que puede ser aplicable sea susceptible de diversas interpretaciones todas ellas válidas, o cuanto menos defendibles desde el punto de vista de la racionalidad y, por otro lado, que la interpretación a la que haya llegado el obligado tributario tenga un mínimo de coherencia, verosimilitud y razonabilidad y no se utilice la interpretación como un mero pretexto o se base la misma en criterios de interpretación absolutamente insostenibles" (José Maria "Error invencible de hecho y error invencible de derecho como causas de exclusión de la culpabilidad", in Paulo Roberto Coimbra Silva, *Grandes Temas do Direito Tributário Sancionador*, São Paulo, Quartier Latin, 2010, p. 296).

31. "(...) ao invés da automática e irrefletida imputação de penalidade, deve o aplicador da lei perquirir se a divergência hermenêutica deve ensejar o exercício da potestade punitiva da administração fazendária ou, ao contrário, se a conduta adotada pelo sujeito passivo, por sua razoabilidade, revela sua boa-fé, sendo, nesse caso, irrepreensível, muito embora possa não prevalecer sua interpretação" (Paulo Roberto Coimbra Silva, *Direito Tributário Sancionador*, cit., p. 123).

172 SANÇÕES TRIBUTÁRIAS: DEFINIÇÃO E LIMITES

propriamente as administrativo-tributárias, Rafael Munhoz de Mello,[32] em lição de todo aproveitável ao presente estudo, leciona que,

> (...) se a norma jurídica é obscura ou contraditória, permitindo mais de uma interpretação razoável, o erro de proibição é inevitável. O particular, atuando de modo diligente, procurar saber se a conduta que deseja praticar é ou não permitida pelo ordenamento jurídico, mas encontra resposta obscura e dúbia. Em tal situação, o erro de proibição não decorre de culpa do agente, não sendo cabível a imposição de sanção administrativa.

Comprovando a importância prática da discussão teórica também no cenário nacional, merece especial atenção o pronunciamento do Conselho de Contribuintes do Ministério da Fazenda (Acórdão 101.95.537).[33] Deparando-se exatamente com um caso de aproveitamento de ágio e erro de proibição, a Corte Administrativa decidiu reduzir a multa qualificada de 150% para 75% sobre o valor do tributo devido. Em tal precedente, os julgadores entenderam que a responsabilidade pelas sanções administrativo-tributárias é objetiva – com o que, como já visto, não se está de acordo. Não obstante, afirmaram que a qualificação da multa em casos de fraude, simulação ou conluio exige *animus* delitivo do agente, que não se verificara naquele caso por conta exatamente do erro de proibição. Para os julgadores com assento na Corte Administrativa, constatado o erro de proibição, deve ser automaticamente afastado o dolo e em consequência reduzida a multa. Segundo afirmado pelo Conselheiro Marco Junqueira Franco Junior, o erro de proibição ou erro de direito serve para "afastar, pela razoabilidade do desconhecimento da ilicitude do ato praticado, punibilidade diversa daquela do simples retardar no recolhimento do tributo, ou seja, a multa de lançamento de ofício de 75%". Logo adiante, arremata o julgador afirmando ser "inaceitável a qualificação da multa, principalmente para atos praticados há muitos anos, quando ainda incipientes as discussões a respeito das patologias que tornam não oponível ao fisco determinado planejamento tributário".

Passados alguns anos, a mesma matéria, imposição de multa por aproveitamento indevido de ágio e erro de proibição, foi alçada à Câmara Superior de Recursos Fiscais do Conselho Administrativo de Recursos Fiscais. Em tal oportunidade, entretanto, muito embora a força do voto da

---

32. Rafael Munhoz de Mello, *Princípios Constitucionais de Direito Administrativo Sancionador,* São Paulo, Malheiros Editores, 2007, p. 202.
33. Primeiro Conselho de Contribuintes do Ministério da Fazenda, 1ª Câmara, Processo 11065.001589/2002-64, *DOU* 23.2.2007.

EXCLUDENTES E LIMITAÇÕES CONSTITUCIONAIS 173

Conselheira relatora Karen Jureidini Dias, no qual era adotada a mesma linha de raciocínio do antigo precedente do Conselho de Contribuintes, no sentido de que "no erro de proibição o agente mantém o entendimento sobre a licitude de sua conduta, corroborado pela interpretação doutrinária e jurisprudencial da norma, o que torna o seu erro escusável ou ao menos excludente do dolo",[34] prevaleceu o entendimento acerca da inaplicabilidade do erro de proibição como limite às sanções administrativo-tributárias.

No voto condutor do julgado, o Conselheiro Claudemir Rodrigues Malaquias decidiu que "o erro de proibição ou erro sobre a ilicitude do fato pode excluir a pena ou diminuí-la, atuando somente no âmbito da culpabilidade e não da tipicidade da conduta, afastando o dolo". Prosseguiu o julgador asseverando em seu voto que, "mesmo o contribuinte valendo-se do entendimento doutrinário e jurisprudencial sobre a licitude da conduta, incorrendo, assim, em possível erro escusável, por si só isto não seria suficiente para afastar o dolo e consequentemente a multa qualificada". Reforçando sua opinião, concluiu que "o erro de proibição está insculpido no sistema sancionatório penal, distinto, portanto, do regime de sanções aplicáveis no âmbito administrativo", e que "o erro de proibição está expresso no código penal e deve ser observado pelo aplicador na dosimetria da pena. Já no campo tributário não há previsão para o fracionamento ou redução da multa nessas hipóteses".

Embora todo o respeito que mereçam as Cortes Administrativas, os julgados referidos nos parágrafos anteriores devem ser analisados de forma bastante cuidadosa. A crítica à fundamentação das decisões administrativas servirá para demonstrar que suas conclusões são incompatíveis com o entendimento de que a culpabilidade não se encontra inserida na ilicitude ou na tipicidade, sendo um terceiro elemento necessário à punição de qualquer ato.

O Acórdão 101.95.537 do Conselho de Contribuintes mostra-se correto, de início, ao considerar o erro de proibição nos lindes do Direito Tributário Sancionador. Na esteira do quanto já afirmado, a caracterização do erro de proibição como excludente de culpabilidade é decorrência da ideia de justiça que advém do Estado de Direito. Equivoca-se a Corte Administrativa, no entanto, ao utilizar o erro de proibição invencível apenas para reduzir a multa de 150% para 75%. Conforme visto, juntamente à antijuridicidade e à tipicidade, a culpabilidade é pressuposto para a aplicação da sanção. Havendo, assim, alguma excludente de culpabilidade,

---

34. Acórdão 9101-00.528, Conselho Administrativo de Recursos Fiscais, 1ª T. da Câmara Superior de Recursos Fiscais, Processo 10882.002039/2003-98, *DOU* 19.4.2011.

174 SANÇÕES TRIBUTÁRIAS: DEFINIÇÃO E LIMITES

por exemplo, o erro de proibição invencível, não será possível qualquer punição ao ilícito – nada importando o caráter doloso ou culposo do tipo sancionatório. Por outro lado, também já foi visto que os Tribunais Administrativos não têm competência para constituir as sanções administrativo-tributárias. Tendo verificado que as autoridades administrativas equivocaram-se ao promoverem o lançamento fiscal, por qualificarem de dolosa conduta infracional que em verdade seria culposa, deveria a Corte Administrativa desconstituir a sanção tributária erroneamente aplicada e não substituí-la. A substituição da multa qualificada pela multa de ofício acaba por cercear o direito de defesa do acusado em relação à nova imputação, porque contra ela não será possível a apresentação de defesa administrativa. Equivocaram-se os julgadores administrativos, portanto, ao considerarem o erro de proibição como mera causa excludente do dolo, devendo, ao contrário, ter desconstituído a sanção equivocadamente aplicada pelas autoridades fiscais por terem deparado com verdadeira excludente de punibilidade do ilícito tributário.[35]

O acórdão proferido pela 1ª Turma da Câmara Superior de Recursos Fiscais do Conselho Administrativo de Recursos Fiscais, por sua vez, dispôs que o erro de proibição não deve ser aplicado em face das sanções administrativo-tributárias porque "está insculpido no sistema sancionatório penal, distinto, portanto, do regime de sanções aplicáveis no âmbito administrativo", e que "no campo tributário não há previsão para o fracionamento ou redução da multa nessas hipóteses". O equívoco, aqui, ainda mais grave, reside em desconsiderar que a inexistência de previsão na legislação tributária quanto ao papel do erro de proibição como impeditivo de punição do ilícito tributário não obsta sua aplicação em face das multas fiscais. Como referido linhas atrás, ilicitude, tipicidade e culpabilidade são requisitos necessários à aplicação das sanções jurídicas em geral e das administrativo-tributárias em especial. Faltando um dos três elementos, não se faz possível a aplicação de qualquer sanção. A falta de específica previsão legal indicando a obrigatoriedade quanto à consideração das excludentes de culpabilidade no momento de aplicação das normas de sanção administrativo-tributárias não pode servir de justificativa à punição de quem agiu sem ter condições de conhecer a ilicitude de seu ato.

---

35. Nesse sentido, tratando do erro de proibição como excludente da culpabilidade, a impedir a aplicação de sanções penais: Tavares, *Teorias do Delito (variações e tendências)*, cit., pp. 81-82; Roxin, *Estudos de Direito Penal*, cit., p. 139. Do mesmo modo, porém em relação às sanções administrativas e/ou administrativo-tributárias, vide Mello, *Princípios Constitucionais de Direito Administrativo Sancionador*, cit., p. 200; e Zornoza Perez, *El Sistema de Infracciones y Sanciones Tributarias*, cit., p. 219.

EXCLUDENTES E LIMITAÇÕES CONSTITUCIONAIS 175

Particularmente no campo tributário, no qual a quantidade de enunciados normativos e a particular dificuldade na sua interpretação deram origem ao que José Souto Maior Borges[36] chamou de "caos normativo", não se pode punir aqueles que comprovarem ter acreditado na licitude de seus atos, desde que promovidos a partir de interpretação razoável da legislação – especialmente quando tal interpretação está amparada na opinião de especialistas, em doutrina e/ou jurisprudência.[37]

A ponderação de todos estes elementos e a crítica à fundamentação adotada nos precedentes administrativos demonstram que, por ser típica causa excludente de culpabilidade, o erro de proibição tem total pertinência no âmbito sancionador tributário. Ignorar a aplicabilidade do erro de proibição em face de sanções administrativo-tributárias é consentir com o possível sacrifício de direitos fundamentais em prol do maior e despropositado aumento da carga tributária pela via transversa das sanções.

Reforçando o entendimento aqui defendido, vale observar, uma vez mais, os precedentes advindos da Corte Constitucional da Espanha, instituição onde proliferam julgados sobre sanções administrativas e sanções administrativo-tributárias. A Sentença 76/1990 (STC 76/1990), por exemplo, possibilitou ao Tribunal Constitucional espanhol tratar do erro como excludente de responsabilidade pelas sanções administrativo--tributárias. Deparando-se com dispositivos da Lei Geral Tributária que não elencavam o erro de proibição (erro de direito) como causa excludente das sanções jurídico-tributárias, a Corte Constitucional espanhola dispôs que tal omissão "no es prueba, como pretenden los demandantes, de la configuración de un régimen de responsabilidad objetiva ni de la inexistencia de esa causa de exención". Nesse sentido, os julgadores espanhóis prosseguiram alertando que:

> (...) si no hay responsabilidad objetiva no es necesario que se haga constar expresamente el error del Derecho como causa que exonere de dicha responsabilidad, mas ello no significa que resulte irrelevante ni que la Ley 10/1985 lo haya excluido de los supuestos que eximen de responsabilidad por infracción tributaria. Precisamente porque la Ley vincula esta responsabilidad a una previa conducta culpable, es evidente que el error de Derecho – singularmente el error invencible – podrá producir los efectos de exención o atenuación que le son propios en un sistema de responsabilidad subjetiva, pero su falta de

---

36. José Souto Maior Borges, *Teoria Geral da Isenção Tributária*, 3ª ed., São Paulo, Malheiros Editores, 2007, p. 8.

37. Vide: Álvarez Enchagüe, *Las Sanciones Tributarias...*, cit., p. 139.

176 SANÇÕES TRIBUTÁRIAS: DEFINIÇÃO E LIMITES

contemplación expresa en la norma no constituye defecto de inconstitucionalidad.[38]

Sólido em seus fundamentos, o precedente advindo do Tribunal Constitucional espanhol pode ser importado à realidade brasileira. Na linha do quanto antes já afirmado, o desconhecimento da ilicitude do ato pelo próprio agente redunda no chamado erro de proibição, o qual, se for invencível, impedirá a aplicação da sanção. A aceitação do erro de proibição como excludente de culpabilidade no âmbito sancionador tributário desvela-se, assim, como verdadeira proteção aos direitos fundamentais do infrator, inegável decorrência do Estado de Direito. A referida excludente atua em proteção aos direitos fundamentais daqueles que tiverem praticado alguma infração tributária em condições de desconhecimento acerca da ilicitude que contaminava seu ato, não havendo como ignorá-la nos lindes sancionatório-tributários.

1.3 Limitações constitucionais ao poder sancionador tributário

As limitações às sanções administrativo-tributárias em geral e às multas tributárias em especial dividem-se entre as causas excludentes de ilicitude e culpabilidade e os princípios e postulados normativos fixados pela Constituição Federal. Se, de fato, não são aplicáveis ao campo sancionador tributário os princípios vigentes no âmbito do Direito Penal e tampouco os princípios tributários decorrentes da interpretação do art. 150 da CF, mostra-se fundamental perquirir se o mesmo ocorre com os princípios gerais de direito[39] e os postulados normativos.

Embora não seja possível aplicar diretamente às sanções administrativo-tributárias as normas decorrentes da intepretação dos variados incisos do art. 150 da CF, como visto, tal constatação não prejudica nem afeta o fato de que existem (outras) normas constitucionais e postulados normativos aplicáveis no âmbito do Direito Sancionador Tributário. Da mesma forma que os tributos, as sanções tributárias atingem direitos fundamen-

---

38. Tribunal Constitucional, Pleno, Sentencia 76/1990, j. 26.4.1990, *BOE* 129, 30.5.1990.

39. Como adverte Ricardo Lobo Torres, são variados os critérios utilizados pela doutrina e por isso são muitas e diversas as classificações dos princípios jurídicos (Ricardo Lobo Torres, *Tratado de Direito Constitucional, Financeiro e Tributário*, vol. 2, 2ª ed., Rio de Janeiro, Renovar, 2014, p. 195). A presente tese considera como princípios gerais de Direito aqueles que têm ligação direta com os valores indicados no Preâmbulo da Constituição da República (liberdade, segurança, bem-estar, desenvolvimento, igualdade e justiça).

EXCLUDENTES E LIMITAÇÕES CONSTITUCIONAIS 177

tais dos contribuintes, devendo, por esse motivo, encontrar limites nas garantias estabelecidas pelo Texto Constitucional. Se não pelas normas advindas da interpretação do art. 150 da Constituição da República, os direitos fundamentais dos acusados de ter cometido algum ilícito tributário estão protegidos de excessivas e/ou arbitrárias punições no âmbito administrativo-tributário por postulados e princípios constitucionais mais gerais e abstratos. Dentre tais princípios há aqueles que estão expressos nos enunciados do Texto Constitucional, como o princípio da legalidade advindo da interpretação do art. 5º, inc. II. Há outros, contudo, que se encontram implícitos, decorrendo da intepretação sistemática de uma série de enunciados – vale como exemplo o próprio sobreprincípio do Estado de Direito. Assim como os postulados normativos (*v.g.*, razoabilidade e proporcionalidade), tais sobreprincípios aplicam-se a todos os ramos do Direito.[40] Limitam a atuação estatal, inclusive no tocante à instituição e cobrança de sanções tributárias.

Importante frisar que a existência e a aplicação de princípios gerais são decorrência inexorável da consideração do Direito como um sistema de normas.[41] Reputando-se o ordenamento jurídico um sistema normativo, não há como escapar da aplicação dos princípios gerais em todo e qualquer ramo. Conforme demonstrou Claus-Wilhelm Canaris,[42]

40. "De plano, uma distinção útil, porque esclarecedora: há princípios que valem para todo o ordenamento e, por via de consequência, se aplicam ao campo tributário; assim como há 'princípios' que regem com foros de especificidade o desempenho da função impositiva que o Estado exerce mediante o instrumento que chamamos de 'tributo'" (Paulo de Barros Carvalho, "Sobre os princípios constitucionais tributários", *Revista de Direito Tributário*, n. 55, São Paulo, jan.-mar. 1991, p. 152).

41. Pelas palavras de Geraldo Ataliba: "o sistema é, por definição, uno, lógico, harmônico, coerente e pleno. Estas qualidades são necessárias e fundamentais a qualquer sistema jurídico. Não há sistema que as não possua" (Geraldo Ataliba, "Normas gerais de direito financeiro e tributário e autonomia dos Estados e Municípios", *Revista de Direito Público*, n. 10, São Paulo, out.-dez. 1969, p. 58). Preferindo-se a lição de Joachim Lang e Klaus Tipke: "Um Direito Tributário sistematizado não é absolutamente uma questão de estética ou cosmética jurídicas. Ele tem frente a um Direito Tributário não sistematizado não apenas a vantagem de maior harmonia, também boa disposição, clareza, transparência, inteligibilidade, praticabilidade, didática e apreensibilidade, comprovabilidade e interpretabilidade. Faltando o sistema interno, a disciplina de princípios ético-jurídicos, então o Direito Tributário não é também nenhum ordenamento de justiça" (K. Tipke e J. Lang, *Direito Tributário*, vol. 1, trad. de Luiz Dória Furquim, Porto Alegre, Fabris, 2008, p. 179). Vide ainda: Giorgio Del Vecchio, *Lições de Filosofia do Direito,* trad. de António José Brandão, 2ª ed., Coimbra, Arménio Amado, 1951, p. 122.

42. Claus-Wilhelm Canaris, *Pensamento Sistemático e Conceito de Sistema na Ciência do Direito*, 3ª ed., Lisboa, Calouste Gulbenkian, 2002, p. 12. Segundo refere

178   SANÇÕES TRIBUTÁRIAS: DEFINIÇÃO E LIMITES

o sistema jurídico é marcado essencialmente por duas características: unidade e ordenação. A unidade corresponde à obrigação de se reconduzirem os elementos do sistema a uma mesma origem, impedindo, assim, o aparecimento de uma multiplicidade de conjuntos desconexos. Tal característica impõe a existência de normas fundamentais, das quais decorram as demais (Canaris).[43] Tais normas fundamentais são os aqui denominados princípios gerais de direito ou sobreprincípios, e estão diretamente vinculadas aos valores referidos no Preâmbulo da Constituição da República. Portanto, a unidade do sistema fundamenta a visão escalonada das normas,[44] tanto numa dimensão axiológica quanto em outra lógico-formal. No plano axiológico, uma norma mais geral e abstrata dará fundamento à outra mais específica e concreta que busque expressá-la, especificá-la, aplicá-la ou realizá-la (Peczenik).[45] No plano lógico, a nor-

Karl Engisch "a jurisprudência, com o decorrer dos séculos, elaborou a este propósito uma série de regras que servem para harmonizar as normas e portanto para evitar conflitos entre elas. Na base de todas essas regras figura como [*postulado*] o princípio da unidade e da coerência (ausência de contradições da ordem jurídica" (*Introdução ao Pensamento Jurídico,* 8ª ed., Lisboa, Calouste Gulbenkian, 2001, p. 313). No mesmo sentido, Humberto Ávila chama tais características (unidade e ordenação) de postulados hermenêuticos. Vide Ávila, *Sistema Constitucional Tributário,* cit., p. 43.

43. "Nesta ocasião, deve-se recordar de novo a característica principal da ideia de unidade, acima elaborada: a recondução da multiplicidade do singular a alguns poucos princípios constitutivos. Mas isso significa que, na descoberta do sistema teleológico, não se pode ficar pelas [decisões de conflitos] e dos valores singulares, antes se devendo avançar até aos valores fundamentais mais profundos, portanto até aos princípios gerais duma ordem jurídica; trata-se, assim, de apurar, por detrás da lei e da *ratio legis,* a *ratio iuris* determinante. Pois só assim podem os valores singulares libertar-se do seu isolamento aparente e reconduzir-se à procurada conexão orgânica e só assim se obtém aquele grau de generalização sobre o qual a unidade da ordem jurídica, no sentido acima caracterizado, se torna perceptível. O sistema deixa-se, assim, definir como uma ordem axiológica ou teleológica de princípios gerais de Direito, na qual o elemento de adequação valorativa se dirige mais à característica de ordem teleológica e o da unidade interna à característica dos princípios gerais" (Canaris, *Pensamento Sistemático e Conceito de Sistema na Ciência do Direito,* cit., pp. 77-78).

44. "Resulta, pues, que cada parte del sistema jurídico, es decir, cada clase de normas, se apoya en otros grados superiores del mismo, y además constituye a su vez la base o sostén de otros grados inferiores. La totalidad del orden jurídico (vigente) constituye, pues, un sistema construido de forma escalonada o graduada, en estructura jerárquica, en el cual cada uno de sus pisos o eslabones depende de otros, y a su vez sostiene a otros" (Luis Recaséns Siches, *Filosofia del Derecho,* 17ª ed., México, Porrúa, 2003, pp. 292-293).

45. "A normative reciprocal support exists when a relatively general statement supports a number of relatively special ones and the latter supports a number of relatively special ones and the latter support the former" (A. Peczenik, *On Law and Reason,* Dordrecht, Kluwer, 1989, p. 166). Pela lição de Neil MacCormick: "sets of

EXCLUDENTES E LIMITAÇÕES CONSTITUCIONAIS 179

ma hierarquicamente superior fundamentará a norma hierarquicamente inferior, definindo seu campo de atuação e estabelecendo as formalidades indispensáveis à sua criação e revogação.

A ordenação – segunda característica essencial do sistema jurídico –, por sua vez, impõe o dever de se "exprimir um estado de coisas intrínseco racionalmente apreensível".[46] Mediante a ordenação serão devidamente alocados os elementos integrantes do sistema, cada qual dentro de uma categoria que se relacionará com as demais (Aarnio).[47] Esse desencadeamento lógico, realizado por meio de classificações racionais, pautadas em distinções e similitudes, é o núcleo da ideia de ordenação. Voltada ao campo do Direito, tal ordenação é a forma pela qual se relacionarão as normas. Em verdade, mais do que simples ordenação, o sistema jurídico exige coerência entre seus elementos (Alexy).[48] Não basta que as normas estejam organizadas sob qualquer critério, tampouco que não se contradigam. Devem estar sempre ordenadas de forma a resguardar a coerência interna do sistema (MacCormick).[49]

rules may be such that they are all consistent with some more general norm, and may therefore be regarded as more specific or concrete manifestations" (MacCormick, *Legal Reasoning and Legal Theory,* Oxford, Oxford University, 2003, p. 152).

46. Canaris, *Pensamento Sistemático e Conceito de Sistema na Ciência do Direito*, cit., p. 12.

47. Aulis Aarnio, *Reason and Authority: a treatise on the dynamic paradigm of legal dogmatics*, Cambridge, Dartmouth, 1997, p. 243.

48. "O conceito de coerência deve ser distinguido daquele de consistência. Uma teoria é consistente se ela não mostra nenhuma contradição lógica. O conceito de coerência pode ser formulado de maneira que ela inclua o da consistência como lado negativo da coerência. Aqui, ele deve ser relacionado somente a conexões positivas. A questão é de que tipo são as relações que criam tais conexões positivas. Minha resposta diz: são relações de fundamentação" (Alexy, *Constitucionalismo Discursivo*, trad. de Luís Afonso Heck, Porto Alegre, Livraria do Advogado, 2007, p. 119). Manuel Atienza, ao tratar da obra de MacCormick, refere: "Mas a exigência de coerência é demasiado fraca. Tanto com relação às normas quanto com relação aos fatos, as decisões devem, além disso, ser coerentes, embora, por outro lado, a consistência não seja sempre uma condição necessária para a coerência: coerência é uma questão de grau, ao passo que a consistência é uma propriedade que simplesmente se dá ou não se dá" (Manuel Atienza, *As Razões do Direito: teorias da argumentação jurídica*, trad. de Maria Cristina Guimarães Cupertino, 3ª ed., São Paulo, Landy, 2003, p. 129). Por sua vez, Leonor Morel Soriano trabalha a diferença do papel da coerência no sistema jurídico e na fundamentação das decisões: "theories of coherence in legal system focus on fitting a decision into the legal system, and on fitting together of all components of the legal system" ("A modest notion of coherence in legal reasoning. A model for the European Court of Justice", *Ratio Juris*, vol. 16, n. 3, set. 2003, pp. 296-323).

49. "Thus, the coherence of norms (considered as some kind of a set) is a matter of their 'making sense' by being rationally related as a set, instrumentally or intrinsi-

180 SANÇÕES TRIBUTÁRIAS: DEFINIÇÃO E LIMITES

A ideia de sistema jurídico caracterizado pela unidade e ordenação conduz à constatação de que há uma verdadeira rede de normas jurídicas interligadas (Aarnio).[50] As normas suportam-se mutuamente. As mais gerais e abstratas fundamentam as mais específicas e concretas; as mais específicas e concretas intermedeiam a aplicação das mais gerais e abstratas. As próprias normas advindas da interpretação do art. 150 da Constituição da República servem de exemplo.[51] Tais normas são a especificação de princípios (mais) gerais e abstratos.[52] Tornam ainda mais nítida a forte proteção dos contribuintes e responsáveis contra excessos que poderiam ser praticados por meio da atividade tributária. Fincando-se exclusivamente no terreno tributário, percebe-se que mesmo o desatento

cally, to the realization of some common value or values" (Neil MacCormick, *Rhetoric and the Rule of Law: a theory of legal reasoning*, New York, Oxford University, 2005, p. 193). Vide ainda Ávila, *Sistema Constitucional Tributário*, cit., pp. 63-65.
50. "Further, the 'systemic place' of the norm N1 (the relation to N2...Nn) affects the understanding of the N1. Thus understanding is not merely a question of formal connections between norms but of the substantive content of N1" (Aarnio, *Reason and Authority...*, cit., p. 243). No campo tributário, referia A. D. Giannini que "data la sostanziale unità dell'ordinamento giuridico, è ovvio che fra le varie scienze, fra le quali se ne ripartisce lo studio, debbano esistere molteplici legami ed interferenze" (*Istituzioni di Diritto Tributario*, 5ª ed., Milano, Giuffrè, 1951, p. 9).
51. Refere Sacha Calmon Navarro Coêlho que os princípios constitucionais tributários "traduzem no imo e em suas expansões projeções de direitos fundamentais (...) são garantias de direitos fundamentais, notadamente capacidade, liberdade, dignidade da pessoa humana, propriedade e igualdade, além de valores republicanos, federalistas e solidaristas" (Sacha Calmon Navarro Coêlho, *Comentários à Constituição de 1988*, 8ª ed., Rio de Janeiro, Forense, 1999, p. 169). Por seu turno, Misabel Abreu Machado Derzi leciona: "Do Federalismo Republicano e do Estado Democrático de Direito se extraem os princípios gerais do Direito Tributário mais relevantes, como a liberdade, a segurança (e suas manifestações na legalidade formal e material, anterioridade, irretroatividade e proibição de confisco), a capacidade econômica, a igualdade, a progressividade e a proteção da família, expressos na Constituição, além daqueles implícitos e igualmente importantes (a proteção da confiança, a boa-fé e a praticidade, entre outros)" ("Tratado de direito tributário contemporâneo: dos princípios gerais de direito tributário", *Revista de Direito Tributário*, n. 83, São Paulo, Malheiros Editores, 1999. p. 27).
52. Na lição de Humberto Ávila: "Em primeiro lugar, relativamente às normas mais amplas (sobreprincípios), os princípios exercem uma função definitória (de concretização), na medida em que delimitam, com maior especificação, o comando mais amplo estabelecido pelo sobreprincípio axiologicamente superior" (*Sistema Constitucional...*, cit., p. 46). Em outros termos: "Os princípios gerais de direito tributário são restritos e específicos ao sistema tributário. Já os princípios gerais de direito público são de maior nível de abstratividade, portanto, mais abrangentes, o que é próprio de todo o direito público" (Maria de Fátima Ribeiro, "Legislação Tributária", in Carlos Valder do Nascimento e André Portella, *Comentários ao Código Tributário Nacional*, 7ª ed., Rio de Janeiro, Forense, 2008, p. 240).

EXCLUDENTES E LIMITAÇÕES CONSTITUCIONAIS 181

exame do Texto Constitucional indica que a legalidade tributária (art. 150, I, da CF) é a maior especificação da legalidade disposta no inc. II do art. 5º da Magna Carta;[53] que a igualdade tributária (art. 150, II, da CF) é a maior especificação da igualdade prevista no *caput* do art. 5º da Magna Carta; que a irretroatividade e as anterioridades de exercício e nonagesimal (art. 150, III, da CF) são especificações da segurança jurídica referida no preâmbulo e no *caput* do art. 5º da Magna Carta.[54] Na linha apregoada por Misabel Derzi,

> (...) a grande massa dos princípios gerais consagrados na Constituição de 1988, dos quais decorrem as limitações ao poder de tributar, convertem-se em imunidades ou são meras especializações ou explicitações dos direitos e garantias fundamentais (legalidade, irretroatividade, igualdade, generalidade, capacidade econômica de contribuir etc.), ou de outros grandes princípios estruturais como a forma federal de Estado (imunidade recíproca dos entes públicos estatais).[55]

Por isso, mesmo que as normas decorrentes da interpretação do art. 150 da Constituição não sejam diretamente aplicáveis às sanções, a inquestionável aplicação dos princípios gerais – *"principi (...) d'ordine generale implicitamente estensibili alla materia tributaria"* (Uckmar)[56] – servirá à proteção dos cidadãos contra o poder sancionador dos entes tributantes.

As constatações anteriormente apresentadas demonstram, assim, que o art. 150 da Constituição da República, ao expressamente enunciar os "princípios constitucionais tributários", mais aumenta a segurança jurídica do que propriamente inova o ordenamento, por meio de garantias

53. Sobre a existência de princípios mais gerais (legalidade, igualdade etc.) e princípios mais específicos, vide Eduardo García de Enterría, "Principio de legalidad. Estado material de derecho y facultades interpretativas y constructivas de la jurisprudencia en la Constitución", in *Reflexiones sobre la Ley e los Principios Generales del Derecho*, Madrid, Civitas, 1984, pp. 87-88.
54. Ricardo Lobo Torres relaciona diretamente à segurança jurídica os seguintes princípios: legalidade, tipicidade, irretroatividade, proibição de analogia, anterioridade e proteção da confiança do contribuinte. Vide desse autor: "A segurança jurídica e as limitações constitucionais ao poder de tributar", in Roberto Catalano Botelho Ferraz (coord.), *Princípios e Limites da Tributação,* São Paulo, Quartier Latin, 2005, p. 443.
55. Misabel Abreu Machado Derzi, "Tratado de direito tributário contemporâneo...", cit., p. 45.
56. Victor Uckmar, *Principi Comuni di Diritto Costituzionale Tributario,* 2ª ed., Padova, Cedam, 1999, p. 7. Para Luciano Amaro, os princípios gerais de Direito têm "uma abrangência universal, o que inabilita sua apropriação por este ou aquele ramo do Direito" (*Direito Tributário Brasileiro*, 15ª ed., São Paulo, Saraiva, 2009, p. 214).

182   SANÇÕES TRIBUTÁRIAS: DEFINIÇÃO E LIMITES

antes inexistentes. É possível afirmar que o referido enunciado constitucional é meramente expletivo, servindo para tornar expressos e mais específicos comandos e/ou diretrizes que já se encontravam contidos em princípios mais gerais e abstratos[57] ou mesmo em postulados normativos (*e.g.*, postulado da proibição de excesso). Por outros termos: ainda que inexistisse a previsão constitucional acerca dos referidos princípios constitucionais tributários, os contribuintes e responsáveis estariam protegidos por princípios mais gerais e abstratos como a segurança jurídica. Na linha endossada por Neil MacCormick,[58] sabe-se que na ausência de normas mais específicas deverá ser promovida a aplicação direta de normas mais gerais e abstratas – manobra típica do positivismo ético, adotado como fundamento basilar do presente estudo. Nesse sentido, vale notar que países como Alemanha[59] e Estados Unidos, nos quais não há dispositivo

---

57. No que tange à maior especificação dos princípios fundamentais pelos princípios (constitucionais) tributários: "Princípios sistemáticos do Direito Tributário são princípios jurídicos que sustentam o sistema jurídico tributário como um todo. Trata-se de princípios que o Estado de Direito garante, princípios de jusestatalidade formal e material (...). Esses princípios são de imediato os princípios constitucionais que são normatizados na Lei Fundamental, como o princípio da igualdade, o princípio da legalidade, a proibição do excesso ou o princípio constitutivo social-estatal da imposição socialmente justa. Os princípios constitucionais são logo em seguida especificamente concretizados em matéria tributária através do princípio da imposição segundo a capacidade contributiva. O princípio da capacidade contributiva é em primeira linha desdobrado como critério comparativo do princípio da igualdade e é por isso tratado em conexão com o princípio da igualdade" (Tikpe e Lang, *Direito Tributário*, vol. 1, cit., p. 172). Ricardo Lobo Torres inclusive critica a separação entre princípios gerais de direito tributário e princípios gerais de direito público constante no art. 108 do CTN, tendo em vista que "qualquer princípio, ainda que se aplique a determinado ramo do fenômeno jurídico, constitui emanação ou modificação dos princípios gerais do Direito" (Ricardo Lobo Torres, *Normas de Interpretação e Integração do Direito Tributário,* 4ª ed., Rio de Janeiro, Renovar, 2006, p. 102). Para Misabel Abreu Machado Derzi, "a grande massa das imunidades e dos princípios consagrados na Constituição de 1988, dos quais decorrem limitações ao poder de tributar, são meras especializações ou explicações dos direitos e garantias individuais (legalidade, irretroatividade, igualdade, generalidade, capacidade econômica de contribuir etc.), ou de outros grandes princípios estruturais, como a forma federal de Estado (imunidade recíproca dos entes públicos estatais)" ("Notas", in Aliomar Baleeiro, *Limitações Constitucionais ao Poder de Tributar,* 7ª ed., Rio de Janeiro, Forense, 2006, p. 14).
58. MacCormick, *Legal Reasoning and Legal Theory*, cit., p. 180.
59. Sobre as limitações constitucionais ao poder de tributar na Alemanha: "A respeito de valores materiais fundamentais do ordenamento tributário não contém a Lei Fundamental quaisquer expressas determinações" (Tikpe e Lang, *Direito Tributário*, vol. 1, cit., p. 132). No mesmo sentido: "(...) a Constituição Financeira contém tanto as prescrições constitucionais reguladoras da distribuição das competências entre a Federação e os Estados e o Direito Constitucional Orçamentário quanto também

EXCLUDENTES E LIMITAÇÕES CONSTITUCIONAIS 183

constitucional estabelecendo expressamente os direitos e garantias dos contribuintes, têm apresentado garantias tão ou mais fortes do que as especialmente enunciadas no art. 150 da Constituição brasileira de 1988. Invocando princípios bastante gerais e abstratos, e sempre atentando à proteção do núcleo essencial dos direitos fundamentais dos contribuintes, as Cortes Constitucionais da Alemanha e dos Estados Unidos, sempre que provocadas, têm impedido avanços desmedidos por parte dos entes tributantes, tanto no que concerne à instituição e cobrança de tributos quanto no tocante à imposição de sanções.

Pautado, assim, pela ideia de sistema jurídico, o presente trabalho procura demonstrar que o poder sancionatório dos entes políticos, inclusive e especialmente no âmbito tributário, encontra-se limitado por princípios e postulados aplicativos que formam a essência do Estado de Direito. Tais princípios e postulados – expressa ou implicitamente enunciados em dispositivos constitucionais – impedem a aplicação arbitrária e/ou exagerada das sanções administrativo-tributárias. Protegem, dessa forma, o núcleo dos direitos fundamentais dos contribuintes e responsáveis acusados da prática de algum ilícito fiscal. Como bem identificado por Robert Alexy,[60] há, sempre, um jogo de tensão entre as

os princípios jurídicos gerais cuja concretização determina os limites materiais da tributação. Chama, porém, atenção, o fato de que as restrições materiais ao poder de tributar não estão rigorosamente definidas na Lei Fundamental, muito pelo contrário, as orientações prévias acerca da sua abrangência devem ser desenvolvidas e aperfeiçoadas pela jurisprudência" (Ávila, *Sistema Constitucional Tributário*, cit., p. 461). A respeito da influência alemã na doutrina tributária brasileira, vide: Ricardo Lobo Torres, "As influências germânicas no direito financeiro e tributário brasileiro", *RF* 327/109, Rio de Janeiro, jul.-set. 1994.
60. "Las normas de competencia más importantes para la teoría de las restricciones son establecidas por las reservas legales iusfundamentales. A través de ellas, el legislador queda autorizado para imponer restricciones de derechos fundamentales. A la competencia del legislador corresponde aquí la sujeción del titular del derecho fundamental. (…) Para todo este tipo de reglas normas de competencia, vale el que ellas no constituyen ninguna restricción sino tan solo fundamentan la restringibilidad de los derechos fundamentales" (Alexy, *Teoría de los Derechos Fundamentales*, Madrid, Centro de Estudios Políticos e Constitucionales, 2002, p. 273). Especificadamente em relação às restrições ocasionadas aos direitos fundamentais pelo poder de tributar, refere Humberto Ávila que "as leis tributárias veiculam normas restritivas, na medida em que restringem ou limitam determinados bens jurídicos (ações vinculadas à propriedade, ações vinculadas à liberdade de agir e de trabalhar etc.) Os direitos fundamentais e os bens jurídicos são os dois lados de uma mesma moeda" (*Sistema Constitucional Tributário*, cit., p. 56). O mesmo autor também menciona expressamente "a relação de tensão entre os princípios e as regras constitucionais, especialmente entre aqueles que protegem os cidadãos e aqueles que atribuem poderes ao Estado" (*Teoria dos Princípios: da definição à aplicação dos princípios jurídicos,*

184   SANÇÕES TRIBUTÁRIAS: DEFINIÇÃO E LIMITES

potestades estatais e os direitos fundamentais dos cidadãos. Tal jogo de tensão deve observar atentamente os limites veiculados pelos princípios gerais e pelos postulados normativos. Os referidos princípios e postulados, portanto, resguardam os direitos fundamentais dos contribuintes e responsáveis contra excessos que poderiam ser cometidos por meio de tributos e por meio de sanções administrativo-tributárias. Não por outra razão o próprio art. 150 da Constituição da República, ao tratar especificamente das limitações ao poder de tributar, inicia seu texto dispondo que as normas protetivas dos contribuintes, decorrentes da interpretação de seus incisos, deverão ser aplicadas "sem prejuízo de outras garantias asseguradas ao contribuinte". Mesmo no âmbito exclusivo das relações jurídico-tributárias em sentido estrito – dentre as quais não se incluem as relações formadas a partir do exercício do poder sancionador dos entes tributantes –, o legislador constituinte assegurou a aplicação de outras garantias aos direitos fundamentais dos contribuintes e responsáveis, além daquelas advindas da interpretação do art. 150 da Constituição. Tal expressa observação evidencia a consciência do legislador constituinte a respeito da necessidade de consideração de outras formas de proteção aos direitos fundamentais, e nesse sentido faz prova cabal da sua intenção de

16ª ed., São Paulo, Malheiros Editores, 2015, p. 187). Sobre as restrições ocasionadas pelo poder de tributar ao direito à liberdade, vide: Ricardo Lobo Torres, *Tratado de Direito Constitucional Financeiro e Tributário*, 3ª ed., Rio de Janeiro, Renovar, 2005, vol. 3, p. 5. Merece destaque, finalmente, a lição de José Casalta Nabais, autor português que defende a existência de um dever fundamental (de pagar tributos) contraposto aos direitos fundamentais dos contribuintes: "(...) há que ter em conta a concepção de homem que subjaz as actuais constituições, segundo a qual ele não é um mero indivíduo isolado ou solitário, mas sim uma pessoa solidária em termos sociais, constituindo precisamente essa referência e vinculação sociais do indivíduo – que faz deste um ser ao mesmo tempo livre e responsável – a base do entendimento da ordem constitucional assente no princípio da repartição ou da liberdade como uma ordem simultânea e necessariamente de liberdade e de responsabilidade, ou seja, uma ordem de liberdade limitada pela responsabilidade. Enfim, um sistema que confere primazia, mas não exclusividade, aos direitos face aos deveres fundamentais, ou, socorrendo-nos de K. Stern, um sistema em que os direitos fundamentais constituem a essência da liberdade e os deveres fundamentais o seu correctivo" (*O Dever Fundamental de Pagar Impostos*, cit., p. 31). C. M. Giuliani Fonrouge também se refere a um dever social relativo ao recolhimento dos tributos: "Infringir ou transgredir disposições fiscais, já seja em seu aspecto mais grave de ações dolosas ou quando se refiram a normas complementares para assegurar sua efetividade, não importa mera desobediência às ordens da autoridade, como pretende a doutrina administrativista alemã, mas quebra de um verdadeiro dever social, como é o subtrair-se ao pagamento dos tributos essenciais para a manutenção do estado e alterar a ordem jurídica da coletividade" (Carlos M. Giuliani Fonrouge, *Conceitos de Direito Tributário,* trad. de Geraldo Ataliba e Marco Aurélio Greco, São Paulo, Edições Lael, 1973, p. 239).

EXCLUDENTES E LIMITAÇÕES CONSTITUCIONAIS 185

que não fossem afastados do rol de garantias dos contribuintes os princípios gerais de Direito. Como esclarece Humberto Ávila,[61] "o dispositivo expressamente autopreserva a sua inexauribilidade protetiva". Em síntese parcial, tem-se que as normas surgidas da interpretação do art. 150 da Constituição Nacional, os postulados normativos e os princípios gerais de Direito protegem os contribuintes e responsáveis perante o poder de tributar. Por outro lado, com seu âmbito de aplicação restrito às relações jurídico-tributárias propriamente ditas, as normas advindas da interpretação do art. 150 da Constituição não servem como limitações diretas ao poder sancionatório dos entes tributantes, constitucionalmente restringido, no entanto, pelos postulados normativos e pelos princípios gerais de Direito decorrentes da Constituição.

---

61. Ávila, *Segurança Jurídica: entre permanência, mudança e realização no direito tributário*, São Paulo, Malheiros Editores, 2011, p. 414; do mesmo autor, *Teoria da Segurança Jurídica*, 3ª ed., São Paulo, Malheiros Editores, 2014, p. 429.

2
AS SANÇÕES TRIBUTÁRIAS
E OS PRINCÍPIOS JURÍDICOS

2.1 O poder sancionador tributário e o Estado de Direito. 2.2 As sanções tributárias e a legalidade: 2.2.1 Esboço conceitual e dimensão normativa; 2.2.2 A legalidade no âmbito tributário; 2.2.3 A legalidade no âmbito sancionador tributário: 2.2.3.1 As sanções tributárias e a reserva de lei: 2.2.3.2 As sanções tributárias e o princípio da tipicidade. 2.3 As sanções e a segurança jurídica: 2.3.1 Esboço conceitual e dimensão normativa; 2.3.2 A segurança jurídica no âmbito tributário; 2.3.3 A segurança jurídica no âmbito sancionador tributário.

2.1 O poder sancionador tributário e o Estado de Direito

Consagrado o Estado de Direito, todo poder estatal encontra limites no ordenamento jurídico – seja o poder de tributar, seja o poder de sancionar. Pelas palavras de Celso Antônio Bandeira de Mello,[1] "o próprio do Estado de Direito é subordinar o exercício do Poder Público à obediência de normas adrede concebidas para conformar-lhe a atuação, prevenindo, dessarte, seu uso desatado ou descomedido". Não há legitimidade senão dentro dos estritos limites da Constituição e das leis. Pela lição de Misabel Derzi, "a concepção de Estado de Direito liga-se à de democracia e de contenção do arbítrio".[2]

---

1. Celso Antônio Bandeira de Mello, "O princípio da legalidade e algumas de suas consequências para o direito administrativo sancionador", *Revista Latino-Americana de Estudos Constitucionais*, n. 1, Belo Horizonte, 2003, p. 73.
2. "Notas", in Aliomar Baleeiro, *Limitações Constitucionais ao Poder de Tributar*, São Paulo, Noeses, 2009, p. 72. Vide ainda Ruy Barbosa Nogueira, "O estudo do direito tributário na Universidade de São Paulo", *Revista de Direito Administrativo*, n. 123, Rio de Janeiro, jan.-mar. 1976, p. 451 e Manoel Gonçalves Ferreira Filho, *Princípios Fundamentais do Direito Constitucional*, 2ª ed., São Paulo, Saraiva, 2010, p. 177. Especificamente quanto à importância do Estado de Direito em face do poder de tributar: Antônio Roberto Sampaio Dória, *Direito Constitucional Tributário e Due*

AS SANÇÕES TRIBUTÁRIAS E OS PRINCÍPIOS JURÍDICOS   187

Exatamente como ocorre com toda e qualquer potestade estatal,[3] o poder sancionador dos entes tributantes deve obediência às normas advindas da interpretação da Constituição Federal. Não obstante as normas decorrentes da interpretação do art. 150 da Constituição estejam restritas à instituição e à cobrança de tributos, e não de sanções, outros princípios originados do Texto Constitucional servem como trava à atuação sancionatória pelos entes tributantes.

Estabelecidos como valores supremos no Preâmbulo da Constituição da República, liberdade, segurança, igualdade e justiça funcionam como verdadeiro suporte axiológico de todo o ordenamento jurídico. Transmudados em sobreprincípios jurídicos, encontram eco dentre os vários direitos e garantias individuais advindos da interpretação do Texto Constitucional.[4] São exemplos os direitos "à vida, à liberdade, à igualdade, à segurança e à propriedade", referidos no *caput* do art. 5º da Constituição. Exercendo suas múltiplas funções, *v.g.*, influenciar na interpretação que dá origem a normas mais específicas ou bloquear sua aplicação quando com elas contraditórios, os mencionados princípios afetam os mais variados ramos do Direito, inclusive o Tributário e mais especificamente o Tributário Sancionador. Por serem extremamente gerais e abstratos, cumprem, ademais, função integrativa,[5] devendo, por isso, ser aplicados sempre que não houver norma mais específica regulando algum caso pendente de solução. No modelo de positivismo ético, a aplicação da norma mais específica e concreta deve ter primazia em relação à da norma mais geral e abstrata.[6] É evidente que não pode

Process of Law: ensaio sobre o controle judicial da razoabilidade das leis, 2ª ed., Rio de Janeiro, Forense, 1986, p. 1.

3. Ezio Vanoni, *Natureza e Interpretação das Leis Tributárias*, trad. de Rubens Gomes de Souza, Rio de Janeiro, Edições Financeiras, 1932, pp. 114-115.

4. Com a maestria que lhe é peculiar, Souto Maior Borges vincula os princípios fundamentais aos direitos e garantias individuais (José Souto Maior Borges, "A isonomia tributária na Constituição Federal de 1988", *Revista de Direito Tributário*, n. 64, São Paulo, 1994, pp. 11-12). Pela doutrina estrangeira, Alexander Peczenik menciona a relação de suporte mútuo havida entre os direitos fundamentais e o Estado de Direito: "Many reasons support the conclusion that legal validity of basic rights constitutes a conceptually necessary condition of a fully developed *Rechtsstaat* and, at the same time, when no *Rechtsstaat* at all exists, one cannot, for conceptual reasons, speak about the validity of the basic rights" (Aleksander Peczenik, *On Law and Reason*, Dordrecht, Kluwer, 1989, p. 166).

5. Ávila, *Sistema Constitucional Tributário*, 4ª ed., São Paulo, Saraiva, 2010, pp. 45-46.

6. Pelas palavras de Tom D. Campbell a respeito do chamado *positivismo ético*: "It is central to LEP (Legal Ethic Positivism) that a system of law ought to be a system of rules. (...) For these reasons, LEP affirms the centrality of rules in relation

188 SANÇÕES TRIBUTÁRIAS: DEFINIÇÃO E LIMITES

a regra ser simplesmente ignorada, em seu lugar aplicando-se algum princípio mais geral e abstrato. Tal atitude não seria aceitável nem mesmo se o princípio em questão fosse exatamente aquele (ou um dos) que dá suporte à regra evitada. Conforme leciona Frederick Schauer,[7] as regras apresentam-se como razões entrincheiradas, que não podem ser simplesmente desprezadas pelo aplicador. Fosse possível ignorar regras e invocar o princípio mais consentâneo às preferências pessoais do aplicador ou mesmo aquele que suporta a regra, haveria grave ofensa à segurança jurídica, ao princípio democrático e principalmente à separação de Poderes – os Poderes Judiciário e/ou Executivo estariam exercendo prerrogativas políticas pertencentes exclusivamente ao Poder Legislativo. Nos Estados Democráticos de Direito, a vontade da maioria deve ser representada pela lei e não por atos do Executivo ou do Judiciário, conforme ensinava Carré de Malberg.[8] Não havendo, contudo, regra a ser aplicada, estará aberto o caminho ao exercício da função integrativa dos princípios. No caso das sanções tributárias, como visto, a falta de um grupo organizado de regras gerais que as regule é notável. Tal lacuna possibilita a aplicação direta de princípios como limitações ao poder sancionador dos entes tributantes.

No cumprimento de sua função integrativa, os chamados princípios gerais de direito, especialmente aqueles mais identificados com o Direito Público, servirão como limitadores do poder sancionatório dos entes tributantes. Seu agrupamento formará o conjunto de princípios vigentes no âmbito sancionador tributário – na Itália, Del Federico identifica alguns dos princípios que denomina de Princípios Gerais do Direito Tributário Sancionador.[9] Sempre visando à maior proteção dos direitos

---

to the legitimacy of claims to impose mandatory requirements on the members of society. This entails that courts should ideally be limited to the application or rules politically arrived at in other for. However, LEP is not a pure Formalism which reads law without regard to their purposes, although it is a foundational tenet of the theory that rule application can and ought to be relatively detached from the ulterior purposes of such rules, particularly if this takes the adjudicator beyond what is apparent from a contextual understanding of the rules themselves" (Tom D. Campbell, *The Legal Theory of Ethical Positivism*, Dartmouth, Ashgate, 1996, pp. 5-7). Vide também Frederick Schauer, *Playing by the Rules: a philosophical examination of rule-based decision-making in law and in life*, Oxford, Claredon, 2002, p. 204.

7. *Playing by the Rules...*, cit., p. 42.

8. *Teoría General del Estado*, México, Facultad de Derecho/Unam, Fondo de Cultura Económica, 2001, p. 329.

9. Segundo Lorenzo del Federico, "non solo la riserva di legge, ma anche il principio di tassatività, il divieto di analogia (145) ed il divieto di retroattività (146) debbono operare indistintamente nell'intero campo del diritto punitivo, come prin-

AS SANÇÕES TRIBUTÁRIAS E OS PRINCÍPIOS JURÍDICOS 189

fundamentais dos acusados de terem cometido alguma infração – dentre os quais se inclui o direito à propriedade, bastante atingido pelas sanções tributárias –, os mencionados princípios funcionarão como obstáculos à instituição e aplicação de sanções administrativo-tributárias desmedidas e/ou arbitrárias.[10]

Importante registrar que tais princípios decorrem do Estado de Direito e à luz do Estado de Direito devem ser aplicados.[11] Da mesma forma com que exige a observância das chamadas excludentes de ilicitude e culpabilidade ainda que não exista expressa previsão legal no âmbito da legislação (sancionador) tributária, o Estado de Direito impõe a conclusão de que os princípios jurídicos e os postulados normativos devem ser aplicados diretamente como limitações ao poder sancionador dos entes tributantes.

Não há como evitar, ademais, a constatação de que o sobreprincípio do Estado de Direito exerce múltiplas funções, dentre as quais a de promover a necessária readequação dos (sub)princípios em face das particularidades de cada caso concreto e mesmo de cada subsistema normativo. Por sua própria natureza, os princípios sempre atuam de forma complementar, em mútua afetação. Daí a importância do Estado de Direito a permitir, por meio de sua função rearticuladora,[12] o delicado rearranjo

cipi generali di settore" (*Le Sanzione Amministrative nel Diritto Tributario*, Milano, Giuffrè, 1993, pp. 62-63).
10. Neil MacCormick trata a proteção às liberdades como uma característica necessária do Estado de Direito: "Fidelity to the rule of law is one condition for the protection of liberty against unwarranted incursions by agencies of government" (*Institutions of Law: an essay in legal theory*, New York, Oxford University, 2007, p. 190). Por sua vez, Juan Carlos Luqui afirma: "Dentro del concepto de libertad están ínsitos los derechos de propiedad, de libertad y a la vida. El Estado no los crea, sólo reconoce su existencia, estableciendo las garantías de dichos derechos, que así representan verdaderas autolimitaciones del poder del Estado frente a la persona humana. Ni la legislación del Congreso ni las constituciones o leyes provinciales pueden desconocer esos derechos, tampoco limitar o debilitar esas garantías" (*La Obligación Tributaria*, Buenos Aires, Depalma, 1989, p. 70).
11. Vide Roque Antônio Carrazza, *Direito Constitucional Tributário*, 30ª ed., São Paulo, Malheiros Editores, 2015, p. 278.
12. "Os sobreprincípios, como, por exemplo, os princípios do Estado de Direito, da Segurança Jurídica, da dignidade humana e do devido processo legal, exercem importantes funções mesmo na hipótese – bastante comum, de seus subprincípios já estarem expressamente previstos pelo ordenamento jurídico. Como princípios que são, os sobreprincípios exercem as funções típicas dos princípios (interpretativa e bloqueadora), mas, justamente por atuarem 'sobre' outros princípios (daí o termo 'sobreprincípio') não exercem nem a função integrativa (porque essa função pressupõe atuação direta e os sobreprincípios só atuam indiretamente), nem a definitória (porque

190 SANÇÕES TRIBUTÁRIAS: DEFINIÇÃO E LIMITES

normativo que conduzirá à melhor solução para cada caso específico. Tamanha a combinação de princípios decorrente da ponderação necessária à solução de questões jurídicas complexas, que a análise segregada de cada norma individual chega a tornar-se quase inviável. Pela ponderação que é característica de seu modo de aplicação, a resolução dos casos em que são aplicados princípios não leva em consideração apenas a legalidade ou a igualdade, por exemplo. Ao contrário, as soluções baseadas em princípios demandam normalmente a aplicação de duas ou mais normas-princípio, que se inter-relacionam e se afetam mutuamente. Exatamente por esse motivo, José Souto Maior Borges[13] chega a mencionar que "na metalinguagem doutrinária legalidade e isonomia podem ser enunciados como um só princípio". Será por meio do Estado de Direito, considerado em suas vertentes material e formal,[14] portanto, que se tornará possível a tão almejada composição entre segurança e justiça,[15] indispensável à correta aplicação das sanções administrativo-tributárias.

essa função, apesar de indireta, pressupõe a maior especificação e os sobreprincípios atuam com maior amplitude). Na verdade, a função que os sobreprincípios exercem distintamente é a função rearticuladora, já que eles permitem a interação entre os vários elementos que compõem o estado ideal de coisas a ser buscado. (...) Nessas hipóteses, cada subprincípio incorpora o sentido dos outros subprincípios. Daí se dizer que o resultado interpretativo do conjunto é maior do que a soma das parte" (Ávila, *Sistema Constitucional Tributário*, cit., p. 47).
13. "A isonomia tributária na Constituição Federal de 1988", cit., p. 13.
14. "O Estado de Direito Formal realiza principalmente a Segurança Jurídica (...) Estado de Direito material assegura principalmente os direitos fundamentais, a dignidade humana, a igualdade e a liberdade do homem" (Klaus Tipke e Joachim Lang, *Direito Tributário*, vol. 1, trad. de Luiz Dória Furquim, Porto Alegre, Fabris, 2008, pp. 182-183). Na sequência, afirmam os autores que "a justiça tributária é essencialmente estabelecida por meio da igualdade e da legitimidade da imposição" e que "não basta mais a função formal-jurídico-estatal do princípio da legalidade. A lei deve antes de tudo preencher a função material-jurídico-estatal da justiça" (ibidem, p. 188).
15. "But even the most prognosticable application of the law can in a cruel way trample on the most basic human values. There is no doubt about the judiciary in Hitler's Germany having acted prognosticably. Certainly also the judges of Pol Pot in Cambodia were prognosticable. Even if these are examples, they are, however, examples of this world inhabited by people. They show that predictability cannot be considered the only distinctive mark of legal safety. We require more of law, we require of it also justice and reasonableness" (Aulis Aarnio, *Reason and Authority: a treatise on the dynamic paradigm of legal dogmatics*, Cambridge, Dartmouth, 1997, p. 14). Sobre o complexo relacionamento entre segurança e justiça, vide ainda Almiro Couto e Silva, "Princípios da legalidade da administração pública e da segurança jurídica no estado de direito contemporâneo", *Revista da Procuradoria-Geral do Estado*, vol. 27, n. 57, Porto Alegre, 2003, pp. 13-31.

AS SANÇÕES TRIBUTÁRIAS E OS PRINCÍPIOS JURÍDICOS 191

Por outro lado, será também à luz do Estado de Direito que os demais princípios aglutinar-se-ão na formação de um subsistema de normas protetivas dos direitos fundamentais daqueles que estiverem sujeitos às sanções administrativo-tributárias. Ponto fundamental da presente tese, os sobreprincípios e mesmo os postulados normativos deverão ser rearranjados à luz do Estado de Direito, num movimento que sofre forte influência da necessidade de proteção dos direitos fundamentais restringidos pelas normas de sanção tributária. Em razão disso, acabam apresentando nova e específica feição no campo sancionador-tributário (Zornoza Pérez[16]).

Enaltecida a importância do Estado de Direito, é chegado, afinal, o momento de passar ao exame da forma como alguns outros princípios gerais de Direito limitam as sanções administrativo-tributárias, em especial as multas.

2.2 As sanções tributárias e a legalidade

2.2.1 Esboço conceitual e dimensão normativa

O chamado princípio da legalidade é um dos principais pilares do Estado de Direito.[17] Para Schoueri e para Navarro Coêlho,[18] "a ideia da le-

16. Zornoza Pérez fala sobre "una serie de principios propios del Derecho Administrativo (Tributario) sancionador, extraídos directamente de la Constitución y sin la perturbadora intermediación del Derecho Penal, que permitieran situar la potestad tributaria sancionadora en el lugar que le corresponde, como potestad adjetiva o complementaria de las restantes potestades tributarias" (Juan J. Zornoza Perez, "Prólogo", in Francisco Javier Alonso Madrigal, *Legalidad de la Infracción Tributaria (reserva de ley y tipicidad en el Derecho Tributario Sancionador)*, Madrid, Dykinson, 1999, p. 17).

17. Segundo Aharon Barak: "In a constitutional democracy, a constitutional right cannot be limited unless such a limitation is authorized by law. This is the principle of legality. From here stems the requirement (…) that any limitation on a right must be 'prescribed by law'. At the basis of this requirement stands the principle of the rule of law" (*Proportionality: constitutional rights and their limitations*, New York, Cambridge University, 2012, p. 107). Para Robert Summers: "Some level of conformity to the canons of legality is a characteristic of the very phenomenon of a legal system. Such conformity is also a *desideratum* backed by those values that in western tradition are most often associated with the rule of law itself: predictability of official action, freedom from official arbitrariness, protection of citizens from unfair official action, and more" (*Essays in Legal Theory*, Netherlands, Kluwer, 2000, p. 146). No Brasil, refere Rafael Munhoz de Mello: "Essencial à contenção do poder estatal, o princípio da legalidade da Administração é indissociável da ideia de Estado de Direito" (*Princípios Constitucionais de Direito Administrativo Sancionador*, São Paulo, Malheiros Editores, 2007, p. 111).

192 SANÇÕES TRIBUTÁRIAS: DEFINIÇÃO E LIMITES

galidade é própria do Estado de Direito"; Fonrouge[19] entende que se trata de "um dos princípios essenciais do estado moderno"; Rebollo Puig[20] dita que a legalidade é "la forma concreta que adopta el principio de juridicidad en el Estado de Derecho"; e finalmente Perez Royo[21] entende que a legalidade "se encuentra en el nacimiento del régimen constitucional y que es esencial en el esquema de separación de poderes".

Pela literalidade do Texto Constitucional brasileiro, a partir do qual é construída, a legalidade prescreve que "ninguém será obrigado a fazer ou deixar de fazer alguma coisa senão em virtude de lei" (inc. II do art. 5º da CF). Como afirmado pelo Min. Joaquim Barbosa no julgamento do RE 388.359:[22] "a construção da Democracia e de um Estado Democrático de Direito exige da Administração Pública, antes de mais nada, respeito ao princípio da legalidade, quer em juízo, quer nos procedimentos internos". Com especial vocação para atuar como limitação do poder estatal, a legalidade impede não apenas que a Administração Pública promova exigências contrárias à lei, mas inclusive que o faça à margem da lei.[23]

É grande a proximidade da legalidade e do Estado de Direito, como acertadamente evidencia a doutrina referida. Em face das relações firma-

18. Luis Eduardo Schoueri, *Direito Tributário,* São Paulo, Saraiva, 2011, p. 279. Sacha Calmon Navarro Coêlho refere que "onde houver Estado de Direito haverá respeito ao princípio da reserva de lei em matéria tributária". Diz mais: "Estado de Direito e Legalidade na tributação são termos equivalentes. Onde houver Estado de Direito haverá respeito ao princípio da reserva de lei em matéria tributária. Onde prevalecer o arbítrio tributário certamente inexistirá Estado de Direito. E, pois, liberdade e segurança tampouco existirão" (*Comentários à Constituição de 1988,* 8ª ed., Rio de Janeiro, Forense, 1999, p. 186).

19. *Conceitos de Direito Tributário,* trad. de Geraldo Ataliba e Marco Aurélio Greco, São Paulo, Edições Lael, 1973, p. 53.

20. "Juridicidad, legalidad y reserva de ley como límites a la potestad reglamentaria del Gobierno", *Revista de Administración Publica,* n. 125, Madrid, 1991, p. 68.

21. *Derecho Financiero y Tributario: parte general,* 22ª ed., Madrid, Civitas, 2012, p. 75.

22. RE 388.359, rel. Min. Marco Aurélio, Tribunal Pleno, j. 28.3.2007, *DJe* 042, divulg. 21.6.2007, public. 22.6.2007, *DJU* 22.6.2007, p. 17.

23. "No hay (...) ningún espacio franco o libre de ley en que la Administración pueda actuar con un poder a-jurídico y libre. Los actos y las disposiciones de la Administración, todos, han de someterse a Derecho, han de ser conformes al Derecho. El desajuste, la disconformidad, constituyen infracción del Ordenamiento Jurídico y les priva, actual o potencialmente de validez. El Derecho, no es pues, para la Administración una linde externa que señale hacia afuera una zona de prohibición y dentro de la cual pueda ella producirse de manera positiva, la acción administrativa, la cual no es válida si no responde a una previsión normativa" (Eduardo García de Enterría; Tomás-Ramón Fernández, *Curso de Derecho Administrativo II,* 9ª ed., Madrid, Civitas, 2004, pp. 417-418).

AS SANÇÕES TRIBUTÁRIAS E OS PRINCÍPIOS JURÍDICOS 193

das no campo do Direito Público, a legalidade estabelece, de um lado, que os particulares estão obrigados ao cumprimento da lei; de outro, que estão livres para fazer tudo o que a lei não proibir – Manoel Gonçalves Ferreira Filho fala de um princípio geral de liberdade, que se expressa pela possibilidade dos cidadãos realizarem qualquer ato que não esteja proibido pela lei.[24] Sendo a lei omissa, os cidadãos estão livres para agir de acordo com os seus interesses. Exatamente por essa razão é que podem os contribuintes promover os chamados planejamentos tributários, pelos quais, visando a reduzir a carga tributária que os onera, atuam nas brechas da lei, aproveitando-se, de forma lícita, da falta de vedação legal em relação à prática de determinados atos.[25] A Administração Pública, por seu turno, encontrando-se no outro polo da relação jurídica, diante da omissão da lei, deve permanecer inerte. Para os entes públicos, nos terrenos do Direito Administrativo e mesmo do Tributário, a falta de prescrição legal representa verdadeira proibição quanto à prática de determinado ato.[26]

No que toca à dimensão normativa da legalidade, fundamental ter presente que ela pode apresentar-se como regra, princípio ou mesmo postulado normativo. Pelas palavras de Humberto Ávila,[27] "a legalidade é tridimensional". Se, de um lado, como regra, prescreve o comportamento a ser adotado pelo Poder Legislativo (editar leis) e proíbe a promoção de comportamentos pelo Poder Executivo (legislar por meio de enunciados infralegais), de outro, como princípio bastante vinculado à segurança jurídica, estabelece o dever de buscar um ideal de previsibilidade e determinabilidade. Pode, ainda, atuar como postulado normativo, exigindo fidelidade em relação aos pontos de partida estabelecidos na lei.[28] Tais facetas da legalidade – regra, princípio e postulado – também aparecem no campo sancionador tributário.

---

24. "O princípio da legalidade é, por um lado – o primeiro a enunciar, ainda que pela negativa, o princípio geral da liberdade. O homem é livre para fazer tudo, exceto o que a lei proíbe" (Ferreira Filho, *Princípios Fundamentais do Direito Constitucional*, 2ª ed., São Paulo, Saraiva, 2010, p. 182).

25. "A liberdade fiscal (...) é precisamente a garantia de que as opções alternativas no terreno do Direito Privado têm como únicas consequências tributárias aquelas que resultam taxativamente da lei (princípio da tipicidade), com exclusão de quaisquer outras" (Alberto Xavier, *Tipicidade da Tributação, simulação e norma antielisiva*, São Paulo, Dialética, 2001, p. 32). Sobre a liberdade de iniciativa econômica e sua vinculação à legalidade: Eros Roberto Grau, *A Ordem Econômica na Constituição de 1988*, 17ª ed., São Paulo, Malheiros Editores, 2015, pp. 202-203.

26. Carrazza, *Curso de Direito Constitucional Tributário*, 30ª ed., São Paulo, Malheiros Editores, 2015, pp. 282-283.

27. Ávila, *Sistema Constitucional Tributário*, cit., p. 124.

28. Idem, ibidem, p. 124.

194 SANÇÕES TRIBUTÁRIAS: DEFINIÇÃO E LIMITES

2.2.2 A legalidade no âmbito tributário

Visando a reforçar a eficácia do chamado princípio da legalidade, o legislador constitucional insculpiu o art. 150, I, da CF, no qual está enunciado que é vedado aos entes políticos "exigir ou aumentar tributo sem lei que o estabeleça" – segundo Alberto Xavier, trata-se da mais importante dentre as limitações constitucionais ao poder de tributar.[29] O mencionado dispositivo constitucional repete a fórmula do consagrado princípio, especificando, contudo, sua aplicação nos campos tributários (Valdés Costa).[30] Pela clara disposição do art. 150, I, da Constituição, o exercício da competência tributária por parte dos entes públicos somente pode ser exercido por meio de lei. Não há tributo sem lei que o estabeleça, diz a adaptação do velho brocardo penal.[31]

29. *Os Princípios da Legalidade e da Tipicidade da Tributação*, São Paulo, Ed. RT, 1978, p. 4.

30. "El principio de legalidad en materia tributaria, tan divulgado a través del manido aforismo *nullum tributum sine lege*, es un ejemplo típico de la especificación en una rama jurídica determinada del principio, fundamental en el Estado de Derecho, de que nadie está obligado a hacer lo que no manda la ley, ni privado de lo que ella no prohíbe" (Ramón Valdés Costa, "Los principios jurídicos", *Revista de Direito Tributário*, n. 3, São Paulo, jan.-mar. 1978, p. 54).

31. Nas palavras de Albert Hensel: "Ogni imposizione ordinata riposa sul principio seguente finanziario: l'imposizione deve allacciarsi a condizioni di fatto o ad avvenimenti della vita, ritenuti passibili d'imposta. Questo principio, da solo, non può costituire una base dell'imposizione in senso giuridico. In ogni collettività ordinata come Stato di Diritto esse viene integrato col seguente principio giuridico fondamentale: ogni prelevamento d'imposta può essere effettuato soltanto in base ad una legge. (...) Un sistema tributario ordinato sul concetto dello stato di diritto, dovrebbe realizzare in modo assoluto e da ogni punto di vista il principio: 'nessuna imposizione senza legge', ove si voglia seguire strettamente il concetto tradizionale dello stato di diritto" (*Diritto Tributario*, trad. de Dino Jarach, Milano, Giuffrè, 1956, p. 50). Para Dino Jarach, o princípio da legalidade "es un principio que emana de las luchas políticas contra el Estado absoluto, afirmando, de acuerdo con la doctrina inglesa y norteamericana, la necesidad de la aprobación parlamentaria de los impuestos para su validez" (*Finanzas Públicas e Derecho Tributario,* Buenos Aires, Abeledo-Perrot, 2013, p. 287). Nos dizeres de Hamilton Dias de Souza: "de todos os princípios constitucionais erigidos como garantia fundamental do contribuinte, o mais importante é o da legalidade da tributação, previsto no art. 150, I. Resulta da velha tradição do constitucionalismo segundo a qual o tributo não pode ser instituído sem autorização do povo através de seus representantes" ("Comentários", in Ives Gandra da Silva Martins (coord.), *Comentários ao Código Tributário Nacional*, vol. 1, São Paulo, Saraiva, 1998, p. 8). Como afirma Ricardo Lobo Torres, "a imposição tributária fora dos quadros da legalidade transforma-se em opressão da liberdade, escravidão ou roubo" (*Tratado de Direito Constitucional Financeiro e Tributário*, vol. 3, 3ª ed., Rio de Janeiro, Renovar, 2005, p. 5).

AS SANÇÕES TRIBUTÁRIAS E OS PRINCÍPIOS JURÍDICOS 195

A legalidade advinda da interpretação do art. 150, I, do Texto Constitucional, reforçada pelo art. 97 do CTN, serve, pois, como forma de exigir que as normas de imposição tributária decorram de enunciados estabelecidos em lei em sentido estrito[32] (reserva de lei). Salvo raras exceções previstas na própria Constituição – *v.g.*, o aumento de alíquotas dos tributos arrolados no art. 153, § 1º, da Constituição –, todos os elementos ou critérios da regra-matriz de incidência tributária devem decorrer da interpretação da lei (tipicidade ou determinabilidade fática). Como ensina Juan Carlos Luqui,[33] é imperativo que a fonte da obrigação tributária seja a lei, tanto em sentido formal como em sentido material.[34]

O princípio da legalidade formal ou reserva de lei representa a exigência de que a criação e o aumento de tributos sejam obra do Poder Legislativo.[35] A despeito da dificuldade de se configurar uma reserva de lei única e aplicável a todos os ramos do Direito, dela se extrai um conteúdo mínimo representado pelos seguintes elementos: necessidade de que (a) haja lei em sentido estrito (enunciados prescritivos elaborados pelo Poder Legislativo); (b) as leis tenham um conteúdo material mínimo; e (c) em casos de delegação os atos infralegais sejam dependentes e subordinados à lei e que não a extrapolem, mas, ao contrário, complementem-na. De fato, as materializações da reserva de lei variam entre os mais diversos

32. Para o Supremo Tribunal Federal é também admitido o uso de Medida Provisória. Mesmo antes do advento da EC 32/2001, que estabeleceu no Texto Constitucional ser possível a instituição ou majoração de impostos por meio de medidas provisórias, o Supremo Tribunal Federal já admitia o seu uso a fim de criar ou aumentar tributos. Vide, dentre outros precedentes: STF, Tribunal Pleno, Medida Cautelar na Ação Direta de Inconstitucionalidade 1.667, rel. Min. Ilmar Galvão, j. 25.9.1997, *DJU* 21.11.1997.

33. "Es terminante, pues, que la causa-fuente de la obligación, por la cual el contribuyente está obligado al pago de los tributos, es la ley. Como se ha dicho, ley en sentido formal y también material, en cuanto a normas sustantivas" (Luqui, *La Obligación Tributaria*, cit., p. 79).

34. Misabel Abreu Machado Derzi também trabalha com a distinção entre o princípio da legalidade formal e o princípio da legalidade material, afirmando que "os arts. 150, I, e 5º, II, da Constituição vigente, referem-se à legalidade, como princípio necessário à instituição e majoração de tributos, tanto do ponto de vista formal – ato próprio, emanado do Poder Legislativo – como do ponto de vista material, determinação conceitual específica, dada pela lei aos aspectos substanciais dos tributos, como hipótese material, espacial e temporal, consequências obrigacionais, como sujeição passiva e quantificação do dever tributário (alíquotas e bases de cálculo)" ("Notas", in Aliomar Baleeiro, *Limitações Constitucionais...*, cit., p. 47).

35. "Tutte le Costituzioni consultate affermano esplicitamente che le imposte devono esse approvate dai competenti organi legislativi" (Victor Uckmar, *Principi Comuni di Diritto Costituzionale Tributario*, 2ª ed., Padova, Cedam, 1999, p. 25).

196 SANÇÕES TRIBUTÁRIAS: DEFINIÇÃO E LIMITES

ramos do Direito. No âmbito tributário, por exemplo, seu rigor é bastante acentuado, não havendo permissão, por exemplo, de delegação da competência tributária do Poder Legislativo ao Poder Executivo. A delegação da competência tributária do Poder Legislativo ao Executivo já foi inclusive objeto de julgamento pelo Supremo Tribunal Federal (RE 343.446-SC).[36] Em tal oportunidade, foi discutida a constitucionalidade de delegação ao Poder Executivo da competência relativa à definição dos conceitos de "atividade preponderante" e dos graus de risco da atividade laboral – definição essa fundamental à instituição da contribuição ao Seguro de Acidentes do Trabalho (SAT). Naquele caso, partindo da premissa de que "as leis em apreço definem (...) 'satisfatoriamente todos os elementos capazes de fazer nascer uma obrigação tributária válida'", a Corte Constitucional entendeu que tal delegação seria uma delegação *intra legem*, e não uma delegação *praeter legem*, razão pela qual não violaria a norma da legalidade tributária. Fundamental destacar, entretanto, que a delegação referida somente foi declarada constitucional pelo Supremo Tribunal Federal em tal julgamento porque não dispunha sobre os elementos da norma de incidência tributária. Restou claro naquela oportunidade que a disposição acerca dos chamados critérios da regra-matriz de incidência tributária é prerrogativa exclusiva do Poder Legislativo.

Nesse sentido, cabe reafirmar que o monopólio do Poder Legislativo na fixação dos critérios da norma de imposição tributária advém do chamado princípio democrático. Tal norma-princípio prescreve que cabe aos representantes do povo criar ou aumentar tributos. Não podem os membros do Poder Executivo ou Judiciário, por meio de atos infralegais, criar obrigações tributárias ou aumentar a carga tributária já existente – salvo, apenas, as exceções previstas no próprio Texto Constitucional, dentre as quais o aumento de alíquota de alguns impostos e a utilização de Medida Provisória (vide o quanto disposto no art. 62, § 2º, da CF). Como ditam Klaus Tipke e Joachim Lang,[37] "legalidade da imposição na forma de reserva legal significa: Executivo e Judiciário não podem inventar nenhum tributo. Todo tributo precisa de um fundamento legal". Não por outra razão, afirmam Hector Villegas[38] e A. D. Giannini[39] que o princípio

36. STF, Tribunal Pleno, RE 343.446-SC, rel. Min. Carlos Velloso, v.u, j. 20.3.2003, *DJU* 4.4.2003, p. 40.
37. *Direito Tributário*, vol. 1, trad. de Luiz Dória Furquim, Porto Alegre, Fabris, 2008, p. 238.
38. "El principio halla su fundamento en la necesidad de proteger a los contribuyentes en su derecho de propiedad. Los tributos importan restricciones a ese derecho, ya que en virtud de ellos se sustrae, a favor del Estado, algo del patrimonio de los particulares. De allí que, en el Estado del derecho, esto no sea legitimo si no se

AS SANÇÕES TRIBUTÁRIAS E OS PRINCÍPIOS JURÍDICOS 197

da legalidade funda-se na necessidade de proteger os contribuintes das restrições impostas pelos tributos a seu direito de propriedade.

Tratando-se de uma garantia aos direitos fundamentais de contribuintes e responsáveis, o princípio da legalidade deve ser interpretado sempre à luz do princípio democrático (Ávila).[40] Somente a soberania popular, subjacente ao Poder Legislativo, pode legitimar a instituição de tributos. Como afirmam José Maria Martín e Guillermo F. Rodriguez Usé,[41] a imposição de tributos sem o respaldo do povo violaria o direito de propriedade dos contribuintes e responsáveis e subverteria a finalidade do governo. Nesse mesmo sentido, são múltiplas as manifestações doutrinárias que vinculam a reserva de lei (legalidade formal) ao princípio democrático, enaltecendo a importância de que a norma de imposição tributária seja construída a partir de enunciados legais emanados diretamente do Parlamento e indiretamente da soberania popular (Perez Royo,[42] Lapatza,[43] Gaffuri,[44] Xavier[45]).

No Brasil, importa destacar que a reserva de lei exige a edição de lei ordinária – salvo raras exceções estabelecidas no Texto Constitucional, por exemplo, a exigência expressa de lei complementar constante dos arts. 148 e 154, I, da Carta Constitucional. No exercício da competência tributária que lhes foi outorgada pelo legislador constituinte, devem os entes tributantes editar lei ordinária a partir da qual serão construídas as normas de imposição tributárias (regras-matrizes de incidência tributária).

obtiene por decisión de los órganos representativos de la soberanía popular" (*Curso de Finanzas, Derecho Financiero y Tributario*, 9ª ed., Buenos Aires, Astrea, 2013, p. 255).

39. "La legge è la fonte di gran lunga prevalente del diritto tributario, dovendo essere legislativamente stabilito tutto cioè che attiene all'imposizione e alla riscossione dei tributi. Questa esigenza non solo corrisponde ai principi direttivi del nostro ordinamento costituzionale, arrecando il tributo una limitazione alla libertà e alla proprietà individuale, che solo il potere legislativo è autorizzato a stabilire" (A. D. Giannini, *Istituzioni di Diritto Tributario*, 5ª ed., Milano, Giuffrè, 1951, p. 11).

40. Ávila, *Sistema Constitucional Tributário*, cit., p. 122.

41. Para José M. Martín e Guillermo F. Rodriguez Usé: "porque si alguien pretende el poder de imponer y exigir tributos del pueblo por su propia autoridad y sin el consentimiento del pueblo, de ese modo se atropellaría la ley fundamental de la propiedad y subvertiría la finalidad del gobierno" (*Derecho Tributario General*, 2ª ed., Buenos Aires, Depalma, 1995, p. 93). Vale recordar, nesse sentido, o brocardo anglo-saxão: "no taxation without representation".

42. *Derecho Financiero y Tributario...*, cit., p. 75.

43. *Direito Tributário: teoria geral do tributo*, Barueri, Manole, 2007, p. 8.

44. *Diritto Tributario: parte generale e parte speciale*, 7ª ed., Padova, 2012, p. 23.

45. *Os Princípios da Legalidade e da Tipicidade da Tributação*, cit., p. 20.

198   SANÇÕES TRIBUTÁRIAS: DEFINIÇÃO E LIMITES

Por sua vez, o princípio da legalidade material, também conhecido por tipicidade, denota a exigência de que a norma de imposição tributária seja uma norma geral e abstrata (Vanoni).[46] Mais do que isso: todos os aspectos ou critérios da hipótese da norma de imposição tributária devem constar da norma originada a partir da interpretação da lei. Dando maior destaque à descrição constante da hipótese da norma de imposição tributária, refere Gianfranco Gaffuri[47] que a lei deve especificar o pressuposto fático que ensejará a incidência da norma tributária.

Não obstante a maior relevância dada pelo doutrinador italiano à hipótese da norma de imposição tributária, não apenas os seus critérios, como também os da correlata prescrição normativa, deverão resultar da interpretação da lei – a descrição dos sujeitos da relação jurídico-tributária, a indicação da base de cálculo e da alíquota dos tributos, deverão ter por origem a interpretação da lei (Casás).[48] Não pode a chamada regra-matriz de incidência tributária ser composta por alguns critérios ou aspectos decorrentes da interpretação da lei e outros da interpretação de atos infralegais. Como dita Pérez Royo,[49] o princípio da legalidade cobre a regulação dos elementos essenciais do tributo, sejam aqueles relativos à identificação da prestação a ser exigida, sejam os relativos à sua quan-

46. "A norma jurídica é um ordenamento geral e abstrato que impõe com força obrigatória uma regra de conduta para garantia de um interesse (...) A norma tributária é uma norma abstrata e genérica: dirige-se não a um indivíduo determinado, mas à coletividade; prescinde do particular para considerar aquilo que geralmente ocorre nas relações a que se refere, e para regular tais relações segundo suas características comuns" (Vanoni, *Natureza e Interpretação das Leis Tributárias*, cit., pp. 110-111).
47. Para Gianfranco Gaffuri: "la legge istitutiva dell'imposizione fiscale per essere rispettosa della riserva stabilita dalla Costituzione, deve specificare innanzitutto il presupposto della stessa obbligazione d'imposta, ovverosia lo stato di fatto, la condotta o l'avvenimento rivelatori di forza economica, in relazione ai quali lo Stato esige il pagamento di una somma" (Gaffuri, *Diritto Tributario*, cit., p. 24).
48. Para José Osvaldo Casás, "valga enfatizar que el principio de reserva de ley se proyecta sobre todos los elementos estructurales de la hipótesis de incidencia tributaria, es decir, en el material, personal – éste, a veces, definido implícitamente, temporal, espacial, como en el cuantitativo – más allá de que respecto a las alícuotas haya soluciones constitucionales y doctrinales que contemplan o propician su flexibilización" ("El principio de legalidad en materia tributaria", in Heleno Taveira Torres (org.), *Tratado de Direito Constitucional Tributário: estudos em homenagem a Paulo de Barros Carvalho*, São Paulo, Saraiva, 2005, p. 229).
49. "(...) el principio de legalidad cubre la regulación de los elementos esenciales del tributo. Por establecimiento de la prestación hay que entender no simplemente la creación, sino también la determinación de sus elementos esenciales (...) debe entenderse comprendidos, en todo caso, los elementos determinantes de la identidad (o identificación) de la prestación, así como los relativos a su identidad (o cuantificación)" (Pérez Royo, *Derecho Financiero y Tributario*, cit., p. 78).

AS SANÇÕES TRIBUTÁRIAS E OS PRINCÍPIOS JURÍDICOS 199

tificação.[50] A criação de enunciados normativos nos quais esteja descrito qualquer dos critérios da hipótese da norma de incidência tributária não se encontra no campo discricionário do Poder Executivo. Salvo raras exceções estabelecidas pela Constituição Federal, ao Poder Executivo também não compete prescrever os elementos da relação jurídico-tributário. A fixação dos critérios da chamada regra-matriz de incidência tributária, sejam aqueles relativos à sua hipótese, sejam os relativos à sua prescrição, é, portanto, tarefa exclusiva do Poder Legislativo.

2.2.3 A legalidade no âmbito sancionador tributário

Conforme já salientado, as normas constitucionais tributárias decorrentes da interpretação do art. 150 da Constituição da República não servem como limitação ao poder sancionatório dos entes tributantes. Mostra-se fundamental, assim, examinar como a legalidade, decorrente da interpretação do *caput* e do inc. II do art. 5º da Carta Constitucional e também do art. 97, V, do CTN, poderá servir como obstáculo à instituição e cobrança de sanções administrativo-tributárias.

Tal análise deverá iniciar pela constatação de que o legislador não se satisfez com a previsão constitucional disposta no art. 5º, inc. II, da Carta de 1988 – já existente no Texto Constitucional de 1946 (art. 141, § 34).[51] Indo além, ao editar o Código Tributário Nacional, estabeleceu, expressamente, norma geral que impõe às sanções administrativo-tributárias obediência à legalidade. Pela letra clara do art. 97, V, do CTN, "somente a lei pode estabelecer a cominação de penalidades para as ações ou omissões contrárias a seus dispositivos, ou para outras infrações nela definidas".[52]

---

50. Comentando a previsão do art. 97 do CTN acerca do princípio da legalidade, Luís Eduardo Schoueri refere que "não se contenta o legislador complementar em exigir que o tributo seja genericamente previsto na lei; tampouco lhe basta a definição da hipótese tributária na lei: também o consequente normativo, isto é o *an* e o *quantum debeatur*, representados pela definição do sujeito passivo, da base de cálculo e da alíquota, todos devem ser previstos na própria lei. Vale dizer, tanto o antecedente (hipótese) como o consequente jurídico tributário são matérias de lei. Noutras palavras, como se verá com mais vagar no Capítulo X, exige-se que toda a *regra-matriz de incidência tributária* decorra da lei" (*Direito Tributário*, cit., p. 292).
51. "§ 34. Nenhum tributo será exigido ou aumentado sem que a lei o estabeleça; nenhum será cobrado em cada exercício sem prévia autorização orçamentária, ressalvada, porém, a tarifa aduaneira e o imposto lançado por motivo de guerra (Vide Emenda Constitucional n. 7, de 1964)."
52. Alejandro Nieto afirma que "para la ideología del Estado democrático de Derecho es imprescindible, en efecto, la afirmación del principio de la legalidad en el Derecho Administrativo sancionador (...) es el pueblo – y no El Monarca – el que

200 SANÇÕES TRIBUTÁRIAS: DEFINIÇÃO E LIMITES

Da mesma forma que o art. 150, I, da Constituição especifica a aplicação do chamado princípio constitucional da legalidade no que concerne à instituição de tributos, o art. 97, V, do CTN o faz em relação às sanções tributárias. Nada obsta que no tocante às sanções a maior especificação do princípio da legalidade seja promovida por meio de decreto recepcionado com força de lei complementar (CTN), e não pela própria Constituição Federal. A eleição de um veículo de introdução infraconstitucional apenas acarreta uma menor resistência à eventual tentativa de revogação ou mudança do enunciado normativo.

Voltando a atenção ao texto do inc. V do art. 97 do Código Tributário, nota-se que o legislador exige a utilização de lei como veículo de introdução de sanções administrativo-tributárias – o Código Tributário menciona que "somente a lei pode estabelecer (...) a cominação de penalidades". Parece claro que o dispositivo está a tratar do consequente da norma de sanção administrativo-tributária. Não há, no Código de Tributos, entretanto, qualquer exigência de lei no tocante à definição da hipótese da referida norma sancionatória, da descrição do ilícito passível de sanção. Tal omissão legislativa poderia ocasionar dúvidas acerca da existência de permissão no ordenamento jurídico nacional quanto à fixação da hipótese da norma de sanção tributária por ato infralegal. Essas dúvidas, porém, dissipar-se-iam rapidamente, pela simples lembrança da função integrativa exercida pelo princípio da legalidade decorrente da interpretação do art. 5º, II, da Carta Constitucional. A falta de previsão expressa no Código Tributário Nacional sobre a indispensabilidade de lei quanto à definição da hipótese da norma sancionatória não gera qualquer repercussão jurídica, tendo em vista que tal exigência já decorria da interpretação do art. 5º, II, da Carta Constitucional. Eventual dispositivo legal seria meramente expletivo, verdadeira e inócua repetição do comando constitucional. Como dito inúmeras vezes, o Direito Tributário Sancionador tem como base axiológica os princípios gerais de Direito Público, dentre os quais o da legalidade. Portanto, o princípio da legalidade construído pela interpretação do art. 5º, II, da Constituição exige a previsão em lei da hipótese e da prescrição da norma sancionatória; já a norma advinda da interpretação do Código Tributário Nacional impõe a previsão em lei apenas da prescrição da norma de sanção administrativo-tributária. Conjuntamente consideradas a legalidade oriunda da interpretação da Constituição e a legalidade oriunda da interpretação do Código Tributário Nacional, tem-se que tanto a hipótese como também a

tipifica las infracciones y las sanciones" (Alejandro Nieto, *Derecho Administrativo Sancionador*, 5ª ed., Madrid, Tecnos, 2012, p. 165).

AS SANÇÕES TRIBUTÁRIAS E OS PRINCÍPIOS JURÍDICOS 201

prescrição da norma de sanção administrativo-tributária devem decorrer da interpretação de lei.

Feitas tais observações, importa examinar se, conforme leciona Alejandro Nieto no campo do Direito Administrativo Sancionador,[53] também no âmbito do Direito Tributário Sancionador é possível desmembrar o princípio da legalidade em reserva de lei e tipicidade (determinabilidade fática).

2.2.3.1 As sanções tributárias e a reserva de lei

No exercício de sua função limitadora do poder de tributar, o chamado princípio da legalidade costuma ser desmembrado em reserva de lei (legalidade formal) e tipicidade (legalidade material). Tal decomposição analítica também é cabível no que toca à sua atuação específica como limitador das sanções administrativas (Nieto),[54] especialmente das administrativo-tributárias (Delgado Sancho).[55]

Conforme já afirmado, os ilícitos são fatos sociais que representam o descumprimento de uma norma primária que obriga ou proíbe certa conduta. No campo tributário, quando descritos na hipótese de uma norma sancionatória advinda da interpretação da lei e desde que tenham sido promovidos com dolo ou culpa – admitida a presunção de culpa prescrita na norma oriunda da interpretação do art. 136 do CTN –, tais ilícitos darão ensejo à sanção administrativo-tributária. Importante ressaltar que todos os elementos ou critérios da hipótese da norma sancionatória devem advir da interpretação da lei: seu critério material (ação ou omissão objeto da sanção), seu critério temporal (momento em que se terá por ocorrido o fato ilícito descrito na hipótese) e seu critério espacial (local onde deve tal ilícito ocorrer para que sobrevenha a aplicação da sanção).

---

53. Para Alejandro Nieto, o principio da legalidade "se revela como un concepto oscuro, difuso, tan carente de rangos identificatorios que autores muy solventes no saben qué hacer con él ni como separarle de otros igualmente magnificados como son los de la reserva legal y de tipificación (...) se trata desde logo de conceptos distintos, pero la reserva de ley (como la tipicidad) forma parte de la legalidad en cuanto es corolario de ella" (*Derecho Administrativo Sancionador*, cit., p. 179). Mais adiante, refere o autor espanhol: "se trata – como ya se ha indicado – de factores inseparables y funcionalmente han de operar siempre unidos. Lo cual no obsta, empero, a que analíticamente puedan ser examinados por separado" (ibidem, p. 180).
54. Ibidem, p. 162.
55. Delgado Sancho, *Principios del Derecho Tributario Sancionador*, Madrid, El Derecho, 2010, p. 36.

202 SANÇÕES TRIBUTÁRIAS: DEFINIÇÃO E LIMITES

Igualmente, a prescrição punitiva estabelecida na norma sancionatória deverá advir da interpretação de lei. A indicação do sujeito ativo e do sujeito passivo da relação jurídico-sancionatória, bem como, no caso de sanções pecuniárias, a fixação da base de cálculo e da alíquota da multa, devem igualmente decorrer da interpretação de lei em sentido estrito. Da mesma forma com que ocorrido no atinente à norma de imposição tributária, todos os critérios da norma de sanção administrativo-tributária devem ter a lei por origem.

Em breve incursão no campo doutrinário espanhol, vale destacar a obra de Carlos David Delgado Sancho,[56] para quem o princípio da reserva de lei afeta tanto a descrição das infrações como a prescrição das sanções. Tal constatação já transparecia da antiga lição de Eduardo García de Enterría,[57] direcionada às sanções administrativas mas em tudo aplicável às tributárias. O referido autor afirmava não haver infração nem sanção sem lei que as estabelecesse. Vale lembrar, também, da doutrina de Alejandro Huergo Lora:[58]

> El principio de legalidad tiene en materia sancionadora un fundamento superior al que puede tener respecto a la actividad administrativa en general. Por un lado se trata de que las limitaciones a la libertad (sean penas o medidas no sancionadoras) procedan de los representantes de los ciudadanos, lo que supone que el establecimiento de infracciones y sanciones (pero también el de otras formas de intervención administrativa) quede reservad a la Ley. Pero el principio de legalidad sancionadora también incluye un mandato de certidumbre (*Bestimmtheitsgebot*), de acuerdo con el cual la tipificación de las infracciones y de las sanciones (pero sobre todo de las primeras) debe hacerse con el mayor grado posible de precisión, a fin de que se cumpla la finalidad de la norma sancionadora, es decir, indicarle al ciudadano, con la mayor claridad posible, cuál es la conducta que debe evitar para que no se le imponga la sanción prevista por la norma.

No aprofundamento do tema, Alejandro Nieto[59] enfatiza que a garantia de que as sanções administrativas advirão da interpretação de leis decorre da indispensável "intervención de la representación popular

56. Idem, ibidem, p. 38.
57. "Principio de legalidad. Estado material de derecho y facultades interpretativas y constructivas de la jurisprudencia en la Constitución", in *Reflexiones sobre la Ley e los Princípios Generales del Derecho*, Madrid, Civitas, 1984, p. 411.
58. *Las Sanciones Administrativas*, Madrid, Iustel, 2007, p. 366.
59. *Derecho Administrativo Sancionador*, cit., p. 218.

AS SANÇÕES TRIBUTÁRIAS E OS PRINCÍPIOS JURÍDICOS   203

para la regulación de aquellas materias que supongan una limitación de la libertad o de la propiedad individual". Por suas palavras:

> Para comprender el sentido tradicional de la reserva legal, nada mejor que utilizar la descripción que de él ha hecho en el lugar citado De La Morena: 'sólo si arrancamos al Estado la función o competencia, por virtud de la cual todos los mandatos que limiten nuestra libertad o nuestra propiedad tengan que ser establecidos por leyes elaboradas por nosotros mismos o por nuestros legítimos representantes democráticamente elegidos, podremos considerarnos verdaderamente libres, por cuanto, sólo entonces, al obedecer tales mandatos, nos estaríamos obedeciendo también a nosotros mismos y no a ningún poder situable por encima del nuestro'. O en palabras de la STC 83/1984, de 24 de julio, lo que con ella se pretende es "asegurar que la regulación de los ámbitos de libertad que corresponden a los ciudadanos dependa exclusivamente de la voluntad de sus representantes".

Exatamente como defendido pela doutrina administrativista, quaisquer restrições de liberdade ou de propriedade devem ser estabelecidas pelo Poder Legislativo. Somente os legisladores têm legitimidade democrática para restringir direitos fundamentais dos cidadãos.

Trazendo tais considerações ao campo sancionador tributário – a exemplo de Fernando Perez Royo,[60] Juan J. Zornoza Pérez[61] é enfático ao ditar que não há nenhuma dúvida a respeito da existência de uma reserva de lei em matéria de sanções administrativo-tributárias, destacando, entretanto, que na Espanha tal reserva é relativa, e não absoluta. Pela opinião do doutrinador espanhol, a reserva relativa possibilita ao legislador apenas precisar com suficiente determinação os limites dentro dos quais podem os atos infralegais dispor, deixando ao poder discricionário dos agentes públicos a complementação da norma sancionatória.[62] Francisco Javier Alonso Madrigal,[63] em trabalho de fôlego sobre a legalidade no campo

---

60. "Las infracciones y sanciones tributarias deben ser creadas por Ley o por norma con rango formal Ley" (*Infracciones y Sanciones Tributarias*, Sevilla, Instituto de Estudios Fiscales, 1972, p. 70).

61. *El Sistema de Infracciones y Sanciones Tributarias (los principios constitucionales del derecho sancionador)*, Madrid, Civitas, 1992, p. 74.

62. "Nos encontramos en presencia de una reserva simplemente relativa, de modo que únicamente sería necesario que la ley precisara con suficiente determinación los limites dentro de los cuales puede actuar el reglamento que, dentro de ellos, vería reducido su papel a la especificación del tipo genérico definido en la ley habilitadora" (Zornoza Perez, *El Sistema de Infracciones y Sanciones Tributarias*, cit., p. 80).

63. "El Reglamento sí puede intervenir en la regulación de las materias reservadas, porque en toda materia hay una parte cuya regulación no está comprendida en

204   SANÇÕES TRIBUTÁRIAS: DEFINIÇÃO E LIMITES

sancionador tributário, discorda da própria distinção entre reserva de lei absoluta e relativa. Para o mencionado autor, em qualquer hipótese, mesmo nos casos da chamada reserva absoluta, não há vedação a que enunciados infralegais sirvam de base interpretativa à construção de normas de sanção administrativo-tributárias, desde que disponham sobre elementos complementares à lei. Segundo sustenta o referido autor, o regulamento só pode intervir de modo a complementar a lei – seja nos casos considerados como de reserva absoluta, seja naqueles reputados como de reserva relativa.

Trilhando o mesmo caminho adotado pela doutrina, e assim superando as dificuldades hermenêuticas advindas da utilização da palavra legislação (*legislación*) no art. 25.1 da Constituição da Espanha, o Tribunal Constitucional espanhol tem expressamente admitido que a reserva de lei serve como limitação à potestade administrativo-sancionadora (STC 276/2000).[64] Consoante o entendimento jurisprudencial firmado na alta Corte Constitucional da Espanha, a legalidade deve ser preservada sob dupla perspectiva: formal e material. Quanto à legalidade formal (reserva de lei), tem entendido o Tribunal Constitucional que a referida garantia apresenta uma eficácia relativa no âmbito sancionador-

la reserva misma. Esto es así no sólo en los casos en los que la reserva se considera relativa o atenuada, sino en todos. Incluso en el caso de las reservas calificadas como absolutas, establecidas por la Constitución empleando los términos más tajantes, como reconocen también los defensores de la distinción entre ambos tipos de reserva, tampoco es necesario que 'toda la disciplina de la materia reservada deba encontrarse en la Ley, pudiendo ésta, para cuestiones de importancia menor, remitirse a un Reglamento delegado' (...) Por tanto, el papel del Reglamento en las materias reservadas ha de restringirse siempre en todos los supuestos de reserva, al de complemento de la Ley" (Francisco Javier Alonso Madrigal, *Legalidad de la Infracción Tributaria (reserva de ley y tipicidad en el derecho tributario sancionador)*, Madrid, Dykinson, 1999, pp. 116-117).

64. "El derecho fundamental enunciado en el artículo 25.1 de La Constitución extiende la regla *nullun crimen, nulla poena sine lege* al ámbito del ordenamiento administrativo sancionador (...) y comprende una doble garantía. La primera, de alcance material y absoluto, se refiere a la imperiosa exigencia de la predeterminación normativa de las conductas ilícitas y de las sanciones correspondientes, es decir, la existencia de preceptos jurídicos (*lex previa*) que permitan predecir con el suficiente grado de certeza (*lex certa*) dichas conductas, y se sepa a qué atenerse en cuanto a la añeja responsabilidad y la eventual sanción; la otra, de alcance formal, hace referencia al rango necesario de las normas tipificadoras de dichas conductas y sanciones, toda vez que este Tribunal ha señalado reiteradamente que el término 'legislación vigente' contenido en dicho artículo 25.1 es expresivo de una reserva de Ley en materia sancionadora" (STC 276/2000).

AS SANÇÕES TRIBUTÁRIAS E OS PRINCÍPIOS JURÍDICOS 205

-administrativo e que a lei deve conter os elementos essenciais da norma sancionatória.[65] Na Itália, consoante ditam Alessio Lanzi e Paolo Aldrovandi,[66] não se admite que uma previsão sancionatória advenha da interpretação de ato infralegal. Também Lorenzo Del Federico[67] defende a observância da reserva de lei para a introdução de normas de sanção administrativo-tributárias. Discute-se, contudo, a respeito de qual base constitucional dá ensejo a tal limitação: se o art. 25 ou se o art. 23 da Constituição italiana. O primeiro dispositivo constitucional trata da matéria penal e estabelece a reserva de lei absoluta; o segundo cuida de matéria tributária e determina a reserva de lei relativa. Muito embora não discuta o enquadramento constitucional do tema, Roberto Cordeiro Guerra[68] concorda quanto à exigência de reserva de lei no campo administrativo sancionador. Carlos Enrico Paliero e Aldo Travi,[69] por sua vez, também entendem que as sanções administrativas estão sob o pálio da reserva de lei, sendo claros, ademais, que sua origem constitucional encontra-se no art. 23 da Constituição italiana.

No Brasil, a previsão específica do art. 97 do CTN, relativa à necessária observação da reserva de lei no campo tributário-sancionatório, facilita o entendimento de que a mencionada norma limita não apenas o exercício da competência tributária, mas também o do poder sancionador tributário. Luís Eduardo Schoueri[70] enfatiza que, "nos termos do art. 97 do CTN, o Princípio da Legalidade tributária estende-se à sanção pelo descumprimento da obrigação tributária". Carlos César Souza Cintra,[71]

65. O julgado espanhol dispõe sobre uma "eficacia relativa o limitada en el ámbito sancionador administrativo, toda vez que no cabe excluir la colaboración reglamentaria en la propia tarea de tipificación de las infracciones y atribución de las correspondientes sanciones, aunque si hay que excluir el que tales remisiones hagan posible una regulación independiente y no claramente subordinada a la ley. Por tanto, la garantía formal implica que la ley debe contener la determinación de los elementos esenciales de la conducta antijurídica y al reglamento sólo puede corresponder, en su caso, el desarrollo y precisión de los tipos de infracciones previamente establecidos en la ley" (STC 242/2005).
66. L'Illecito Tributario, 3ª ed.. Padova, Cedam, 2005, p. 15.
67. Le Sanzione Amministrative nel Diritto Tributario, cit., p. 56.
68. Para o referido doutrinador: "v'è concordia in dottrina sulla circostanza che le sanzioni amministrative siano coperte della riserva di legge; ma si discute invece sul precetto costituzionale che ne costituisce la fonte" (Roberto Cordeiro Guerra, Illecito Tributario e Sanzioni Amministrative, Milano, Giuffrè, 1996, p. 150).
69. La Sanzione Amministrativa: profili sistematici, Milano, Giuffrè, 1988, p. 139.
70. Direito Tributário, cit., p. 294.
71. "Reflexões em torno das sanções administrativas tributárias", in Hugo de Brito Machado (coord.), Sanções Administrativas Tributárias, São Paulo, Dialética, 2004, p. 69.

206 SANÇÕES TRIBUTÁRIAS: DEFINIÇÃO E LIMITES

Regina Helena Costa[72] e José Eduardo Soares de Melo[73] também defendem a reserva de lei no campo sancionador tributário. Zelmo Denari,[74] por sua vez, admite seja atenuada a reserva de lei no tocante às sanções administrativo-tributárias, aceitando o uso de medidas provisórias. A expressa disposição do Código Tributário Nacional não dá margem a dúvidas: a descrição das hipóteses e a prescrição das sanções advindas de normas de sanção tributárias devem advir da interpretação da lei. Não há como discordar, contudo, que mesmo na ausência da enunciação legal disposta no art. 97 do CTN haveria de limitar-se o poder punitivo dos entes tributantes pela norma advinda do art. 5º, II, da Constituição. O sobreprincípio da legalidade, também aplicável ao campo sancionador tributário, bastaria como exigência de lei. Ao enfrentar o tema, o Supremo Tribunal Federal já dispôs que a legalidade estende-se à sanção pelo descumprimento da obrigação de pagar algum tributo – por seus dizeres, a legalidade "disciplina não apenas o direito de exigir o tributo, mas também o direito de punir" (ADI 1823-1-DF, Tribunal Pleno, Min. Ilmar Galvão, j. 30.4.1998, *DJU* 16.10.1998).

Bastante claro, assim, que a reserva de lei limita o poder sancionador tributário. As normas de sanção administrativo-tributárias devem advir da interpretação da lei. Somente a soberania popular, indiretamente, por meio do Poder Legislativo, pode restringir direitos individuais como a propriedade. Por isso, todos os critérios da norma de sanção administrativo-tributária devem ser originados da interpretação de enunciados legais, não sendo permitida delegação acerca da definição de tais critérios – a importação das doutrinas espanhola e italiana, relativas à delegação da competência legislativa, deve ser vista com bastante cautela. Isso porque, no Brasil, as exceções à reserva de lei admissíveis são aquelas expressamente previstas na Constituição de 1988.

Muito embora a afirmação da reserva de lei como limitação ao poder sancionador tributário reduza significativamente os riscos de instituição de sanções tributárias pelo Poder Executivo, restam ainda questionamentos acerca da edição de medidas provisórias. Podem as Medidas Provisórias veicular enunciados que disponham a respeito de hipóteses e de prescrições sancionatórias, no campo tributário?

---

72. *Curso de Direito Tributário: Constituição e Código Tributário Nacional*, São Paulo, Saraiva, 2009, p. 288.

73. "Sanções tributárias", in Hugo de Brito Machado (coord.), *Sanções Administrativas Tributárias,* São Paulo, Dialética, 2004, p. 260.

74. Denari e Costa Júnior, *Infrações Tributárias e Delitos Fiscais,* 3ª ed., São Paulo, Saraiva, 1998, p. 47.

AS SANÇÕES TRIBUTÁRIAS E OS PRINCÍPIOS JURÍDICOS   207

Bem se sabe que, nos termos do art. 62 da CF, as medidas provisórias podem ser editadas em casos de urgência e relevância. A partir da edição da Emenda Constitucional 32/2001, restou bastante nítido, também, que as medidas provisórias podem tratar de matéria tributária. Não podem, contudo, como se depreende do art. 62, § 1º, I, "b", da Constituição da República, versar sobre matéria de Direito Penal.

Fácil perceber que a viabilidade da utilização de medidas provisórias como veículo de introdução de normas de sanção jurídico-tributárias decorre da prévia definição acerca da natureza da correlata potestade punitiva. Para quem entende que o poder sancionatório administrativo é uma decorrência do poder punitivo do Estado, e por isso deve ser compreendido como um sub-ramo do Direito Penal, não se mostra possível a edição de medidas provisórias. Por outro lado, para quem entende que o poder sancionatório dos entes tributantes decorre de suas respectivas competências tributárias e não está vinculado ou submetido ao Direito Penal, não haverá alternativa senão admitir a permissão do uso de medidas provisórias a fim de enunciar normas de sanção administrativo-tributárias.

Não obstante seja verdadeira a afirmativa de que a competência para a instituição de sanções administrativo-tributárias acompanha a competência tributária (Nieto),[75] a solução da questão relativa à utilização de medidas provisórias como veículo de introdução de normas de sanção não passa pelo empréstimo da legalidade tributária, e menos ainda da legalidade penal. Consoante mencionado desde o início, as sanções administrativo-tributárias não estão limitadas pelos princípios constitucionais tributários nem pelos princípios penais. Estão, ao contrário, restringidas por postulados e sobreprincípios que por sua imensa abstração e generalidade podem e devem modular-se de acordo com as nuances de cada ramo do Direito. Tal remodelação normativa, feita à luz do Estado de Direito e dos valores subjacentes às relações jurídico-sancionatórias, servirá à final construção de normas aptas à limitação do correlato poder sancionador. Por conta da diferente base axiológica de cada ramo do Direito, resultarão variados princípios da segurança jurídica: um aplicável ao Direito Penal, outro ao Direito Administrativo, um terceiro ao Direito Civil etc. Cada um destes princípios da segurança jurídica será marcado por nuances próprias e inconfundíveis.

Por tudo isso, a resposta quanto ao uso de medidas provisórias para tratar de sanções administrativo-tributárias, ao revés da simples impor-

---

75. Para Alejandro Nieto "la potestad sancionadora es anejo de la potestad o competencia material que actúa de matriz" (*Derecho Administrativo Sancionador*, cit., p. 47).

208 SANÇÕES TRIBUTÁRIAS: DEFINIÇÃO E LIMITES

tação da legalidade tributária ou da legalidade penal, deverá iniciar pela construção de uma reserva de lei específica para o Direito Tributário Sancionador. Em tal tarefa, deverão ser considerados os bens jurídicos protegidos e principalmente os direitos fundamentais restringidos pelas sanções administrativo-tributárias. Também deverá ser observado que o sobreprincípio da legalidade, aplicável também ao campo sancionador tributário, tem fundamento constitucional (art. 5º, II, CF/1988). Por esse motivo, qualquer exceção somente será admissível se também tiver base na Constituição. Quanto às sanções tributárias, não há qualquer norma constitucional que permita excetuar a legalidade. Em breves termos: sem que haja clara disposição constitucional permitindo o uso de medidas provisórias especificamente em relação às sanções administrativo-tributárias, como há, por exemplo, em relação aos tributos, não pode prevalecer qualquer interpretação que restrinja a reserva de lei. Ponderadas todas essas razões, mostra-se insuperável o argumento de que os direitos fundamentais garantidos pela Constituição Federal somente podem ser limitados pelo próprio constituinte. Isso permite concluir que as sanções administrativo-tributárias não podem ser instituídas por medidas provisórias porquanto não há no Texto Constitucional autorização explícita nesse sentido.

Possível questionar, ademais, se, no que tange às sanções administrativo-tributárias que servem à punição pelo descumprimento de deveres instrumentais, a reserva de lei atua com o mesmo rigor com que limita as sanções que servem à punição do descumprimento das obrigações tributárias que têm por objeto o pagamento de tributo. Isso porque, no tocante aos deveres instrumentais, a interpretação ofertada pelo Superior Tribunal de Justiça ao vocábulo "legislação", constante do § 2º do art. 113 do CTN, permite que a obrigação tributária acessória se origine da interpretação de atos infralegais. Daí surge a dúvida: se a obrigação acessória cujo descumprimento gera a sanção pode advir da interpretação de atos infralegais, não poderia, também, sua correlata punição, escapar das restrições resultantes da reserva de lei? A resposta há de ser não.

Novamente há que se registrar o fato de não existir no ordenamento jurídico-constitucional qualquer norma que permita sejam as sanções administrativo-tributárias fixadas por meio de atos infralegais, seja no que tange à punição pelo descumprimento de obrigações tributárias principais, seja no tocante à punição pelo descumprimento de obrigações tributárias acessórias. Daí porque, mesmo se for considerada possível a criação de obrigações tributárias acessórias por ato infralegal, ainda assim as correlatas sanções exigiriam fonte legal. Como dito, a Constituição Federal não excetua as sanções tributárias da exigência de lei – nem as

AS SANÇÕES TRIBUTÁRIAS E OS PRINCÍPIOS JURÍDICOS 209

relativas ao descumprimento de obrigações principais, nem as relativas ao descumprimento de obrigações acessórias.

Servindo como reforço à garantia constitucional estabelecida pelo art. 5º, II, da CF/1988, há, ainda, especificamente no campo sancionador, a já referida previsão do art. 97, V, do CTN. Tal dispositivo legal obriga a utilização de lei como veículo de introdução de normas sancionatórias, sem especificar se está tratando exclusivamente das sanções relativas ao descumprimento de obrigações tributárias principais e/ou das sanções relativas ao descumprimento de obrigações tributárias acessórias. Quisesse permitir a instituição de sanções relativas ao descumprimento de obrigações acessórias por meio de atos infralegais, o legislador complementar haveria de expressamente dispor nesse sentido. Não apenas por força do referido dispositivo legal, mas porque toda e qualquer sanção representa um malefício a ser imposto ao infrator, expresso por alguma restrição a seus direitos fundamentais, mesmo as sanções relacionadas ao descumprimento de deveres instrumentais devem advir da interpretação de lei em sentido estrito.

Em conclusão, a reserva de lei impede que da interpretação de atos infralegais ou mesmo de medidas provisórias sejam construídas normas de sanção administrativo-tributárias, requerendo, pois, que todos os critérios da referida norma sancionatória decorram da interpretação de lei em sentido estrito.

2.2.3.2 As sanções tributárias e o princípio da tipicidade

A legalidade não se limita à reserva de lei. Também no âmbito sancionador-tributário impõe mais do que a simples exigência formal de que as normas sancionatórias advenham necessariamente da interpretação de lei em sentido estrito. O princípio da legalidade exige ainda que da interpretação da lei resultem todos os critérios da norma de sanção administrativo-tributária. Sacha Calmon Navarro Coêlho[76] afirma com correção que "não basta aludir-se ao primado da legalidade, no que tange ao exame dos ilícitos tributários. É imprescindível que as infrações fiscais sejam estudadas segundo as determinações da teoria da tipicidade".

Na Itália, entende Angelo Dus[77] que a lei fiscal deve precisar em que consiste o ilícito, como e quando ele ocorre, e ainda qual a sua correlata

---

76. *Teoria e Prática das Multas Tributárias,* 2ª ed., Rio de Janeiro, Forense, 1998, p. 52.

77. "(...) la legge fiscale deve dunque precisare in che consiste l'illecito, come, quando e da chi può essere commesso e quale ne è la sanzione. Questa precisazione

210 SANÇÕES TRIBUTÁRIAS: DEFINIÇÃO E LIMITES

sanção. Tal exigência, prossegue o autor italiano, é feita não apenas no interesse estatal, mas especialmente no dos sujeitos que se encontram sob a potestade fiscal. Carlo Enrico Paliero e Aldo Travi[78] sustentam que há uma obrigação constitucional de especificação do ilícito e da correspondente sanção. Roberto Cordeiro Guerra,[79] por seu turno, refere que o ilícito deve ser descrito de forma precisa e unívoca na hipótese da norma sancionatória e que a sanção deve ser claramente prescrita.

Pela doutrina espanhola, ensina Juan J. Zornoza Pérez[80] que a lei deve fixar as características essenciais das condutas infratoras com o intuito de reduzir a margem de indeterminação. Para Carlos David Delgado Sancho,[81] o princípio da tipicidade constitui uma das manifestações do princípio da legalidade e requer que a norma descreva de forma precisa o ilícito. Luís Prieto Sanchis,[82] por sua vez, assevera que as normas san-

è fatta non solo nell'interesse dello Stato, che chiarendo i termini del precetto ne agevola l'osservanza, ma anche dei soggetti alla potestà fiscale che sono in tal caso garantiti dalle pretese arbitrarie degli organi dello Stato. Essa non è altro de resto che una applicazione nel settore tributario penale del principio *nullum crimen sine legge*, che trova pressoché universale applicazione" (*Teoria Generale dell'Illecito Fiscale*, Milano, Giuffrè, 1957, p. 16).

78. "(...) è in ogni caso evincibile un generale obbligo costituzionale di determinatezza della fattispecie sanzionatoria e di determinatezza della sanzione. Tale obbligo è notoriamente funzionale ala 'realizzazione pratica' della ratio di certezza che è connaturata al principio di riserva di legge in tema di sanzione: non avrebbe senso 'riservare' al legislatore la fissazione di fattispecie così ampie, da essere suscettibili di attribuzione di qualsiasi contenuto da parte dell'autorità competente ad applicare la sanzione" (*La Sanzione Amministrativa...*, cit., p. 140).

79. "Determinatezza significa, in parole povere, formulazione della fattispecie sanzionatoria in termini precisi ed univoci, sì da renderei il più possibile definito il comportamento che integra la violazione punita dalla legge e chiara la pena per essa contemplata" (*Illecito Tributario e Sanzioni Amministrative*, cit., p. 177).

80. "(...) la ley debe fijar las características esenciales de las conductas infractoras, sin que pueda presentarse como sancionable cualquier vulneración, sin más, de lo en ella establecido, ya que tal forma de proceder daría lugar a un margen excesivo de indeterminación (...) el principio de tipicidad incorpora, por tanto, la exigencia de *lex certa*" (*El Sistema de Infracciones y Sanciones Tributarias...*, cit., pp. 83 e 85).

81. "(...) el principio de tipicidad, como hemos visto, constituye una de las manifestaciones del principio de legalidad, que supone que la norma describa de forma concreta y precisa el supuesto de hecho sancionado (*lex certa*)" (*Principios del Derecho Tributario Sancionador*, Madrid, El Derecho, 2010, p. 48).

82. "(...) la precisión y claridad de las tipificaciones (...) han de describir con detalle y cuidado cada uno de los elementos de la conducta, excluyendo las fórmulas abiertas y las cláusulas de extensión analógica" ("La jurisprudencia constitucional y el problema de las sanciones administrativas en el Estado de Derecho", *Revista Española de Derecho Constitucional*, n. 4, Madrid, jan.-abr. 1982, pp. 108-109).

AS SANÇÕES TRIBUTÁRIAS E OS PRINCÍPIOS JURÍDICOS 211

cionatórias devem descrever com detalhes os elementos das condutas sancionadas, não lhes sendo possível utilizar cláusulas abertas.

Na Colômbia, Catalina Hoyos[83] acredita que a descrição contida na hipótese da norma sancionatória deve ser clara a ponto de permitir que seus destinatários conheçam exatamente as condutas reprováveis. Na Alemanha, Joachim Englisch[84] entende que o tipo objetivo da infração deve ser suficientemente nítido, para que os destinatários da norma sancionatória tenham a exata compreensão acerca dos contornos da conduta punível.

As doutrinas estrangeiras coincidem ao identificar a exigência de normas precisas como decorrência da tipicidade (*lex certa*) – tudo com o fim de evitar a aplicação discricionária das sanções administrativas (Nieto).[85] Como visto, a tipicidade impõe que da norma sancionatória sejam extraídos com precisão todos os caracteres dos fatos que serão sancionados. Refere com acerto Francisco Javier Alonso Madrigal[86] que tal exigência afeta tanto a descrição do ilícito como a prescrição da sanção. Não apenas a descrição da infração cuja ocorrência servirá à aplicação da sanção deve ser exaustiva e partir da interpretação da lei (em sentido estrito). Também a sanção deverá advir da interpretação legal, devendo resultar completa em todos seus elementos – não pode, sequer, ser complementada por ato infralegal. Diversamente, Juan J. Zornoza Pérez[87] e

83. "(...) la descripción que efectúe el legislador debe ser de tal claridad que permita que sus destinatarios conozcan exactamente las conductas reprochables, de tal forma que se evite la indeterminación para no caer en una decisión subjetiva y arbitraria" ("Sanciones tributarias en Colombia: política inquisidora?", in Paulo Roberto Coimbra Silva, *Grandes Questões de Direito Tributário Sancionador,* São Paulo, Quartier Latin, 2010, p. 70).
84. "(...) tanto el tipo objetivo de la infracción como la obligación tributaria al que el primero se refiere deben ser suficientemente claros. Si el contribuyente u otro obligado tributario no pueden determinar *a priori* sus obligaciones porque la normativa relevante es incomprensible, la Constitución prohíbe la imposición de una multa administrativa" ("Infracciones y sanciones administrativas y sus implicaciones constitucionales en Alemania", in Paulo Roberto Coimbra Silva, *Grandes Temas do Direito Tributário Sancionador,* São Paulo, Quartier Latin, 2010, pp. 253-254).
85. Alejandro Nieto, *Derecho Administrativo Sancionador*, cit., pp. 162-163.
86. "(...) el mandato de tipificación se desarrolla en dos planos sucesivos: primero a de declarar la Ley cuáles son las conductas que se consideran infracción administrativa y luego ha de atribuir a cada una de tales infracciones la sanción que les corresponde. Es la segunda vertiente del mandato de tipificación, la atribución de la sanción punitiva, la esencial a la hora de considerar tipificada una conducta" (*Legalidad de la Infracción Tributaria (reserva de ley y tipicidad en el derecho tributario sancionador)*, Madrid, Dykinson, 1999, p. 229).
87. *El Sistema de Infracciones y Sanciones Tributarias...*, cit., p. 90.

212 SANÇÕES TRIBUTÁRIAS: DEFINIÇÃO E LIMITES

Alejandro Huergo Lora[88] defendem que a aplicação da tipicidade deve ser atenuada no tocante às prescrições sancionatórias, mantendo-se rigorosa somente quanto à descrição da hipótese da norma sancionatória. Para a sanção administrativa, segundo tais autores, basta que a lei fixe limites mínimo e máximo que deverão ser observados pelo Poder Executivo.

No Brasil, refere Ricardo Mariz de Oliveira[89] que "a penalidade pecuniária pelo descumprimento de obrigação tributária submete-se inafastavelmente ao princípio da legalidade, ou seja, está sujeita ao princípio da reserva legal que exige lei em sentido formal e material para a sua instituição". Zelmo Denari[90] entende que "a exigência de *lex stricta* impede a aplicação da analogia *in malam partem* para definir infrações ou cominar-lhes penalidades", enquanto Maria de Fátima Ribeiro[91] leciona que "a subsunção do fato ilícito e respectiva sanção à normatividade da lei ordinária foi acolhida no inc. V, do art. 97 do CTN, ao enunciar que somente a lei pode estabelecer a cominação de penalidades para as ações ou omissões contrárias a seus dispositivos, ou para outras infrações nela definidas".

O princípio da legalidade em sua vertente material prescreve a obrigação de que as normas de sanção administrativo-tributárias apresentem de forma detalhada os contornos do ilícito objeto de punição e também da pena a ele imputada. Tanto a hipótese como o consequente devem estar minuciosamente detalhados nos enunciados legais cuja interpretação dá origem à norma de sanção tributária.

A lei cuja interpretação servir à construção da hipótese normativa há de ser precisa na descrição do ilícito. Nela devem ser apontadas todas as principais características do ilícito que será alvo de punição. Os destinatários da norma sancionatória precisam estar seguros do quanto estabelecido na hipótese da norma punitiva para que tenham reais condições de

88. "(...) el principio de legalidad sancionadora también incluye un mandato de certidumbre (*Bestimmtheitsgebot*), de acuerdo con el cual la tipificación de las infracciones y de las sanciones (pero sobre todo de las primeras) debe hacerse con el mayor grado posible de precisión, a fin de que se cumpla la finalidad de la norma sancionadora, es decir, indicarle al ciudadano, con la mayor claridad posible, cuál es la conducta que debe evitar para que no se le imponga la sanción prevista por la norma" (*Las Sanciones Administrativas*, cit., p. 366).
89. "Sanções administrativas tributárias", in Hugo de Brito Machado (coord.), *Sanções Administrativas Tributárias,* São Paulo, Dialética, 2004, p. 404.
90. *Infrações Tributárias e Delitos Fiscais*, cit., p. 49.
91. "Legislação tributária'", in Carlos Valder do Nascimento e André Portella, *Comentários ao Código Tributário Nacional,* 7ª ed., Rio de Janeiro, Forense, 2008, p. 198.

AS SANÇÕES TRIBUTÁRIAS E OS PRINCÍPIOS JURÍDICOS 213

optar de forma consciente pela promoção ou pela abstenção dos atos que nela se enquadrem. Não se trata, aqui, de conhecimento acerca da ilicitude do ato. Trata-se, sim, de conhecimento acerca da punibilidade do ilícito.

O princípio da segurança jurídica exige que a descrição da hipótese seja suficientemente detalhada de modo a permitir aos destinatários da norma o exercício de seu livre-arbítrio e assim evitar a promoção de atos que se enquadrem no antecedente da norma sancionatória (Rafael Munhoz de Mello).[92] Hipóteses normativas que contenham descrições ambíguas e/ ou incertas não se compadecem ao princípio da segurança jurídica tampouco à exigência decorrente da tipicidade – uma vez mais os princípios jurídicos entrelaçam-se na proteção dos direitos fundamentais.

A prescrição da sanção estabelecida no consequente da norma também há de ser detalhadamente prevista nos enunciados legais, de modo a possibilitar o conhecimento da penalidade aplicável e a própria indicação dos sujeitos passivos da relação jurídico-sancionatória. Os destinatários da norma sancionatória deverão estar claramente indicados e ainda ter plena consciência de qual será sua punição em caso de descumprimento de alguma obrigação tributária principal ou acessória.

No que diz respeito ao adequado detalhamento da consequência da norma sancionatória, deverá haver a precisa indicação dos obrigados à prescrição normativa. Deve o Poder Legislativo estabelecer quem serão os sujeitos passivos da relação jurídico-sancionatória. No que tange às multas (sanções pecuniárias), o aspecto quantitativo da norma sancionatória também deve ser pormenorizadamente estabelecido pela lei, para que saibam todos qual valor será devido na hipótese de descumprimento das obrigações tributárias. Não é admissível, conforme dito anteriormente, que o Poder Legislativo apenas fixe limites e critérios, delegando ao Poder Executivo a tarefa de completar a dimensão quantitativa da sanção. Não pode a lei estabelecer, por exemplo, que determinado ilícito será punido com multas que variam entre dois valores e/ou dois percentuais a incidir sobre uma determinada base de cálculo, deixando ao campo discricionário da Administração Pública a fixação casuística da punição que será aplicada. Exatamente por isso é que são inconstitucionais as disposições dos arts. 97 e 98 do Decreto-Lei 37/1966, consolidadas nos arts. 677, II, e 678, do Regulamento Aduaneiro (Decreto 6.759/2009). Em nítida violação à legalidade, tais dispositivos delegam às autoridades administrativas a fixação de multas tributárias decorrentes de infrações

92. *Princípios Constitucionais de Direito Administrativo Sancionador*, cit., 2007, p. 134.

214 SANÇÕES TRIBUTÁRIAS: DEFINIÇÃO E LIMITES

aduaneiras. Verdadeira restrição aos direitos fundamentais dos contribuintes, em especial ao direito de propriedade, as sanções administrativo-
-tributárias somente se legitimam pela soberania popular exercida pelo
Poder Legislativo.

Importante referir, ainda, que a tipicidade impede a aplicação analógica no campo tributário sancionador, como afirmam Fernando Pérez
Royo e Juan J. Zornoza Pérez.[93] A obrigação quanto à descrição minuciosa das características do ato ilícito na hipótese da norma sancionatória traz
como decorrência lógica a proibição de que seja utilizada a analogia como
meio de sancionar algum outro ato ou fato. Não faria sentido exigir-se a
descrição detalhada do fato punível se fosse permitido o uso da analogia
a fim de estender a sanção a outro fato que não fosse perfeitamente enquadrável na hipótese normativa. Por essa razão, a falta de vedação legal
expressa no Código Tributário Nacional – a exemplo daquela que proíbe
o uso da analogia para a cobrança de tributos (art. 108, § 1º) – em nada
altera o quadro normativo ora desvelado, por meio do qual se vê que
somente podem ser objeto de sanção os ilícitos enquadrados na descrição
pormenorizada da norma sancionatória.

2.3 As sanções e a segurança jurídica

2.3.1 Esboço conceitual e dimensão normativa

A segurança jurídica é princípio que advém diretamente do Estado de Direito (MacCormick,[94] Canotilho,[95] Nabais,[96] Couto e Silva,[97]

---

93. Pérez Royo, *Derecho Financiero y Tributario*, cit., p. 74; e ainda: Zornoza
Pérez, *El Sistema de Infracciones y Sanciones Tributarias*, cit., p. 99.
94. "There cannot be a Rule of Law without rules of law. (…) Values like legal
certainty and legal security can be realized only to the extent that a state is governed
according to pre-announced rules that are clear and intelligible in themselves" (*Rhetoric and the Rule of Law: a theory of legal reasoning*, New York, Oxford University,
2005, p. 12).
95. "(…) o princípio geral da Segurança Jurídica em sentido amplo (abrangendo, pois, a ideia de protecção da confiança) pode formular-se do seguinte modo: o
indivíduo tem do direito poder confiar em que aos seus actos ou às decisões públicas
incidentes sobre os seus direitos, posições ou relações jurídicas alicerçados em normas
jurídicas vigentes e válidas por esses actos jurídicos deixados pelas autoridades com
base nessas normas se ligam os efeitos jurídicos previstos e prescritos no ordenamento
jurídico. As refrações mais importantes do princípio da Segurança Jurídica são as
seguintes: (1) relativamente a actos normativos – proibição de regras retroactivas
restritivas de direitos ou interesses juridicamente protegidos; (2) relativamente a actos
jurisdicionais – inalterabilidade do caso julgado; (3) em relação a actos da administração – tendencial estabilidade dos casos decididos através de actos administrativos

AS SANÇÕES TRIBUTÁRIAS E OS PRINCÍPIOS JURÍDICOS 215

Medauar,[98] Derzi[99] e Ávila[100]). Não há Estado de Direito sem que reste garantido um mínimo de estabilidade e previsibilidade (MacCormick).[101] Normas retroativas, pouco claras ou excessivamente vagas não convivem em harmonia com o princípio do Estado de Direito exatamente por afrontarem a segurança jurídica e os subprincípios dela decorrentes – "a retroactive law is truly a monstrosity" (Lon Fuller).[102] Examinada sob uma perspectiva jurídica, a segurança é sobreprincípio que normalmente atua mediante princípios jurídicos menos gerais e abstratos. Tal norma realiza-se pela atuação de outros princípios como o da legalidade e o da irretroatividade e é aplicável a todo e qualquer ramo

constitutivos de direitos" (*Direito Constitucional e Teoria da Constituição*, 7ª ed., Coimbra, Almedina, 2003, p. 257).

96. *O Dever Fundamental de Pagar Impostos: contributo para a compreensão constitucional do estado fiscal contemporâneo*, Coimbra, Almedina, 2009, p. 395.

97. "Há hoje pleno reconhecimento de que a noção de Estado de Direito apresenta duas faces. Pode ela ser apreciada sob o aspecto material ou sob o ângulo formal. No primeiro sentido, elementos estruturantes do Estado de Direito são as ideias de justiça e de Segurança Jurídica" ("Princípios da legalidade da administração pública e da segurança jurídica...", cit., p. 46).

98. "O direito alemão é considerado a fonte intelectual do princípio da Segurança Jurídica. Aí é visto como um dos elementos constitutivos essenciais do Estado de Direito" (Odete Medauar, "Segurança jurídica e confiança legítima", in Humberto Ávila (org.), *Fundamentos do Estado de Direito: estudos em homenagem ao Professor Almiro do Couto e Silva*, São Paulo, Malheiros Editores, 2005, p. 114).

99. *Modificações da Jurisprudência no Direito Tributário: proteção da confiança, boa-fé objetiva e irretroatividade como limitações constitucionais ao poder de tributar*, São Paulo, Noeses, 2009, p. 11.

100. *Segurança Jurídica: entre permanência, mudança e realização no direito tributário*, São Paulo, Malheiros Editores, 2011, p. 193; do mesmo autor, *Teoria da Segurança Jurídica*, 3ª ed., São Paulo, Malheiros Editores, 2014, p. 207.

101. "Where the rule of law is observed, people can have reasonable certainty in advance concerning the rules and the standards by which their conduct will be judged, and the requirements they must satisfy to give legal validity to their transactions. They can then have reasonable security in their expectations of the conduct of others, and in particular of those holding official positions under law. They can challenge governmental actions that affect their interest by demanding a clear legal warrant for official action, or nullification of unwarrantable acts through review by an independent judiciary. This is possible, is often said, provide there is a legal system composed principally of quite clearly enunciated rules that normally operate only on a prospective manner, that are expressed in terms of general categories, not particular, indexical, commands to individuals or small groups single out for special attention. The rules should set realistically achievable requirements for conduct, and should form overall some coherent pattern, not a chaos of arbitrarily conflicting demands" (*Rhetoric and the Rule of Law: a theory of legal reasoning*, cit., p. 16).

102. Lon Fuller, *The Morality of Law*, New Haven, Yale University, 1964, p. 53.

216 SANÇÕES TRIBUTÁRIAS: DEFINIÇÃO E LIMITES

do Direito. Também no que concerne às sanções tributárias, a segurança jurídica atuará menos diretamente e mais por intermédio de outras normas, em especial pelo princípio da legalidade – o rearranjo da eficácia de outras normas é característica bastante peculiar aos sobreprincípios (Ávila).[103] É possível afirmar inclusive que a previsibilidade a respeito das condutas passíveis de sanção decorre diretamente do princípio da legalidade (tipicidade) e indiretamente do princípio da segurança jurídica.[104]

No presente trabalho a segurança jurídica será entendida como norma-princípio,[105] da qual se desdobram dois princípios ainda bastante gerais e abstratos, a saber: o da segurança jurídica em sentido estrito e o da proteção à confiança (Couto e Silva).[106] O princípio da segurança jurídica em sentido estrito tem natureza objetiva e diz respeito aos limites à retroatividade dos atos estatais, inclusive dos legislativos. No Brasil, encontra expressa menção no art. 5º, XXXVI, da Constituição de 1988, por meio do qual são protegidos o ato jurídico perfeito, a coisa julgada e o direito adquirido. O princípio da proteção à confiança, por seu turno, tem

103. *Teoria dos Princípios: da definição à aplicação dos princípios jurídicos*, 16ª ed., São Paulo, Malheiros Editores, 2015, p. 125.
104. "Es necesario que los sujetos conozcan a ciencia cierta las conductas cuales conductas serán consideradas infracciónales o delictivas antes de realizarlas, pues si ello no fuera así, la actividad desplegada no podría ser objeto de reproche debido a la inexistencia de norma que pusiera en su conocimiento que su realización le traería aparejadas ciertas consecuencias" (Juan M. Álvarez Echagüe, *Las Sanciones Tributarias frente a sus Límites Constitucionales,* Buenos Aires, Ad-Hoc, 2004, p. 51).
105. Conforme sustenta Humberto Ávila, segurança jurídica é "a prescrição dirigida aos Poderes Legislativo, Judiciário e Executivo, que determina a busca de um estado de confiabilidade e de calculabilidade do ordenamento jurídico com base na sua cognoscibilidade" (*Segurança Jurídica...*, cit., p. 112). O mesmo autor refere que "o dever de determinação (*Bestimmtheitsgebot*) exige uma certa medida de inteligibilidade, clareza, calculabilidade e controlabilidade para os destinatários da lei" (*Sistema Constitucional Tributário*, cit., pp. 147-148).
106. Almiro Couto e Silva, "O princípio da segurança jurídica (proteção à confiança) no direito público brasileiro e o direito da administração pública de anular seus próprios atos administrativos: o prazo decadencial do art. 54 da Lei do Processo Administrativo da União (Lei n. 9.784/99)", *Revista da Procuradoria-Geral do Estado,* Cadernos de Direito Público, n. 57, vol. 27, Porto Alegre, 2003, p. 36. Nesse mesmo sentido, refere Hartmut Maurer: "(...) o tribunal constitucional federal deriva, em sua decisão de princípio de 19 de dezembro de 1961, a proteção à confiança do princípio da certeza jurídica e esse, outra vez, do princípio do estado de direito" (*Contributos para o Direito do Estado,* trad. de Luís Afonso Heck, Porto Alegre, Livraria do Advogado, 2007, p. 77). Para José Casalta Nabais, "a ideia de proteção da confiança não é senão o princípio da segurança jurídica na perspectiva do indivíduo" (*O Dever Fundamental de Pagar Impostos...*, cit., p. 395).

AS SANÇÕES TRIBUTÁRIAS E OS PRINCÍPIOS JURÍDICOS 217

natureza subjetiva, servindo como meio de valorização da crença gerada nos cidadãos pelos atos estatais posteriormente declarados ilegais.[107] Dessa forma, não obstante encontre expressão nas regras constitucionais que protegem o ato jurídico perfeito, a coisa julgada e o direito adquirido, o sobreprincípio da segurança jurídica não está limitado ao seu aspecto objetivo. Tal norma expande seu campo eficacial e quando necessário protege diretamente as legítimas expectativas dos cidadãos por meio do princípio da proteção à confiança,[108] inclusive perante a Administração Pública. Em passagem memorável, ao julgar o RE 566.62-RS,[109] no qual o Plenário do Supremo Tribunal Federal discutia a constitucionalidade da aplicação retroativa de norma legal que dispunha sobre o prazo prescricional para a repetição de indébito tributário, a Ministra Ellen Gracie afirmou que, mesmo não infringindo a coisa julgada, o ato jurídico perfeito ou o direito adquirido, tal norma atentava "contra outros conteúdos da segurança jurídica". Em linha com o quanto ora defendido, estabeleceu-se então que a segurança jurídica não está restrita à mencionada tríade de regras constitucionais (coisa julgada, ato jurídico e direito adquirido), implicando, ademais, o "resguardo da certeza do direito, da estabilidade das situações jurídicas, da confiança no tráfego jurídico e do acesso à justiça".[110]

107. "A proteção da confiança quanto à certeza e ao sentido das normas jurídicas surge em meio à tensão entre flexibilidade e estabilidade, sendo resultado da ponderação entre dois pressupostos antagônicos: a necessidade de garantir a conservação de estados de posse uma vez obtidos em face de modificações jurídicas posteriores (segurança jurídica subjetiva como proteção da confiança) e o dever de o Estado eliminar as posições antijurídicas (segurança objetiva como legalidade)" (Ricardo Lodi Ribeiro, "A proteção da confiança legítima do contribuinte", *Revista Dialética de Direito Tributário*, n. 145, São Paulo, out. 2007, p. 99). Vide ainda: Derzi, *Modificações da Jurisprudência no Direito Tributário...*, cit., pp. 387 e ss.
108. Humberto Ávila trata a proteção à confiança e a boa-fé como "limitações implícitas decorrentes dos sobreprincípios do Estado de Direito e da Segurança Jurídica" (*Sistema Constitucional Tributário*, cit., p. 324).
109. STF, Tribunal Pleno, RE 566621, rel. Min. Ellen Gracie, j. 4.8.2011, Repercussão geral – Mérito, *DJe*-195 divulg. 10.10.2011, public. 11.10.2011, Ement. 02605-02/273.
110. A despeito de sua sólida fundamentação e do acerto de suas conclusões, o acórdão oriundo do julgamento do RE 566.621-RS não parece representar o entendimento pacificado da Suprema Corte. Na maior parte de seus julgados, o Tribunal Constitucional não confere à segurança jurídica – ao menos não no âmbito do Direito Tributário, eficácia autônoma, limitando-se a mencionar a segurança como reforço de argumentação à aplicação de outros princípios mais específicos ou das regras protetivas da coisa julgada, do ato jurídico perfeito ou do direito adquirido. Nesse sentido, por exemplo, os seguintes julgados: AI 738929 AgR, rel. Min. Luiz Fux, 1ª

218 SANÇÕES TRIBUTÁRIAS: DEFINIÇÃO E LIMITES

Esclarecida a possibilidade de que o sobreprincípio da segurança jurídica atue diretamente na proteção da confiança e na boa-fé, necessário partir para o seu exame funcional e assim estudar as suas duas finalidades: confiabilidade[111] e calculabilidade.[112] Confiabilidade é característica intrínseca ao ordenamento jurídico. Por meio dela são protegidas as expectativas individuais e é garantida estabilidade quando da promoção de mudanças. Em poucas palavras: confiável é o ordenamento que exige racionalidade na mudança (Ávila),[113] o que pode ser alcançado, por exemplo, por meio de normas de transição (Schonberg).[114] Por outro lado, calculabilidade é a característica do ordenamento jurídico que possibilita às pessoas saber previamente quais serão as consequências jurídicas de seus atos. Previamente à adoção de determinado ato, as pessoas devem ter condições de saber quais serão as consequências jurídicas de sua promoção e de sua abstenção. Tal conhecimento antecipado acerca dos efeitos jurídicos dos atos possibilitará aos destinatários das normas sopesar os prós e contras de sua promoção e de sua abstenção. Somente haverá livre-arbítrio e autonomia se for assegurado um mínimo de calculabilidade (Schonberg).[115] Em razão das características próprias de cada espécie normativa, não é demais relembrar que as regras apresentam maior determinabilidade do que os princípios. Facilitam, assim, o conhecimento de seu conteúdo por parte dos destinatários, propiciando, em consequência, maior calculabilidade.[116]

T., j. 22.11.2011, *DJe*-235, divulg. 12.12.2011 e public. 13.12.2011; e ADI 4661 MC, rel. Min. Marco Aurélio, Tribunal Pleno, j. 20.10.2011, Processo Eletrônico *DJe*-060, divulg. 22.3.2012, public. 23.3.2012.

111. "La seguridad es contexto dentro del cual se toman las decisiones individuales y las interacciones de los actores sociales; para ellos, es la expectativa de que el marco legal es y será confiable, estable y predecible. Para que así sea, es indispensable que las decisiones de los actores políticos se tomen según la lógica de las reglas y no según la lógica de la discrecionalidad" (Pedro J. Frías, "Estado de Derecho y seguridad jurídica", *Revista Latino-Americana de Estudos Constitucionais*, n. 1, Belo Horizonte, 2003, pp. 249-250).

112. Odete Medauar entende que a segurança jurídica diz respeito "à estabilidade da ordem jurídica e à previsibilidade da ação estatal" ("Segurança jurídica e confiança legítima", cit., p. 115).

113. *Segurança Jurídica...*, cit., p. 124.

114. Soren Schonberg, *Legitimate Expectations in Administrative Law*, USA, Oxford University, 2003, p. 18.

115. "For individuals to be *autonomus* they must, at least, be able to plan ahead and therefore foresee with some degree of certainty the consequences of their actions. Laws and the actions of those who apply them are therefore subject to requirement of predictability and certainty" (idem, ibidem, p. 12).

116. Ávila, *Segurança Jurídica...*, cit., p. 46; e *Sistema Constitucional Tributário*, cit., pp. 53-54. Vide ainda: Larry Alexander e Emily Sherwin, *The Rule of Rules: morality, rules and the dilemmas of law*, London, Duke University, 2001, p. 30.

AS SANÇÕES TRIBUTÁRIAS E OS PRINCÍPIOS JURÍDICOS 219

Feita tal breve introdução, cumpre passar, agora, ao exame da forma de atuação da segurança jurídica no âmbito do Direito Tributário, com vistas a avaliar o modo como limita o poder de tributar.

2.3.2 A segurança jurídica no âmbito tributário

No subsistema jurídico que envolve as normas de tributação, o princípio da segurança jurídica exerce pouca eficácia direta – muito embora toda a sua importância, bem destacada por Fernando Pérez Royo.[117] Em verdade, seu principal papel no ordenamento tributário nacional é fornecer suporte axiológico aos princípios da legalidade, irretroatividade e anterioridade decorrentes da interpretação do art. 150 da CF. Como refere Odete Medauar,[118] "da Segurança Jurídica desdobram-se outros princípios que representam sua tradução mais específica ou precisa".

Muito embora não haja qualquer óbice lógico ou jurídico à aplicação direta do sobreprincípio da segurança jurídica como garantia dos direitos fundamentais dos contribuintes – nunca é demais recordar que o *caput* do art. 150 da Constituição é claríssimo ao dispor que as normas dele decorrentes deverão ser aplicadas "sem prejuízo de outras garantias" –, no modelo de positivismo ético a aplicação de normas mais específicas tem preferência em relação à aplicação de normas mais gerais. Por isso, no campo tributário, antes de se valer diretamente da segurança jurídica, deve o aplicador perquirir se não está diante de caso que pode ser solucionado por alguma regra ou mesmo por meio de algum dos chamados princípios constitucionais tributários. Misabel Derzi,[119] por exemplo, é enfática ao destacar que a positivação do princípio da irretroatividade no campo tributário reduz as possibilidades de aplicação dos princípios da proteção à confiança e da boa-fé (variações mais específicas da segurança jurídica). Tal ordem de prioridade, que tem por critério a maior especificidade das normas, é exatamente a razão pela qual no campo tributário o sobreprincípio da segurança jurídica acaba servindo mais como reforço de argumentação acerca da aplicação de outros princípios do que como norma diretamente aplicada. De todo modo, estando correta a assertiva apresentada pela Min. Ellen Gracie quando do julgamento do RE 566.62-RS,[120] no sentido de que "há conteúdos do princípio da segurança jurídica

---

117. *Derecho Financiero y Tributario...*, cit., p. 100.
118. Medauar, "Segurança jurídica e confiança legítima", cit., p. 116.
119. *Modificações da Jurisprudência no Direito Tributário*, cit., p. 392.
120. STF, Tribunal Pleno, RE 566621, rel. Min. Ellen Gracie, j. 4.8.2011, Repercussão geral – Mérito, DJe-195 divulg. 10.10.2011, public. 11.10.2011, Ement. 02605-02/273.

220 SANÇÕES TRIBUTÁRIAS: DEFINIÇÃO E LIMITES

que se encontram implícitos no texto constitucional", não há motivos a justificar, mesmo no território dos tributos, seja restringida a eficácia do referido sobreprincípio exclusivamente aos casos nos quais há violação direta e imediata a princípios mais específicos, ou mesmo a regras protetivas do ato jurídico perfeito, da coisa julgada e do direito adquirido. Deve o princípio da segurança jurídica, também no campo tributário, atuar em toda a plenitude de sua larga eficácia, protegendo os contribuintes e responsáveis não somente nos casos absortos aos seus subprincípios e/ou às regras protetivas do ato jurídico perfeito, coisa julgada e direito adquirido, mas, inclusive, naqueles outros cuja solução não trespassa os referidos subprincípios.

2.3.3 A segurança jurídica no âmbito sancionador tributário

Considerando a inaplicabilidade ao campo sancionador tributário tanto das normas decorrentes da interpretação do art. 150 da CF como dos princípios penais advindos da interpretação de dispositivos legais ou constitucionais, não existem, no Direito Positivo brasileiro, enunciados normativos que especifiquem a aplicação da segurança jurídica como limitação das sanções administrativo-tributárias. Tampouco há enunciados legais ou constitucionais que disponham sobre (sub)princípios decorrentes da segurança jurídica, de aplicação específica no campo tributário sancionador – não existe, por exemplo, enunciação constitucional a respeito da irretroatividade sancionador-tributária. De tal lacuna decorrerá a maior importância da segurança jurídica no campo sancionador-tributário: será pela aplicação direta da segurança jurídica, oriunda da interpretação do *caput* do art. 5º da Constituição da República, que deverá ser impedida a aplicação retroativa de sanções administrativo-tributárias.

Logo, em face das sanções administrativo-tributárias em geral e das multas tributárias em especial, o princípio da segurança jurídica exercerá eficácia direta, sem a intermediação de subprincípios expressamente positivados. Sua aplicação direta terá papel essencial como meio de proteção dos direitos fundamentais dos acusados de ter cometido algum ilícito tributário.

Dito isso, cabe relembrar que a segurança jurídica apresenta-se como norma-princípio cuja finalidade é possibilitar um estado de confiabilidade e calculabilidade. Para a consecução de tais fins, exige que as demais normas jurídicas permitam a seus destinatários um grau mínimo de cognoscibilidade. Tal cognoscibilidade apresenta-se no campo sancionatório tributário por meio da exigência de *lex certa* (tipicidade). Sobre

AS SANÇÕES TRIBUTÁRIAS E OS PRINCÍPIOS JURÍDICOS 221

a vinculação da legalidade e da segurança jurídica no âmbito do Direito Sancionador Tributário, refere Carlos Lamoca Pérez que se trata de "una consecuencia directa del principio de seguridad jurídica en ámbitos limitativos de los derechos individuales".[121] A tipicidade que marca as normas sancionador-tributárias serve de bom exemplo da vinculação existente entre os princípios da legalidade e da segurança jurídica. Conforme sustenta Alejandro Huergo Lora,[122] no campo sancionador, o princípio da legalidade também inclui um mandato de certeza, de acordo com o qual a tipificação das infrações e das sanções deve fazer-se com o maior grau possível de precisão, indicando aos cidadãos quais condutas servirão à imposição da penalidade.

Por outro lado, é fundamental pontuar que a inexistência de norma específica vedando a aplicação retroativa das sanções administrativo--tributárias também justifica a invocação direta do princípio da segurança jurídica.[123] Em relação às normas sancionatórias – inclusive no tocante às normas de sanção administrativo-tributárias nas quais prescritas multas –, decorre do princípio da segurança jurídica a exigência de que não haja aplicação retroativa de sanções advindas da interpretação de enunciados publicados posteriormente à realização do ato ilícito (Paliero e Travi).[124] Na falta de regra ou de princípio mais específico que estabeleça a irretroatividade das normas de sanção tributárias, a

121. *Infracciones y Sanciones Tributarias*, Madrid, Centro de Estudios Financieros, 2005, p. 17.
122. "El principio de legalidad sancionadora también incluye un mandato de certidumbre (*Bestimmtheitsgebot*), de acuerdo con el cual la tipificación de las infracciones y de las sanciones (pero sobre todo de las primeras) debe hacerse con el mayor grado posible de precisión, a fin de que se cumpla la finalidad de la norma sancionadora, es decir, indicarle al ciudadano, con la mayor claridad posible, cuál es la conducta que debe evitar para que no se le imponga la sanción prevista por la norma" (Huergo Lora, *Las Sanciones Administrativas*, Madrid, Iustel, 2007, p. 366).
123. Delgado Sancho, *Principios del Derecho Tributario Sancionador*, Madrid, El Derecho, 2010, p. 299.
124. "L'affermazione del principio di irretroattività delle norme sanzionatorie amministrative reca indiscutibilmente, in questa sfera, un fondamentale apporto di certezza: come è stato esattamente osservato, infatti, 'la conoscibilità, per i cittadini, di ciò che deve essere conforme a diritto si concretizza anche nel senso di si una motivabilittà *[Motivierbarkeit]* del singolo verso il comportamento giuridicamente corretto; solo nell'ambito di queste concezione il divieto di retroattività delle disposizioni *[penali]* può continuare a mantenere un senso" (*La Sanzione Amministrativa...*, cit., p. 174). Também defendendo o princípio da irretroatividade: Guerra, *Illecito Tributario e Sanzioni Amministrative*, cit., p. 175.

222 SANÇÕES TRIBUTÁRIAS: DEFINIÇÃO E LIMITES

proibição de aplicação retroativa advém diretamente do sobreprincípio da segurança jurídica.[125]

Decorrendo do princípio da segurança jurídica, a análise da retroatividade ou irretroatividade das normas sancionatórias é importantíssima e deve ser feita a partir do cotejo entre o momento em que ocorrido o ilícito e o momento em que entrou em vigor a norma sancionatória (Carlos Ari Sundfeld).[126] É correto afirmar, assim, no que tange à irretroatividade das normas de sanção administrativo-tributária, que o sobreprincípio da segurança jurídica traz consigo duas importantes consequências. De um lado, impede a punição de conduta que não estava enquadrada na hipótese de norma sancionatória então válida e vigente: não é permitida a punição de ilícito que não esteja enquadrado na hipótese de norma sancionatória vigente ao tempo de sua ocorrência. De outro, o princípio veda a punição do ilícito se no instante em que fora ele praticado não houvesse prescrição sancionatória. No primeiro caso, exige-se a prévia existência de hipótese normativa que permita a subsunção do ilícito; no segundo, a prévia existência da prescrição sancionatória da qual decorra a sua punição. Tanto a hipótese normativa como a prescrição da norma sancionatória devem ser prévias à ocorrência do ilícito – a irretroatividade afeta não só a qualificação tardia de um fato como ilícito, mas também a intempestiva enunciação das prescrições sancionatórias que servem à sua punição (Nieto).[127] Construída a partir do princípio da segurança jurídica e a despeito de não ser oriunda de algum enunciado constitucional específico ao campo sancionador, a proibição de retroatividade das normas de

125. Misabel Abreu Machado Derzi entende que a irretroatividade, a proteção da confiança e a boa-fé objetiva decorrem da segurança jurídica (*Modificações da Jurisprudência...*, cit., p. 603). No mesmo sentido: Edmar Oliveira Andrade Filho, *Infrações e Sanções Tributárias*, São Paulo, Dialética, 2003, p. 81. Segundo Carlos David Delgado Sancho, o princípio da irretroatividade está "directamente relacionado con el principio de seguridad jurídica" (*Principios del Derecho Tributario Sancionador*, cit., p. 299). Interessante notar que, na Itália, o mesmo dispositivo constitucional dá origem às normas da legalidade e da irretroatividade no que tange à limitação das sanções (Guerra, *Illecito Tributario e Sanzioni Amministrative*, cit., p. 151).
126. Carlos Ari Sundfeld, *Direito Administrativo Ordenador*, São Paulo, Malheiros Editores, 1997, p. 81.
127. "(...) la retroactividad (o irroactividad) puede afectar tanto a la calificación de un hecho como infracción administrativa o delito (convirtiendo, por ejemplo, en infracción lo que antes era delito) como en la tipificación y graduación de las infracciones y sanciones" (Nieto, *Derecho Administrativo Sancionador*, cit., p. 199).

AS SANÇÕES TRIBUTÁRIAS E OS PRINCÍPIOS JURÍDICOS 223

sanção tributária deve ser tão ou ainda mais rigorosa do que aquela que vigora em relação às normas de imposição tributária.[128]

Importante destacar, finalmente, que a irretroatividade da sanção administrativo-tributária advinda do sobreprincípio da segurança jurídica também impede a majoração de sanção posteriormente à ocorrência do ilícito. Não só a instituição, mas também a majoração das sanções, devem ser prospectivas, jamais retroativas. Vale recordar, a propósito, as palavras proferidas pelo Min. Marco Aurélio quando do julgamento do RE 407.190. Tal caso tratava da alteração do art. 35, *caput*, da Lei 8.212/1991 pela Lei 9.528/1997, a qual mudava o enunciado que dispunha sobre sanções administrativo-tributárias relativas às contribuições previdenciárias federais, estabelecendo, contudo, que a nova sanção seria aplicada inclusive no tocante a ilícitos já ocorridos antes da publicação da lei mais recente. No julgamento do tema pelo Supremo Tribunal Federal, restou assentado pelo Min. Marco Aurélio que a disposição legal que determinava a retroação da sanção tributária então surgida violava a cláusula de irretroatividade. Tomando de empréstimo o princípio vigorante no âmbito penal por meio de expressa referência à norma advinda da interpretação do art. 5º, XL, da Constituição, afirmou o Min. Marco Aurélio que o mencionado dispositivo constitucional "há de ser tomado a partir de óptica teleológica, não se devendo potencializar o fato de se aludir a réu e de se ter o emprego da expressão 'lei penal'". Não obstante defenda-se não ser legítima a importação ao campo sancionador tributário das normas constitucionais ou legais decorrentes da interpretação de enunciados normativos restritos ao âmbito penal, mostra-se acertada a conclusão apresentada pelo Supremo Tribunal Federal. Tomando caminho diverso daquele percorrido pelos Ministros da Suprema Corte, no julgamento em questão deveria ter sido invocado diretamente o sobreprincípio da segurança jurídica, sem que fosse necessária a importação de qualquer norma penal. Dessa forma, pela correta aplicação do princípio da segurança jurídica no lugar do princípio da irretroatividade vigente no Direito Penal, chegariam os preclaros Ministros à igual solução. O sobreprincípio da segurança jurídica, por si, bastante que é ao ingresso da

---

128. "Otro de los elementos característicos del régimen jurídico de las sanciones administrativas, que en este caso es igual al de las sanciones penales y distinto al que se aplica a otras formas de actuación administrativa de gravamen, es el principio de irretroactividad *in pejus*, al que se añade el mandato de retroactivita *in bonus* (...) De aquí se deduce con claridad que la irretroactividad se aplica de un modo mucho más estricto en materia sancionadora. Una norma sancionadora (es decir, que tipifique infracciones o sanciones) no puede aplicar se a conductas cometidas antes de su entrada en vigor" (Huergo Lora, *Las Sanciones Administrativas*, cit., p. 423).

224 SANÇÕES TRIBUTÁRIAS: DEFINIÇÃO E LIMITES

irretroatividade nos territórios do Direito Sancionador Tributário, seria a norma mais adequada a impedir a aplicação retroativa da sanção criada pelos enunciados da Lei 9.528/1997.

3
AS SANÇÕES TRIBUTÁRIAS
E OS POSTULADOS NORMATIVOS

3.1 Notas introdutórias. 3.2 Proibição de excesso: 3.2.1 Esboço conceitual e forma de atuação; 3.2.2 A proibição de excesso e o Direito Tributário; 3.2.3 A proibição de excesso e o Direito Tributário Sancionador. 3.3 Proporcionalidade: 3.3.1 Esboço conceitual e forma de atuação: 3.3.1.1 Adequação; 3.3.1.2 Necessidade; 3.3.1.3 Proporcionalidade em sentido estrito; 3.3.2 A proporcionalidade e o Direito Tributário; 3.3.3 A proporcionalidade e o Direito Tributário Sancionador: 3.3.3.1 A proporcionalidade como limitadora da atividade legislativa – 3.3.3.2 A proporcionalidade como limitadora da atividade administrativa de aplicação das sanções tributárias. 3.4 Razoabilidade: 3.4.1 Esboço conceitual e forma de atuação; 3.4.2 A razoabilidade e o Direito Tributário; 3.4.3 A razoabilidade e o Direito Tributário Sancionador.

3.1 Notas introdutórias

Foi visto nos capítulos precedentes que, a despeito de as normas originadas da interpretação do art. 150 da Constituição da República não serem aplicáveis às sanções tributárias, as referidas sanções estão sujeitas a limites advindos dos princípios da legalidade e da segurança jurídica e dos chamados postulados normativos aplicativos. A conjugação dos sobreprincípios e dos postulados forma um plexo de normas e metanormas protetivas dos direitos fundamentais daqueles que estiverem sob o jugo das sanções tributárias.

Quanto aos postulados normativos aplicativos, tratam-se de condições de interpretação e de aplicação do Direito; metanormas que estruturam a aplicação racional das normas jurídicas.[1] Representando

---

1. Ávila, *Sistema Constitucional Tributário,* 4ª ed., São Paulo, Saraiva, 2010, pp. 43-44.

226 SANÇÕES TRIBUTÁRIAS: DEFINIÇÃO E LIMITES

anseios de racionalidade na aplicação das normas jurídicas (Canas),[2] os postulados decorrem do Estado de Direito e a ele legitimam. Postulados e Estado de Direito mantêm entre si relação de fundamentação recíproca ou bidirecional, conforme muito bem observado por Humberto Ávila.[3] Muito embora sua autonomia como espécie normativa seja objeto de farta polêmica doutrinária, os postulados não se confundem com as regras ou com os princípios. Comparados a regras e princípios, são diversas sua dimensão normativa e suas funções.

No atinente à sua dimensão normativa, os postulados caracterizam-se por não serem normas, mas, sim, metanormas.[4] Como metanormas, os postulados não são objeto de aplicação para a solução de litígios. Esse é o papel das normas. Os postulados estão em um nível diferente. Diversamente das regras e especialmente dos princípios – com os quais são seguidamente confundidos –, os postulados não são objeto de aplicação. Em verdade, são instrumentos por meio dos quais aplicadas as normas de primeiro grau (regras e princípios).

Quanto às funções, diversamente das regras, os postulados não prescrevem um comportamento proibido, obrigatório ou permitido; ao contrário dos princípios, não estabelecem fins a serem alcançados ou otimizados. Servem, por seu turno, para estruturar, de forma racional, a aplicação de regras e princípios. Proporcionam critérios de aplicação das normas jurídicas, atuando como veículos condutores de racionalidade.

2. Vitalino Canas dita que o postulado da proibição de excesso é fruto da "plena interiorização pelo Direito da racionalidade weberiana" ("O princípio da proibição de excesso na Constituição", in Jorge Miranda (org.), *Perspectivas Constitucionais nos 20 anos da Constituição de 1976*, vol. 2, Coimbra, Coimbra, 1997, p. 327). Esmiuçando os diversos níveis de fundamentação do postulado da proibição de excesso, refere ademais, a partir da lição de Bleckmann, que a proibição de excesso "é um dos limites às restrições ou intervenções nos direitos fundamentais e deriva das ideias [autofundamentantes], [autorreferenciais] ou [autopoiéticas] de livre desenvolvimento da personalidade e da plena liberdade de acção, como concretizações do valor da dignidade da pessoa humana inscrita no princípio do Estado de Direito" (ibidem, p. 334).
3. Ávila, *Sistema Constitucional Tributário*, cit., p. 37. Vide ainda: Torres, *Tratado de Direito Constitucional, Financeiro e Tributário*, vol. 2, 2ª ed., Rio de Janeiro, Renovar, 2014, p. 218.
4. A despeito de não utilizar a expressão "postulados", refere Antonio Henrique Pérez Luño: "En una primera acepción los principios del derecho actúan como metanormas. Se trata de lo que puede considerarse como su significado metodológico en el que aparecen entendidos como *principia cognoscendi*, es decir, como reglas orientadoras para el conocimiento, para la interpretación y para la aplicación de las restantes normas jurídicas" ("Los principios generales de derecho: un mito jurídico?", *Revista de Estudios Políticos*, n. 98, Madrid, out.-dez. 1997, pp. 16-17).

AS SANÇÕES TRIBUTÁRIAS E OS POSTULADOS NORMATIVOS 227

Possível afirmar, em razão disso, que os postulados não são diretamente obedecidos ou descumpridos quando da realização de comportamentos conformes ou desconformes ao Direito; as normas jurídicas é que o são. No que importa ao presente estudo, as normas jurídicas sancionatórias, inclusive as tributárias, não são exceções, também elas estando sujeitas aos postulados (Lanzi e Aldrovandi).[5] Como toda e qualquer norma jurídica, devem ser aplicadas de acordo com os postulados normativos.[6] Em consequência, as sanções por tais normas prescritas devem sempre respeitar os postulados da razoabilidade, da proporcionalidade e da proibição de excesso. Corretíssima, nesse sentido, a lição de J. J. Gomes Canotilho, para quem os "*standards* jurisprudenciais como o da proporcionalidade, razoabilidade, proibição de excesso" tornam "possível hoje recolocar a administração (e de um modo geral, os poderes públicos) num plano menos sobranceiro e incontestado relativamente ao cidadão".[7]

No campo jurisprudencial, a dificuldade no domínio dos conceitos e na aplicação das metanormas salta à vista, inclusive no campo sancionador tributário. Não raro, o Supremo Tribunal Federal aplica os postulados normativos como limitações ao poder de tributar e também como limitações às sanções tributárias. Em geral o faz sem maiores preocupações teóricas, confundindo e embaralhando conceitos, em especial no tocante aos postulados da razoabilidade e da proporcionalidade. Em outras oportunidades, talvez por faltar-lhe segurança na definição de cada instituto, aplica-os de forma conjunta, sem qualquer distinção.[8] No Brasil, a proporcionalidade

5. Alessio Lanzi e Paolo Aldrovandi falam dos cânones "di ragionevolezza e proporzionalità cui deve conformarsi ogni misura sanzionatoria" (*L'Illecito Tributario,* 3ª ed., Padova, Cedam, 2005, p. 5).
6. Humberto Ávila destaca que a mesma multa tributária pode violar um, dois ou mais postulados normativos: "Uma multa pode, em princípio, ser razoável porque seu montante mantém relação de equivalência com a gravidade da falta cometida (por exemplo: uma multa elevada aplicada para uma falta grave), mas, ao mesmo tempo, ser excessiva, porque restringe o núcleo de um direito fundamental, e desproporcional porque a finalidade almejada poderia ser atingida de forma mais suave aos princípios fundamentais" ("Conteúdo, limites e intensidade dos controles de razoabilidade, de proporcionalidade e de excessividade das leis", *Revista de Direito Administrativo,* n. 236, Rio de Janeiro, abr./jun. 2004, p. 372).
7. Canotilho, *Direito Constitucional e Teoria da Constituição,* 7ª ed., Coimbra, Almedina, 2003, p. 268.
8. Tal confusão não é exclusividade nacional. A respeito dos Tribunais portugueses, Canas revela que o trato do postulado da proibição de excesso tem sido promovido "de forma elíptica e pouco consistente" ("O princípio da proibição de excesso na Constituição", in Jorge Miranda (org.), *Perspectivas Constitucionais nos 20 anos da Constituição de 1976,* vol. 2, Coimbra, Coimbra, 1997, p. 349).

228 SANÇÕES TRIBUTÁRIAS: DEFINIÇÃO E LIMITES

e a proibição de excesso, por exemplo, têm sido tratadas como sinônimos em diversos julgados proferidos pela Corte Constitucional.[9] No julgamento da ADI 551-1,[10] por exemplo, restou definido, no voto condutor do Min. Ilmar Galvão, que "o eventual caráter de confisco de tais multas não pode ser dissociado da proporcionalidade que deve existir entre a violação da norma jurídica tributária e sua consequência jurídica". Proporcionalidade e razoabilidade também costumam ser confundidas.[11]

Nas linhas a seguir, procurar-se-á definir cada um dos postulados objeto de estudo, para depois examinar a forma com que devem ser considerados na interpretação e aplicação das normas de tributação. Finalmente, será estudada a forma como os postulados devem funcionar na limitação das sanções administrativo-tributárias.

3.2 Proibição de excesso

3.2.1 Esboço conceitual e forma de atuação

A proibição de excesso é um dos postulados normativos necessários à configuração do Estado de Direito e tem papel fundamental na aplicação das normas de sanção tributária. O referido postulado, que serve como proteção aos direitos fundamentais dos cidadãos, pode ser considerado como uma metanorma constitucional implícita (Baleeiro),[12]

9. "(...) a simples possibilidade de aplicação da proporcionalidade a casos que não se relacionam com o excesso estatal já é razão suficiente para abandonar o uso sinônimo de regra da proporcionalidade e proibição de excesso" (Luís Virgílio Afonso da Silva, "O proporcional e o razoável", *RT* 798/27, São Paulo, 2002).
10. ADI 551, rel. Min. Ilmar Galvão, Tribunal Pleno, j. 24.10.2002, *DJU* 14.2.2003, p. 58.
11. Humberto Ávila, *Sistema Constitucional Tributário*, cit., p. 410. O mesmo autor elucida as diferenças entre proporcionalidade e razoabilidade em seu *Teoria dos Princípios: da definição à aplicação dos princípios jurídicos*, 16ª ed., São Paulo, Malheiros Editores, 2015, p. 201. Também indicando as diferenças entre proporcionalidade e razoabilidade, vide Luís Virgílio Afonso da Silva, "O proporcional e o razoável", cit., p. 27.
12. *Limitações Constitucionais ao Poder de Tributar*, 7ª ed., Rio de Janeiro, Forense, 2006, p. 564. Vale notar, quanto ao ponto, que durante a vigência da Constituição de 1967, de acordo com a Emenda Constitucional de 1969, na qual não havia menção expressa à vedação de confisco em matéria tributária, a 2ª Turma do STF declarava inconstitucionais, por confiscatórias, as multas tributárias moratórias equivalentes a 100% do montante do tributo devido (RE 81.550, rel. Min. Xavier de Albuquerque, 2ª T., j. 20.5.1975, *DJU* 13.6.1975, p. 4.181; e RE 91.907, rel. Min. Moreira Alves, 2ª T., j 11.12.1979, *DJU* 29.2.1980, p. 975). Em tais casos, as multas foram reduzidas pela Suprema Corte ao patamar de 30%.

AS SANÇÕES TRIBUTÁRIAS E OS POSTULADOS NORMATIVOS 229

verdadeira decorrência do Estado de Direito (Canas).[13] Como sinalam Klaus Tipke e Joachim Lang,[14] a proibição de excesso "é constitucionalmente fundamentada no princípio do Estado de Direito e nos direitos fundamentais".

A proibição de excesso tem sido tratada pelas doutrinas nacional (Silva)[15] e estrangeira (Canotilho/Moreira)[16] juntamente à proporcionalidade, sendo raramente encontrada alguma tentativa de segregação das duas metanormas. A razão da pouca clareza na distinção dos conceitos reside na verdadeira proximidade que há entre proibição de excesso e proporcionalidade em sentido estrito – segundo Humberto Ávila, o distanciamento dos dois institutos seria uma opção da perspectiva adotada pelo examinador.[17] Tal confusão conceitual repercute na jurisprudência nacional, marcada por acórdãos pouco claros a respeito do conceito e eficácia do postulado da proibição de excesso. Por todos esses motivos e notadamente porque deles resulta o enfraquecimento da proteção dos direitos fundamentais dos cidadãos, mostra-se bastante importante avançar no exame do mencionado postulado e especialmente no modo como ele limita a aplicação das normas de sanção tributária.

13. Referindo-se à Constituição da República de Portugal, Canas menciona que "a ausência de qualquer referência textual, mesmo que mínima, à exigência de proibição do excesso no exercício do poder poderia ser colmatada pela exuberância da adesão à ideia de Estado de Direito" (Canas, "O princípio da proibição de excesso na Constituição", cit., p. 354).

14. Tipke e Lang, *Direito Tributário*, vol. 1, trad. de Luiz Dória Furquim, Porto Alegre, Fabris, 2008, p. 270.

15. "Atendo-se às sanções tributárias de feições pecuniárias (...) o princípio da proporcionalidade corrobora com o princípio da vedação do efeito de confisco na estatuição de seus limites quantitativos" (Paulo Roberto Coimbra Silva, *Direito Tributário Sancionador*, São Paulo, Quartier Latin, 2007, p. 314).

16. J. J. Gomes Canotilho e Vital Moreira asseveram que os princípios da proporcionalidade, necessidade e adequação seriam particularizações do princípio da proibição de excesso. Vide J. J. Gomes Canotilho e Vital Moreira, *Constituição da República Portuguesa Anotada*, Coimbra, Coimbra, 1978, pp. 82 e 84.

17. "Embora não seja a opção feita por este trabalho, pelas razões já apontadas, é plausível enquadrar a proibição de excesso e a razoabilidade no exame da proporcionalidade em sentido estrito. Se a proporcionalidade em sentido estrito for compreendida como amplo dever de ponderação de bens, princípios e valores, em que a promoção de um não pode implicar a aniquilação de outro, a proibição de excesso será incluída no exame da proporcionalidade" (Ávila, *Teoria dos Princípios: da definição à aplicação dos princípios jurídicos*, 16ª ed., São Paulo, Malheiros Editores, 2015, p. 203). Vide, ainda, do mesmo autor: "A distinção entre princípios e regras e a redefinição do dever de proporcionalidade", *Revista de Direito Administrativo*, n. 215, Rio de Janeiro, jan.-mar. 1999, p. 31. Em tal artigo, o autor gaúcho aproxima a proibição de excesso à proporcionalidade em sentido estrito.

230 SANÇÕES TRIBUTÁRIAS: DEFINIÇÃO E LIMITES

O postulado da proibição de excesso representa inegável proteção ao núcleo mínimo do conteúdo dos direitos fundamentais – aqui entendido como o conjunto dos bens jurídicos (ações, propriedades ou situações e posições jurídicas) que não podem ser eliminados pelo Poder Público (Alexy).[18] Mesmo sendo admissível e até necessária a restrição de direitos fundamentais por normas de imposição tributária e também por normas sancionatórias, há um núcleo essencial que deve ser respeitado à luz do postulado da proibição de excesso.[19] Embora seja difícil delimitar com precisão seus contornos – tal tarefa cabe à práxis judiciária, à conformação que os Tribunais diuturnamente estabelecem sobre os direitos fundamentais –, o referido núcleo essencial equivale àquela parte do conteúdo do direito fundamental cuja ausência o desnaturaria, estando bastante vinculada à dignidade da pessoa humana (Nabais).[20] Dentre os bens jurídicos protegidos por direitos fundamentais, o mencionado núcleo representa a parcela essencial sem a qual o direito fundamental esmorece e se esvai. Para Ricardo Lobo Torres,[21] tal núcleo condensa o que ele chama de "mínimo existencial": condições mínimas à existência da vida humana digna. Não pode o Estado, assim, seja por meio do poder de tributar, seja pelo poder sancionador tributário, avançar sobre tais condições mínimas[22] – o postulado da proibição de excesso impede tamanha restrição aos direitos fundamentais.

18. *Teoría de los Derechos Fundamentales,* Madrid, Centro de Estudios Políticos e Constitucionales, 2002, p. 188.

19. Para Humberto Ávila, o postulado da proibição de excesso "se fundamenta na ideia de que todos os direitos e princípios fundamentais, ainda que possam ser restringíveis, não podem ser atingidos no seu núcleo essencial, sendo esse núcleo definido como aquela parte do conteúdo de um direito sem a qual ele perde a sua mínima eficácia e, por isso, deixa de ser reconhecível como um direito fundamental" (*Sistema Constitucional Tributário,* cit., p. 403). Em sentido contrário, leciona José Casalta Nabais. Por entender os impostos como "(meros) limites imanentes e não como restrições ao direito de propriedade", afirma Nabais que, "não se enquadrando na figura das restrições (ou de outras limitações) aos direitos, os impostos apresentam-se como insusceptíveis do teste jusfundamental material, consubstanciado sobretudo no princípio da proibição de excesso" (*O Dever Fundamental de Pagar Impostos: contributo para a compreensão constitucional do estado fiscal contemporâneo,* Coimbra, Almedina, 2009, p. 552).

20. Nabais, ao dispor sobre a intangibilidade da dignidade da pessoa humana, conceitua-a como "expressão do núcleo duro do conjunto e de cada um dos direitos fundamentais" (ibidem, p. 562).

21. *Tratado de Direito Constitucional Financeiro e Tributário,* vol. 3, 3ª ed., Rio de Janeiro, Renovar, 2005, p. 78.

22. Konrad Hesse, *Elementos de Direito Constitucional da República Federal da Alemanha,* Porto Alegre, Fabris, 1998, p. 267.

AS SANÇÕES TRIBUTÁRIAS E OS POSTULADOS NORMATIVOS   231

A proibição de excesso exige que a restrição promovida pelo tributo, pela sanção ou mesmo por outro direito, seja examinada em face do próprio direito fundamental restringido (cujo núcleo essencial não poderá ser atingido). Por exemplo: nenhum tributo ou sanção pode ser tão elevado a ponto de pôr em risco o sustento do contribuinte ou do infrator. A expropriação de bens fundamentais ao sustento próprio ou familiar do contribuinte ou infrator feriria o núcleo do direito fundamental a uma vida digna, garantido pelo art. 1º, III, da Constituição de 1988. Por essa razão, forte no postulado da proibição de excesso, nesse caso, deve ser afastada a desmedida exação, resguardando-se o núcleo do direito fundamental a uma vida digna. Possível notar, do exemplo em questão, que o postulado da proibição de excesso serve como instrumento de medição da intensidade da restrição em face do direito fundamental: se excessiva ou se aceitável perante o direito atingido. A relação exigida pelo referido postulado coloca frente a frente restrição e núcleo essencial do direito fundamental afetado.

Indispensável registrar, ainda, que a constatação de eventual excesso demanda análise particularizada de cada situação, o que depõe contra a prática de promover o exame da proibição de excesso por meio de controle abstrato de constitucionalidade. São diversas as causas que levam a tal conclusão. Primeiro, no campo tributário, a indiscutível vinculação que há entre o postulado da proibição de excesso e o chamado princípio da capacidade contributiva por si só justifica que a discussão sobre eventual excesso seja tratada de forma individualizada. A capacidade econômica de cada pessoa pode variar exclusivamente em razão do maior ou menor custo para a manutenção digna da sua vida ou da vida de seu grupo familiar. Por exemplo: considerando dois cidadãos que recebem igual remuneração, caso um tenha família composta por esposa e cinco filhos e o outro seja solteiro e sem filhos, haverá nítida diferença na capacidade de cada qual para fazer frente à carga tributária ou sancionatória. O custo financeiro para a manutenção do mínimo existencial que garante uma vida digna a si e a sua família é maior no caso do primeiro cidadão. Portanto, a mesma carga tributária ou sancionatória que de forma válida recai sobre o segundo cidadão poderá ser excessiva para o primeiro. Segundo, se o exame acerca do possível excesso do tributo ou da sanção demanda análise conjunta das diversas exações instituídas pelo mesmo ente político e se tais exações oscilam de acordo com variados fatores (*e.g.*, atividade negocial da pessoa jurídica tributada), nada recomenda seja feita uma análise abstrata da exorbitância do tributo ou da sanção. Como se vê, o exame acerca do postulado da proibição de excesso requer um olhar atento sobre as particularidades de cada caso concreto.

232 SANÇÕES TRIBUTÁRIAS: DEFINIÇÃO E LIMITES

3.2.2 A proibição de excesso e o Direito Tributário

No âmbito do Direito Tributário, o postulado da proibição de excesso encontra eco no chamado princípio do não confisco. Estabelece o art. 150, IV, da CF, que é vedado "utilizar tributo com efeito de confisco". Na linha ora defendida, trata-se da normatização do postulado da proibição de excesso como específica limitação ao poder de tributar. Havendo previsão constitucional expressa acerca do princípio do não confisco dentre as limitações constitucionais ao poder de tributar, e sendo ele uma maior especificação do postulado da proibição de excesso, a referida metanorma acaba tendo pouco destaque no campo tributário. A atenção recai diretamente sobre o princípio que especifica o postulado e não sobre o postulado propriamente dito.

Oriundo da interpretação do art. 150, IV, da CF, o denominado princípio do não confisco atua exclusivamente no âmbito tributário e serve como limitação ao poder de tributar.[23] Impede que a necessidade de aumento das receitas públicas sirva como justificativa à espoliação dos contribuintes e dessa forma prejudique suas condições mínimas para

---

23. Para Roque Carrazza é confiscatório o tributo que "'esgota' a *riqueza tributável* das pessoas, isto é isto é, que passa ao largo de suas capacidades contributivas, impondo-lhes ônus que vão além do que se entende por razoável" (*Direito Constitucional Tributário,* 30ª ed., São Paulo, Malheiros Editores, 2015, p. 101). Já Antônio Roberto Sampaio Dória define confisco como a absorção da propriedade particular pelo Estado sem justa indenização (*Direito Constitucional Tributário e* Due Process of Law*: ensaio sobre o controle judicial da razoabilidade das leis,* 2ª ed., Rio de Janeiro, Forense, 1986, p. 194). Pela doutrina estrangeira, refere C. M. Giuliani Fonrouge que "a Constituição argentina assegura a inviolabilidade da propriedade privada, assim como sua livre disposição e uso e proíbe o confisco (arts. 14 e 17), é indiscutível que a tributação não pode alcançar tal magnitude que, por via indireta, faça ilusórias tais garantias: daí o princípio doutrinário de que as contribuições públicas não devem ser confiscatórias. A Corte Suprema argentina desenvolveu amplamente o argumento, acentuando o princípio de que os tributos não podem absorver uma parte substancial da propriedade ou da renda" (*Conceitos de Direito Tributário,* trad. de Geraldo Ataliba e Marco Aurélio Greco, São Paulo, Edições Lael, 1973, p. 58). Para Hector B. Villegas, "La Constitución nacional asegura la inviolabilidad de la propiedad privada, su libre uso y disposición y prohíbe la confiscación (arts. 14 y 17). La tributación no puede, por vía indirecta, hacer ilusorias tales garantías constitucionales" (*Curso de Finanzas, Derecho Financiero y Tributario,* 9ª ed., Buenos Aires, Astrea, 2013, p. 276). José Maria Martin e Guillermo F. Rodriguez Usé consideram que "el principio de no confiscatoriedad ha sido consagrado por el art. 17 de nuestra Constitución nacional, el cual, según hemos visto (...), comprende también al principio de equidad y ha pasado a ser uno de los limites más importantes al poder tributario, la salvaguardia del derecho de propiedad" (*Derecho Tributario General,* 2ª ed., Buenos Aires, Depalma, 1995, p. 102).

AS SANÇÕES TRIBUTÁRIAS E OS POSTULADOS NORMATIVOS 233

uma vida digna. Pela lição de Rafael Bielsa,[24] deverá ser considerado confiscatório o ato expropriatório que determina uma injusta transferência patrimonial do contribuinte ao Fisco. A vedação ao confisco proíbe os entes políticos de ultrapassar os limites da competência tributária que de forma limitada lhes foi concedida pelo legislador constituinte, bloqueando, assim, a instituição e a cobrança de tributos que atinjam o núcleo do direito fundamental à propriedade.[25] Pelas palavras de Ricardo Lobo Torres,[26] a propriedade, como direito fundamental, "exibe como predicado ou qualidade a impossibilidade de ser atingida em seus limites máximos pelo exercício do poder tributário".

À luz do princípio do não confisco, deve ser protegido não apenas o patrimônio dos contribuintes, mas as condições mínimas que garantem a eles e a seus dependentes acesso a moradia, educação, saúde e alimentação. Conforme afirmado pelo Min. Orozimbo Nonato no julgamento do RE 18.331-SP,[27] "o poder de taxar não pode chegar à desmedida do poder de destruir". Mais do que uma frase de impacto, o referido julgado traz consigo verdadeira lição, que merece ser lembrada em sua completude:

> Ilimitada não é, segundo Ruy de Souza, citado na sentença de primeira instância, a faculdade de determinar a quota do tributo, não sendo "lícito à administração pública levá-lo a tal extremo que negue o exercício da atividade que grava". O poder de taxar não pode chegar

24. "Debe entenderse por confiscatorio, en opinión nuestra, el acto que en virtud de una obligación fiscal determina una injusta transferencia patrimonial del contribuyente al fisco, injusta por su monto o por la falta de causa jurídica, o porque aniquile el activo patrimonial" (*Estudios de Derecho Público*, vol. 1, Buenos Aires, Depalma, 1950, p. 93). Nesse mesmo sentido leciona Hector B. Villegas, ao afirmar que os tributos são confiscatórios quando absorvem uma parte substancial da propriedade ou da renda: "Los tributos son confiscatorios cuando absorben una parte sustancial de la propiedad o de la renta" (*Curso de Finanzas, Derecho Financiero y Tributario*, cit., p. 276).

25. "O escopo imediato da vedação da tributação com efeito de confisco é a garantia do direito de propriedade do contribuinte. Mediatamente, objetiva tutelar os direitos fundamentais que dependem do direito de propriedade, como o direito à dignidade, ao mínimo existencial, ao desempenho de atividade profissional ou econômica etc." (Velloso, *Constituição Tributária Interpretada*, São Paulo, Atlas, 2007, p. 160). Para Sacha Calmon Navarro Coêlho: "a teoria do confisco e especialmente do confisco tributário ou, noutro giro, do confisco através do tributo deve ser posta em face do direito de propriedade individual, garantido pela Constituição" (*Curso de Direito Tributário Brasileiro*, 9ª ed., Rio de Janeiro, Forense, 2008, p. 275).

26. *Tratado de Direito Constitucional Financeiro e Tributário*, cit., p. 155.

27. RE 18331, rel. Min. Orozimbo Nonato, 2ª T., j. 21.9.1951, *ADJ* 10.8.1953, p. 02356, *DJU* 8.11.1951, p. 10.865.

234 SANÇÕES TRIBUTÁRIAS: DEFINIÇÃO E LIMITES

à desmedida do poder de destruir, substituído o conhecido axioma de Marshall – pelo de que "the power to tax is the power to keep alive". Cita, ainda, o juiz, erudita conferência do Prof. Bilac Pinto tirada a lume na Rev. For. vol. 82, p. 547, que vale por eloquente preconício da doutrina elaborada na Corte Suprema dos Estados Unidos de que o poder de taxar "somente pode ser exercido dentro dos limites que o tornem compatível com a liberdade de trabalho, de comércio e de indústria e com o direito de propriedade". É um poder, em suma, cujo exercício não deve ir até abuso, ao excesso, ao desvio, aplicável, ainda aqui, a doutrina do *détournement de pouvoir*.

O passar do tempo não turvou a visão da Suprema Corte. O Plenário do Supremo Tribunal Federal, ao tratar da temática do confisco tributário, estabeleceu, já ao final dos anos 1990 e início dos anos 2000, que

(...) a proibição constitucional do confisco em matéria tributária nada mais representa senão a interdição, pela Carta Política, de qualquer pretensão governamental, que possa conduzir, no campo da fiscalidade, à injusta apropriação estatal, no todo ou em parte, do patrimônio ou dos rendimentos dos contribuintes, comprometendo-lhes, pela insuportabilidade da carga tributária, o exercício do direito a uma existência digna, ou a prática de atividade profissional lícita ou ainda a regular satisfação de suas necessidades vitais (educação, saúde e habitação, por exemplo) (Medida Cautelar na ADI 1.075[28] e Medida Cautelar na ADI 2.010).[29]

Nos julgados ora examinados, o Supremo Tribunal Federal foi claro ao afirmar que os tributos não podem conduzir ao esgotamento do patrimônio ou dos rendimentos dos contribuintes, comprometendo, dessa forma, a regular satisfação das necessidades vitais do ser humano, exemplificadas pela educação, saúde e habitação.

Na aplicação do princípio do não-confisco, há, ainda, grande controvérsia quanto à obrigação de sopesamento dos efeitos confiscatórios diante de cada tributo ou perante a totalidade dos tributos instituídos por cada ente político. A questão reside em saber se a análise dos efeitos confiscatórios deve levar em conta individualmente cada tributo ou se deve considerar a soma dos tributos instituídos pelo mesmo ente tributante. Respondendo velho anseio da comunidade jurídica, que observava o es-

---

28. ADI 1075 MC, rel. Min. Celso de Mello, Tribunal Pleno, j. 17.6.1998, *DJU* 24.11.2006, p. 59.

29. ADI 2010 MC, rel. Min. Celso de Mello, Tribunal Pleno, j. 30.9.1999, *DJU* 12.4.2002, p. 51.

AS SANÇÕES TRIBUTÁRIAS E OS POSTULADOS NORMATIVOS 235

forço dos tribunais em esquivar-se do tema, o Supremo Tribunal Federal definiu, no julgamento da Medida Cautelar na ADI 2.010,[30] que a análise acerca dos efeitos confiscatórios deve ser promovida em face de todos os tributos instituídos por cada um dos entes políticos. Como afirmado pelo Min. Celso de Mello:

> (...) se evidencia o caráter confiscatório, vedado pelo texto constitucional, sempre que o efeito cumulativo – resultante das múltiplas incidências tributárias estabelecidas pela mesma entidade estatal – afetar, substancialmente, de maneira irrazoável, o patrimônio e/ou os rendimentos do contribuinte. [*Prosseguindo em seu bem fundamentado voto, concluiu o Ministro*] a identificação do efeito confiscatório deve ser feita em função da totalidade da carga tributária, mediante verificação da capacidade de que dispõe o contribuinte – considerado o montante de sua riqueza (renda e capital) – para suportar e sofrer a incidência de todos os tributos que ele deverá pagar, dentro de determinado período, à mesma pessoa política que os houver instituído.

Irrepreensível, quanto ao ponto, o entendimento sufragado pelo Tribunal Constitucional. As incidências isoladas de cada tributo pouco diriam sobre estar ou não havendo efeito confiscatório capaz de prejudicar o mínimo essencial necessário à preservação da dignidade da pessoa humana, razão pela qual deve ser examinado o conjunto da carga tributária – se não aquele composto por todas as tributações a que está sujeito o contribuinte, ao menos aquele outro formado pela soma dos tributos instituídos pelo mesmo ente político.

3.2.3 A proibição de excesso e o Direito Tributário Sancionador

Não há na Constituição Federal enunciado que vede especificamente a imposição de penas excessivas. Considerando que a norma advinda da interpretação do art. 150, IV, da Constituição é inaplicável como limitação às sanções administrativo-tributárias, resta aos infratores, como proteção a seus direitos fundamentais, restringidos pelas normas de sanção administrativo-tributárias, recorrer diretamente ao postulado da proibição de excesso.

A proibição de excesso tem atuação importantíssima na limitação das normas de sanção tributária, impedindo a criação e a aplicação de penas exorbitantes. Como visto linhas atrás, os direitos fundamentais têm seu

---

30. ADI 2010 MC, rel. Min. Celso de Mello, Tribunal Pleno, j. 30.9.1999, *DJU* 12.4.2002, p. 51.

236 SANÇÕES TRIBUTÁRIAS: DEFINIÇÃO E LIMITES

núcleo protegido pelo referido postulado. Tal proteção limita qualquer ingerência estatal, inclusive as decorrentes do poder sancionador tributário. Por isso, as normas de sanção tributária devem ser interpretadas e aplicadas à luz do postulado da proibição de excesso.

Da mesma forma como o princípio do não confisco atua em relação às normas de imposição tributárias, o postulado da proibição de excesso, exercendo eficácia direta e não intermediada por alguma regra ou princípio, não permite que as normas de sanção tributária obstaculizem o acesso dos infratores e de seus familiares a condições mínimas de moradia, educação, saúde e alimentação. Por intermédio do postulado da proibição de excesso, resta protegido o núcleo essencial dos direitos fundamentais diante da ameaça das sanções tributárias. Nunca é demais reiterar que a violação ao núcleo de qualquer dos direitos fundamentais derrocaria a mínima possibilidade de vida digna – os referidos direitos, dentre os quais o de propriedade, são fundamentais exatamente por sua importância em face da dignidade da pessoa humana.

Na jurisprudência do Supremo Tribunal Federal existem julgados em que restou assentada a inconstitucionalidade de multas fixadas em 200% ou 500% sobre o valor do tributo. Em tais casos, entretanto, contrariando o quanto defendido ao longo do presente trabalho, as sanções foram limitadas pela aplicação direta do princípio do não confisco oriundo da interpretação do art. 150, IV, da Constituição. Para o Supremo Tribunal Federal, as limitações constitucionais ao poder de tributar estabelecidas pelo art. 150 da Constituição limitam não somente as normas de imposição tributária, mas também as normas de sanção tributária.[31] Não obstante a discordância do presente trabalho acerca da aplicação das normas advindas da interpretação do art. 150 da CF como limitação ao poder sancionador tributário, o resultado dos mencionados julgamentos não seria diverso se fosse diretamente aplicado o postulado da proibição de excesso.

Seja pela aplicação do princípio do não confisco advindo da interpretação do art. 150, IV, da Constituição, seja pela direta aplicação do postulado da proibição de excesso – aqui defendida –, as sanções administrativo-tributárias não podem violar o núcleo dos direitos fundamentais dos infratores. Estabelecida tal premissa, o grande desafio passa a ser a definição das fronteiras existentes entre uma exação adequada e uma exação confiscatória.

---

31. Nesse sentido, veja-se, *e.g.*: ADI 551-1, Tribunal Pleno; Med. Caut. na ADI 1.075, Tribunal Pleno; AgRg no RE 754.554, 2ª T.; AI 830.300, 1ª T.; entre outros.

AS SANÇÕES TRIBUTÁRIAS E OS POSTULADOS NORMATIVOS   237

Pelas palavras do Min. Sepúlveda Pertence, "esse problema da vedação de tributos confiscatórios que a jurisprudência do Tribunal estende às multas gera, às vezes, uma certa dificuldade de identificação do ponto a partir de quando passa a ser confiscatório" (ADI 551).[32] Trazendo às claras a referida dificuldade na definição das fronteiras do confisco, admitiu o Min. Sepúlveda Pertence, em sequência: "também não sei a que altura um tributo ou uma multa se torna confiscatório; mas uma multa de duas vezes o valor do tributo, por mero retardamento de sua satisfação ou de cinco vezes, em caso de sonegação, certamente sei que é confiscatório e desproporcional". Replicando as dificuldades sentidas no julgamento do tema, José J. Ferreiro Lapatza[33] informa que "é muito difícil, talvez impossível, fixar limites quantitativos exatos, gerais e apriorísticos" e que por isso "só a solução de casos concretos irá determinando o limite da confiscatoriedade".

A dificuldade na definição dos limites aceitáveis quanto ao avanço promovido pelas sanções tributárias é tema dos mais difíceis – tal dificuldade decorre essencialmente do caráter aberto do postulado da proibição de excesso, acertadamente reconhecido por Ricardo Lobo Torres.[34] Não há dúvida de que o mencionado postulado transfere ao aplicador das normas jurídicas a discricionariedade de estabelecer os limites das sanções tributárias, que não podem avançar sobre o núcleo dos direitos fundamentais. Tal tarefa tem exigido muito da doutrina e dos tribunais. No entanto, não se chegou, ainda, a resultados mais concretos. A evolução do postulado da proibição de excesso no campo sancionador tributário exige inicialmente a elaboração de uma doutrina que não se limite à repetição de velhas fórmulas e ultrapassados brocardos, mas que se arrisque no exercício de um juízo crítico capaz de promover conexões de sentido que sirvam à racionalização do exercício do poder sancionador tributário. De posse de tal doutrina, poderão os Tribunais tornar plena toda a garantia constitucionalmente assegurada aos cidadãos, estabelecendo, a partir daí, contornos mais precisos e talvez até limites percentuais que indiquem objetivamente a adequação ou a exorbitância das sanções tributárias.

Participando modestamente do enfrentamento de tão árdua tarefa, o presente trabalho sustenta que a melhor compreensão do postulado da proibição de excesso e de seu papel no Direito Sancionador Tributário

32. ADI 551, rel. Min. Ilmar Galvão, Tribunal Pleno, j. 24.10.2002, *DJU* 14.2.2003, p. 58.
33. José Juan Ferreiro Lapatza, *Direito Tributário: teoria geral do tributo*, Barueri, Manole, 2007, pp. 28-29.
34. *Tratado de Direito Constitucional Financeiro e Tributário*, cit., p. 160.

238 SANÇÕES TRIBUTÁRIAS: DEFINIÇÃO E LIMITES

exigem sejam estudados os bens jurídicos protegidos pelas normas de sanção tributária – a finalidade pedagógica das normas de sanção visa a evitar a futura violação de um ou de alguns determinados bens jurídicos.[35] Nesse sentido, parece seguro afirmar que a natureza do bem jurídico protegido pela norma de sanção impacta na reprovabilidade da conduta sancionada: quanto mais importante o bem jurídico protegido, mais reprovável é a conduta que o violar, e por isso maior haverá de ser o rigor da correlata sanção. Não por outra razão os crimes contra a vida são punidos com as mais rigorosas sanções penais. Como se pode perceber, a adequação ou a exorbitância das sanções haverá de ser fixada a partir da inicial identificação dos bens jurídicos protegidos pela norma sancionatória. Fundamental ter presente que tal constatação não invalida a afirmativa de que existe um núcleo dos direitos fundamentais que não pode ser restringido por qualquer sanção, independentemente do bem jurídico por ela protegido – no Brasil, por exemplo, não é permitido que uma sanção jurídica atinja o direito à vida ou à integridade física de qualquer pessoa. Fora desse núcleo intocável, entretanto, há um espaço em que deverão ser sopesados a relevância do bem jurídico protegido pela norma de sanção e o grau de restrição infligido pela sanção. A proteção de tal espaço é exatamente o ponto de intersecção no qual se confundem os postulados da proibição de excesso e da proporcionalidade.

Dessa forma, resguardado o núcleo mínimo dos direitos fundamentais, os limites das sanções apresentarão variações de acordo com a maior ou menor reprovabilidade da conduta punida. No Direito Tributário Sancionador, via de regra os bens jurídicos protegidos pelas sanções são as finanças públicas. Direta ou indiretamente, o descumprimento de obrigações tributárias principais ou acessórias coloca em risco as finanças públicas (Álvarez Echagüe).[36] Essa é a razão pela qual são admissíveis multas decorrentes do descumprimento de obrigações tributárias principais superiores a multas advindas do simples descumprimento de obrigações acessórias. O descumprimento da obrigação de recolher tributos é mais reprovável do que o descumprimento de preencher adequadamente um documento fiscal ou de manter em boa guarda algum livro fiscal, tendo em vista que a falta de recolhimento de tributos atinge diretamente o bem jurídico protegido pela norma sancionatória, enquanto a falta de preenchimento de um documento fiscal ou de guarda de algum

---

35. No caso das sanções tributárias, os bens jurídicos protegidos são as receitas públicas, que não podem ser diminuídas por atos de sonegação ou evasão fiscal.

36. *Las Sanciones Tributarias frente a sus Límites Constitucionales*, Buenos Aires, Ad-Hoc, 2004, p. 30.

AS SANÇÕES TRIBUTÁRIAS E OS POSTULADOS NORMATIVOS 239

livro atinge tal bem jurídico apenas indiretamente. Essa é a razão que justifica sejam mais rigorosas as sanções tributárias direcionadas aos ilícitos materiais.

Corroborando o quanto aqui defendido, ao declarar a repercussão geral da discussão relativa à exorbitância de multa isolada fixada entre 40% e 50% do valor do tributo (RE 640.452),[37] o Plenário do Supremo Tribunal Federal deixou claro que o posicionamento adotado a partir de tal precedente estaria limitado pela moldura fático-normativa então trazida à apreciação da Corte. As especificidades da referida multa – dentre as quais a relevância do bem jurídico por ela protegido e a ofensa indireta a ele acarretada pelo ilícito descrito na hipótese da norma sancionatória –, impediram que o Tribunal Constitucional promovesse qualquer aproximação com precedentes firmados sobre multas de diversa natureza. Foi expressamente rechaçada pela Corte Constitucional a tentativa de aproximação do caso a precedentes que já haviam tratado de multas moratórias, por exemplo (RE 582.461).[38] Especificamente em relação ao julgamento do RE 582.461, foi referido que tal caso não havia tratado da constitucionalidade de qualquer multa isolada, mas, sim, de multa de mora equivalente a 20% do valor do tributo.[39] Como então percebido pelo Min. Joaquim Barbosa, a diferença do ilícito punido por meio das multas isoladas em face daquele punido por multas moratórias impede a promoção de uma análise conjunta a respeito de sua conformidade em relação ao postulado da proibição de excesso.

De acordo com o entendimento do Supremo Tribunal Federal e a despeito da dificuldade de estabelecer limites objetivos ao excesso na fixação de sanções jurídico-tributárias, fora os casos em que há indiscutível violação ao núcleo mínimo do direito fundamental, o exame dos bens jurídicos protegidos pelas normas sancionatórias deverá influenciar no juízo de valor acerca da exorbitância da sanção.

---

37. RE 640.452-RO, rel. Min. Joaquim Barbosa, j. 6.10.2011, Processo Eletrônico, *DJe*-232, divulg. 6.12.2011 e public. 7.12.2011.

38. RE 582.461, rel. Min. Gilmar Mendes, Tribunal Pleno, j. 18.5.2011, repercussão geral, mérito, *DJe*-158, divulg. 17.8.2011 e public. 18.8.2011.

39. O Ministro Gilmar Mendes foi claro ao redigir o voto condutor do RE 582.461, afirmando que "a aplicação da multa moratória tem o objetivo de sancionar o contribuinte que não cumpre suas obrigações tributárias, prestigiando a conduta daqueles que pagam em dia seus tributos aos cofres públicos. Assim, para que a multa moratória cumpra a sua função de desencorajar a elisão fiscal, de um lado não pode ser pífia, mas de outro não pode ter um importe que lhe confira característica confiscatória, inviabilizando inclusive o recolhimento de futuros tributos".

240 SANÇÕES TRIBUTÁRIAS: DEFINIÇÃO E LIMITES

3.3 Proporcionalidade

3.3.1 Esboço conceitual e forma de atuação

As sanções tributárias estão também limitadas pelo postulado normativo aplicativo da proporcionalidade. Segundo Maria del Rocío Andrés Pérez,[40] a proporcionalidade constitui um critério constitucional informador das atividades promovidas pelos poderes públicos que sejam suscetíveis a ocasionar restrições, lesões ou limitações aos direitos individuais. Na esteira do quanto anteriormente mencionado a respeito dos postulados normativos em geral, o postulado da proporcionalidade decorre do Estado de Direito (Bonavides)[41] e da estrutura dos princípios ditos fundamentais (Alexy)[42] – não havendo, aqui, qualquer contradição na afirmativa de

---

40. *El Principio de Proporcionalidad en el Procedimiento Administrativo Sancionador,* Barcelona, Bosch, 2008, p. 9.

41. "O princípio da proporcionalidade é hoje axioma do Direito Constitucional, corolário da constitucionalidade e cânone do Estado de Direito, bem como regra que tolhe toda a ação ilimitada do poder do Estado no quadro de juridicidade de cada sistema legítimo de autoridade. A ele não pode ficar estranho, pois, o Direito Constitucional brasileiro. Sendo como é, princípio que embarga o próprio alargamento dos limites do Estado ao legislar sobre matéria que abrange direta ou indiretamente o exercício da liberdade e dos direitos fundamentais, mister se faz proclamar a força cogente de sua normatividade" (Paulo Bonavides, *Curso de Direito Constitucional,* 31ª ed., São Paulo, Malheiros Editores, 2016, p. 446). No mesmo sentido, afirmando que a proporcionalidade decorre diretamente do Estado de Direito, vide Helenilson Cunha Pontes, ob. cit., 2000, p. 58; Fábio Medina Osório, *Direito Administrativo Sancionador,* 4ª ed., São Paulo, Ed. RT, 2011, p. 190; Juan J. Zornoza Perez, *El Sistema de Infracciones y Sanciones Tributarias (los principios constitucionales del derecho sancionador),* Madrid, Civitas, 1992, p. 111; Carlos Bernal Pulido, *El Principio de Proporcionalidad y los Derechos Fundamentales,* 3ª ed., Madrid, Centro de Estudios Políticos y Constitucionales, 2007, p. 518; Álvarez Echagüe, *Las Sanciones Tributarias frente a sus Límites Constitucionales,* cit., p. 275; Aharon Barak, *Proportionality: constitutional rights and their limitations,* New York, Cambridge University, 2012, p. 233; e Heinrich Scholler, "Princípio da proporcionalidade nos direitos constitucional e administrativo da Alemanha", *Revista do Tribunal Regional Federal da 4ª Região,* Porto Alegre, vol. 11, n. 38, p. 233, Porto Alegre, 2000.

42. Para Robert Alexy: "Ya se ha insinuado que entre la teoría de los principios y la máxima de la proporcionalidad existe una conexión. Esta conexión no puede ser más estrecha: el carácter de principio implica la máxima de la proporcionalidad, y esta implica aquella" (*Teoría de los Derechos Fundamentales,* cit., p. 111; tradução brasileira: *Teoria dos Direitos Fundamentais,* trad. de Virgílio Afonso da Silva, 2ª ed., 4ª tir., São Paulo, Malheiros Editores, 2015, p. 116). Baseando-se na obra de Robert Alexy, leciona Humberto Ávila: "É exatamente do modo de solução da colisão de princípios que se induz o dever de proporcionalidade. (...) A caracterização dos princípios como deveres de otimização implica regras de colisão, cujo estabelecimento depende de uma *ponderação.* É que se há dois princípios em relação de tensão, a

AS SANÇÕES TRIBUTÁRIAS E OS POSTULADOS NORMATIVOS   241

que o referido postulado encontra fundamento no Estado de Direito e que também decorre logicamente da estrutura normativa dos princípios fundamentais (Pulido).[43] Tal postulado sequer necessita de expressa menção no Texto Constitucional,[44] sendo, a rigor, uma ferramenta metodológica (Barak).[45] O desrespeito ao postulado da proporcionalidade torna

solução escolhida deve ser aquela que melhor realize ambos os princípios. Isso só será possível se a solução adotada for adequada e necessária à realização do fim perseguido. Daí a conclusão: *as possibilidades fáticas* de realização dos princípios implicam o dever de adequação e de necessidade. Se o meio escolhido não for adequado nem necessário, é proibido. E *das possibilidades normativas* resulta a necessidade de proporcionalidade em sentido estrito: se o meio escolhido para a realização de um princípio significar a não realização de outro princípio, ele é vedado, por excessivo. (...) Do exposto, resulta claro que o dever de proporcionalidade é implicação do caráter principial das normas, como bem o demonstrou Alexy. Isso explica em grande parte o desacerto doutrinário em querer buscar um fundamento positivo do chamado princípio da proporcionalidade no *texto* constitucional (dedução dos direitos ou dos princípios fundamentais, p. ex.) quando só a *implicação lógica* da estrutura principial das normas pode esclarecer" ("A distinção entre princípios e regras e a redefinição do dever de proporcionalidade", cit., pp. 158-159).
    43. "(...) el principio de proporcionalidad admite varias fundamentaciones complementarias. Estas diversas fundamentaciones dan cuenta del nexo del principio de proporcionalidad con el carácter jurídico de los derechos fundamentales (1), con la idea de justicia (2), con el principio del Estado de Derecho (3) y con el principio de interdicción de la arbitrariedad (4)" (Pulido, *El Principio de Proporcionalidad y los Derechos Fundamentales*, cit., p. 600). No mesmo sentido: "O mandado de proporcionalidade constitui norma jurídica implícita de qualquer sistema jurídico contemporâneo. Resulta tanto do princípio do Estado de Direito e da própria essência dos direitos fundamentais" (Andrei Pitten Velloso, *O Princípio da Isonomia Tributária: da teoria da igualdade ao controle das desigualdades impositivas*, Porto Alegre, Livraria do Advogado, 2010, p. 249).
    44. Especificamente quanto à exigência de previsão expressa do postulado da proporcionalidade no Texto Constitucional, entende Virgílio Afonso da Silva que tal norma decorre da simples estrutura dos direitos fundamentais constitucionalmente garantidos, não havendo, assim, obrigação de norma expressa que verse a respeito do postulado. Vide: "O proporcional e o razoável", cit., p. 43. Paulo Bonavides também trata a proporcionalidade como "princípio não escrito, cuja observância independe de explicitação em texto constitucional" (ibidem, p. 41). No mesmo sentido, mencionando a inexistência de previsão constitucional expressa acerca da proporcionalidade no Texto Constitucional espanhol: Andrés Perez, *El Principio de Proporcionalidad en el Procedimiento Administrativo Sancionador*, cit., p. 10.
    45. "It is a methodological tool" (Barak, *Proportionality: constitutional rights and their limitations*, cit., p. 131). Para Pulido: "El principio de proporcionalidad cumple la función de estructurar el procedimiento interpretativo para la determinación del contenido de los derechos fundamentales que resulta vinculante para el Legislador y para la fundamentación de dicho contenido en las decisiones de control de constitucionalidad de las leyes. De este modo, este principio opera

242 SANÇÕES TRIBUTÁRIAS: DEFINIÇÃO E LIMITES

inconstitucionais normas e/ou atos administrativos, conforme inclusive já declarou o Supremo Tribunal Federal no julgamento da Medida Cautelar na ADI 2551.[46] Nas diretas palavras de Julian Rivers,[47] a doutrina da proporcionalidade é o nome dado para o grupo de testes usado a fim de estabelecer em que hipóteses uma limitação de direitos é justificável.

Buscando resguardar os direitos fundamentais dos cidadãos,[48] o postulado da proporcionalidade é aplicável sempre que houver uma relação de causalidade entre dois elementos, uma relação entre um meio e o fim que por ele se pretenda atingir. A proporcionalidade serve para estruturar a aplicação de princípios: conforme já afirmado, os princípios são normas jurídicas que não prescrevem um comportamento, mas que, ao contrário, indicam um fim a ser alcançado. São normas imediatamente finalísticas. Por estabelecerem fins e não prescreverem meios, os princípios permitem a eleição dos comportamentos-meio por parte de seus destinatários

como un criterio metodológico, mediante el cual se pretende establecer qué deberes jurídicos imponen al Legislador las disposiciones de los derechos fundamentales tipificadas en la Constitución" (*El Principio de Proporcionalidad y los Derechos Fundamentales*, cit., p. 81).

46. Em diversas oportunidades o Supremo Tribunal Federal declarou a inconstitucionalidade de normas que afrontavam o postulado da proporcionalidade, valendo recordar, quanto ao tema, as palavras proferidas pelo Min. Celso de Mello durante o julgamento da Medida Cautelar na ADI 2551: "O Estado não pode legislar abusivamente. A atividade legislativa está necessariamente sujeita à rígida observância de diretriz fundamental, que, encontrando suporte teórico no princípio da proporcionalidade, veda os excessos normativos e as prescrições irrazoáveis do Poder Público. O princípio da proporcionalidade, nesse contexto, acha-se vocacionado a inibir e a neutralizar os abusos do Poder Público no exercício de suas funções, qualificando-se como parâmetro de aferição da própria constitucionalidade material dos atos estatais" (ADI 2551 MC, rel. Min. Celso de Mello, Tribunal Pleno, j. 2.4.2003, *DJU* 20.4.2006, p. 5).

47. "The doctrine of proportionality in the wide sense is the name given to the set of tests used to establish whether a limitation of rights is justifiable" (Julian Rivers, "Proportionality and variable intensity of review", *Cambridge Law Journal*, n. 65, mar. 2006, p. 174).

48. "When a law limits a constitutional right, such a limitation is constitutional if it is proportional" (Barak, *Proportionality: constitutional rights and their limitations*, cit., p. 223). Em outros termos: "da reserva legal dos direitos fundamentais resultam os limites da autuação do legislador, isto é, em que medida poderá o legislador buscar a concretização de determinados fins que justifiquem uma restrição no âmbito de proteção dos direitos fundamentais e de outra parte em que medida poderá utilizar a lei como meio de alcançar os fins almejados. É por esta razão que se costuma falar de uma relação entre os meios e os fins como integrando o princípio da proporcionalidade" (Scholler, "Princípio da proporcionalidade nos direitos constitucional e administrativo da Alemanha", cit., pp. 232-233).

AS SANÇÕES TRIBUTÁRIAS E OS POSTULADOS NORMATIVOS 243

– inclusive por parte do Poder Público.[49] Por intermédio dos princípios, a decisão a respeito de qual comportamento deverá ser adotado visando à consecução do fim estabelecido pela norma-princípio migra do Poder Legislativo para os destinatários da norma. A proporcionalidade servirá, assim, para demonstrar se o meio eleito pelo destinatário do princípio está de acordo com o fim por ele (princípio) estabelecido.

O postulado da proporcionalidade serve, também, como instrumento de avaliação das regras. Por meio das regras, será prescrito o comportamento-meio que deverá ser adotado visando à consecução do fim almejado pelo legislador. A finalidade da regra servirá como parâmetro à aferição da proporcionalidade com que eleito pelo legislador o comportamento prescrito. A liberdade de conformação do Poder Legislativo encontra limites no postulado da proporcionalidade (Palu).[50]

Para a realização de seus fins, o Estado deverá eleger os meios adequados, necessários e proporcionais (em sentido estrito), conforme lecionam Robert Alexy[51] e Humberto Ávila.[52] Em poucas palavras, os

---

49. Tratando razoabilidade e proporcionalidade como sinônimos – posição em relação a qual não se concorda, Luís Roberto Barroso entende que "o princípio da razoabilidade (*sic*) é um mecanismo de controle da discricionariedade legislativa e administrativa" (Luís Roberto Barroso, *Interpretação e Aplicação da Constituição*, 7ª ed., São Paulo, Saraiva, 2009, p. 252).

50. "(...) a liberdade de conformação do legislador, mais ampla que a discricionariedade executiva, também tem seus limites imanentes e estes são os direitos fundamentais e os princípios e valores constitucionais" (Osvaldo Luiz Palu, *Controle dos Atos de Governo pela Jurisdição*, São Paulo, Ed. RT, 2004, p. 260). No mesmo sentido, apontando para a limitação que da proporcionalidade advém em face da liberdade de conformação do legislador, vide Bonavides, *Curso de Direito Constitucional*, 31ª ed., São Paulo, Malheiros Editores, 2016, p. 409.

51. Robert Alexy fala em "la máxima de la proporcionalidad, con sus tres máximas parciales de la adecuación, necesidad (postulado del medio más benigno) y de la proporcionalidad en sentido estricto (el postulado de la ponderación propiamente dicho)" (*Teoría de los Derechos Fundamentales*, cit., p. 112; *Teoria dos Direitos Fundamentais*, cit., pp. 116-117).

52. "O postulado da proporcionalidade exige que o Poder Legislativo e o Poder Executivo escolham, para a realização de seus fins, meios adequados, necessários e proporcionais. Um meio é adequado se promove o fim. Um meio é necessário se, dentre todos aqueles meios igualmente adequados para promover o fim, for o menos restritivo em relação aos direitos fundamentais. E um meio é proporcional, em sentido estrito, se as vantagens que promove superam as desvantagens que provoca" (*Teoria dos Princípios...*, cit., pp. 201-202). De igual teor é a lição de Pontes, ob. cit., 2000, p. 139. Em Portugal, vide Jorge Miranda, *Manual de Direito Constitucional*, vol. 4, 2ª ed., Coimbra, Coimbra, 1993, p. 218. Na Espanha: Pulido, *El Principio de Proporcionalidad y los Derechos Fundamentales*, cit., p. 617. Há doutrinadores estrangeiros que entendem serem quatro e não três os elementos do postulado da

244 SANÇÕES TRIBUTÁRIAS: DEFINIÇÃO E LIMITES

comportamentos-meio não podem ser livremente escolhidos pelo Poder Executivo nem livremente estabelecidos pelo Poder Legislativo. Devem, ao contrário, tanto num como noutro caso, passar pelos três testes da proporcionalidade: adequação, necessidade e proporcionalidade em sentido estrito. Importante referir que tais testes apresentam pontos de intersecção que muito os aproximam – nada a estranhar vindo de três exames que em conjunto compõem o postulado da proporcionalidade. Não obstante ainda não se tenha dado maior destaque a tal fato, importa constatar, ademais, que os três exames devem ser promovidos na ordem apresentada: primeiro, deve ser verificada a adequação do meio eleito; depois a necessidade de que fosse ele escolhido; e finalmente sua proporcionalidade em sentido estrito (Scholler[53] e Barak[54]). Na hipótese de não ser vencido o exame da adequação, por exemplo, a desproporção do meio já estará configurada, não sendo necessário prosseguir nos demais exames de necessidade e proporcionalidade em sentido estrito. Aplicando-se dessa forma o postulado da proporcionalidade, realizar-se--á sua precípua função de proteger a liberdade e resguardar os direitos fundamentais contra a aplicação desmedida das normas jurídicas pelo Poder Público (Bonavides).[55]

O postulado da proporcionalidade servirá, portanto, para indicar se o meio efetivamente adotado é adequado, necessário e proporcional (em sentido estrito) à realização do fim prescrito pelo ordenamento jurídico, tornando mais controlável a escolha de um dentre os variados meios possíveis à realização do fim almejado.

3.3.1.1 Adequação

O primeiro dos três exames inerentes ao postulado da proporcionalidade é a adequação. A verificação da adequação possibilita saber se o

proporcionalidade. Aos três já referidos é acrescido o elemento da legitimação do fim (Rivers, "Proportionality and variable intensity of review", cit., p. 181).
53. Scholler, "Princípio da proporcionalidade nos direitos constitucional...", cit., p. 236.
54. "(...) indeed, in those cases where the necessity test fails there is no need to continue the constitutional review and to arrive at the text of proportionality *stricto sensu*" (Aharon Barak, *Proportionality...*, cit., p. 338). Vide ainda: L. V. A. Silva, "O proporcional e o razoável", cit., p. 34.
55. "Protegendo, pois, a liberdade, ou seja, amparando os direitos fundamentais, o princípio da proporcionalidade entende principalmente, como disse Zimmerli, com o problema da limitação do poder legítimo, devendo fornecer o critério das limitações à liberdade individual" (Bonavides, *Curso de Direito Constitucional*, cit., p. 404).

AS SANÇÕES TRIBUTÁRIAS E OS POSTULADOS NORMATIVOS 245

meio adotado pelo Poder Público é apto à promoção do fim.[56] Somente poderá ser considerado proporcional o meio cuja eficácia contribua para a promoção do fim almejado.[57] A adequação impõe sejam buscadas respostas a três perguntas: O que significa ser um meio adequado à realização de um fim? Como deve ser analisada a relação de adequação entre meio e fim? E qual deve ser a intensidade de controle das decisões adotadas pelo Poder Público para que se conclua pela falta de adequação de um meio?

A resposta à pergunta relativa ao que significa um meio ser adequado à realização de um fim pode ser promovida por três diversos enfoques: quantitativo, qualitativo e probabilístico.[58] O exame quantitativo analisa a intensidade com que o meio promove o fim. Tal exame indicará, a partir da comparação do meio eleito com outros meios, se ele é apto a promover mais, da mesma forma ou menos o fim almejado. O qualitativo demonstrará se a comparação do meio eleito com outros meios indica ter ele condições de fomentar melhor, igual ou pior o fim pretendido. Finalmente, a análise probabilística indicará se o meio examinado é capaz de promover o fim com mais, com a mesma ou com menos certeza do que outros meios a ele comparados. A conclusão inicial a que se chega demonstra que na comparação com outros meios possíveis o comportamento-meio eleito pode ser vantajoso em termos quantitativos e ser desvantajoso em termos qualitativos ou em termos probabilísticos. Do mesmo modo poderá ser desvantajoso em termos quantitativos e vantajoso em termos qualitativos ou em termos probabilísticos. Qualquer combinação entre o resultado da análise promovida por cada um dos três aspectos é possível, e isso

56. Paulo Bonavides afirma: "Com o desígnio de adequar o meio ao fim que se intenta alcançar, faz-se mister, portanto, que 'a medida seja suscetível de atingir o objetivo escolhido', ou, segundo Hans Huber, que mediante seu auxílio se possa alcançar o fim desejado" (ibidem, p. 406). Trilhando o mesmo caminho, refere Gilmar Mendes que "o pressuposto da adequação (*Geeignetheit*) exige que as medidas interventivas adotadas mostrem-se aptas a atingir os objetivos pretendidos" (Gilmar Mendes, *Direitos Fundamentais e Controle de Constitucionalidade: estudos de direito constitucional*, 2ª ed., São Paulo, Celso Bastos, 1999, p. 43). Preferindo-se as palavras de Helenilson Cunha Pontes: "O dever de adequação (utilidade ou aptidão) exige que o meio (medida ou instrumento), utilizado pelo Estado para alcançar a finalidade desejada, seja apropriado(a) ao alcance de tal desiderato" (*O Princípio da Proporcionalidade e o Direito Tributário*, São Paulo, Dialética, 2000, p. 66). Pulido afirma que são duas as exigências decorrentes da adequação: que os direitos fundamentais tenham um fim constitucionalmente legítimo e que os meios sejam aptos ao cumprimento de tal fim (*El Principio de Proporcionalidad y los Derechos Fundamentales*, cit., p. 693).
57. Rivers, "Proportionality and variable intensity of review", cit., p. 188; Ávila, *Sistema Constitucional Tributário*, cit., p. 414.
58. Ávila, *Teoria dos Princípios*, cit., pp. 209-210.

246 SANÇÕES TRIBUTÁRIAS: DEFINIÇÃO E LIMITES

demonstra não ser razoável a exigência pelo Poder Público da eleição de um meio preferível em todos os três termos. Basta-lhe que escolha um meio apto à promoção do fim em qualquer das três perspectivas para que não se possa reputar como desproporcional o meio eleito. Possível dizer, assim, que para vencer o desafio da adequação, o meio eleito deve ser minimamente apto à promoção do fim.[59] Pelas palavras de Luís Virgílio Afonso da Silva:[60] "uma medida somente pode ser considerada inadequada se sua utilização não contribuir em nada para fomentar a realização do objetivo pretendido". A jurisprudência do Supremo Tribunal Federal serve novamente como fonte de bons exemplos práticos, capazes de tornar mais clara a discussão teórica. No julgamento do RE 388.359,[61] o Tribunal Pleno da Corte Constitucional foi instado a pronunciar-se acerca da constitucionalidade com que exigida pela Administração Pública a realização de depósito judicial como requisito à interposição de recursos administrativos. Muito embora houvesse pronunciamentos anteriores do Supremo Tribunal Federal referendando a constitucionalidade de tal prática, o julgamento do RE 388.359 permitiu ao seu Plenário revisitar a questão e ao final declarar inconstitucional a referida exigência. Dentre outros fundamentos então apresentados, foi considerado que a exigência de depósito como requisito à interposição de recurso administrativo por parte do cidadão viola o postulado da proporcionalidade, tendo em vista que não perpassa o exame da adequação. Como então referido pelo Min. Joaquim Barbosa, "não está presente a exigência de adequação, que visa a aferir se o meio leva efetivamente a fim pretendido, quando se impõe o depósito prévio como condição *sine qua non* para o manejo do recurso". Como se vê, foi decidido, na esteira do quanto ora sustentado, que o meio deve ser apto ao cumprimento do fim, sob pena de não vencer o exame da adequação decorrente do postulado da proporcionalidade.

Resta, ainda no tocante à adequação, a pergunta relativa à questão de como deve ser analisada a relação entre meio e fim. A mencionada análise pode ser feita sob três dimensões: abstração/concretude, generalidade/particularidade e antecedência/posteridade. Na primeira dimensão (abstração/concretude), a exigência da adequação pode ser abstrata: nesse caso, pouco importa se o fim foi realmente promovido, bastando

59. "There is no requirement that the means chosen fully realize the purpose. A partial realization of the purpose – provided that this realization is not marginal or negligible – satisfies the rational connection requirement" (Barak, *Proportionality: constitutional rights and their limitations*, cit., p. 305).

60. "O proporcional e o razoável", cit., p. 37.

61. RE 388.359, rel. Min. Marco Aurélio, Tribunal Pleno, j. 28.3.2007, *DJe*-042, divulg. 21.6.2007, public. 22.6.2007, *DJe* 22.6.2007, p. 17.

AS SANÇÕES TRIBUTÁRIAS E OS POSTULADOS NORMATIVOS 247

que seja possível sua promoção a partir do meio eleito. Também pode ser concreta: em tal hipótese, somente haverá adequação se a promoção do fim for efetivamente alcançada. Na segunda dimensão (generalidade/ particularidade), será tido por adequado o meio que geralmente atinge o fim (generalidade) ou será considerado adequado o meio que promover a realização do fim em todo e qualquer caso, e não apenas geralmente (particularidade). Na terceira dimensão (antecedência/posteridade) a análise é temporal: pode-se exigir que o exame de adequação ocorra no momento em que realizado o comportamento-meio (antecedência) ou no momento do efetivo julgamento acerca da compatibilidade entre meio e fim (posteridade).

Com total acerto leciona Humberto Ávila[62] ao afirmar que o postulado da proporcionalidade estará atendido: *a*) nos casos de normas gerais e abstratas, se o meio eleito tornar ao menos possível a promoção do fim pretendido na maior parte dos casos; e *b*) nos casos de normas individuais e concretas, se for concretamente alcançado o fim a partir da eleição do meio escolhido, e se tal meio servir individualmente ao alcance do fim. No que toca ao momento de aferição da adequação entre meio e fim, na linha prenunciada por Aharon Barak,[63] o exame da conexão entre meios e fins deve ser contínuo.

No que diz respeito à terceira pergunta, relativa à intensidade do controle das decisões promovidas pelo Poder Público, sabe-se que é possível a promoção de um controle forte ou de um controle fraco. Num modelo forte de controle, a menor demonstração de que o meio não serve à promoção do fim basta para invalidar a sua escolha. Num modelo fraco, apenas uma demonstração "objetiva, evidente e fundamentada"[64] poderá invalidar a escolha do meio. No Brasil, deve prevalecer um modelo fraco de controle da adequação dos meios eleitos pelo Poder Público. O princípio da separação de poderes confere ao legislador e mesmo ao administrador um mínimo de autonomia na definição dos meios necessários à promoção dos fins almejados. Trata-se da liberdade de conformação do legislador e do poder discricionário do administrador.[65] Não pode o

62. *Sistema Constitucional Tributário*, cit., p. 417.
63. "The examination of the rational connection should be continuous. There is no determining point in time" (*Proportionality: constitutional rights and their limitations*, cit., p. 312). No mesmo sentido: Velloso, *O Princípio da Isonomia Tributária...*, cit., p. 252.
64. Ávila, *Teoria dos Princípios...*, cit., p. 212.
65. No Estado de Direito, o legislador detém a chamada "liberdade de conformação" e o administrador a "discricionariedade". Tanto uma quanto a outra encontram limites no postulado da proporcionalidade. Refere Osvaldo Palu que "a liberdade de

248 SANÇÕES TRIBUTÁRIAS: DEFINIÇÃO E LIMITES

julgador, assim, sem uma forte e explícita fundamentação, avançar nas funções legislativa e/ou administrativa, sob o argumento de que o meio eleito é minimamente desproporcional ao fim. Como atesta Julian Rivers, a proporcionalidade é a chave para que uma nova teoria a respeito da separação de poderes seja construída.[66] Por isso, somente quando for manifesta a inadequação do meio em face do fim escolhido pelo Poder Legislativo ou pelo Poder Executivo é que poderá o Judiciário declarar sua invalidade sem violar o princípio da separação de poderes (Pérez).[67]

3.3.1.2 Necessidade

O segundo dos elementos cujo exame é requerido à constatação da proporcionalidade é o da necessidade. Não basta que o meio seja adequado ao fim. Ele deve também ser necessário, o que significa que ele deve ser preferível em relação a outros meios.[68] O exame da necessidade requer a comparação do meio escolhido com outros meios cuja eleição

conformação, sobre não ser ilimitada, apresenta-se cerceada pelos princípios constitucionais e pelos direitos fundamentais" (Osvaldo Luiz Palu, *Controle dos Atos de Governo pela Jurisdição*, cit., p. 249). De igual entender, leciona Paulo Bonavides que "a limitação aos poderes do legislador não vulnera o princípio da separação de Montesquieu, porque o raio de autonomia, a faculdade política decisória e a liberdade do legislador para eleger, conformar e determinar fins e meios se mantém de certo modo plenamente resguardada. Mas tudo isso, é óbvio, sob a regência inviolável dos valores e princípios estabelecidos pela Constituição" (*Curso de Direito Constitucional*, cit., p. 408).
66. "The doctrine of proportionality has become the framework within which a new theory of the separation of powers must be realized" ("Proportionality and variable intensity of review", cit., p. 176).
67. "El principio de proporcionalidad tiene una dimensión negativa en tanto no implica que la sanción sea la más proporcionada de todas las posibles, sino simplemente que no sea desproporcionada" (Andrés Perez, *El Principio de Proporcionalidad en el Procedimiento Administrativo Sancionador*, cit., p. 24).
68. "Um ato estatal que limita um direito fundamental é somente necessário caso a realização do objetivo perseguido não possa ser promovida, com a mesma intensidade, por meio de outro ato que limite, em menor medida, o direito fundamental atingido. (...) A diferença entre o exame da necessidade e o da adequação é clara: o exame da necessidade é um exame imprescindivelmente comparativo, enquanto o da adequação é um exame absoluto" (Luís Virgílio Afonso da Silva, "O proporcional e o razoável", cit., p. 38). No Brasil, vide ainda: Pontes, *O Princípio da Proporcionalidade e o Direito Tributário*, cit., p. 68. Pela doutrina estrangeira: "the test of necessity asks whether the decision, rule or policy limits the relevant right in the least intrusive way compatible with achieving the given level of realization of the legitimate aim. This implies a comparison with alternative hypothetical acts (decisions, rules, policies etc.) which may achieve the same aim to the same degree but with less cost to the rights" (Rivers, "Proportionality and variable intensity of

AS SANÇÕES TRIBUTÁRIAS E OS POSTULADOS NORMATIVOS 249

seria também possível – segundo Kai Möller,[69] o exame da necessidade requer que não haja outro meio menos restritivo ao direito fundamental. Por intermédio do exame da necessidade será possível avaliar se havia outro meio capaz de promover tão bem ou quiçá melhor o fim almejado e restringir da mesma forma ou menos os direitos fundamentais afetados, tudo, aliás, como já referido por Suzana de Toledo Barros.[70] O exame da necessidade não se restringe à verificação do meio que menor ônus traz ao direito fundamental restringido. Na esteira do entendimento de Aharon Barak,[71] o exame da necessidade requer duas análises comparativas distintas. A primeira análise tem em vista o fim que se pretende alcançar: em comparação ao meio eleito, há outro meio que promova a finalidade da norma com a mesma ou maior intensidade? A segunda análise, diversamente, leva em consideração os direitos fundamentais afetados pelo

---

review", cit., p. 198). No mesmo sentido: Barak, *Proportionality: constitutional rights and their limitations*, cit., p. 321.

69. "The principle of necessity requires that there be no other less restrictive means by which to achieve the same result" (Kai Möller, "Balancing and the structure of constitutional rights", *International Journal of Constitutional Law*, vol. 5, n. 3, jul. 2007, p. 456). Pela doutrina nacional: Bonavides, *Curso de Direito Constitucional*, cit., p. 406; e Mendes, *Direitos Fundamentais e Controle de Constitucionalidade...*, cit., p. 43.

70. Para Suzana de Toledo Barros, a necessidade "traduz-se por um juízo positivo, pois não basta afirmar que o meio escolhido pelo legislador não é o que menor lesividade causa (...) o juiz há de indicar qual o meio mais idôneo e por que objetivamente produziria menos consequências gravosas ante os vários meios adequados ao fim colimado" (*O Princípio da Proporcionalidade e o Controle de Constitucionalidade das Leis Restritivas de Direitos Fundamentais*, Brasília, Brasília Jurídica, 1996, p. 78). Segundo Pulido: "de acuerdo con el subprincipio de necesidad, toda medida de intervención en los derechos fundamentales debe ser la más benigna con el derecho fundamental intervenido, entre todas aquellas que revisten por lo menos la misma idoneidad para contribuir a alcanzar el objetivo propuesto" (*El Principio de Proporcionalidad...*, cit., p. 740). Aharon Barak, por sua vez, afirma que o teste da necessidade exige um meio alternativo que promova o fim da norma tão bem ou melhor do que o meio estabelecido pelo legislador e ainda que restrinja da mesma maneira ou menos os direitos fundamentais afetados (*Proportionality: constitutional rights and their limitations*, cit., p. 322).

71. "Typically, proportionality is described as a criterion determining the proper relation between the aims and the means. This description may be misleading. It may suggest that the only relevant factors in considering proportionality are the purposes and the means chosen to achieve it; this is not accurate. The means chosen are not only examined in relation to the purpose they were meant to achieve; they are also examined in relation to the constitutional right. They provide the justification for limiting the right" (Barak, *Proportionality: constitutional rights and their limitations*, cit., p. 132). No mesmo sentido: Pulido, *El Principio de Proporcionalidad y los Derechos Fundamentales*, cit., p. 742.

250 SANÇÕES TRIBUTÁRIAS: DEFINIÇÃO E LIMITES

comportamento-meio eleito: em comparação ao meio eleito, há outro meio que restrinja tanto quanto ou menos os direitos fundamentais das pessoas afetadas? As duas análises são complexas e devem ser feitas em conjunto.

Tanto a análise relativa à verificação da existência de outros meios que promovam o fim almejado como a análise relativa à escolha do meio que menos restringe os direitos fundamentais postos em xeque são realizadas a partir de projeções. A projeção dos efeitos do meio escolhido e a projeção dos efeitos do meio a ele comparado são postas frente a frente, tanto para fins de verificar qual melhor promove o fim quanto para concluir a respeito de qual ocasiona menor restrição aos direitos fundamentais. Como projeções nem sempre se confirmam, tais exames estão sempre envoltos em uma bruma de incerteza. Não bastasse isso, no que toca à promoção dos fins e à restrição dos direitos fundamentais, os meios diferem entre si em diversos aspectos: quantitativo, qualitativo e probabilístico.[72] Para que possa o Judiciário invalidar a escolha do meio eleito pelo Legislativo ou mesmo pelo Executivo, não basta que em comparação a outros meios ele seja igualmente apto à promoção do fim, porém um pouco mais restritivo em relação aos direitos fundamentais sob uma perspectiva apenas quantitativa, apenas qualitativa ou apenas probabilística. A inferioridade do meio escolhido em relação a outro meio que poderia ser também eleito deve ser clara e manifesta, estando garantida ao legislador sua liberdade de conformação e ao administrador sua discricionariedade. Dessa forma, o conjunto dos resultados da análise comparativa dos meios, que deve levar em conta os três aspectos (quantitativo, qualitativo e probabilístico), tanto no que se refere à promoção do fim quanto no tocante à restrição dos direitos fundamentais, deve indicar se a escolha feita pelo Legislativo ou mesmo pelo Executivo era manifestamente pior do que a alternativa a ela comparada. Partindo da premissa de que ambos os meios são aptos à consecução da finalidade da norma, somente se o meio eleito for absoluta e claramente mais restritivo aos direitos fundamentais é que deverá ser invalidada a sua eleição. Pensar diferente significa violentar o princípio da separação de poderes. Por outro lado, o exame da necessidade, e é fundamental que assim seja, irá considerar apenas meios alternativos que não ocasionem

---

72. "It is therefore required that the alternative means fulfill the law's purpose quantitatively, qualitatively and probability-wise – equally to the means determined by the limiting law itself" (Barak, *Proportionality: constitutional rights and their limitations*, cit., p. 324). Pela doutrina nacional: Ávila, *Sistema Constitucional Tributário*, cit., p. 420.

AS SANÇÕES TRIBUTÁRIAS E OS POSTULADOS NORMATIVOS 251

outros custos ou outras limitações a direitos fundamentais que não foram afetados pelo meio eleito. Nesse sentido, se o legislador estabeleceu numa regra tributária exclusivamente uma restrição ao direito de propriedade dos contribuintes e a nenhum outro direito fundamental, somente poderá ser comparado a ele outro meio que ocasione igual ou menor restrição ao mesmo direito fundamental e a mais nenhum outro e que tampouco traga algum outro custo adicional. O balanceamento final de todas as razões pró e contra os meios em comparação não é tema afeito ao exame da necessidade, e sim ao exame da proporcionalidade em sentido estrito.

Vale registrar, por fim, que no âmbito da análise relativa à necessidade também importa considerar se a eleição do meio por parte do Poder Legislativo ou do Poder Executivo foi feita mediante ato que servirá à construção de uma norma geral e abstrata ou ato que servirá à construção de uma norma individual e concreta. No primeiro caso, por exemplo, quando da elaboração de um texto legislativo, deve ser verificado se geralmente o meio eleito mostra-se mais apto à promoção do fim e menos restritivo em relação aos direitos fundamentais quando comparado a outros meios. No segundo caso, que pode ser exemplificado pelo lançamento fiscal previsto no art. 142 do CTN, a análise deverá ser particularizada, levando em conta a promoção do fim e as restrições aos direitos fundamentais ocorridas no caso específico.

Trazendo à prática judiciária as lições doutrinárias, convém recordar o julgamento do RE 413.782,[73] promovido pelo Plenário do Supremo Tribunal Federal. Naquela ocasião, o Supremo Tribunal Federal julgou inconstitucional norma infralegal que restringia a impressão de talonário fiscal por empresas que estivessem em débito para com o Estado de Santa Catarina. Conforme dispunha a referida norma, os contribuintes inadimplentes deveriam solicitar notas fiscais avulsas em face de cada operação de venda de mercadorias, o que, segundo defendiam as empresas, restringia exagerada e desnecessariamente seu direito ao livre exercício da atividade econômica. A Corte Constitucional ponderou, assim, entre o princípio da liberdade de exercício da atividade econômica e o dever de pagar o Imposto sobre a Circulação de Mercadorias (ICMS). Corretamente, tal ponderação foi estruturada a partir do postulado da proporcionalidade: como dito pelo Min. Gilmar Mendes em tal oportunidade, tratava-se de "uma questão de proporcionalidade". A consideração do referido postulado permitiu ao Tribunal Constitucional concluir pela

---

73. RE 413782, rel. Min. Marco Aurélio, Tribunal Pleno, j. 17.3.2005, *DJU* 3.6.2005, p. 4.

252 SANÇÕES TRIBUTÁRIAS: DEFINIÇÃO E LIMITES

existência de outras medidas diversas da exigência de nota fiscal avulsa, que poderiam ser tomadas pelo Poder Público e que restringiriam menos o direito fundamental do contribuinte ao exercício de sua atividade econômica.[74] Logo, foi declarada inconstitucional a exigência normativa, por desproporcional ao fim que almejava atingir – pelas palavras então lançadas pelo Min. Celso de Mello, "o postulado da proporcionalidade qualifica-se como parâmetro de aferição da própria constitucionalidade material dos atos estatais".

Interessante reiterar, em face dos termos em que proferido o pronunciamento jurisdicional, que o exame da proporcionalidade exige do aplicador a realização de raciocínios paralelos a respeito das possíveis soluções para determinado caso. Especificamente, o teste da necessidade exige a ponderação entre diversos meios que poderiam ser adotados pelo Poder Público visando a alcançar o mesmo fim. No RE 413.782 foi analisado pelo Supremo Tribunal Federal se a exigência de requisição individual de cada nota fiscal era o meio mais adequado à cobrança de créditos tributários inadimplidos. Posta tal exigência diante da inscrição em dívida ativa e posterior execução fiscal dos débitos – outro meio hábil à consecução do mesmo fim –, entendeu-se ser ela ofensiva ao postulado da proporcionalidade por violar de maneira desnecessária o princípio do livre exercício da atividade econômica. Em tal caso, não se discutiu sobre qual dos meios melhor promoveria o fim a ser alcançado (cobrança dos créditos tributários pelo Fisco); discutiu-se, sim, qual dos meios restringiria menos o direito ao livre exercício da atividade econômica. Em tal caso, e em todos aqueles que demandarem a aplicação do postulado da proporcionalidade, é notável a utilização de um tipo de raciocínio que pode ser chamado de consequencialista.[75] No caso do exame de necessidade inerente ao postulado da proporcionalidade, o aplicador deverá comparar as consequências da adoção do meio eleito pelo Poder Legislativo ou pelo Poder Executivo perante algum outro meio plausível – tudo a fim

---

74. O Min. Gilmar Mendes foi claro e preciso ao afirmar: "A mim afigura-se bastante e suficiente a consideração de que o Estado, como demonstrou o Min. Marco Aurélio, dispõe de outros meios para efetuar a cobrança e de que a fórmula adotada pelo Estado, a meu ver, não passa no teste da proporcionalidade. Já no sentido da adequação, até poderia haver uma adequação entre meios e fins, mas certamente não passaria no teste da necessidade, porque há outros meios menos invasivos, menos drásticos e adequados para solver a questão".
75. Tomando de empréstimos as palavras de Neil MacCormick: "some kinds and some ranges of consequences must be relevant to the justification of decisions" (*Rhetoric and the Rule of Law: a theory of legal reasoning*, New York, Oxford University, 2005, p. 102).

AS SANÇÕES TRIBUTÁRIAS E OS POSTULADOS NORMATIVOS   253

de concluir se não havia outro meio diverso que também proporcionasse o cumprimento do fim da norma, mas que ocasionasse menor restrição do que aquele eleito pelo Poder Público.

3.3.1.3 Proporcionalidade em sentido estrito

Ultrapassados os exames da adequação e da necessidade, deverá o intérprete, diante da eleição de algum meio pelo Poder Legislativo ou pelo Poder Executivo, a fim de confirmar a constitucionalidade da medida perante o postulado da proporcionalidade, verificar se o meio escolhido suporta o exame da proporcionalidade em sentido estrito.

A proporcionalidade em sentido estrito requer a comparação entre os benefícios advindos da realização do fim almejado em face dos prejuízos colaterais ocasionados pela restrição aos direitos fundamentais.[76] Como afirma Luís Virgílio Afonso da Silva,[77] a proporcionalidade em sentido estrito exige o "sopesamento entre a intensidade da restrição ao direito fundamental atingido e a importância da realização do direito fundamental que com ele colide e que fundamenta a adoção da medida restritiva". É a proporcionalidade em sentido estrito o instrumento que permitirá a consideração de todos os prós e contras dos meios postos em comparação. Em breves termos, tal exame procura responder se os benefícios trazidos quanto à consecução do fim justificam os malefícios colaterais ocasionados aos direitos fundamentais.

Sobre o ponto, Eduardo Botallo[78] refere que a proporcionalidade em sentido estrito ou justa medida "persegue o necessário equilíbrio entre o interesse do Estado em atingir o fim desejado e as eventuais adversidades geradas para chegar a esta meta". Segundo Julian Rivers,[79] quanto mais

---

76. O alerta apresentado por Humberto Ávila a respeito das similitudes havidas entre a proporcionalidade em sentido estrito e a proibição de excesso ou mesmo entre a proporcionalidade em sentido estrito e a razoabilidade como equidade mostra-se bastante oportuno: *Teoria dos Princípios...*, cit., p. 202.

77. "O proporcional e o razoável", cit., p. 40. Na mesma linha de entendimento, refere Pulido que "las ventajas que se obtienen mediante la intervención legislativa en el derecho fundamental deben compensar los sacrificios que ésta implica para sus titulares y para la sociedad en general" (*El Principio de Proporcionalidad y los Derechos Fundamentales*, cit., p. 764).

78. Eduardo Botallo, "Algumas observações sobre a aplicação do princípio da proporcionalidade em matéria penal tributária", in *Grandes Questões atuais do Direito Tributário*, vol. 8, São Paulo, Dialética, 2004, p. 60.

79. "(...) the more seriously a right is limited, the greater must be the gain to the public interest to justify it" ("Proportionality and variable intensity of review", cit., pp. 205-206).

254 SANÇÕES TRIBUTÁRIAS: DEFINIÇÃO E LIMITES

séria for a limitação do direito, maior deverá ser o ganho ao interesse público. Para Helenilson Cunha Pontes,[80]

> [a] relação entre o meio adotado e o fim com ele perseguido revela-se proporcional quando a vantagem representada pelo alcance desse fim supera o prejuízo decorrente da limitação concretamente imposta a outros interesses igualmente protegidos *prima facie*. Daí por que o sacrifício imposto por uma intervenção estatal a uma parcela de liberdade constitucionalmente protegida não deve estar fora de proporção (*außer Verhältnis*) com o efeito (positivo ou negativo) que se pretende promover com tal intervenção.

Também aqui não se mostra fácil a tarefa de quem pretende analisar a proporcionalidade da eleição de um meio pelo Poder Legislativo ou pelo Poder Executivo, tendo em vista que as vantagens relacionadas à consecução do fim e as desvantagens decorrentes da restrição do direito fundamental podem ser de relevância social,[81] número e/ou grau diferentes. Quanto à relevância social: o fim cuja consecução é almejada pode ter uma moderada relevância social (*v.g.*: facilitar a arrecadação de tributos) e o direito fundamental restringido pode ter uma alta relevância social (*v.g.*: liberdade de ir e vir). Quanto ao número: o meio escolhido pode servir ao atingimento de mais de um fim e as restrições colaterais podem atingir apenas um único direito fundamental de uma única pessoa. Quanto ao grau: o meio pode servir ao atingimento dos fins normativos num grau mínimo e ao mesmo tempo ocasionar a total restrição do direito fundamental, fulminando-o por completo. Por ser tríplice a análise comparativa das vantagens e desvantagens, e também por exigir sempre uma carga valorativa e por isso subjetiva, o exame da proporcionalidade em sentido estrito mostra-se bastante complexo.

No campo jurisprudencial, há bom exemplo advindo dos julgados do Supremo Tribunal Federal. Na Intervenção Federal 2915,[82] a Corte Constitucional debruçou-se sobre pedido de intervenção no Estado de São Paulo, decorrente do descumprimento da determinação de pagamento privilegiado dos precatórios relativos às obrigações alimentares, estabelecida no art. 78 do Ato das Disposições Constitucionais Transitórias.

---

80. *O Princípio da Proporcionalidade e o Direito Tributário*, cit., p. 70. No mesmo sentido: Ávila, *Sistema Constitucional Tributário*, cit., p. 423.
81. Aharon Barak fala em importância social (*social importance*) na obra *Proportionality: constitutional rights and their limitations*, cit., p. 349.
82. IF 2915, rel. Min. Marco Aurélio, rel. p/ Acórdão: Min. Gilmar Mendes, Tribunal Pleno, j. 3.2.2003, *DJU* 28.11.2003, p. 11.

AS SANÇÕES TRIBUTÁRIAS E OS POSTULADOS NORMATIVOS 255

Muito embora tenha admitido o descumprimento da referida norma, o Supremo Tribunal Federal, valendo-se do postulado da proporcionalidade, ponderou-a em face de outras normas constitucionais, em especial daquelas que estabelecem a obrigação constitucional dos Estados Federados de prestarem serviços públicos essenciais aos cidadãos. Fixada a premissa de que o pagamento dos referidos precatórios traria prejuízos ao cumprimento de outras obrigações constitucionais – dentre as quais a prestação de serviços públicos essenciais –, a Corte Constitucional, valendo-se do postulado da proporcionalidade, em especial do exame da proporcionalidade em sentido estrito, entendeu por não acolher o pleito interventivo. Conforme decidido pelo Ministro Gilmar Mendes:

> A intervenção não atende, por fim, ao requisito da proporcionalidade em sentido estrito. Nesse plano, é necessário aferir a existência de proporção entre o objetivo perseguido, qual seja o adimplemento das obrigações de natureza alimentícia, e o ônus imposto ao atingido que, no caso, não é apenas o Estado, mas também a própria sociedade. Não se contesta, por certo, a especial relevância conferida pelo constituinte aos créditos de natureza alimentícia. Todavia, é inegável que há inúmeros outros bens jurídicos de base constitucional que estariam sacrificados na hipótese de intervenção pautada por objetivo de aplicação literal e irrestrita das normas que determinam o pagamento imediato daqueles créditos.

Embora criticável em sua conclusão, o acórdão proferido pelo Tribunal Constitucional demonstra que, a fim de mediar o benefício trazido pelo cumprimento das normas e as restrições que paralelamente elas ocasionam a outros bens e direitos, também na seara jurisprudencial está sendo aplicado o exame da proporcionalidade em sentido estrito.

3.3.2 A proporcionalidade e o Direito Tributário

Evidenciados os contornos do postulado da proporcionalidade, impõe-se agora examinar sua aplicação no território do Direito Tributário e sua eficácia no que concerne à limitação da criação e cobrança de obrigações tributárias. Como dito por Rafael Bielsa décadas atrás,[83] dentre os princípios e garantias que resguardam os contribuintes encontram-se a igualdade, a proporcionalidade e a equidade.

A criação de obrigações tributárias – sejam principais, sejam acessórias – traduz-se inegavelmente em restrição aos direitos fundamentais

83. *Estudios de Derecho Público*, cit., p. 328.

256 SANÇÕES TRIBUTÁRIAS: DEFINIÇÃO E LIMITES

dos contribuintes e responsáveis. Não há como negar que os direitos à propriedade e à liberdade sofrem limitações decorrentes da imposição de obrigações tributárias pelos entes políticos. Por esse motivo, parece bastante apropriado que o postulado da proporcionalidade sirva de limite ao legislador tributário quando da elaboração dos textos legislativos que darão origem às normas tributárias assim como ao administrador quando da promoção de atos de regulamentação e cobrança das mencionadas obrigações. Tanto o legislador como o administrador público têm suas atividades subordinadas ao postulado da proporcionalidade, inclusive e especialmente no âmbito tributário.

Nem toda obrigação tributária sujeita-se diretamente ao postulado da proporcionalidade. Nos termos do art. 113 do CTN, há obrigações tributárias principais e acessórias, como visto linhas atrás. As obrigações principais dividem-se em obrigações que têm por objeto o pagamento de tributo e obrigações que têm por objeto o pagamento de sanções pecuniárias. Já as obrigações acessórias são obrigações de fazer ou não fazer: preencher livros, emitir documentos etc.

Examinando a finalidade de cada qual, percebe-se que as obrigações tributárias principais que têm por objeto o pagamento de tributo podem ter exclusivamente finalidade fiscal ou podem ter finalidades fiscal e extrafiscal. A finalidade fiscal representa a mera intenção de arrecadar receitas públicas para os entes tributantes. As finalidades extrafiscais, por sua vez, indicam qualquer outra motivação diversa da simples intenção de arrecadar recursos ao erário, por exemplo, aumentar ou diminuir o ingresso de certos produtos no mercado nacional – finalidade bastante comum em tributos como os Impostos de Importação e de Exportação.

Por seu turno, as obrigações principais relativas ao pagamento de sanções pecuniárias, conforme visto nos capítulos precedentes, têm sempre dupla finalidade: punitiva em sentido estrito e pedagógica. A primeira diz respeito à intenção de punir o infrator; a segunda, a de desmotivar a prática futura do ilícito. As sanções tributárias não podem ter finalidade arrecadatória – nesse sentido, já decidiu o Supremo Tribunal espanhol.[84]

---

84. "La STS de 10 de febrero de 2010 (3ª, 2ª) ha hecho una referencia expresa a esta cuestión descartando rotundamente que las multas puedan ser integradas en el sistema recaudatorio. 'El distinto ámbito – advierte – en que obligación tributaria y sanción tributaria operan obligan inexorablemente, de modo tan inexorable como una ley física, a que cuando se pretende allegar recursos para hacer frente a las necesidades que la sociedad demanda, el legislador ha de actuar sobre los parámetros que inciden en la obligación tributaria. En ningún caso sobre los que operan en el ámbito sancionador, pues las finalidades recaudatorias son ajenas a las sanciones. Por

AS SANÇÕES TRIBUTÁRIAS E OS POSTULADOS NORMATIVOS 257

Finalmente, as obrigações acessórias têm por finalidade facilitar a arrecadação e a fiscalização dos tributos, tudo consoante expresso no § 2º do art. 113 do CTN. Seu caráter instrumental decorre exatamente das finalidades estabelecidas pelo Código Tributário: facilitar a arrecadação ou a fiscalização de tributos. Não tendo por objeto prestações pecuniárias e sendo necessariamente obrigações de fazer, as obrigações acessórias são deveres instrumentais, que objetivam auxiliar o Poder Público na fiscalização e cobrança do cumprimento das obrigações tributárias principais.

Do exame de todas as espécies de obrigações tributárias – principal que tem por objeto pagamento de tributo, principal que tem por objeto pagamento de multa e acessórias –, sobressai nítido que a única espécie que pode ter finalidade exclusivamente fiscal é a obrigação tributária principal cujo objeto é o pagamento de tributo. As demais têm finalidades outras, denominadas, em seu conjunto múltiplo e assimétrico, de finalidades extrafiscais. Inseridas no grande grupo das chamadas finalidades extrafiscais encontram-se as finalidades que caracterizam as obrigações tributárias relativas ao pagamento de sanções pecuniárias: finalidades punitiva em sentido estrito e pedagógica.

A mencionada classificação das obrigações tributárias a partir de suas finalidades – fiscal ou extrafiscal – não é sem razão. No caso das obrigações tributárias principais que têm exclusivamente finalidade fiscal, a proporcionalidade terá pouco espaço de atuação na proteção dos direitos fundamentais dos contribuintes. Em seu lugar, o princípio da capacidade contributiva é que impedirá o avanço excessivo dos tributos sobre o patrimônio ou a renda dos contribuintes (Tipke).[85] Constituindo-se verdadeira especificação do postulado da proporcionalidade no que concerne à limitação das obrigações tributárias com finalidade fiscal, o princípio da capacidade contributiva resguardará a dignidade dos contribuintes e responsáveis, garantindo-lhes que será tributada apenas a parcela da renda ou patrimônio que mostrar-se proporcional à capacidade econômica do

eso la utilización de la sanción tributaria para finales recaudatorios es sencillamente repudiable" (Nieto, *Derecho Administrativo Sancionador*, cit., p. 60).

85. "Hoje se reconhece ampla e universalmente que o princípio da capacidade contributiva (...) é o princípio fundamental adequado a todos os tributos de fins fiscais" (*Moral Tributária do Estado e dos Contribuintes*, trad. de Luiz Dória Furquim, Porto Alegre, Fabris, 2012, p. 20). Para Hector Villegas: "La fijación de contribuciones por los habitantes de la Nación debe hacerse 'en proporción' a sus singulares manifestaciones de capacidad contributiva" (*Curso de Finanzas, Derecho Financiero y Tributario*, cit., p. 275).

258 SANÇÕES TRIBUTÁRIAS: DEFINIÇÃO E LIMITES

contribuinte.[86] O mencionado princípio deverá ser aplicado sempre caso a caso e servirá à ponderação individual dos limites da carga tributária perante a capacidade de cada contribuinte.

Por sua vez, as obrigações de pagar tributos que tenham finalidade extrafiscal e também as obrigações acessórias estão limitadas diretamente pelo postulado da proporcionalidade. Nos casos de tributos com finalidade extrafiscal, deverá ser observado se a obrigação tributária e a respectiva finalidade estão alinhadas e se sua conjunção respeita o tríplice exame da adequação, necessidade e proporcionalidade em sentido estrito – tudo conforme bem explanado por Humberto Ávila[87] e Helenilson Cunha Pontes.[88] Especificamente em relação às obrigações acessórias,

86. Nabais entende que a proporcionalidade não deve intervir na aplicação das normas de imposição tributária. Para o referido autor, a ponderação entre as possíveis medidas restritivas ao direito fundamental deve ser feita pelo Poder Legislativo antes da publicação da lei cuja interpretação dará origem às normas de imposição tributárias. Não caberia ao Poder Executivo nem ao Poder Judiciário, posteriormente, ponderar sobre a proporcionalidade da obrigação tributária estabelecida pelo Legislativo. Isso tudo porque, na linha de pensamento adotada pelo autor português, os tributos seriam "limitações imanentes" aos direitos fundamentais. Os direitos fundamentais já nasceriam afetados por tais limitações. Eis a literalidade da lição do autor português: "Ora, não se enquadrando na figura das restrições (ou de outras limitações) aos direitos, os impostos apresentam-se como insusceptíveis do teste jusfundamental material, consubstanciado sobretudo no princípio da proibição de excesso ou da proporcionalidade *lato sensu* com os seus postulados ou subprincípios da adequação, da conformidade ou idoneidade, da necessidade ou exigibilidade e da proporcionalidade *stricto sensu*. Efectivamente, a intervenção estatal, concretizada em impostos orientados para a obtenção de receitas públicas – como se presume ser objetivo de todos os impostos num estado fiscal –, é, à partida, adequada, necessária e proporcional a esse objetivo geral de conseguir dinheiro para prosseguir as tarefas gerais do estado. Ou, por outras palavras, sempre que estejamos perante a regra de um (verdadeiro) imposto, e não face à exceção de uma qualquer medida de 'intervenção' econômico-social sob a máscara de 'imposto', os testes da proporcionalidade foram realizados pelo legislador constituinte que considerou os impostos meios adequados, necessários e (conquanto respeitem o princípio da capacidade contributiva ou os preceitos e princípios suportes da progressividade) proporcionais à obtenção dos recursos para fazer face às necessidade colectivas num estado fiscal. (...) os impostos, como limites imanentes e não afectações (*rectius* restrições) aos direitos fundamentais, não podem socorrer-se dos testes de proporcionalidade que suportam estas, sendo testados, pois com base na capacidade contributiva. Só na medida em que este teste não possa funcionar é permitido lançar mão dos direitos fundamentais, o que ocorre claramente no respeitante ao limite ou limites superiores dos impostos" (*O Dever Fundamental de Pagar Impostos*, cit., p. 552).
87. *Teoria da Igualdade Tributária*, 3ª ed., São Paulo, Malheiros Editores, 2015, pp. 166-167.
88. Pontes, *O Princípio da Proporcionalidade e o Direito Tributário*, cit., p. 136.

AS SANÇÕES TRIBUTÁRIAS E OS POSTULADOS NORMATIVOS 259

cuja finalidade é facilitar a arrecadação ou a fiscalização dos tributos, a proporcionalidade também terá importante papel como protetora dos direitos fundamentais. Não pode ser exigido dos contribuintes o cumprimento de obrigação acessória desproporcional à finalidade de facilitar a arrecadação ou a fiscalização dos tributos.

Por fim, a limitação das obrigações tributárias principais relativas ao pagamento de sanções pecuniárias também encontra limites no postulado da proporcionalidade, conforme a seguir será demonstrado.

3.3.3 A proporcionalidade e o Direito Tributário Sancionador

Examinada a forma de atuação do postulado da proporcionalidade como limitador das obrigações tributárias que tenham por objeto o pagamento de tributo e também das obrigações tributárias ditas acessórias, cumpre, agora, analisar sua aplicação no campo sancionador tributário.

Não há dúvida sobre a aplicação do princípio da proporcionalidade no âmbito sancionador tributário (Perez).[89] Para que sejam consideradas válidas em face da Constituição Federal, mais do que apenas suportar o exame da proibição de excesso, as multas tributárias deverão respeitar o postulado da proporcionalidade. Pelas palavras de Helenilson Cunha Pontes,[90] "o princípio da proporcionalidade constitui o adequado instrumento jurídico para o controle das sanções tributárias que escapam à vedação constitucional à utilização do tributo com efeito de confisco". Não obstante o princípio constitucional da vedação ao confisco advindo da interpretação do art. 150, IV, da CF, sirva somente como limitador do poder de tributar e não do poder sancionador – limitado, por seu turno, diretamente pelo postulado da proibição de excesso –, não se pode ter dúvidas quanto à aplicação do postulado da proporcionalidade no campo sancionador tributário, consoante, aliás, de longa data prelecionava Antônio Roberto Sampaio Dória.[91] Exatamente na linha adotada pelo

---

89. "No hay duda de la aplicación del principio de proporcionalidad en el ámbito sancionador tributario" (Andrés Perez, *El Principio de Proporcionalidad en el Procedimiento Administrativo Sancionador*, cit., p. 27). No mesmo sentido: "A proporcionalidade opera como limite ao *jus puniendi*" (Fábio Brun Goldschmidt, *Teoria da Proibição de "bis in idem" no Direito Tributário e no Direito Tributário Sancionador*, São Paulo, Noeses, 2014, p. 311).

90. Pontes, *O Princípio da Proporcionalidade e o Direito Tributário*, cit., p. 134.

91. Dória, *Direito Constitucional Tributário...*, cit., pp. 201-204.

260 SANÇÕES TRIBUTÁRIAS: DEFINIÇÃO E LIMITES

Tribunal Constitucional espanhol (STC 160/1987[92] e STC 49/1999[93]), a desproporção entre norma sancionatória e ilícito vulnera o Estado de Direito, motivo pelo qual também no território das sanções tributárias deverá atuar o postulado da proporcionalidade.[94]

O estudo do postulado da proporcionalidade como limitador do poder sancionador tributário pode ser feito a partir de diferentes perspectivas. Primeiro importa dizer que a proporcionalidade atua tanto na limitação da atividade de criação dos enunciados legislativos que darão origem às normas de sanção tributária como na limitação da atividade administrativa de eleição da sanção tributária aplicável em face de determinado ilícito.[95] Alejandro Nieto[96] refere que a proporcionalidade opera em dois planos: o normativo e o de aplicação. No primeiro plano, a proporcionalidade evita a instituição de sanções desproporcionais às correlatas infrações; no segundo, impede que sanções abstratamente prescritas sejam aplicadas de forma desproporcional a atos concretos promovidos por contribuintes ou responsáveis. Importando tal entendimento ao campo sancionador

92. Como destacado pelo Tribunal Constitucional espanhol em relação às sanções penais, em precedente de todo aproveitável no campo sancionador tributário: "el problema de la proporcionalidad entre pena y delito es competencia del legislador en el ámbito de su política penal, lo que no excluye la posibilidad de que en una norma penal exista una desproporción de tal entidad que vulnere el principio del Estado de Derecho, el valor de la justicia y la dignidad de la persona humana" (STC 160/1987, Tribunal Constitucional, Tribunal Pleno, j. 27.10.1987).

93. No pronunciamento que resultou na STC 49/1999, restou afirmado pelo Tribunal Constitucional espanhol o quanto segue: "hemos consagrado el principio de proporcionalidad con un principio general que puede inferirse a través de diversos preceptos constitucionales (en especial, de la proclamación constitucional del Estado de Derecho" (STC 49/1999, Tribunal Constitucional, Tribunal Pleno, j. 5.4.1999).

94. Como dito por Rafael Munhoz de Mello a respeito das sanções administrativas e em tudo aplicável as sanções administrativo-tributárias: "A intensidade da sanção administrativa deve corresponder à gravidade da conduta ilícita praticada pelo infrator: quanto mais grave a conduta, mais intensa deve ser a sanção" (*Princípios Constitucionais de Direito Administrativo Sancionador*, São Paulo, Malheiros Editores, 2007, pp. 173-174).

95. Conforme indicado por Alejandro Nieto, o Supremo Tribunal espanhol já decidiu que "El principio de la proporcionalidad rige en el Derecho Administrativo Sancionador no sólo en el ejercicio concreto de la potestad sancionadora (...) en la determinación normativa del régimen sancionador, y no sólo en la imposición de sanciones por las Administración Públicas, se debe guardar la debida adecuación entre la gravedad del hecho constitutivo de la infracción y la sanción aplicable" (STS de 26 de marzo de 2001). Vide *Derecho Administrativo Sancionador*, 5ª ed., Madrid, Tecnos, 2012, p. 515.

96. Idem, ibidem.

AS SANÇÕES TRIBUTÁRIAS E OS POSTULADOS NORMATIVOS   261

tributário, Carlos David Delgado Sancho[97] defende que a proporcionalidade afeta tanto o redator do enunciado normativo como o aplicador da correlata norma. Nesse sentido, o postulado da proporcionalidade estabelece o dever de que o legislador ajuste as sanções à gravidade da infração tipificada e que o aplicador faça o mesmo quando da subsunção da hipótese normativa ao ilícito concretamente promovido.

Seja no âmbito legislativo, seja no administrativo, portanto, o postulado da proporcionalidade exige a avaliação da compatibilidade entre a sanção tributária e o ilícito cuja punição e desestímulo lhe servem de finalidade.[98] Deve ser examinado se a sanção é proporcional ao descum-

97. "El principio de proporcionalidad afecta tanto al redactor de la norma como a su aplicador, por lo que se despliega en dos vertientes: legislativa y administrativa (...) en la primera vertiente supone la necesidad de que el legislador y los órganos con potestad reglamentaria adecuen las sanciones a la gravedad de las infracciones (...) en la segunda vertiente, se dirige a los órganos que aplican las normas sancionatorias (Administración pública y Tribunales de Justicia), y supone que al imponer la sanción ha de valorarse la gravedad de la conducta, y especialmente para fijar la sanción entre los importes máximo y mínimo que, en su caso, establezca la ley" (Carlos David Delgado Sancho, *Principios del Derecho Tributario Sancionador*, Madrid, El Derecho, 2010, pp. 155-156). Para Zornoza Pérez, o postulado da proporcionalidade "se muestra en primer término como criterio para la selección de los comportamientos antijurídicos merecedores de la tipificación como delitos o infracciones, postulando en el ámbito que nos ocupa que la tipificación como infracción quede reservada para aquellos supuestos en que el restablecimiento del orden jurídico alterado por el comportamiento ilícito puede ser realizado por otros medios" (*El Sistema de Infracciones y Sanciones Tributarias (los principios constitucionales del derecho sancionador)*, Madrid, Civitas, 1992, pp. 111-112).
98. Embora concorde que a proporcionalidade deva mediar a relação havida entre a sanção tributária e as finalidades que a justificam, Helenilson Cunha Pontes entende por finalidade das normas de sanção tributária a busca de uma maior arrecadação tributária, e não a punição do infrator e o desestímulo da prática ilícita: "em regra, as sanções tributárias objetivam realizar, em escala maximizada, o princípio da capacidade contributiva. A sanção tributária, neste sentido, é o meio de que dispõe o Estado para, mediante intimidação, induzir os indivíduos a cumprir o seu dever de concorrer com o custeio dos gastos públicos na medida de suas disponibilidades" (*O Princípio da Proporcionalidade e o Direito Tributário*, cit., p. 140). A posição adotada pelo respeitado autor, no sentido de que tanto as normas de imposição tributárias como também as normas de sanção tributárias têm finalidade arrecadatória (*sic*, finalidade fiscal), acaba exatamente com o único critério de discriminação possível entre tributo e sanção – nesse sentido, Luciano Amaro é textual ao afirmar que "não se pode pensar em sanção administrativa com o objetivo de arrecadar. Multa é para punir. Multa é para desestimular comportamentos. Não é para arrecadar dinheiro" ("Infrações tributárias", *RDT* 67, São Paulo, 1995, p. 30). Como visto, tributo e sanção distanciam-se exatamente porque as sanções tributárias não podem ter finalidade fiscal. Fora isso, tal entendimento ignora ou reduz excessivamente a importância da constatação de

262 SANÇÕES TRIBUTÁRIAS: DEFINIÇÃO E LIMITES

primento da obrigação tributária, conforme refere Helenilson Cunha Pontes.[99]

Segregadas as funções do postulado da proporcionalidade entre aquelas direcionadas à criação dos enunciados prescritivos, cuja interpretação dará ensejo às normas sancionatórias, e as vocacionadas à limitação das atividades administrativas de eleição da sanção tributária aplicável perante determinados ilícitos, cumpre examiná-las mais atentamente.

3.3.3.1 A proporcionalidade como limitadora da atividade legislativa

Na limitação da atividade legislativa, a promoção do tríplice exame que marca o postulado da proporcionalidade demonstra que as sanções tributárias eleitas pelo Parlamento devem ser aptas à punição do infrator e ao desestímulo da repetição do ilícito (adequação). Tal postulado também exige que as sanções eleitas pelo legislador representem a forma de punição que menor abalo ocasione aos direitos fundamentais do infrator (necessidade) e que ainda tragam benefícios em prol da sociedade superiores às restrições ocasionadas aos direitos fundamentais do infrator (proporcionalidade em sentido estrito). Em resumo, as sanções tributárias eleitas pelo legislador deverão respeitar a tríplice exigência de adequação, necessidade e proporcionalidade em sentido estrito.

Quanto ao exame da adequação, afirma Carlos Lamoca Pérez[100] que na determinação legislativa do regime sancionador, assim como na imposição de sanções pelo aplicador, deverá haver a devida adequação entre a gravidade do ilícito punido e a sanção. Por meio de tal exame é exigido que a sanção tributária eleita pelo legislador seja capaz de cumprir os fins a que se propõe a norma sancionatória.[101] Como as sanções tributárias têm por finalidade punir o infrator e desestimular a ocorrência

que também o descumprimento de obrigações tributárias acessórias pode servir como ilícito punível por meio de sanções tributárias.

99. *O Princípio da Proporcionalidade e o Direito Tributário*, cit., p. 137.

100. "En la determinación normativa del régimen sancionador, así como en la imposición de sanciones por las Administraciones públicas, se deberá guardar la debida adecuación entre la gravedad del hecho constitutivo de la infracción y la sanción aplicada" (*Infracciones y Sanciones Tributarias*, Madrid, Centro de Estudios Financieros, 2005, p. 128).

101. "Segundo a concepção adotada neste trabalho, o princípio da proporcionalidade em seu aspecto adequação (*Geeignetheit*) exige que a sanção tributária seja adequada à finalidade buscada com a sua previsão e aplicação concreta" (*O Princípio da Proporcionalidade e o Direito Tributário*, cit., p. 140).

AS SANÇÕES TRIBUTÁRIAS E OS POSTULADOS NORMATIVOS   263

futura do ilícito, a sanção escolhida pelo legislador deverá mostrar-se apta ao cumprimento de tais fins.

No tocante ao exame da necessidade, a sanção tributária escolhida pelo Poder Legislativo deve ser a que menor restrição cause aos direitos fundamentais do infrator, consoante, aliás, referido por Delgado Sancho.[102] Dentre as sanções que poderia escolher, deverá o Poder Legislativo eleger a que menor limitação trouxer aos direitos fundamentais do agente infrator.[103] Por exemplo: a proibição de impressão de talonário fiscal e a consequente exigência de solicitação individual de nota fiscal em razão da existência de pendências perante o Fisco são medidas sancionatórias desproporcionais, pois restringem desnecessariamente o direito ao livre exercício de atividade econômica.[104] Como afirmado pelo Min. Cezar Peluso no julgamento do RE 413.782, "a ofensa é ao princípio da proporcionalidade, porque o Estado está se valendo de um meio desproporcional, com força coercitiva, para obter o adimplemento de tributo". Vale repetir que a desproporção não necessariamente precisa violar o núcleo do direito fundamental – a tanto seria exigido apenas como decorrência do postulado da proibição de excesso, e não do postulado da proporcionalidade. Fosse exigência do postulado da proporcionalidade que a restrição promovida pela sanção atingisse o núcleo do direito fundamental, nenhuma distinção haveria em face do postulado da proibição de excesso.[105] No exame da necessidade que marca o postulado da proporcionalidade, deve o Poder Judiciário verificar se não haveria outra sanção menos restritiva aos direitos fundamentais do infrator do que aquela em lei estabelecida.[106] Num

102. "La sanción será innecesaria cuando exista un medio alternativo menos restrictivo de derechos, que consiga la finalidad de protección del bien jurídico perseguida por el legislador" (*Principios del Derecho Tributario Sancionador*, cit., p. 154).

103. "A proporcionalidade, em seu aspecto necessidade (*Erforderlichkeit*), consubstancia a regra de *menor limitação possível ou do meio menos lesivo* (*das mildeste Mittel*). Para atender ao princípio da proporcionalidade em seu aspecto necessidade, a medida restritiva imposta pelo Estado deve representar a menor limitação possível à esfera individual juridicamente protegida, e que concretamente é atingida pela imposição da sanção. Vale dizer, a limitação imposta à esfera jurídica do indivíduo deve ser estritamente indispensável ao atingimento do interesse público que justifica tal restrição" (Pontes, *O Princípio da Proporcionalidade e o Direito Tributário*, cit., p. 141).

104. RE 413.782, rel. Min. Marco Aurélio, Tribunal Pleno, j. 17.3.2005, *DJU* 3.6.2005, p. 4.

105. Demonstrando a diferença entre os postulados da proibição de excesso e da proporcionalidade: Ávila, *Teoria dos Princípios...*, cit., p. 191.

106. Não há como concordar aqui, com Fábio Medina Osório, para quem "ao Judiciário não será lícito examinar, à luz desse princípio, se a alternativa eleita pelo

264 SANÇÕES TRIBUTÁRIAS: DEFINIÇÃO E LIMITES

Estado Democrático de Direito não pode ser eleita sanção outra que não seja aquela que menor restrição ocasione aos direitos fundamentais do infrator. Quanto ao ponto, vale registrar que o afastamento de sanção tributária que se mostre mais restritiva do que outra dentre aquelas que poderiam ser eleitas pelo Poder Legislativo não necessariamente representa usurpação da competência legislativa pelo Poder Judiciário. A tão propalada liberdade de configuração legislativa encontra limites no ordenamento jurídico, seja por meio do postulado da proibição de excesso, seja por meio do postulado da proporcionalidade (Englisch).[107] Estando tal matéria, contudo, envolta nas pouco claras fronteiras entre a competência do Poder Judiciário e a competência do Poder Legislativo, a intervenção dos Tribunais, por meio do postulado da proporcionalidade, mais especificamente a partir do exame da necessidade, deverá ser promovida sempre com prudência e redobrada fundamentação, tudo a fim de resguardar o princípio da separação de poderes. Nesse sentido, considerando-se a tese acerca da proibição de o Poder Judiciário atuar como "legislador positivo", sedimentada no âmbito do Supremo Tribunal Federal,[108] o exame da necessidade serviria apenas para que se declare inconstitucional a sanção desproporcional. Segundo essa tese, a ingerência do Poder Judiciário não poderia ditar a substituição da sanção tributária tida por desproporcional por outra que pareça menos restritiva aos direitos fundamentais do infrator e/ou mais propícia ao cumprimento das finalidades normativas (punição *stricto sensu* e desestímulo à prática futura do ilícito). Nesse sentido, são muitos os casos em que, instigado a ampliar algum benefício ou isenção com base no princípio da igualdade, o Supremo Tribunal Federal declarou não ser possível fazer as vezes de legislador positivo. Tal raciocínio aplica-se perfeitamente ao exame da proporcionalidade em face das sanções tributárias. Portanto, diante de sanções tributárias desproporcionais, poderiam os Tribunais, inclusive a Corte Constitucional, declarar sua inconstitucionalidade, mas não

legislador era a menos gravosa possível" e que "ao Judiciário competirá corrigir eventuais abusos, vale dizer, eleição de alternativas ilícitas, excessivamente gravosas" (*Direito Administrativo Sancionador*, cit., 2011, p. 188).
107. "Infracciones y sanciones administrativas y sus implicaciones constitucionales en Alemania", cit., p. 255.
108. Sobre a impossibilidade de o Poder Judiciário atuar como legislador positivo, vide: STF, 1ª T., RE 166.122, rel. Min. Celso de Mello, j. 16.8.1994, *DJU* 10.3.1995; e STF, 2ª T., AgRg no RE 631.641, rel. Min. Ricardo Lewandowsky, j. 18.12.2012, *DJe* 028, public. 13.2.2013. Tais casos envolveram a discussão sobre a possibilidade de o Judiciário estender benefícios e isenções prescritas em lei para apenas uma parcela da sociedade. Em ambos os casos a Suprema Corte brasileira entendeu que não poderia avançar na competência reservada ao Poder Legislativo.

AS SANÇÕES TRIBUTÁRIAS E OS POSTULADOS NORMATIVOS 265

substituí-las por qualquer outra que não tenha sido estabelecida pelo Poder Legislativo. Não parece, contudo, ser essa a melhor solução. Em verdade, a tese do legislador positivo, que proíbe ao Poder Judiciário substituir a norma considerada desproporcional, mostra-se equivocada por diversas razões:[109] (a) embora tal limitação à atuação do Poder Judiciário faça sentido no âmbito do controle abstrato de constitucionalidade de leis – no qual é feito um juízo sobre a lei em tese e não a partir de um caso concreto –, nada obsta, bem ao contrário, que o Judiciário pronuncie a norma individual e concreta que servirá à solução de um caso específico; (b) a referida tese ignora que os enunciados normativos não trazem em si as normas jurídicas e que tais normas somente surgem a partir de sua interpretação;[110] e (c) um modelo de positivismo ético, no qual princípios convivem com regras, pressupõe que o Judiciário possa, de forma fundamentada e explicitando os critérios por si adotados, pronunciar norma individual e concreta desvinculada de prévia regra prescrita pelo Poder Legislativo. Óbice maior haveria, entretanto, no enfrentamento da aplicação do art. 142 do CTN, que exige a lavratura de lançamento fiscal para a constituição das penalidades pecuniárias. Isso porque a substituição da sanção tributária por parte do Poder Judiciário não apenas representaria a usurpação da competência exclusiva das autoridades fiscais quanto à promoção do lançamento, acarretando, ainda, o cerceamento do direito de defesa do acusado, que não teria condições de discutir a aplicação da sanção perante a esfera administrativa. Eis o correto fundamento a respeito da impossibilidade de substituição das sanções tributárias por parte dos Órgãos Julgadores.

Por fim, o exame da proporcionalidade em sentido estrito indica que os benefícios ocasionados pela sanção tributária em prol dos fins a que se propõe (punir o infrator e desestimular a repetição do ilícito tributário) devem superar os malefícios impostos ao infrator (Coimbra Silva).[111] Pela doutrina de Helenilson Cunha Pontes:[112]

109. Vide a propósito a crítica apresentada em Ávila, *Teoria da Igualdade Tributária*, 3ª ed., São Paulo, Malheiros Editores, 2015, pp. 185-187.
110. Como lembra Humberto Ávila, "interpretar não é nem simplesmente enquadrar um fato ou comportamento numa classe de fatos ou comportamentos, nem só atribuir um significado a palavras ou enunciados; interpretar é também fazer suposições sobre finalidades e intenções de agentes ou construir conjecturas sobre as relações de causa e efeito entre fatos" ("Conteúdo, limites e intensidade dos controles de razoabilidade...", cit., p. 380).
111. Paulo Roberto Coimbra Silva, *Direito Tributário Sancionador*, cit., p. 312.
112. *O Princípio da Proporcionalidade e o Direito Tributário*, cit., p. 142.

266 SANÇÕES TRIBUTÁRIAS: DEFINIÇÃO E LIMITES

(...) as sanções tributárias podem revelar-se inconstitucionais por desatendimento à proporcionalidade em sentido estrito (*Verhältnismäßigkeit im engeren Sinne*), quando a limitação imposta à esfera jurídica dos indivíduos, embora arrimada na busca do alcance do objetivo protegido pela ordem jurídica, assume uma dimensão que inviabiliza o exercício de outros direitos e garantias individuais, igualmente assegurados pela ordem constitucional.

Viu-se anteriormente que as vantagens relacionadas à consecução do fim e as desvantagens decorrentes da restrição do direito fundamental podem ser de relevância social, número e/ou grau diferentes. Tais considerações são válidas também no que toca à limitação do poder sancionador tributário. Para que a sanção tributária seja afastada em razão de ofensa à proporcionalidade em sentido estrito, os efeitos positivos resultantes de sua aplicação (punição e desestímulo da futura prática do ilícito punido) devem ser socialmente menos relevantes do que as restrições ocasionadas aos direitos fundamentais do infrator. Por isso, faz-se necessário firmar a presunção de que a maior parcela da sociedade concordaria com a aplicação da sanção tributária apesar das restrições ocasionadas aos direitos fundamentais do infrator – resguardado, por óbvio, o mínimo existencial protegido pelo postulado da proibição de excesso. Somado a isso, tais benefícios deverão se mostrar mais numerosos e/ou promovidos num grau superior ao dos malefícios ocasionados ao infrator.

3.3.3.2 A proporcionalidade como limitadora da atividade administrativa de aplicação das sanções tributárias

O postulado da proporcionalidade limita não apenas o legislador em sua tarefa de abstratamente prescrever as sanções nos enunciados normativos que edita, mas, também, o aplicador, quando da concreção da norma sancionatória em face do ilícito verificado no caso concreto.[113] Para Alejandro Altamirano,[114]

> (...) o princípio tem em vista a atividade sancionadora da Administração, não como uma atividade absolutamente discricionária, mas como uma atividade jurídica ou de aplicação de normas, o que permite um controle através do dito princípio de proporcionalidade.

113. Ibidem, p. 137.
114. "As garantias constitucionais no processo penal tributário", in Roberto Ferraz, *Princípios e Limites da Tributação,* São Paulo, Quartier Latin, 2005, p. 196.

AS SANÇÕES TRIBUTÁRIAS E OS POSTULADOS NORMATIVOS 267

Muito embora a discricionariedade existente no âmbito da Administração Pública brasileira seja bem mais restrita do que a liberdade de configuração a que faz jus o Poder Legislativo,[115] também a aplicação das sanções tributárias pelas autoridades fiscais deve ser feita à luz da referida metanorma.

Nos modelos jurídicos em que é resguardada à discricionariedade do administrador maior margem para a aplicação das sanções, é fundamental que o postulado da proporcionalidade limite a atividade administrativa. Nesses casos, em que o Poder Legislativo estabelece limites mínimos e/ou máximos para a punição de determinados tipos de infração, fica a critério do administrador a aplicação de sanções específicas para cada ilícito concretamente verificado. Tal discricionariedade está constrangida não apenas pelos limites objetivamente estabelecidos pelo Poder Legislativo, por exemplo, o valor preestabelecido de uma multa. Limita-se, também, pelo postulado da proporcionalidade, que exigirá, na fixação concreta da sanção por parte da Administração Pública, o tríplice exame de adequação, necessidade e proporcionalidade em sentido estrito.

No Direito Tributário Sancionador brasileiro, entretanto, vige o princípio da legalidade que decorre da interpretação do art. 5º, II, da Constituição da República e do art. 97 do CTN. O enunciado legal é específico ao referir que somente a lei pode estabelecer "a cominação de penalidades para as ações ou omissões contrárias a seus dispositivos, ou para outras infrações nela definidas".

Conforme já demonstrado, o princípio da legalidade restringe a criação de sanções tanto em seu aspecto formal (exigência de lei em sentido estrito) como em seu aspecto material (tipicidade). A tipicidade que também vigora no campo sancionador tributário limita substancialmente a discricionariedade da Administração Pública quanto à fixação de sanções tributárias. Na tipificação de infrações e sanções não basta que a lei

---

115. Vide a bem elaborada lição de Scholler a respeito da diferença havida entre a discricionariedade do legislador e a do administrador: "A diferença entre a margem de discrição do legislador e da administração, no que diz com os critérios da adequação e da necessidade, isto é, na relação entre fins e meios, revela-se especialmente quando se constatam dúvidas acerca da correção das hipóteses utilizadas como referencial. Nesse caso, a presunção de confiabilidade, decorrente da prerrogativa de avaliação do legislador, deve ser considerada como favorável ao Poder Legislativo. Diversamente ocorre no caso do Poder Executivo, quando, em existindo dúvidas relativamente às hipóteses com base nas quais as medidas foram tomadas, o ônus é da administração, estabelecendo-se uma presunção em favor do particular" ("Princípio da proporcionalidade nos direitos constitucional e administrativo da Alemanha", cit., p. 236).

268 SANÇÕES TRIBUTÁRIAS: DEFINIÇÃO E LIMITES

outorgue cobertura à ação administrativa. A imposição de sanções deve ser um ato de aplicação da norma legal, e não uma atividade discricionária (Huergo Lora).[116] No Brasil, não pode o Poder Legislativo se abster da previsão exaustiva do ilícito que será punido tampouco prescrever apenas limites mínimos e máximos dentro dos quais poderão ser fixadas sanções tributárias pela Administração Pública. Deverá, ao contrário, descrever minuciosamente nos enunciados legais o fato ilícito punível e a sanção a ser aplicada pelas autoridades administrativas. Não é admissível no campo sancionador tributário que o Poder Legislativo delegue ao Poder Executivo competência para fixar individualmente sanções tributárias – eis a razão pela qual já foi afirmado no presente trabalho que são inconstitucionais as disposições dos arts. 97 e 98 do Decreto-Lei 37/1966, consolidadas nos arts. 677, II, e 678, do Regulamento Aduaneiro (Decreto 6.759/2009).

Dessa forma, sendo muitíssimo limitada a discricionariedade das autoridades administrativas brasileiras no campo sancionador tributário, resta esvaziada a função exercida pelo postulado da proporcionalidade quanto à limitação da atividade administrativa de fixação de sanções em face de atos ilícitos individual e concretamente considerados.

3.4 Razoabilidade

3.4.1 Esboço conceitual e forma de atuação

Examinados os postulados da proibição de excesso e da proporcionalidade, cumpre estudar o postulado da razoabilidade e sua atuação como limitador do poder sancionador tributário. Preliminarmente ao seu exame em face das sanções tributárias, cumpre apresentar seu esboço conceitual a partir da mais moderna doutrina.

Com ainda maior força do que os demais postulados, no modelo de positivismo ético a razoabilidade apresenta-se como ponte de ligação entre a certeza do direito e a justiça, entre a rigidez que marca a generalidade das regras e a flexibilidade que caracteriza o particularismo. Como dita Aulis Aarnio, o Direito é um compromisso entre justiça e previsibilidade.[117] A razoabilidade atua como verdadeiro instrumento de

---

116. "En la tipificación de las infracciones y sanciones no basta que la ley otorgue cobertura a la acción administrativa; la imposición de sanciones ha de ser un acto de aplicación de la ley, no una actuación simplemente basada o apoyada en la ley" (Huergo Lora, *Las Sanciones Administrativas,* Madrid, Iustel, 2007, p. 367).

117. "Law is a compromise between justice and predictability" (*Reason and Authority: a treatise on the dynamic paradigm of legal dogmatics*, Cambridge, Dartmouth, 1997, p. 14).

AS SANÇÕES TRIBUTÁRIAS E OS POSTULADOS NORMATIVOS 269

execução de tal compromisso, servindo para oxigenar o ordenamento jurídico, marcado pelo formalismo que caracteriza tanto o processo de criação dos enunciados normativos como também o de construção das normas.[118] Não bastassem os benefícios que gera ao balizar a atividade legislativa, o postulado da razoabilidade confere maior autonomia ao aplicador das normas. Se bem utilizado – a partir de critérios inteligíveis e por isso controláveis –, o referido postulado possibilita tornar mais justa a solução individual dos casos sem com isso ofender o princípio da separação de poderes. A razoabilidade, assim, funciona como fio condutor da justiça, pelo qual se torna possível separar a fria incidência das regras de sua concreta aplicação.

Humberto Ávila[119] define com precisão o instituto em exame:

> A razoabilidade estrutura a aplicação de outras normas, prin-cípios e regra, notadamente das regras (...) Relativamente à ra-zoabilidade, dentre tantas acepções, três se destacam. Primeiro, a razoabilidade é utilizada como diretriz que exige a relação das normas gerais com as individualidades do caso concreto, quer mostrando sob qual perspectiva a norma deve ser aplicada, quer indicando em quais hipóteses o caso individual, em virtude de suas especificidades, deixa de se enquadrar na norma geral. Segundo, a razoabilidade é empregada como diretriz que exige uma vinculação das normas jurídicas com o mundo ao qual elas fazem referência, seja reclamando a existência de um suporte empírico e adequado a qualquer ato jurídico, seja demandando uma relação congruente entre a medida adotada e o fim que ela pretende atingir. Terceiro, a razoabilidade é utilizada como diretriz que exige a relação de equivalência entre duas grandezas.

118. Sobre formalismo, vide Robert S. Summers, *Essays in Legal Theory,* Netherlands, Kluwer, 2000. Nessa linha, ainda, afirma Aulis Aarnio: "Summarizing what has been said above, the advantages of forms and formalities support at least in principle the formal rule of law-ideology due to the fact that they increase the predictability in society" (*Reason and Authority...*, cit., p. 31). Sobre o processo de elaboração de enunciados normativos: "(...) impõe-se ao Estado, no processo de elaboração das leis, a observância do necessário coeficiente de razoabilidade" (ADI 2551 MC-QO, rel. Min. Celso de Mello, Tribunal Pleno, j. 2.4.2003, *DJU* 20.4.2006, p. 5).
119. *Teoria dos Princípios...*, cit., p. 194. Para Luís Roberto Barroso: "é razoá-vel o que seja conforme a razão, supondo equilíbrio, moderação e harmonia; o que não seja arbitrário ou caprichoso; o que corresponda ao senso comum, aos valores vigentes em dado momento ou lugar" (*Temas de Direito Constitucional,* 2ª ed., Rio de Janeiro, Renovar, 2002, p. 155).

270 SANÇÕES TRIBUTÁRIAS: DEFINIÇÃO E LIMITES

As três acepções do postulado da razoabilidade, referidas por Humberto Ávila, são conhecidas como razoabilidade-equidade, razoabilidade-congruência e razoabilidade-equivalência.[120]

A razoabilidade-equidade é a faceta do postulado que exige a compatibilização da regra geral e abstrata com o caso individual e concreto. Tal função é cumprida de dois modos: (a) pela exigência de que na aplicação das normas os fatos sejam interpretados a partir de sua mais ordinária ocorrência; e (b) que as particularidades do caso concreto sejam sopesadas quando da aplicação das regras jurídicas, possibilitando, inclusive, em casos excepcionais, a superação da regra.

Em primeiro lugar, a razoabilidade-equidade impõe que na aplicação das normas os fatos sejam interpretados a partir de sua feição rotineira. O referido postulado exige que na interpretação dos fatos, havendo variadas alternativas hermenêuticas, seja escolhida aquela que os representar em sua mais comum acepção. Razoável é a interpretação dos fatos que melhor represente a normalidade da vida cotidiana.

Nesse sentido, ao julgar o Habeas Corpus 92.499,[121] a Primeira Turma do Supremo Tribunal Federal decidiu por conceder a ordem e afastar a acusação de crime de quadrilha por conta de meras "coincidências fáticas". Nos termos da emblemática decisão, não se podem presumir práticas excepcionais – as presunções somente podem recair sobre atos normalmente praticados. Nesse sentido, calha recordar as palavras do Min. Marco Aurélio, para quem "a presunção é de prática consentânea com o que se aguarda do homem médio" e "mostra-se incabível partir do pressuposto de que se abre uma empresa, formaliza-se uma pessoa jurídica, cria-se uma fundação para praticar crimes". Do mesmo modo entendeu a Segunda Turma da Corte Constitucional ao julgar o RE 192.553,[122] cuja ementa já previne que "o princípio da razoabilidade, a direcionar no sentido da presunção do que normalmente ocorre, afasta a exigência, como ônus processual, da prova da qualidade de procurador do Estado por quem assim se apresenta e subscreve ato processual".

---

120. Em seu *Sistema Constitucional Tributário*, Humberto Ávila acrescenta às três espécies de razoabilidade referidas uma quarta: razoabilidade-coerência. Por seus dizeres, a razoabilidade-coerência serviria para impedir a existência de uma "norma contraditória em si mesma". Preferimos, contudo, deixar tal função à coerência, como postulado autônomo (cit., p. 436).

121. HC 92499, rel. Min. Ayres Britto, rel. p/ Acórdão Ministro Marco Aurélio, 1ª T., j. 18.10.2011, *DJe*-075, divulg. 17.4.2012, publ. 18.4.2012.

122. RE 192553, rel. Min. Marco Aurélio, 2ª T., j. 15.12.1998, *DJU* 16.4.1999, p. 24.

AS SANÇÕES TRIBUTÁRIAS E OS POSTULADOS NORMATIVOS   271

Em segundo lugar, a razoabilidade-equidade exige que a singularidade do caso concreto seja considerada na aplicação das regras, ainda que as características que marcam a particularidade do fato individual tenham sido desprezadas pela generalização constante da hipótese normativa – para Ricardo Lobo Torres, "a lógica do razoável abre caminho para as orientações e decisões políticas e para a elaboração do direito consubstanciado na prudência, congruência histórica, viabilidade ou praticabilidade, ponderação dos efeitos ulteriores e legitimidade dos meios empregados".[123]

Os enunciados normativos que dão origem às regras são elaborados visando a uma generalidade de casos.[124] Segundo Frederick Schauer,[125] regras são inevitavelmente gerais. As hipóteses normativas das regras expressam a descrição abstrata de fatos que representam uma generalidade, uma classe marcada por determinadas características em comum (Guastini).[126] Dentre outros, Lourival Vilanova[127] e Misabel Derzi[128] ditam que a descrição fática aparente na hipótese das regras é sempre seletora de propriedades. Ocorre que a descrição seletora é criada a partir de um exame probabilístico realizado pelo legislador (Schauer).[129] Na elaboração do enunciado normativo cuja interpretação dará origem à hipótese da regra, o legislador prevê os possíveis conflitos que futuramente poderão advir. Para solucionar tais possíveis conflitos é que servirá a regra. Em razão da limitada capacidade humana de prever todos os

123. *Tratado de Direito Constitucional, Financeiro e Tributário*, cit., p. 240.
124. Larry Alexander e Emily Sherwin, *The Rule of Rules: morality, rules and the dilemmas of law*, London, Duke University, 2001, p. 31.
125. "Rules are inevitably general" (*Thinking like a Lawyer: a new introduction to legal reasoning*, Cambridge, Harvard University, 2012, p. 28).
126. Riccardo Guastini entende que "L'interpretazione in concreto altro non è, banalmente, che al decisione intorno alla estensione di un concetto (del concetto mediante il quale l'autorità normativa ha configurato una classe di fattispecie)" (*Interpretare e Argomentare*, Milano, Giuffrè, 2011, p. 17).
127. "Diremos: os conceitos, quer normativos, quer empírico-naturais, ou empírico-sociais, são seletores de propriedade" (*As Estruturas Lógicas e o Sistema do Direito Positivo*, São Paulo, Max Limonad, 1997, p. 89).
128. "O conceito secciona, seleciona. Quanto maior for a abstração, tanto mais abrangente será o conceito, porque abrigará um maior número de objetos e, em contrapartida, tanto mais vazio será de conteúdo e significação" ("Notas", in Aliomar Baleeiro, *Limitações Constitucionais ao Poder de Tributar*, 7ª ed., Rio de Janeiro, Forense, 2006, p. 41).
129. *Playing by the Rules: a philosophical examination of rule-based decision-making in law and in life*, Oxford, Claredon, 2002, p. 29.

272 SANÇÕES TRIBUTÁRIAS: DEFINIÇÃO E LIMITES

possíveis conflitos que poderiam ser resolvidos pela regra,[130] entretanto, a hipótese normativa na qual são descritas as características fáticas selecionadas acabará por limitar os fatos sobre os quais a norma recairá. Toda vez que que o legislador cria o enunciado que servirá à construção de uma futura regra, está promovendo uma ponderação a partir da razoabilidade, por meio da qual incluirá certa classe de particularidades no antecedente normativo e excluirá outras (Linares).[131] Por isso, como referem Larry Alexander e Alan Sherwin[132] em brilhante lição, a regra não fornece uma resposta correta para todo e qualquer caso.

Logo, ao indicar características necessárias e suficientes ao enquadramento normativo, a descrição fática constante da hipótese das regras poderá abarcar fatos aquém (*under-inclusiveness*) ou além (*over-inclusiveness*) do quanto seria considerado a partir de sua finalidade. Frederick Schauer[133] é claro ao dispor que as características constantes na generalização podem levar a uma incidência equivocada em face da finalidade da norma. Diante de tais deformações normativas (*under* e *over-inclusiveness*), a razoabilidade-equidade servirá para excepcionar a fria incidência das regras, permitindo tanto o afastamento da norma em casos nos quais há o enquadramento do fato à hipótese, como sua aplicação a fatos que não apresentem todas as propriedades descritas no antecedente normativo. O afastamento da regra ou mesmo sua aplicação a casos nos quais não haja o perfeito enquadramento do fato à hipótese normativa, fundamental esclarecer, requerem que a aplicação do postulado da razoabilidade seja promovida com redobrado ônus de argumentação (Ávila).[134] A razoabilidade funcionará, pois, como a válvula de escape de que se vale o positivismo ético, no qual nem toda norma incidente

130. "(...) even the most careful of drafters cannot possibly predict what will happen in the future" (ibidem, p. 28).

131. Juan Francisco Linares, *Razonabilidad de las Leyes*, 2ª ed., Buenos Aires, Astrea, 1970, p. 117.

132. "The rule cannot provide a correct translation to every case" (*The Rule of Rules: morality, rules and the dilemmas of law*, cit., p. 54).

133. "Because generalizations are necessarily selective, probabilistic generalizations will include some properties that will in particular cases be irrelevant, and all generalizations, whether probablistic or not, will exclude some properties that will in particular cases be relevant" (Schauer, *Playing by the Rules...*, cit., p. 33).

134. Perfeita a lição de Humberto Ávila, para quem, fora a observação dos chamados requisitos materiais (a solução excepcional deve estar de acordo com a finalidade da regra e os fatos que a justificam não podem ser facilmente repetíveis), a superação de uma regra requer justificativa, fundamentação e comprovação condizentes (*Teoria dos Princípios...*, cit., pp. 146-147).

AS SANÇÕES TRIBUTÁRIAS E OS POSTULADOS NORMATIVOS 273

deverá ser aplicada (Hage).[135] Razoável será a aplicação da regra sobre fatos que não apenas se enquadrem em sua hipótese, mas que também estejam alinhados à finalidade normativa.

A razoabilidade-congruência, por sua vez, exige a compatibilização das normas com suas condições externas de aplicação.[136] Requer inicialmente a existência de um suporte fático adequado a qualquer ato jurídico (Zancaner).[137] Deve o legislador, ao editar os enunciados normativos, atentar à necessária fixação de um suporte empírico razoável, que fundamente a medida adotada por meio da norma. Humberto Ávila[138] traz bom exemplo ao referir julgamento promovido pelo Supremo Tribunal Federal (Ação Cautelar na ADIN 1.158).[139] Em tal caso, foi declarada a inconstitucionalidade de lei estadual que criava um adicional de férias para servidores inativos, que, por estarem nessa condição, não poderiam fazer jus a férias. O fato dos servidores inativos já estarem desobrigados de trabalhar tornava desarrazoada a criação do mencionado adicional. A desvinculação da medida fixada pela norma em face da realidade subjacente justificou seu afastamento. Da mesma forma foi julgada inconstitucional a lei que determinava o pagamento da remuneração de servidores antes mesmo que tivessem sido prestados os correlatos serviços (ADI 267-RJ).[140]

135. "If the application of a rule in a case would be against the rule's purpose this is a reason not to apply the rule in that case. Such a reason must still be weighed against the reasons for application, the most important of which will be that the rule is applicable" (*Reasoning with Rules: an essay on legal reasoning and its underlying logic*, Netherlands, Kluwer, 1997, p. 114).

136. "(...) o postulado da razoabilidade exige a harmonização das normas com suas condições externas de aplicação" (Ávila, *Teoria da Igualdade Tributária*, cit., p. 147).

137. "(...) um ato não é razoável quando não existirem os fatos em que se embasou; quando os fatos, embora existentes, não guardam relação lógica com a medida tomada; quando mesmo existente alguma relação lógica, não há adequada proporção entre uns e outros; quando se assentou em argumentos ou em premissas, explícitas ou implícitas que não autorizam do ponto de vista lógico a conclusão deles extraída" (Weida Zancaner, "Razoabilidade e moralidade: princípios concretizadores do perfil constitucional do Estado Social e Democrático de Direito", *Revista Diálogo Jurídico*, vol. 1, n. 9, Salvador, dez. 2001. Disponível em: http://direitopublico.com. br. Acesso em: 2014).

138. *Sistema Constitucional Tributário*, cit., p. 430.

139. STF, Tribunal Pleno, Ação Cautelar na ADI 1.158-DF, rel. Min. Celso de Mello, j. 19.12.1994, *DJU* 26.5.1995, p. 15.154.

140. STF, Tribunal Pleno, rel. Min. Nelson Jobim, j. 17.6.2002, *DJU* 26.4.2004, p. 5.

274 SANÇÕES TRIBUTÁRIAS: DEFINIÇÃO E LIMITES

A razoabilidade-congruência requer, ainda, a existência de uma relação congruente entre o critério de diferenciação adotado pelo legislador e a medida estabelecida pela regra. O postulado da razoabilidade atua, aqui, junto ao princípio da igualdade, ambos exigindo que o critério de discriminação seja apropriado à medida fixada na norma. Impede, assim, discriminações arbitrárias, ainda que promovidas pelo legislador. Como dito pelo Min. Octavio Gallotti no voto proferido quando do julgamento da Medida Cautelar na ADI 1945,[141] que tratava de discriminação estabelecida por lei estadual, pela qual era exigido o recolhimento antecipado de imposto de empresas pertencentes a determinado setor da economia, a diferenciação somente é válida se houver razoabilidade na escolha do *discrímen*.[142]

A razoabilidade-equivalência, por seu turno, demanda que a medida fixada pela norma e o critério que a dimensiona sejam equivalentes. Critério e medida devem equivaler – é preciso que haja correspondência entre as duas grandezas.[143] A equivalência necessária entre as taxas e o custo do serviço público específico e divisível que lhes dá origem serve de ótimo exemplo da relação exigida pela razoabilidade-equivalência, conforme será visto a seguir.

3.4.2 A razoabilidade e o Direito Tributário

O postulado da razoabilidade tem aplicação nos mais variados ramos do Direito, inclusive no Direito Tributário. Marcado por relações de tensão entre os entes tributantes e os contribuintes ou responsáveis – inegavelmente há direitos e interesses antagônicos entre os sujeitos ativos

141. ADI 1945 MC, rel. Min. Octávio Gallotti, rel. p/ Acórdão Min. Gilmar Mendes, Tribunal Pleno, j. 26.5.2010, DJe-047, divulg. 11.3.2011 e public. 14.3.2011.

142. Para Gino Scaccia, serão desarrazoadas tanto a norma que dispuser um tratamento diverso para casos idênticos como a norma que dispuser um tratamento idêntico para casos diferentes: *Gli 'Strumenti' della Ragionevolezza nel Giudizio Costituzionale*, Milano, Giuffrè, 2000, p. 3. Já Juan Francisco Linares refere que "es la valoración de ciertas circunstancias del caso para elegir unas y eliminar otras en la determinación del hecho antecedente al cual se imputa una consecuente (prestación o sanción). Esa selección debe hacerse con base en el relieve o importancia que tengan las circunstancias elegidas. No es lo mismo establecer dos categorías de obligados a prestar un servicio gratuito a favor del Estado, según sean o no rubios los prestatarios, que hacerlo según la edad o capacidad intelectual o física de estos" (*Razonabilidad de las Leyes*, cit., p. 152).

143. Ávila, *Sistema Constitucional Tributário*, cit., p. 435.

AS SANÇÕES TRIBUTÁRIAS E OS POSTULADOS NORMATIVOS 275

e passivos da relação jurídico-tributária –, o Direito Tributário necessita da intervenção do postulado da razoabilidade.[144] Da mesma forma que os demais postulados, o postulado da razoabilidade sofre com a falta de aplicação criteriosa por parte dos Tribunais, inclusive no que toca à sua utilização como limite ao exercício das competências tributárias. Seguidamente embaralhada junto à proporcionalidade e mesmo à proibição de excesso, a razoabilidade carece de maior respeito e atenção por parte da doutrina e da jurisprudência tributárias.

Fundamental, assim, a partir da definição de suas três facetas (equidade, congruência e equivalência), examinar a razoabilidade como meio de garantia dos direitos fundamentais dos contribuintes e responsáveis, bastante ameaçados pelo exercício do poder de tributar por parte dos entes políticos.

No que toca à razoabilidade-equidade, há uma exigência inicial de que a interpretação dos fatos recaia sobre a alternativa hermenêutica que os represente em sua versão mais comum. Daí por que não podem ser fixadas pautas de valores tampouco presumir o futuro valor de venda de mercadorias nos casos de substituição tributária fora dos limites da razoabilidade. Demonstrado pelos contribuintes que um determinado produto tem sido vendido ao consumidor final sempre pelo valor máximo de R$ 10,00, revela-se inconstitucional, por ofensa à razoabilidade, pauta de valores que presuma a base de cálculo da venda futura de tal produto como equivalente a R$ 15,00. A referida presunção se desgarra da realidade, espelhando um valor de venda não praticado no mercado. Nem mesmo a nobre finalidade de facilitar a arrecadação de receitas tributárias pode permitir tal excessiva tributação.

Do mesmo modo, a razoabilidade-equidade também exige seja considerada a particularidade do caso perante a hipótese normativa. Já se tornou bastante conhecido o caso de uma pequena fábrica de sofás que foi excluída do modelo de pagamento conjunto dos tributos federais por ter desrespeitado a exigência legal de não efetuar importação de produtos estrangeiros.[145] Comprovado que a empresa importou uma única vez quatro pés de sofá, foi determinada sua reinclusão no referido modelo de pagamento conjunto de tributos. A razoabilidade, aqui, agiu em prol da justiça, possibilitando fosse flexibilizada a rígida subsunção das regras

---

144. Já foi dito inúmeras vezes que o enunciado do art. 150 da CF esclarece que os contribuintes farão jus a "outras garantias" diversas daquelas estabelecidas em seus incisos. Dentre essas outras garantias, enquadra-se a razoabilidade.

145. Vide Ávila, *Teoria dos Princípios...*, cit., p. 196.

276 SANÇÕES TRIBUTÁRIAS: DEFINIÇÃO E LIMITES

tributárias – tal flexibilização deve se expressar pelas chamadas interpretação extensiva ou restritiva, não podendo, entretanto, recair na analogia para fins de tributação ou na equidade para fins de exoneração tributária (art. 108, §§ 1º e 2º, do CTN).[146]

A razoabilidade-congruência, por sua vez, requer a compatibilização da norma com suas condições externas de aplicação. Demanda, ainda, a existência de uma relação congruente entre o critério de discriminação estabelecido na norma e sua prescrição.[147] Em poucas palavras: o *discrímen* deve servir à realização da medida prescrita na norma. O seguinte exemplo poderá elucidar a questão e sua pertinência ao campo tributário: por intermédio das Leis 10.637/2002 e 10.833/2003 foi criada a sistemática não cumulativa das contribuições ao PIS e Cofins. Tal sistemática foi estabelecida visando à melhor distribuição da carga tributária ao longo da cadeia de produção e comercialização dos produtos. Objetivando tal fim, a legislação determinou o aumento das alíquotas das referidas contribuições e em contrapartida permitiu a adjudicação de créditos em razão da aquisição de certos bens ou serviços. Passaram a existir, assim, dois modelos de tributação relativos à contribuição ao PIS e à Cofins: o tradicional modelo cumulativo e o modelo não cumulativo.

Ocorre, entretanto, que a legislação não deixou a critério dos contribuintes a escolha de qual modelo de tributação poderiam adotar no tocante às mencionadas contribuições. Diversamente, impôs às pessoas jurídicas que aufiram receitas acima de determinado valor – e por isso estejam sujeitas à apuração do Imposto de Renda pelo modelo do lucro real – a aplicação da sistemática não cumulativa. As demais, ficaram sob a égide do modelo cumulativo. O critério de discriminação eleito pelo legislador quanto à aplicação de um ou de outro modelo baseou-se no valor da receita auferida pela empresa. Considerada a finalidade para a qual fora criado o modelo não cumulativo, o *discrímen* eleito pelo legislador não guarda relação de razoável congruência com a prescrição

146. Ricardo Guastini demonstra as diferenças entre interpretação extensiva e analogia: *Interpretare e Argomentare*, cit., pp. 98-99. Conforme dispõe o art. 108, § 1º, do CTN, a instituição e o aumento de tributos por analogia são proibidos no ordenamento jurídico-nacional. Diante de tudo isso, afirma Andrei Pitten Velloso que a consideração da analogia no âmbito tributário resulta num verdadeiro conflito entre *a)* igualdade e *b)* segurança jurídica e legalidade, e que tal conflito deverá ser resolvido pela ponderação (*O Princípio da Isonomia Tributária*, cit., p. 275).
147. "No hay dudas de que la pauta más importante para determinar si el criterio de distinción es razonable, consiste aquí también en el motivo y la finalidad de él, siempre que puedan ser individualizados" (Linares, *Razonabilidad de las Leyes*, p. 153).

AS SANÇÕES TRIBUTÁRIAS E OS POSTULADOS NORMATIVOS 277

estabelecida pela norma. Se a prescrição normativa trata da obrigatoriedade de observância do modelo não cumulativo das contribuições, e se
seu intuito foi melhor distribuir a carga tributária ao longo da cadeia econômica de produção e comercialização dos produtos nacionais, o critério
de distinção não poderia ser o valor da receita auferida pelas empresas,
pois há empresas com grandes faturamentos que atuam em segmentos
econômicos nos quais não se mostram necessárias aquisições de bens ou
serviços capazes de gerar quantias consideráveis de créditos – as pres-
tadoras de serviço, por exemplo. Há casos, inclusive, de empresas que
a partir da entrada em vigor da sistemática não cumulativa das referidas
contribuições sofreram grande majoração em sua carga tributária, tudo
porque em seu segmento não há aquisições de bens ou serviços que lhes
possibilitem adjudicar créditos. Nesses casos específicos, nos quais demonstrada a falta de razoabilidade entre o critério de discriminação da lei
e a medida adotada pelo legislador, por meio da aplicação do postulado da
razoabilidade, deve ser permitida a permanência das empresas no antigo
regime cumulativo, tudo consoante já julgado pelo TRF-4 na Apelação
Cível 2004.71.08010633-8.[148] Tratando-se exatamente do aumento da
carga tributária relativa à contribuição ao PIS e da Cofins incidentes sobre
as receitas de uma empresa prestadora de serviço a partir da entrada em
vigor das Leis 10.637/2002 e 10.833/2003, restou decidido que a obrigatoriedade de sujeição ao regime não cumulativo, nesse caso concreto,
deveria ser afastada pela consideração do postulado da razoabilidade
e ainda dos princípios da igualdade,[149] capacidade contributiva e livre
concorrência. Pela literalidade do voto condutor do referido julgado,
afirmou-se que "como empresa prestadora de serviços, os créditos que
pode apurar não são significativos" e por isso "o acréscimo do ônus
tributário (...) não corresponde à capacidade contributiva da autora, que

148. TRF4, AC 2004.71.08.010633-8, 2ª T., rel. Leandro Paulsen, *DE* 25.4.2007.
149. Dando especial ênfase ao princípio da igualdade e chegando à mesma conclusão acerca da necessidade de afastamento da regra que prescreve a observância do
regime não cumulativo da contribuição ao PIS e da Cofins em casos como o tratado
no precedente analisado (AC 2004.71.08.010633-8), refere Humberto Ávila que o
legislador incluiu em tal regime "contribuintes que não têm créditos embutidos no
valor dos bens comprados e no valor dos serviços tomados para o exercício das suas
atividades, como é o caso dos contribuintes prestadores de serviços, que não têm,
ou têm muito pouco, créditos a compensar pela natureza mesma das suas atividades.
Ora, se a finalidade legal justificadora da própria diferenciação entre os contribuintes
é afastar o efeito econômico perverso do acúmulo da carga tributária, durante o ciclo
econômico, claro está que os contribuintes que não têm, ou têm em nível diminuto,
créditos a compensar, pela natureza da sua atividade, não podem ser inseridos no
regime não cumulativo" (*Teoria da Igualdade Tributária*, cit., p. 136-137).

278 SANÇÕES TRIBUTÁRIAS: DEFINIÇÃO E LIMITES

não teve alteração". Mais adiante, mencionou-se que "o critério de discriminação (regime de tributação pelo Imposto de Renda, se pelo lucro real ou não), no caso concreto, mostra-se falho e incapaz de levar ao resultado pretendido de distribuição do ônus tributário ao longo de uma cadeia de produção e circulação". Exatamente como defendido ao longo do presente trabalho, a referida decisão não declarou a inconstitucionalidade da norma que estabelece a obrigatória observância do regime não cumulativo da contribuição ao PIS e da Cofins para as empresas sujeitas à apuração do Imposto de Renda pelo método do lucro real. Com fundamento no postulado da razoabilidade, o acórdão limitou-se a afastar a aplicação da regra ao caso concreto, comprovando que a incidência da norma não conduz necessariamente à sua aplicação.

Também merece ser analisado à luz da razoabilidade-congruência o entendimento firmado pelo Supremo Tribunal Federal no julgamento do RE 573.675.[150] Tal caso versava sobre a cobrança da chamada contribuição para o custeio dos serviços de iluminação pública pelo Município de São José, SC. Com base no permissivo estabelecido pela interpretação do art. 149-A do Texto Constitucional, o ente municipal editou lei que fixava a referida contribuição, destacando que a exação seria cobrada dos consumidores de energia elétrica. Na ação declaratória de inconstitucionalidade movida contra a lei municipal, foi sustentado que a cobrança do tributo apenas dos consumidores de energia elétrica ofenderia ao princípio da igualdade, tendo em vista que eles não seriam os únicos beneficiários do serviço público em questão. Foi dito, ainda, que a distinção feita pela lei municipal quanto à forma de partição do custo do serviço entre os contribuintes residenciais e os contribuintes não residenciais também feriria o princípio da igualdade. No julgamento do caso, restou declarada a constitucionalidade da norma pelo Supremo Tribunal Federal, por supostamente não existir violação ao princípio da igualdade ou mesmo aos postulados da razoabilidade e/ou da proporcionalidade. Ocorre, porém, que à luz da razoabilidade-congruência, as distinções promovidas pela lei municipal quanto ao valor de contribuição devido pelos consumidores residenciais em face do valor devido pelos não residenciais não poderia ultrapassar o exame de constitucionalidade. Tendo presente que a norma legal visa a estabelecer a referida contribuição como forma de partição do custo do serviço público, porquanto tal serviço não é específico nem

150. RE 573675, rel. Min. Ricardo Lewandowsky, Tribunal Pleno, j. 25.3.2009, DJe-094, divulg. 21.5.2009, public. 22.5.2009.

AS SANÇÕES TRIBUTÁRIAS E OS POSTULADOS NORMATIVOS 279

divisível, a eleição do consumo de energia como *discrímen* à fixação dos sujeitos passivos da relação jurídico-tributária, por si só, já parece não guardar relação de razoável congruência com a exigência do tributo. Como, no entanto, a própria Constituição possibilita expressamente a cobrança da exação nas faturas de energia, mostra-se plausível o entendimento de que é constitucional a eleição dos consumidores de energia como únicos contribuintes do tributo. Não há como admitir, entretanto, a diferenciação promovida entre os consumidores de energia residenciais e os consumidores não residenciais no que toca à fixação do valor de contribuição. A caracterização do imóvel dos contribuintes como residencial ou comercial não guarda qualquer relação de congruência com a medida estabelecida em lei, relativa à criação da norma de incidência da contribuição para o custeio dos serviços de iluminação pública. Daí por que, ao revés do quanto declarou o Supremo Tribunal Federal, mostra-se inconstitucional, por violar ao postulado da razoabilidade, a contribuição para custeio dos serviços de iluminação pública tal qual fixada pela legislação do Município de São José, SC.

Finalmente, a razoabilidade-equivalência exige que a medida adotada e o critério que a dimensiona sejam equivalentes. A consideração de tal faceta da razoabilidade, nos campos tributários, evidencia-se no exame das taxas e sua necessária equivalência em face do custo do serviço público específico e divisível prestado pela Administração Pública – tudo consoante já decidiu o Supremo Tribunal Federal (Representação 1077).[151] Por meio do voto proferido pelo Min. Moreira Alves a respeito da taxa judiciária, restou disposto que "tem ela – como toda taxa com o caráter de contraprestação – um limite, que é o custo da atividade do Estado dirigida àquele contribuinte". Indo além, o Ministro Moreira Alves referiu que "não pode taxa dessa natureza ultrapassar uma equivalência razoável entre o custo real dos serviços e o montante a que pode ser compelido o contribuinte a pagar". Como dito anteriormente, em respeito à razoabilidade-equivalência, o valor da taxa e o custo do serviço público específico e divisível que ela remunera devem equivaler.

3.4.3 A razoabilidade e o Direito Tributário Sancionador

No cumprimento da importante tarefa de limitar o poder sancionador dos entes tributantes e assim proteger os direitos fundamentais dos infra-

---

151. Representação 1077-RJ, rel. Min. Moreira Alves, Tribunal Pleno, j. 28.3.1984, *DJU* 28.9.1984, p. 15.955.

280 SANÇÕES TRIBUTÁRIAS: DEFINIÇÃO E LIMITES

tores, o postulado da razoabilidade atua em suas três vertentes: equidade, congruência e equivalência.[152]

A razoabilidade-equidade exige inicialmente que a interpretação dos fatos represente-os em sua versão mais comum. Exige, ainda, que na aplicação das normas sejam consideradas as particularidades do caso concreto, mesmo aquelas não descritas na hipótese das regras jurídicas.

Quanto à exigência de que a interpretação dos fatos leve em conta não as excepcionalidades dos eventos, mas sim sua mais vulgar forma de apresentação, vale ressaltar que no campo sancionador tributário não é permitido o uso de presunções no que tange à presença de ânimo doloso por parte do agente infrator ou quanto ao caráter fraudulento do ato por ele praticado. Considerando que a existência de intenção dolosa na prática do ato ilícito normalmente serve como razão ao aumento da sanção – vide, como exemplo, a multa qualificada de que trata o § 1º do art. 44 da Lei 9.430/1996 –, não é possível presumir a ocorrência de dolo. Para que sejam aplicadas as regras advindas da interpretação dos arts. 71 a 73 da Lei 4.502/1964, o dolo deve ser comprovado, não presumido. Tampouco a ocorrência de fraude ou de simulação pode ser presumida, devendo, ao contrário, ser provada por meio de indícios que permitam a constatação inequívoca da pretensão de ludibriar por parte do infrator. A aplicação de sanções majoradas por qualquer um dos referidos vícios necessita sejam eles provados de forma cabal e irrefutável pelas autoridades fiscais.

No que se refere à necessária consideração das particularidades do caso concreto mesmo quando não descritas na hipótese da regra sancionatória – segunda decorrência da razoabilidade-equidade –, fundamental, uma vez mais, redobrada atenção. Já mencionou-se que a razoabilidade--equidade permite ao aplicador relevar a maior ou menor restrição ocasionada pela hipótese das regras jurídicas, para tanto levando em conta a finalidade da norma. Possibilita, assim, *prima facie*, a realização das chamadas interpretação restritiva e interpretação extensiva – não, contudo, a aplicação analógica da norma sancionatória, expressamente vedada, como já visto, pelo art. 97, V, do CTN. Direcionadas tais considerações ao campo sancionador tributário, parece que nada há a impedir a promoção de interpretações restritivas acerca do enunciado que dá origem à regra sancionatória, desde que observada a finalidade da norma – há até mesmo determinação a propósito, advinda do art. 112 do CTN. Não é possível,

---

152. "(...) um tipo sancionador desarrazoado, absurdo, intolerável, será, por evidente, arbitrário, abusivo, inconstitucional" (Osório, *Direito Administrativo Sancionador*, cit., p. 187).

AS SANÇÕES TRIBUTÁRIAS E OS POSTULADOS NORMATIVOS   281

contudo, no campo sancionador tributário, ainda que forte no postulado da razoabilidade, a realização de interpretação extensiva quando da construção da norma sancionatória. A norma geral enunciada no art. 112 do CTN restringe a atividade hermenêutica quanto à construção da norma de sanção tributária, impondo a interpretação restritiva e vedando a extensiva. Cabe alertar, outrossim, que serão raríssimas as hipóteses de superação das regras de sanção forte no postulado da razoabilidade. Isso porque a superação das normas sancionatórias traria enorme risco de enfraquecimento não apenas da própria norma de sanção, mas principalmente da norma que dá origem à obrigação tributária cujo descumprimento é objeto de punição. Por esse motivo, a superação da norma sancionatória ofenderia o princípio da segurança jurídica. As excepcionalidades que podem justificar a superação de uma regra sancionatória devem ser de tão rara ocorrência que tornarão dificílima a concreção de tal possibilidade.

No tocante à consideração da razoabilidade-congruência em face da aplicação de sanções tributárias, vale lembrar que o postulado em exame requer a vinculação da norma à realidade, sua harmonização em face das condições externas de aplicação normativa. Por essa razão, a razoabilidade impede a punição de atos que não configurem ilícitos. Como sustentado desde o início, sanções tributárias servem ao desestímulo da repetição futura do ilícito e à sua punição. Se não houver ato ilícito, não é razoável a aplicação de qualquer sanção. Daí por que, mesmo antes das disposições legislativas que posteriormente alteraram a redação outorgada pela Lei 12.249/2010, já se entendia que as multas previstas nos §§ 15 e 17 do art. 74 da Lei 9.430/1996, aplicáveis aos casos de indeferimento de pedido de ressarcimento ou de não homologação de compensação de tributos federais, eram inconstitucionais. Se o direito de petição é garantia constitucional prevista no art. 5º, XXXIV, "a", da Constituição de 1988, eventual falha no seu cumprimento não possibilita a aplicação de sanções pelo ente tributante. Viu-se anteriormente que o ilícito passível de sanção na esfera tributária é aquele que representa o desrespeito a uma obrigação tributária principal ou acessória. O exercício de um direito constitucionalmente garantido, mesmo que promovido com falhas que impeçam a geração dos efeitos que dele se esperavam, não pode ser punido como se ilícito fosse. Embora a questão ainda aguarde o derradeiro pronunciamento pela Corte Constitucional,[153] o Plenário do Tribunal Regional Federal da 4ª Região já estampou a inconstitucionalidade da

---

153. O RE 796.939, que trata da matéria, já foi admitido como representativo de questão que tem repercussão geral, devendo, logo, ser julgado pelo Supremo Tribunal Federal.

282   SANÇÕES TRIBUTÁRIAS: DEFINIÇÃO E LIMITES

norma sancionatória,[154] afirmando, contudo, estar diante da violação ocasionada ao postulado da proporcionalidade. Na linha do entendimento ora adotado, a mencionada inconstitucionalidade decorre, porém, não de eventual ofensa à proporcionalidade, mas, ao invés, de inobservância da razoabilidade-congruência.

Por outro lado, a razoabilidade-congruência também exige uma relação de congruência entre o critério de discriminação adotado pela regra e a prescrição normativa. A regra de sanção tributária somente poderá discriminar infratores que estejam em situação diversa uns em relação aos outros quanto a critérios de discriminação razoáveis. Veja- -se o seguinte exemplo: a norma advinda da interpretação do art. 57 da Medida Provisória 2.158-35, com a redação que lhe foi conferida pela Lei 12.783/2013, estabelece uma série de multas por descumprimento de obrigações tributárias acessórias. Há multas devidas pela falta de apresen- tação de informações ao Fisco Federal e multas devidas pela apresentação de informações incorretas. Nos dois casos, as multas fixadas em desfavor das pessoas físicas são sempre inferiores às multas estabelecidas em desfavor das pessoas jurídicas, independentemente de qualquer exame acerca da capacidade contributiva dos infratores e a despeito da identidade existente entre os ilícitos punidos num e noutro caso. Não bastasse tal diferenciação, por si só, já ser passível de questionamento, eis que surge o § 4º do referido art. 57 estabelecendo que às pessoas jurídicas de Di- reito Público serão aplicadas as multas previstas em desfavor das pessoas físicas, e não aquelas estabelecidas em desfavor das pessoas jurídicas de Direito Privado. Restando inegável a discriminação legal estabelecida entre pessoas jurídicas de Direito Público e pessoas jurídicas de Direito Privado, cabe ponderar se tal discriminação guarda respeito ao postulado da razoabilidade. A razoabilidade-congruência exige que o critério de dis- criminação legal e a prescrição normativa sejam congruentes. Logo, não é razoável que a promoção do mesmo ilícito seja sancionada com multa inferior quando realizada por pessoas jurídicas de Direito Público e com multa superior quando realizada por pessoas jurídicas de Direito Privado.

Também viola o postulado da razoabilidade a falta de congruência nas multas tributárias decorrentes do descumprimento de obrigações acessórias fixadas a partir da aplicação de um percentual sobre a base de cálculo do tributo devido ou mesmo sobre o próprio valor do tributo

---

154. TRF4, Arguição de Inconstitucionalidade 5007416-62.2012.404.0000, Corte Especial, Relatora p/ Acórdão Des. Luciane Amaral Corrêa Münch, juntado aos autos em 3.7.2012.

AS SANÇÕES TRIBUTÁRIAS E OS POSTULADOS NORMATIVOS   283

devido. Se a infração punível decorre do descumprimento de uma obrigação acessória, não é razoável que a respectiva sanção seja quantificada a partir do valor do tributo devido ou da base de cálculo do tributo devido. Nesse sentido, são inconstitucionais as multas estabelecidas pela norma oriunda da interpretação do art. 57, III, "a" e "b", da referida Medida Provisória 2.158-35, porque, a despeito de servirem de punição pelo descumprimento de obrigações acessórias, são quantificadas a partir da aplicação de uma alíquota sobre o valor da base de cálculo dos tributos incidentes sobre transações comerciais ou operações financeiras. Da mesma forma é inconstitucional a multa originada da interpretação do art. 12 da Lei 8.218/1991. Embora sirva à punição pelo descumprimento de obrigação acessória, a citada multa é calculada pela aplicação de um percentual sobre a receita bruta da pessoa jurídica infratora. Seja qual for o resultado final da equação sancionatória, a utilização do valor da base de cálculo do tributo ou a consideração do próprio tributo como base para a quantificação da norma de sanção tributária que disponha sobre a violação de obrigações acessórias viola o postulado da razoabilidade.

Quanto à razoabilidade-equivalência, parece bastante claro que as sanções devem ser fixadas de acordo com os graus de culpa ou dolo do infrator (Altamirano).[155] A vinculação entre culpa e sanção é tão forte que justifica a própria punição do infrator – a finalidade punitiva da norma sancionatória exige a presença de culpa no ato infracional. Pelas palavras de Humberto Ávila,[156] "a culpa serve de critério para a fixação da pena a ser cumprida, devendo a pena corresponder à culpa". No mesmo sentido, conforme referido pelo Min. Maurício Corrêa no julgamento do RHC 74.606,[157] "é axiomático no direito que o gravame a ser imposto ao réu pela prática de um crime deve ser dosado pela espécie e quantidade da pena". A maior reprovação social das infrações cometidas de forma consciente pelo infrator – nas quais há evidente intuito de burla das normas de tributação e por isso a lesão ao erário – justifica sanções mais rigorosas.

---

155. "Deve existir uma relação lógica entre a afetação do bem jurídico tutelado e a sanção, que surge como reação reparadora diante da conduta reprovável. (...) Cabe recordar que a finalidade da pena pecuniária é ferir o infrator em seu patrimônio, e não reparar um prejuízo ou constituir uma fonte de recursos para o Estado. É por isso que, diante de uma evidente desproporção entre a infração cometida e a sanção imposta, permanece na pena a natureza retributiva projetando a reação da Administração ao limite da arbitrariedade e ao exercício antifuncional das tarefas a seu cargo" ("As garantias constitucionais no processo penal tributário", cit., p. 198).

156. *Teoria dos Princípios*, cit., p. 196.

157. RHC 74.606, rel. Min. Maurício Corrêa, 2ª T., j. 8.4.1997, *DJU* 23.5.1997, p. 21.755.

CONCLUSÕES

1. Sanções jurídicas são prescrições que geram um malefício a quem descumpriu alguma norma jurídica. Decorrem da aplicação de normas ditas sancionatórias.

2. Normas sancionatórias são regras em cuja hipótese está descrito um ilícito. Têm por finalidade desestimular a repetição do ilícito descrito em sua hipótese e também punir o infrator.

3. Ilícitos são fatos que representam o descumprimento de normas de conduta nas quais prescritas obrigações ou proibições. Não é possível que um ilícito decorra de uma norma que estabeleça uma permissão.

4. As finalidades das normas sancionatórias são o que diferencia as sanções de diversas prescrições normativas como tributos ou indenizações. As sanções servem para desestimular a repetição do ilícito e para punir o infrator, enquanto as indenizações têm a função de reparar o dano causado e os tributos a de abastecer os cofres públicos.

5. Por carecerem de um subsistema normativo especificamente positivado a fim de fundamentá-las e limitá-las, as sanções tributárias exigem a construção de uma teoria que estabeleça as indispensáveis conexões materiais formadas entre elas e os sobreprincípios e postulados normativos.

6. Deve ser afastada qualquer tentativa de aplicar às sanções tributárias os princípios constitucionais tributários advindos da interpretação do art. 150 da CF. O dispositivo constitucional é claríssimo ao limitar o campo eficacial de tais garantias ao Direito Tributário material. Como tributos e sanções são inconfundíveis, mostra-se equivocada a aplicação de tais princípios como limitações ao poder sancionador dos entes tributantes.

7. Também deve ser afastada a tentativa de aplicação de normas e garantias penais como limitações às sanções administrativas e administrativo-tributárias. As razões pelas quais não devem ser aplicados os princípios e garantias penais como limitações às sanções administrativo-tributárias são: *a*) não há identidade ontológica entre os ilícitos

286 SANÇÕES TRIBUTÁRIAS: DEFINIÇÃO E LIMITES

administrativo-tributário e penal simplesmente porque o ilícito é uno; e *b*) a pretensa existência de um *ius puniendi* estatal que abarcaria tanto o Direito Penal como também o Direito Administrativo Sancionador e mesmo o Direito Tributário Sancionador ignora a importantíssima constatação de que os bens jurídicos protegidos e os direitos fundamentais restringidos pelo Direito Penal são diversos dos bens jurídicos protegidos e dos direitos fundamentais restringidos pelo Direito Tributário Sancionador.

8. O Código Tributário Nacional introduz o conceito de tributo a partir da dissociação que promove em relação às sanções. Muito embora ambos decorram da aplicação de uma regra jurídica e possam ser agrupados dentro do gênero "obrigação tributária principal" (art. 113, § 1º, do CTN), tributo e sanção têm finalidades inconfundíveis e isso os diferencia como institutos jurídicos.

9. Sanções tributárias são prescrições jurídicas decorrentes de regras cuja hipótese descreve um ilícito tributário; ilícitos tributários são fatos representativos do descumprimento de alguma obrigação tributária principal ou acessória.

10. A aplicação das sanções tributárias requer a conjugação de três elementos: antijuridicidade (descumprimento de alguma obrigação tributária), tipicidade (enquadramento do ilícito na hipótese de alguma norma sancionatória) e culpabilidade (reprovabilidade da conduta do infrator).

11. As sanções tributárias dividem-se em sanções penais e sanções administrativo-tributárias.

12. A sanção penal-tributária é a consequência de regra jurídico--penal que tem em sua hipótese a descrição do descumprimento de alguma obrigação tributária. A sanção penal pode restringir os mais diversos direitos fundamentais, especialmente o direito de ir e vir (liberdade).

13. A relação existente entre ilícito tributário e sanção penal faz com que as penas aplicáveis a crimes tributários materiais, como aquele definido no art. 1º da Lei 8.137/1990, cuja tipificação exige a supressão ou a redução de tributos, requeiram a prévia constituição definitiva do crédito tributário pelas autoridades fiscais. Desse modo, enquanto o tributo estiver com a exigibilidade suspensa em razão da apresentação de defesa administrativa ou dos correlatos recursos, não poderão ser aplicadas as sanções penais, porquanto a definição acerca da ocorrência de supressão ou redução de tributos somente advirá a partir do final julgamento administrativo.

14. A aplicação de sanções penais também exige a prévia definição acerca da ocorrência de descumprimento das obrigações acessórias nos

CONCLUSÕES 287

casos em que tal descumprimento encontra-se descrito na hipótese da norma sancionatória. Por esse motivo, a aplicação da sanção penal deverá aguardar o final de eventual discussão administrativa que trata do cumprimento ou do descumprimento da obrigação tributária acessória.

15. As sanções administrativo-tributárias, por sua vez, são classificadas em sanções pecuniárias (multas) e sanções políticas. A aplicação das sanções administrativo-tributárias exige culpa ou dolo por parte do infrator. Não bastam apenas antijuridicidade e reprovabilidade da conduta do infrator; para a aplicação das referidas sanções deve haver o perfeito enquadramento do ilícito no tipo sancionador, inclusive no que toca ao seu elemento subjetivo (culpa ou dolo).

16. No tocante ao elemento subjetivo do tipo sancionador tributário, a melhor interpretação do art. 136 do CTN indica como regra geral a presunção de culpa do acusado, e não a sua responsabilidade objetiva. Tratando-se, pois, de responsabilidade subjetiva, é possível ao acusado comprovar não ter concorrido para a realização do ilícito e assim evitar a sanção.

17. As sanções políticas são sanções administrativas que restringem outros bens e direitos diversos da propriedade (não podem ser sanções pecuniárias). Não há no ordenamento jurídico nacional qualquer proibição à utilização de sanções políticas, devendo ser respeitados, porém, os mesmos limites que restringem toda e qualquer sanção administrativo--tributária.

18. Quanto à estrutura lógica das normas de sanção administrativo--tributárias, foi visto que são típicas regras e por isso podem ser bipartidas em hipótese e consequência. A decomposição estrutural das regras sancionador-tributárias permite o aproveitamento de grande parte da doutrina que introduziu a chamada teoria da regra-matriz de incidência tributária.

19. Pelo aproveitamento das distinções lógicas consagradas no estudo das normas de tributação, foram apartados os diversos critérios que também são encontrados na estrutura das regras sancionatórias. Na hipótese da norma de sanção tributária encontram-se os critérios material, espacial e temporal; no seu consequente, os critérios pessoal e quantitativo. Este último, apenas no caso de estar-se frente à norma de sanção pecuniária.

20. O critério material da regra sancionatória é formado pelo verbo "descumprir" e por um complemento no qual descrita alguma obrigação tributária principal ou acessória. O critério espacial da norma de sanção confunde-se com o local onde deveria ter sido cumprida a obrigação tribu-

288 SANÇÕES TRIBUTÁRIAS: DEFINIÇÃO E LIMITES

tária. O critério temporal das regras de sanção administrativo-tributárias caracteriza-se por indicar o primeiro momento após o vencimento da obrigação tributária cujo descumprimento está sendo punido.

21. O critério pessoal da regra de sanção administrativo-tributária indica os sujeitos ativo e passivo da relação jurídico-sancionadora. O sujeito ativo da relação sancionatória confunde-se com o sujeito ativo da relação jurídico-tributária cujo descumprimento serve de motivo à aplicação da sanção. Muito embora possa ser delegada tal função, normalmente ela é exercida por aquele que detém a potestade sancionatória, que não é outro senão o ente dotado da respectiva competência tributária. Quanto ao sujeito passivo, viu-se que há dois tipos: o infrator e o responsável. O infrator é a pessoa que promoveu o ato descrito como ilícito na hipótese da regra sancionatória; o responsável é terceiro indicado pela lei como obrigado ao cumprimento da sanção decorrente de ilícito promovido por outrem. Seja contra o agente, seja contra o responsável, a aplicação da sanção administrativo-tributária somente poderá ocorrer se houver culpa ou dolo (admitida a presunção de culpa de que dispõe o art. 136 do CTN). Por fim, o critério quantitativo da regra de sanção tributária, válido nos casos de sanções pecuniárias, normalmente é marcado pela aplicação de uma alíquota sobre uma base de cálculo, podendo, contudo, especialmente nos casos de descumprimento de obrigações tributárias acessórias, ser prescrito um valor fixo.

22. No tocante à sua constituição, as sanções administrativo-tributárias somente podem ser constituídas por meio de lançamento de ofício ou de declarações do contribuinte. Tal conclusão diz respeito não apenas as sanções pecuniárias, alcançando, também, as sanções políticas.

23. A respeito da interpretação dos enunciados que dão origem às normas de sanção administrativo-tributárias, considerados os termos do art. 112 do CTN, deve ser priorizada a interpretação que menos restrições ocasionar aos direitos fundamentais dos infratores. No campo sancionador tributário, deve ser privilegiada a interpretação restritiva da hipótese da norma de sanção.

24. A aplicação das normas de sanção tributária deve ser feita de forma prospectiva, sendo vedada sua retroação salvo as restritas hipóteses indicadas no art. 106 do CTN, que dizem respeito à retroatividade da lei mais benéfica ao infrator. Examinadas uma a uma, tais hipóteses demonstraram que a diminuição e a revogação das restrições ocasionadas pelas sanções administrativo-tributárias aos direitos dos infratores retroagem e afetam ilícitos previamente ocorridos.

CONCLUSÕES 289

25. Quanto à cumulação de sanções, verificou-se de pronto ser vedada a cumulação de sanções penal-tributárias em face do quanto expressamente disposto no art. 70 do Código Penal. Também foi observado que não há nenhum impedimento à cumulação de sanções administrativa e penal sobre o mesmo ilícito. Tal cumulação, contudo, entre sanções administrativas e sanções penais, exige muita atenção, tendo em vista o paradoxo que há entre a necessária vinculação das sanções e a indeclinável autonomia que deve ser garantida às autoridades competentes para a aplicação de cada espécie de sanção (administrativa e judicial). Em relação à cumulação de variadas sanções administrativas em face do mesmo ilícito, concluiu-se que ela é possível quando as sanções restringirem direitos fundamentais distintos; não sendo permitida, contudo, quando as sanções recaírem sobre o mesmo direito fundamental.

26. Iniciada a aproximação do estudo às limitações jurídicas impostas às sanções administrativo-tributárias, viu-se que, não obstante seja pouco frequente a sua utilização no Direito Sancionador Tributário, as excludentes de ilicitude e culpabilidade, como o estado de necessidade e o erro de proibição, devem ser consideradas no campo sancionador tributário. A ausência de enunciado legal que determine a consideração das mencionadas excludentes no momento de aplicação das sanções administrativo-tributárias em nada afeta a conclusão de que devem elas limitar o poder sancionador tributário. A referida conclusão decorre da justificativa de que as excludentes de ilicitude e de culpabilidade decorrem do próprio conceito de sanção e do Estado de Direito.

27. Examinados os princípios jurídicos fundamentais (sobreprincípios) e sua importância como freio à imposição de quaisquer restrições aos direitos fundamentais, verificou-se que o Estado de Direito e ainda a legalidade e a segurança jurídica exercerão eficácia direta na limitação da potestade sancionadora dos entes tributantes.

28. O Estado de Direito serve como fundamento à consideração das excludentes de ilicitude e culpabilidade no campo sancionador tributário e à aplicação de sobreprincípios e postulados normativos como freios ao poder sancionador tributário. A proteção dos direitos fundamentais de qualquer cidadão, inclusive dos infratores, encontra fundamento no Estado de Direito.

29. Especificamente em relação à legalidade, foi visto que ela atua no campo sancionador tributário em suas duas dimensões: ora como reserva de lei, ora como exigência de tipicidade. Quanto à reserva de lei, observou-se que as sanções tributárias devem decorrer da interpretação de lei em sentido estrito. Por faltar enunciação expressa no Texto Cons-

290 SANÇÕES TRIBUTÁRIAS: DEFINIÇÃO E LIMITES

titucional, que a tanto permita, não podem ser utilizadas medidas provisórias como veículos de introdução de normas de sanção administrativo-tributárias. No tocante à tipicidade, restou afirmado que a descrição do ilícito deverá estar minuciosamente estabelecida em lei. Os três critérios ou aspectos da hipótese da norma sancionatória deverão advir da interpretação legal (critério material, espacial e temporal). No mesmo sentido, os dois critérios do consequente normativo, pessoal e quantitativo, também deverão se originar da interpretação de lei em sentido estrito.

30. No que concerne ao princípio da segurança jurídica, mostrou-se grande a sua relevância no âmbito sancionador tributário. Não sendo possível invocar os princípios da irretroatividade e anterioridade oriundos da interpretação do art. 150 da Constituição a fim de proteger os direitos fundamentais de quem descumpriu alguma obrigação tributária, caberá à segurança jurídica impedir a aplicação retroativa das normas de sanção administrativo-tributárias. Será também o princípio da segurança jurídica que, na busca de maior confiabilidade e calculabilidade, exigirá das normas de sanção tributária um grau mínimo de cognoscibilidade. Atuará, nesse ponto, juntamente ao princípio da legalidade (tipicidade).

31. Os postulados normativos também servem como limitações ao poder sancionador tributário. As normas de sanção administrativo-tributárias devem respeitar o postulado da proibição de excesso, o postulado da proporcionalidade e o postulado da razoabilidade.

32. Em atenção ao postulado da proibição de excesso, as normas de sanção tributária não podem restringir os direitos fundamentais dos infratores a ponto de aniquilá-los. Por meio da proibição de excesso é possível impedir a instituição e a cobrança de sanções administrativo-tributárias capazes de fulminar direitos que deveriam ser apenas restringidos. O referido postulado resguarda um núcleo dos direitos fundamentais, vinculado à dignidade da pessoa humana, que não pode ser restringido pelas sanções.

33. O postulado da proporcionalidade requer a promoção do tríplice exame relativo à adequação, necessidade e proporcionalidade em sentido estrito das sanções administrativo-tributárias. Em respeito ao exame da adequação, a sanção deverá ser apta ao cumprimento dos fins da norma sancionatória: punir o infrator e desestimular a prática futura do ilícito. Já o exame da necessidade impõe que a sanção escolhida seja a que menor restrição ocasione aos direitos fundamentais do infrator. Finalmente, o exame da proporcionalidade em sentido estrito estabelece que os benefícios trazidos pela sanção deverão superar os malefícios por ela ocasionados em relação aos direitos fundamentais dos infratores.

CONCLUSÕES 291

34. Por fim, o postulado da razoabilidade, em suas três dimensões, razoabilidade-equidade, razoabilidade-congruência e razoabilidade-equivalência, serve à proteção dos direitos dos infratores em face das sanções tributárias. Nesse sentido, foi visto que a razoabilidade-equidade impede a cobrança de sanções com base em presunções ou ficções relativas ao dolo do agente ou ao caráter fraudulento do ato por ele praticado; a razoabilidade-congruência impede a punição de atos que não sejam ilícitos e veda a utilização do valor do tributo ou da base de cálculo do tributo como base de cálculo da multa que servir à reprimenda do descumprimento de obrigação tributária acessória; e finalmente a razoabilidade-equivalência proíbe a instituição e cobrança de sanções tributárias que não guardem relação de equivalência com o ilícito punido.

BIBLIOGRAFIA

AARNIO, Aulis. *Reason and Authority: a treatise on the dynamic paradigm of legal dogmatics.* Cambridge, Dartmouth, 1997.

AGRAMUNT, Nuria Puebla. "Garantías y principios generales del derecho administrativo sancionador", in DÍAZ-PORTALES, Manuel José Baeza (dir.). *V Congreso Tributario: cuestiones tributarias problemáticas y de actualidad.* Madrid, Consejo General del Poder Judicial, 2010.

ALEXANDER, Larry; SHERWIN, Emily. *The Rule of Rules: morality, rules and the dilemmas of law.* London, Duke University, 2001.

ALEXY, Robert. *Constitucionalismo Discursivo.* Trad. de Luís Afonso Heck. Porto Alegre, Livraria do Advogado, 2007.

_____. *Teoría de los Derechos Fundamentales.* Madrid, Centro de Estudios Políticos e Constitucionales, 2002; tradução brasileira: *Teoria dos Direitos Fundamentais.* Trad. de Virgílio Afonso da Silva. 2ª ed., 4ª tir. São Paulo, Malheiros Editores, 2015.

ALTAMIRANO, Alejandro. "As garantias constitucionais no processo penal tributário", in FERRAZ, Roberto. *Princípios e Limites da Tributação.* São Paulo, Quartier Latin, 2005.

ÁLVAREZ ECHAGÜE, Juan M. *Las Sanciones Tributarias frente a sus Límites Constitucionales.* Buenos Aires, Ad-Hoc, 2004.

AMARO, Luciano. *Direito Tributário Brasileiro.* 15ª ed. São Paulo, Saraiva, 2009.

_____. "Infrações tributárias", *RDT* 67. São Paulo, 1995.

ANDRADE FILHO, Edmar Oliveira. *Infrações e Sanções Tributárias.* São Paulo, Dialética, 2003.

ANDRÉS PEREZ, María del Rocío. *El Principio de Proporcionalidad en el Procedimiento Administrativo Sancionador.* Barcelona, Bosch, 2008.

ANEIROS PEREIRA, Jaime. "Cuestiones dogmáticas del régimen de infracciones y sanciones tributarias", in *RÉGIMEN de Infracciones y Sanciones Tributarias: LV Semana de Estudios de Derecho Financiero.* Madrid, Instituto de Estudios Fiscales, 2012.

_____. *Las Sanciones Tributarias.* Madrid, Marcial Pons, 2005.

294 SANÇÕES TRIBUTÁRIAS: DEFINIÇÃO E LIMITES

ATALIBA, Geraldo, "Normas gerais de direito financeiro e tributário e autonomia dos Estados e Municípios", *Revista de Direito Público*, São Paulo, n. 10, out./dez. 1969.

_____. "Denúncia espontânea e exclusão de responsabilidade penal", *Revista de Informação Legislativa*, vol. 32, n. 125. Brasília, jan.-mar. 1995.

_____. "Direito penal tributário", *Revista de Direito Tributário*, n. 64. São Paulo, 1994.

_____. *Hipótese de Incidência Tributária*. 6ª ed., 16ª tir. São Paulo, Malheiros Editores, 2016.

ATIENZA, Manuel. *As Razões do Direito: teorias da argumentação jurídica*. Trad. de Maria Cristina Guimarães Cupertino. 3ª ed. São Paulo, Landy, 2003.

_____; MANERO, Juan Ruiz. *Ilícitos Atípicos*. Madrid, Trotta, 2006.

AUSTIN, John. *The Providence of Jurisprudence Determined*. New York, Prometheus, 2000.

ÁVILA, Humberto. "Comportamento anticoncorrencial e direito tributário", in FERRAZ, Roberto Catalano Botelho (org.). *Princípios e Limites da Tributação*, n. 2: Os princípios da ordem econômica e a tributação. São Paulo, Quartier Latin, 2009.

_____. "Conteúdo, limites e intensidade dos controles de razoabilidade, de proporcionalidade e de excessividade das leis", *Revista de Direito Administrativo*, n. 236. Rio de Janeiro, abr./jun. 2004.

_____. "A distinção entre princípios e regras e a redefinição do dever de proporcionalidade", *Revista de Direito Administrativo*, n. 215. Rio de Janeiro, jan./mar. 1999.

_____. "Função da ciência do direito tributário: do formalismo epistemológico ao estruturalismo argumentativo", *Revista de Direito Tributário Atual*, n. 29. São Paulo, 2013.

_____. "Responsabilidade por sucessão empresarial. Responsabilidade da empresa sucessora por penalidades decorrentes de faltas cometidas pela empresa sucedida. Exame da abrangência do artigo 132 do Código Tributário Nacional", *Revista Dialética de Direito Tributário*, n. 187. São Paulo, abr. 2011.

_____. *Segurança Jurídica: entre permanência, mudança e realização no direito tributário*. São Paulo, Malheiros Editores, 2011.

_____. *Sistema Constitucional Tributário*. 4ª ed. São Paulo, Saraiva, 2010.

_____. *Teoria da Segurança Jurídica*. 3ª ed., revista, atualizada e ampliada. São Paulo, Malheiros Editores, 2014.

_____. *Teoria da Igualdade Tributária*. 3ª ed. São Paulo, Malheiros Editores, 2015.

_____. *Teoria dos Princípios: da definição à aplicação dos princípios jurídicos*. 16ª ed. revista e atualizada. São Paulo, Malheiros Editores, 2015.

BALEEIRO, Aliomar. *Direito Tributário Brasileiro*. 11ª ed. Rio de Janeiro, Forense, 2008.

BIBLIOGRAFIA 295

_____. *Limitações Constitucionais ao Poder de Tributar.* 7ª ed. Rio de Janeiro, Forense, 2006.

_____. *Uma Introdução à Ciência das Finanças.* 15ª ed. Rio de Janeiro, Forense, 1997.

BANDEIRA DE MELLO, Celso Antônio. "O princípio da legalidade e algumas de suas consequências para o direito administrativo sancionador", *Revista Latino-Americana de Estudos Constitucionais*, n. 1. Belo Horizonte, 2003.

_____. "Procedimento tributário", *Revista de Direito Tributário*, vol. 7/8. São Paulo, 1979.

BANKOWSKI, Zenon; MACCORMICK, Neil. "Statutory interpretation in the United Kingdom", in MACCORMICK, Neil; SUMMERS, Robert S. (coords.). *Interpreting Statutes: a comparative study.* Dartmouth, Aldershot, 2008.

BARAK, Aharon. *Proportionality: constitutional rights and their limitations.* New York, Cambridge University, 2012.

_____. *Purposive Interpretation in Law.* New Jersey, Princeton University, 2007.

BARRETO, Aires F. *Curso de Direito Tributário Municipal.* São Paulo, Saraiva, 2009.

BARROS, Suzana Toledo de. *O Princípio da Proporcionalidade e o Controle de Constitucionalidade das Leis Restritivas de Direitos Fundamentais.* Brasília, Brasília Jurídica, 1996.

BARROSO, Luís Roberto. *Interpretação e Aplicação da Constituição.* 7ª ed. São Paulo, Saraiva, 2009.

_____. *Temas de Direito Constitucional.* 2ª ed. Rio de Janeiro, Renovar, 2002.

BASTOS, Celso Ribeiro. *Curso de Direito Financeiro e de Direito Tributário.* 4ª ed. São Paulo, Saraiva, 1995.

BECCARIA, Cesare. *Dos Delitos e das Penas.* Trad. de J. Cretella Jr. e Agnes Cretella. 3ª ed. São Paulo, Ed. RT, 2006.

BECHO, Renato Lopes. "A discussão sobre a tributabilidade de atos ilícitos", *Revista Dialética de Direito Tributário*, n. 172, jan. 2010.

_____. "Desdobramentos das decisões sobre responsabilidade tributária de terceiros no STF: regras-matrizes de incidência de responsabilização, devido processo legal e prazos de decadência e prescrição", *Revista Dialética de Direito Tributário*, n. 204, set. 2012.

BECKER, Alfredo Augusto. *Teoria Geral do Direito Tributário.* 3ª ed. São Paulo, Lejus, 1998.

BENN, S. I. "An approach to the problems of punishment", *Philosophy,* vol. 33, n. 127, out. 1958.

BENTHAM, Jeremy. *An Introduction to the Principles of Morals and Legislation.* New York, Oxford University, 1983.

_____. *The Rationale of Punishment.* New York, Prometheus Books, 2009.

BERLIRI, Luigi Vittorio. *L'Imposta di Ricchezza Mobile.* Milano, Giuffrè, 1949.

296 SANÇÕES TRIBUTÁRIAS: DEFINIÇÃO E LIMITES

BIANCO, João Francisco. "Direitos fundamentais do contribuinte", in MARTINS, Ives Gandra da Silva (coord.). *Direitos Fundamentais do Contribuinte*. São Paulo, Centro de Extensão Universitária/Ed. RT, 2000.

BIELSA, Rafael. *Estudios de Derecho Público*, vol. 1. Buenos Aires, Depalma, 1950.

BITENCOURT, Cezar Roberto. "Algumas controvérsias da culpabilidade na atualidade", in FAYET JUNIOR, Ney; CORRÊA, Simone Prates Miranda. *A Sociedade, a Violência e o Direito Penal*. Porto Alegre, Livraria do Advogado, 2000.

_____. *Tratado de Direito Penal*, vol. 1: Parte Geral. 13ª ed. São Paulo, Saraiva. 2008.

BOBBIO, Norberto. *Da Estrutura à Função*. Barueri, Manole, 2007.

_____. *Teoria da Norma Jurídica*. 4ª ed. Bauru, Edipro, 2008.

_____. *Teoría General del Derecho*. 2ª ed. Bogotá, Temis, 2005.

BONAVIDES, Paulo. *Curso de Direito Constitucional*. 31ª ed. São Paulo, Malheiros Editores, 2016.

BORGES, José Souto Maior. "Em socorro da obrigação tributária: uma nova abordagem epistemológica", in SANTI, Eurico Marcos Diniz. *Direito Tributário e Finanças Públicas*. São Paulo, Saraiva, 2008.

_____. "A isonomia tributária na Constituição Federal de 1988", *Revista de Direito Tributário, n.* 64. São Paulo, 1994.

_____. *Lançamento Tributário*. 2ª ed. São Paulo, Malheiros Editores, 1999.

_____. *Obrigação Tributária (uma introdução metodológica)*. 2ª ed. São Paulo, Malheiros Editores, 1999; 3ª ed., revista e ampliada, 2015.

_____. "Prefácio", in ÁVILA, Humberto. *Sistema Constitucional Tributário*. 4ª ed. São Paulo, Saraiva, 2010.

_____. *Teoria Geral da Isenção Tributária*. 3ª ed., 3ª tir. São Paulo, Malheiros Editores, 2011.

BOTALLO, Eduardo. "Algumas observações sobre a aplicação do princípio da proporcionalidade em matéria penal tributária", in *GRANDES Questões Atuais do Direito Tributário*, vol. 8. São Paulo, Dialética, 2004.

BRUNO, Aníbal. *Direito Penal*, vol. 2: Parte Geral. 3ª ed. Rio de Janeiro, Forense. 1967.

_____. *Direito Penal*, vol. 1. 3ª ed. Rio de Janeiro, Forense, 1978.

CAMPBELL, Tom D. *The Legal Theory of Ethical Positivism*. Dartmouth, Ashgate, 1996.

CANARIS, Claus-Wilhelm. *Pensamento Sistemático e Conceito de Sistema na Ciência do Direito*. 3ª ed. Lisboa, Calouste Gulbenkian, 2002.

CANAS, Vitalino. "O princípio da proibição de excesso na Constituição", in MIRANDA, Jorge (org.). *Perspectivas Constitucionais nos 20 anos da Constituição de 1976*, vol. 2. Coimbra, Coimbra, 1997.

BIBLIOGRAFIA 297

CANOTILHO, J. J. Gomes. *Direito Constitucional e Teoria da Constituição*. 7ª ed. Coimbra, Almedina, 2003.

———; MOREIRA, Vital. *Constituição da República Portuguesa Anotada*. Coimbra, Coimbra, 1978.

CARRAZZA, Roque Antonio. *Curso de Direito Constitucional Tributário*. 30ª ed. revista, ampliada e atualizada. São Paulo, Malheiros Editores, 2015.

CARRÉ DE MALBERG, R. *Teoría General del Estado*. México, Facultad de Derecho/Unam, Fondo de Cultura Económica, 2001.

CARRETERO-PÉREZ, Adolfo; CARRETERO-SANCHEZ, Adolfo. *Derecho Administrativo Sancionador*. Madrid, Revista de Derecho Privado, 1992.

CARRIÓ, Genaro. *Notas sobre Derecho y Lenguaje*. 5ª ed. Buenos Aires, Abeledo-Perrot, 2006.

CARVALHO, Cristiano Rosa de. "Sanções tributárias: uma visão estruturalista e funcionalista do direito", 2013, in *The Selected Works of Cristiano Rosa de Carvalho*. Disponível em: http://works. berpress.com/cristiano_carvalho28. Acesso em 2014.

CARVALHO, Cristiano; JOBIM, Eduardo. "Crimes contra a ordem tributária: autonomia ou dependência entre o processo penal e o processo administrativo tributário?", in PEIXOTO, Marcelo Magalhães *et al.* (coord.). *Direito Penal Tributário*. São Paulo, MP Editora, 2005.

CARVALHO, Paulo de Barros. *Curso de Direito Tributário*. 23ª ed. São Paulo, Saraiva, 2011.

———. *Derivação e Positivação no Direito Tributário*. São Paulo, Noeses, 2011b.

———. *Direito Tributário: linguagem e método*. 3ª ed. São Paulo, Noeses, 2009.

———. "Sobre os princípios constitucionais tributários", *Revista de Direito Tributário*, n. 55. São Paulo, jan.-mar. 1991.

CASÁS, José Osvaldo. "El principio de legalidad en materia tributaria", in TORRES, Heleno Taveira (org.). *Tratado de Direito Constitucional Tributário: estudos em homenagem a Paulo de Barros Carvalho*. São Paulo, Saraiva, 2005.

———. "Os princípios no direito tributário", in FERRAZ, Roberto Catalano. *Princípios e Limites da Tributação*. São Paulo, Quartier Latin, 2005b.

CASSONE, Vitorio. "Direitos fundamentais do contribuinte", in MARTINS, Ives Gandra da Silva (coord.). *Direitos Fundamentais do Contribuinte*. São Paulo, Centro de Extensão Universitária/Ed. RT, 2000.

CAVALCANTI, Themistocles Brandão. *Instituições de Direito Administrativo Brasileiro*. Rio de Janeiro, Freitas Bastos, 1938.

CERNICCHIARO, Luiz Vicente. "Direito penal tributário", in *ESTUDOS de Direito Público em Homenagem a Aliomar Baleeiro*. Brasília, EUB, 1976.

CEZAROTI, Gulherme, "Aplicação de multa pelo descumprimento de obrigações acessórias: razoabilidade e proporcionalidade em sua aplicação", *Revista Dialética de Direito Tributário*, n. 148, São Paulo, jan. 2008.

298 SANÇÕES TRIBUTÁRIAS: DEFINIÇÃO E LIMITES

CHIASSONI, Pierluigi. *Tecnica dell'Interpretazione Giuridica*. Bologna, Il Mulino, 2007.

CINTRA, Carlos César Sousa. "Reflexões em torno das sanções administrativas tributárias", in MACHADO, Hugo de Brito (Coord.). *Sanções Administrativas Tributárias*. São Paulo, Dialética, 2004.

CIRNE LIMA, Ruy. *Princípios de Direito Administrativo*. 5ª ed. São Paulo, Ed. RT, 1982; 7ª ed., revista e elaborada por Paulo Alberto Pasqualini. São Paulo, Malheiros Editores, 2007.

COÊLHO, Sacha Calmon Navarro. *Comentários à Constituição de 1988*. 8ª ed. Rio de Janeiro, Forense, 1999.

_____. "Comentários", in NASCIMENTO, Carlos Valder do; PORTELLA, André. *Comentários ao Código Tributário Nacional*. 7ª ed. Rio de Janeiro, Forense, 2008.

_____. *Curso de Direito Tributário Brasileiro*. 9ª ed. Rio de Janeiro, Forense, 2008.

_____. "Infração tributária e sanção", in MACHADO, Hugo de Brito. *Sanções Administrativas Tributárias*. São Paulo, Dialética, 2004.

_____. *Teoria e Prática das Multas Tributárias*. 2ª ed. Rio de Janeiro, Forense, 1998.

COSSIO, Carlos. *La Teoría Geológica del Derecho y el Concepto Jurídico de Libertad*. 2ª ed. Buenos Aires, Abeledo Perrot, 1964.

COSTA, Alcides Jorge. "Obrigação tributária", in MARTINS, Ives Gandra da Silva (coord.). *Curso de Direito Tributário*. 13ª ed. São Paulo, Saraiva, 2011.

COSTA, Ramón Valdés. "Los principios jurídicos", *Revista de Direito Tributário*, n. 3. São Paulo, jan./mar. 1978.

COSTA, Regina Helena. *Curso de Direito Tributário: Constituição e Código Tributário Nacional*. São Paulo, Saraiva, 2009.

COUTO E SILVA, Almiro. "O princípio da segurança jurídica (proteção à confiança) no direito público brasileiro e o direito da administração pública de anular seus próprios atos administrativos: o prazo decadencial do art. 54 da Lei do Processo Administrativo da União (Lei n. 9.784/99)", *Revista da Procuradoria-Geral do Estado, Cadernos de Direito Público*, n. 57, vol. 27. Porto Alegre, 2003.

_____. "Princípios da legalidade da administração pública e da segurança jurídica no estado de direito contemporâneo", *Revista da Procuradoria-Geral do Estado*, vol. 27, n. 57. Porto Alegre, 2003.

DEL VECCHIO, Giorgio. "Breves notas sobre os vários significados da teoria do contrato social", in *DIREITO, Estado e Filosofia*. Rio de Janeiro, Politécnica, 1952.

_____. *Lições de Filosofia do Direito*. Trad. de António José Brandão. 2ª ed. Coimbra, Arménio Amado, 1951.

DELGADO SANCHO, Carlos David. *Principios del Derecho Tributario Sancionador*. Madrid, El Derecho, 2010.

BIBLIOGRAFIA 299

DENARI, Zelmo; COSTA JÚNIOR, Paulo José da. *Infrações Tributárias e Delitos Fiscais*. 3ª ed. São Paulo, Saraiva, 1998.

DERZI, Misabel Abreu Machado. "Da unidade do injusto no direito penal tributário", *Revista de Direito Tributário*, n. 63. São Paulo, Malheiros Editores, 1994.

_____. "Direito penal tributário", *Revista de Direito Tributário*, n. 64. São Paulo, 1994.

_____. *Modificações da Jurisprudência no Direito Tributário: proteção da confiança, boa-fé objetiva e irretroatividade como limitações constitucionais ao poder de tributar*. São Paulo, Noeses, 2009.

_____. "Notas", in BALEEIRO, Aliomar. *Direito Tributário Brasileiro*. Rio de Janeiro, Forense, 11ª ed., 2000; 16ª tir., 2004; 20ª tir., 2007.

_____. "Notas", in BALEEIRO, Aliomar. *Limitações Constitucionais ao Poder de Tributar*. 7ª ed. Rio de Janeiro, Forense, 2006.

_____. "Tratado de direito tributário contemporâneo: dos princípios gerais de direito tributário", *Revista de Direito Tributário*, n. 83. São Paulo, 1999.

DIAZ, Vicente Oscar. *Ilícitos Tributarios: perspectivas jurídicas y económicas*. Buenos Aires, Ástrea, 2006.

DIEZ OCHOA, José María. *Derecho Tributario Sancionador: comentarios y casos prácticos*. Madrid, Centro de Estudios Financieros, 2006.

DÓRIA, Antônio Roberto Sampaio. *Direito Constitucional Tributário e Due Process of Law: ensaio sobre o controle judicial da razoabilidade das leis*. 2ª ed. Rio de Janeiro, Forense, 1986.

DUS, Angelo. *Teoria Generale dell'Illecito Fiscale*. Milano, Giuffrè, 1957.

ENGISCH, Karl. *Introdução ao Pensamento Jurídico*. 8ª ed. Lisboa, Calouste Gulbenkian, 2001.

ENGLISCH, Joachim. "Infracciones y sanciones administrativas y sus implicaciones constitucionales en Alemania", in SILVA, Paulo Roberto Coimbra. *Grandes Temas do Direito Tributário Sancionador*. São Paulo, Quartier Latin, 2010.

FALCÃO, Amílcar de Araújo. *Fato Gerador da Obrigação Tributária*. 5ª ed. Rio de Janeiro, Forense, 1994.

_____. *Introdução ao Direito Tributário: parte geral*. Rio de Janeiro, Edições Financeiras, 1959.

FALCON Y TELLA, Maria José; FALCON Y TELLA, Fernando. *Fundamento y Finalidad de la Sanción: un derecho a castigar?* Madrid, Marcial Pons, 2005.

FANUCHI, Fabio. *Curso de Direito Tributário Brasileiro*, vol. 1. São Paulo, Resenha Tributária, 1971.

FARALLI, Carla. *A Filosofia Contemporânea do Direito: temas e desafios*. São Paulo, Martins Fontes, 2006.

FEDERICO, Lorenzo Del. *Le Sanzione Amministrative nel Diritto Tributario*. Milano, Giuffrè, 1993.

300 SANÇÕES TRIBUTÁRIAS: DEFINIÇÃO E LIMITES

FERRAZ, Roberto Catalano Botelho (coord.). *Princípios e Limites da Tributação*. São Paulo, Quartier Latin, 2005.

FERRAZ JÚNIOR, Tercio Sampaio. "Obrigação tributária acessória e limites de imposição: razoabilidade e neutralidade concorrencial do Estado", in TORRES, Heleno Taveira. *Teoria Geral da Obrigação Tributária: estudos em homenagem ao Professor José Souto Maior Borges*. São Paulo, Malheiros Editores, 2005.

FERREIRA, Daniel. *Sanções Administrativas*. São Paulo, Malheiros Editores, 2001.

_____. *Teoria Geral da Infração Administrativa a partir da Constituição Federal de 1988*. Belo Horizonte, Fórum, 2009.

FERREIRA FILHO, Manoel Gonçalves. *Princípios Fundamentais do Direito Constitucional*. 2ª ed. São Paulo, Saraiva, 2010.

FLEW, Antony. "The justitication of punishment", *Philosophy*, vol. 29, n. 111, out. 1954.

FOLLONI, André. *Ciência do Direito Tributário no Brasil: crítica e perspectivas a partir de José Souto Maior Borges*. São Paulo, Saraiva, 2013.

FONROUGE, Carlos M. Giuliani. *Conceitos de Direito Tributário*. Trad. de Geraldo Ataliba e Marco Aurélio Greco. São Paulo, Edições Lael, 1973.

_____. *Derecho Financiero*, vol. 2. Buenos Aires, Depalma, 1970.

FRÍAS, Pedro J. "Estado de Derecho y seguridad jurídica", *Revista Latino-Americana de Estudos Constitucionais*, n. 1. Belo Horizonte, 2003.

FULLER, Lon. *The Morality of Law*. New Haven, Yale University, 1964.

GADAMER. Hans-Georg. *Verdade e Método*. 6ª ed. São Paulo, Vozes, 2004.

GAFFURI, Gianfranco. *Diritto Tributario: parte generale e parte speciale*. 7ª ed. Padova, Cedam, 2012.

GAMA, Tácio Lacerda. *Competência Tributária: fundamentos para uma teoria da nulidade*. São Paulo, Noeses, 2009.

GARCÍA DE ENTERRÍA, Eduardo. "El problema jurídico de las sanciones administrativas", *Revista Española de Derecho Administrativo*. Madrid, out. 1976.

_____. "Principio de legalidad. Estado material de derecho y facultades interpretativas y constructivas de la jurisprudencia en la Constitución", in *REFLEXIONES sobre la Ley e los Principios Generales del Derecho*. Madrid, Civitas, 1984.

_____; FERNÁNDEZ, Tomás-Ramón. *Curso de Derecho Administrativo II*. 9ª ed. Madrid, Civitas, 2004.

GARCIA MAYNEZ, Eduardo, *Introducción a el Estudio del Derecho*. México, Porrúa, 1978.

GIANNINI, A. D. *Istituzioni di Diritto Tributario*. 5ª ed. Milano, Giuffrè, 1951.

GIULIANI, Giuseppe. *Violazioni e Sanzioni delle Leggi Tributarie*. 2ª ed. Milano, Giuffrè, 1981.

BIBLIOGRAFIA

301

GOLDSCHMIDT, Fábio Brun. *Teoria da Proibição de "bis in idem" no Direito Tributário e no Direito Tributário Sancionador*. São Paulo, Noeses, 2014.

GÓMEZ TOMILLO, Manuel; SANZ RUBIALES, Iñigo. *Derecho Administrativo Sancionador: parte general: teoría general y práctica del derecho penal administrativo*. 3ª ed. Pamplona, Aranzadi, 2013.

GRAU, Eros Roberto. *Ensaio e Discurso sobre a Interpretação/Aplicação do Direito*. São Paulo, Malheiros Editores, 2002; 5ª ed., 2009.

_____. *A Ordem Econômica na Constituição de 1988*. 17ª ed. São Paulo, Malheiros Editores, 2015.

GRECO, Marco Aurélio. "Breves notas à definição de tributo adotada pelo Código Tributário Nacional", in SANTI, Eurico Marcos Diniz de (Coord.). *Curso de Direito Tributário e Finanças Públicas: do fato à norma, da realidade ao conceito jurídico*. São Paulo, Saraiva, 2008.

_____. *Contribuições (uma figura sui generis)*. São Paulo, Dialética, 2000.

GUASTINI, Riccardo. *Il Diritto come Linguaggio. Lezioni*. 2ª ed. Torino, Giappichelli, 2006.

_____. *Distinguiendo: estudios de teoría y metateoría do derecho*. Trad. de Jordi Ferrer i Beltrán. Barcelona, Gedisa, 1999.

_____. *Interpretare e Argomentare*. Milano, Giuffrè, 2011.

GUERRA, Roberto Cordeiro. *Illecito Tributario e Sanzioni Amministrative*. Milano, Giuffrè, 1996.

GUIBORG, Ricardo A. *El Fenómeno Normativo*. Buenos Aires, Astrea, 1987.

_____. *Pensar en las Normas*. Buenos Aires, Eudeba, 1999.

HABERMAS, Jurgen. *Direito e Moral*. Lisboa, Instituto Piaget, 1999.

HAGE, Jaap. *Reasoning with Rules: an essay on legal reasoning and its underlying logic*. Netherlands, Kluwer, 1997.

_____. *Studies in Legal Logic*. Netherlands, Springer, 2005.

HARADA, Kiyoshi. "Infração fiscal e crimes tributários", in CAMPOS, Dejalma de; MARIZ DE OLIVEIRA, Antônio Claudio. *Direito Penal Tributário Contemporâneo: estudos de especialistas*. São Paulo, Atlas, 1995.

HART, H. L. A. *Conceito de Direito*. 3ª ed. Lisboa, Fundação Calouste Gulbenkian, 2001.

_____. "Prolegomenon to the principles of punishment", in PUNISHMENT and Responsibility: essays in the philosophy of law. New York, Oxford University, 1968.

HENSEL, Albert. *Diritto Tributario*. Trad. de Dino Jarach. Milano, Giuffrè, 1956.

HESSE, Konrad. *Elementos de Direito Constitucional da República Federal da Alemanha*. Porto Alegre, Fabris, 1998.

HIERRO, Liborio. *La Eficacia de las Normas Jurídicas*. Barcelona, Ariel, 2003.

HORVATH, Estevão. *O Princípio do Não Confisco no Direito Tributário*. São Paulo, Dialética, 2002.

302 SANÇÕES TRIBUTÁRIAS: DEFINIÇÃO E LIMITES

HOYOS, Catalina. "Sanciones tributarias en Colombia: política inquisidora?", in SILVA, Paulo Roberto Coimbra. *Grandes Questões de Direito Tributário Sancionador*. São Paulo, Quartier Latin, 2010.

HUERGO LORA, Alejandro. *Las Sanciones Administrativas*. Madrid, Iustel, 2007.

HUNGRIA, Nelson. "Ilícito administrativo e ilícito penal", *Revista de Direito Administrativo*, vol. 1, n. 1, 1945.

JANCZESKI, Célio Armando. "Crimes fiscais: tipo e elementos", in PEIXOTO, Marcelo Magalhães *et al.* (coord.). *Direito Penal Tributário*. São Paulo, MP Editora, 2005.

JARACH, Dino *Curso Superior de Derecho Tributario*. 3ª ed. Buenos Aires, Depalma, 1980.

_____. *Finanzas Públicas e Derecho Tributario*. Buenos Aires, Abeledo--Perrot, 2013.

JARDIM, Eduardo Marcial Ferreira. *Manual de Direito Financeiro e Tributário*. 10ª ed. São Paulo, Saraiva, 2009.

JHERING, Rudolf von. *A Finalidade do Direito*, vol. 1. Campinas, Bookseller, 2002.

JUSTEN FILHO, Marçal. "Periodicidade do Imposto de Renda I", *Revista de Direito Tributário*, n. 63, 1994.

KELSEN, Hans. *Teoria Pura do Direito*. 3ª ed. Coimbra, Arménio Amado, 1974.

LACOMBE, Américo Masset. "Direitos fundamentais do contribuinte", in MAR-TINS, Ives Gandra da Silva (coord.). *Direitos Fundamentais do Contribuinte*. São Paulo, Centro de Extensão Universitária/Ed. RT, 2000.

LAMOCA PÉREZ, Carlos. *Infracciones y Sanciones Tributarias*. Madrid, Centro de Estudios Financieros, 2005.

LANZI, Alessio; ALDROVANDI, Paolo. *L'Illecito Tributario*. 3ª ed. Padova, Cedam, 2005.

LAPATZA, José Juan Ferreiro. *Direito Tributário: teoria geral do tributo*. Barueri, Manole, 2007.

LARENZ, Karl. *Metodologia da Ciência do Direito*. 3ª ed. Lisboa, Calouste Gulbenkian, 1997.

LINARES, Juan Francisco. *Razonabilidad de las Leyes*. 2ª ed. Buenos Aires, Astrea, 1970.

LUQUI, Juan Carlos. "Consideraciones sumarias sobre la obligación tributaria", in MARTINS, Ives Gandra da Silva (org.). *Sanções Tributárias*. São Paulo, Resenha Tributária, 1979.

_____. *La Obligación Tributaria*. Buenos Aires, Depalma, 1989.

MACCORMICK, Neil. *Institutions of Law: an essay in legal theory*. New York, Oxford University, 2007.

BIBLIOGRAFIA 303

_____. *Legal Reasoning and Legal Theory.* Oxford, Oxford University, 2003.

_____. *Rhetoric and the Rule of Law: a theory of legal reasoning.* New York, Oxford University, 2005.

MACHADO, Hugo de Brito. "Algumas questões a respeito da obrigação tributária acessória", in TORRES, Heleno Taveira. *Teoria Geral da Obrigação Tributária: estudos em homenagem ao Professor José Souto Maior Borges.* São Paulo, Malheiros Editores, 2005.

_____. *Comentários ao Código Tributário Nacional.* São Paulo, Atlas, vol. 1, 2003; vol. 2, 2004

_____. *O Conceito de Tributo no Direito Brasileiro.* Rio de Janeiro, Forense, 1987.

_____. *Curso de Direito Tributário.* 36ª ed. revista e atualizada. São Paulo, Malheiros Editores, 2015.

_____. "Sanções políticas no direito tributário", *Revista Dialética de Direito Tributário*, n. 30. São Paulo, mar. 1998.

_____. "A extinção da punibilidade pelo pagamento nos crimes tributários e a Lei n. 12.282/11", *Revista Dialética de Direito Tributário*, n. 202. São Paulo, jul. 2012.

_____. "A extinção da punibilidade pelo pagamento no crime de inadimplemento fraudulento de obrigação tributária acessória", *Revista Dialética de Direito Tributário*, n. 156, set. 2008.

_____. "Teoria das sanções tributárias", in MACHADO, Hugo de Brito (coord.). *Sanções Administrativas Tributárias.* São Paulo, Dialética, 2004.

MACHADO, Raquel Cavalcanti Ramos. "Sanções tributárias", in MACHADO, Hugo de Brito (Coord.). *Sanções Administrativas Tributárias.* São Paulo, Dialética, 2004.

MACHADO, Schubert de Farias. "Sanções administrativas tributárias", in MACHADO, Hugo de Brito (Coord.). *Sanções Administrativas Tributárias.* São Paulo, Dialética, 2004.

MACHADO SEGUNDO, Hugo de Brito. "Sanções tributárias", in MACHADO, Hugo de Brito. *Sanções Administrativas Tributárias.* São Paulo, Dialética, 2004.

MADRIGAL, Francisco Javier Alonso. *Legalidad de la Infracción Tributaria (reserva de ley y tipicidad en el derecho tributario sancionador).* Madrid, Dykinson, 1999.

MARTÍN, José Maria; RODRIGUEZ USÉ, Guillermo F. *Derecho Tributario General.* 2ª ed. Buenos Aires, Depalma, 1995.

MARTINEZ RODRIGUEZ, José Antonio. *La Doctrina Jurídica del Principio "non bis in ídem" y las Relaciones de Sujeciones Especiales.* Barcelona, Bosch, 2012.

MARTINS, Ives Gandra da Silva. *Da Sanção Tributária.* 2ª ed. São Paulo, Saraiva, 1998.

_____. "Direitos fundamentais do contribuinte", in MARTINS, Ives Gandra da Silva (coord.). *Direitos Fundamentais do Contribuinte.* São Paulo, Centro de Extensão Universitária/Ed. RT, 2000.

304 SANÇÕES TRIBUTÁRIAS: DEFINIÇÃO E LIMITES

_____. "Sanções tributárias", in MARTINS, Ives Gandra da Silva (coord.). *Sanções Tributárias*. São Paulo, Ed. RT, 1990.

MARTINS-COSTA, Judith. "Almiro do Couto e Silva e a re-significação do princípio da segurança jurídica na relação entre o Estado e os cidadãos", in ÁVILA, Humberto (org.). *Fundamentos do Estado de Direito: estudos em homenagem ao Professor Almiro do Couto e Silva*. São Paulo, Malheiros Editores, 2005.

MATA-MACHADO, Edgar de Godói da. *Direito e Coerção*. Rio de Janeiro, Forense, 1957.

MAURER, Hartmut. *Contributos para o Direito do Estado*. Trad. de Luís Afonso Heck. Porto Alegre, Livraria do Advogado, 2007.

MEDAUAR, Odete. "Segurança jurídica e confiança legítima", in ÁVILA, Humberto (org.). *Fundamentos do Estado de Direito: estudos em homenagem ao Professor Almiro do Couto e Silva*. São Paulo, Malheiros Editores, 2005.

MELO, José Eduardo Soares de. "Sanções tributárias", in MACHADO, Hugo de Brito (coord.). *Sanções Administrativas Tributárias*. São Paulo, Dialética, 2004.

MELLO, Rafael Munhoz de. *Princípios Constitucionais de Direito Administrativo Sancionador*. São Paulo, Malheiros Editores, 2007.

MENDES, Gilmar. *Direitos Fundamentais e Controle de Constitucionalidade: estudos de direito constitucional*. 2ª ed. São Paulo, Celso Bastos, 1999.

MIRABETE, Julio Fabbrini; FABRINI, Renato N. *Manual de Direito Penal: parte geral*. 30ª ed. São Paulo, Atlas, 2014. vol. 1.

MIRANDA, Jorge. *Manual de Direito Constitucional*, vol. 4. 2ª ed. Coimbra, Coimbra, 1993.

MÖLLER, Kai. "Balancing and the structure of constitutional rights", *International Journal of Constitutional Law*, vol. 5, n. 3, jul. 2007.

MORAES, Bernardo Ribeiro de. *Compêndio de Direito Tributário*, vol. 2. 3ª ed. Rio de Janeiro, Forense, 1995.

MORAES, Germana de Oliveira. "Sanções políticas em direito tributário e o princípio da proporcionalidade", *Revista de Direito Tributário*, n. 82. São Paulo, 2001.

NABAIS, José Casalta. *O Dever Fundamental de Pagar Impostos: contributo para a compreensão constitucional do estado fiscal contemporâneo*. Coimbra, Almedina, 2009.

NAWIASKY, Hans. *Cuestiones Fundamentales de Derecho Tributario*. Madrid, Instituto de Estudios Fiscales, 1982.

_____. *Teoría General del Derecho*. Madrid, Rialp, 1962.

NEDER, Marcos Vinicius. "O regime jurídico da multa isolada sobre estimativas", *Revista Diálogo Jurídico*, n. 16. Salvador, maio-ago. 2007.

NIETO, Alejandro. *Derecho Administrativo Sancionador*. 5ª ed. Madrid, Tecnos, 2012.

BIBLIOGRAFIA 305

NOGUEIRA, Ruy Barbosa. *Curso de Direito Tributário*. 14ª ed. São Paulo, Saraiva, 1995.

_____. "O estudo do direito tributário na Universidade de São Paulo", *Revista de Direito Administrativo*, Rio de Janeiro, n. 123, jan.-mar. 1976.

OLIVEIRA, Régis Fernandes de. *Infrações e Sanções Administrativas*. São Paulo, Ed. RT, 1985.

OLIVEIRA, Ricardo Mariz de. "Direitos fundamentais do contribuinte", in MARTINS, Ives Gandra da Silva (Coord.). *Direitos Fundamentais do Contribuinte*. São Paulo, Centro de Extensão Universitária, Ed. RT, 2000.

_____. "Sanções administrativas tributárias", in MACHADO, Hugo de Brito (Coord.). *Sanções Administrativas Tributárias*. São Paulo, Dialética, 2004.

OSÓRIO, Fábio Medina. *Direito Administrativo Sancionador*. 4ª ed. São Paulo, Ed. RT, 2011.

PACIELLO, Gaetano. "As sanções do direito tributário", in MARTINS, Yves Gandra da Silva (coord.). *Sanções Tributárias*. São Paulo, Ed. RT, 1990.

PALAZZO, Francesco. "I criteri di riparto tra sanzioni penali e sanzioni amministrative", in *L'Illecito Penale Amministrativo: verifica di un sistema (profili penalistici e processuali)*. Padova, Cedam, 1987.

PALIERO, Carlo Enrico; TRAVI, Aldo. *La Sanzione Amministrativa: profili sistematici*. Milano, Giuffrè, 1998.

PALU, Osvaldo Luiz. *Controle dos Atos de Governo pela Jurisdição*. São Paulo, Ed. RT, 2004.

PAULSEN, Leandro. *Curso de Direito Tributário*. 2ª ed. Porto Alegre, Livraria do Advogado, 2008.

_____. *Direito Tributário: Constituição e Código Tributário à luz da doutrina e da jurisprudência*. 14ª ed. Porto Alegre, Livraria do Advogado, 2012.

PECZENIK, Aleksander. *On Law and Reason*. Dordrecht, Kluwer, 1989.

PEDREIRA MENÉNDEZ, José. "Infracciones y sanciones tributarias", in TABOADA, Carlos Palao (org.). *Comentario Sistemático a la nueva Ley General Tributaria*. Madrid, Centro de Estudios Financieros, 2004.

PÉREZ LUÑO, Antonio Henrique. "Los principios generales de derecho: un mito jurídico?", *Revista de Estudios Políticos*, n. 98. Madrid, out.-dez. 1997.

PEREZ NIETO, Rafael. "Principios y garantías de derecho sancionador tributario: culpabilidad, *non bis in idem*, prueba ilícitamente obtenida, derecho a no autoincriminarse", in DÍAZ-PORTALES, Manuel José Baeza (dir.). *V Congreso Tributario: cuestiones tributarias problemáticas y de actualidad*. Madrid, Consejo General del Poder Judicial, 2010.

PÉREZ ROYO, Fernando. *Derecho Financiero y Tributario: parte general*. 22ª ed. Madrid, Civitas, 2012.

_____. *Infracciones y Sanciones Tributarias*. Sevilla, Instituto de Estudios Fiscales, 1972.

306 SANÇÕES TRIBUTÁRIAS: DEFINIÇÃO E LIMITES

PÉREZ-PIAYA MORENO, Cristina *Procedimiento Sancionador Tributario.* Valencia, Tirant lo Blanc, 2008.

PINTO, Bilac. "Finanças e direito: a crise da ciência das finanças – Os limites do poder fiscal do Estado – Uma nova doutrina sobre a inconstitucionalidade das leis fiscais", *RF* 82. Rio de Janeiro, jun. 1940.

PONTES, Helenilson Cunha. "Direitos fundamentais do contribuinte", in MARTINS, Ives Gandra da Silva (coord.). *Direitos Fundamentais do Contribuinte.* São Paulo, Centro de Extensão Universitária/Ed. RT, 2000.

_____. *O Princípio da Proporcionalidade e o Direito Tributário.* São Paulo, Dialética, 2000.

PONTES DE MIRANDA, F. C. *Tratado de Direito Privado,* vol. 2. Campinas, Bookseller, 2000.

PORTELLA, André. *Comentários ao Código Tributário Nacional.* 7ª ed. Rio de Janeiro, Forense, 2008.

PRIETO SANCHIS, Luis. "La jurisprudencia constitucional y el problema de las sanciones administrativas en el Estado de Derecho", *Revista Española de Derecho Constitucional,* n. 4. Madrid, jan.-abr. 1982.

PULIDO, Carlos Bernal. *El Principio de Proporcionalidad y los Derechos Fundamentales.* 3ª ed. Madrid, Centro de Estudios Políticos y Constitucionales, 2007.

QUEIROZ, Luís Cesar Souza de. "Regra-matriz de incidência tributária", in SANTI, Eurico Marcos Diniz de (Coord.). *Curso de Especialização em Direito Tributário: estudos analíticos em homenagem a Paulo de Barros Carvalho.* Rio de Janeiro, Forense, 2005.

RAMOS, Vania Costa. *"Ne bis in idem" e União Europeia.* Coimbra, Coimbra, 2009.

RAWLS, John. "Two concepts of rules", in SCHAUER, Frederick; Sinnott-Armstrong, Walter. *The Philosophy of Law: classics and contemporary readings with commentary,* New York, Oxford University, 1996.

REBOLLO PUIG, Manuel. "Juridicidad, legalidad y reserva de ley como límites a la potestad reglamentaria del Gobierno", *Revista de Administración Publica,* n. 125. Madrid, 1991.

RECASÉNS SICHES, Luis. *Filosofía del Derecho.* 17ª ed. México, Porrúa, 2003.

RIBEIRO, Maria de Fátima Ribeiro. "Legislação tributária"', in NASCIMENTO, Carlos Valder do; PORTELLA, André. *Comentários ao Código Tributário Nacional.* 7ª ed. Rio de Janeiro, Forense, 2008.

RIBEIRO, Ricardo Lodi. "A proteção da confiança legítima do contribuinte", *Revista Dialética de Direito Tributário,* n. 145. São Paulo, out. 2007.

RIVERS, Julian. "Proportionality and variable intensity of review", *Cambridge Law Journal,* n. 65, mar. 2006.

ROBLES, Gregório. *O Direito como Texto: quatro estudos de teoria comunicacional do direito.* Barueri, Manole, 2005.

BIBLIOGRAFIA

RODRIGUES, Marilene Talarico. "Direitos fundamentais do contribuinte", in MARTINS, Ives Gandra da Silva (coord.). *Direitos Fundamentais do Contribuinte*. São Paulo, Centro de Extensão Universitária/Ed. RT, 2000.

ROSS, Alf. *Direito e Justiça.* Trad. de Edson Bini. Bauru, Edipro, 2003.

ROUSSEAU, Jean-Jacques. *Do Contrato Social.* São Paulo, Ática, 1978.

ROTHMANN, Gerd. W. "A extinção da punibilidade nos crimes contra a ordem tributária", *Repertório IOB de Jurisprudência*, n. 2. São Paulo, 2ª quinzena jan. 1995.

ROXIN, Claus. *Estudos de Direito Penal.* Trad. de Luís Greco. Rio de Janeiro, Renovar, 2006.

SAINZ DE BUJANDA, Fernando. *En Torno al Concepto y Contenido del Derecho Penal Tributario*, vol. 5: Hacienda y Derecho (texto de la intervención en las I Jornadas Luso-Hispano-Americanas de Estudios Financieros y Fiscales y Texto de sus Conclusiones). Madrid, Instituto de Estudios Políticos, 1967.

_____. *Sistema de Derecho Financiero*, t. 1, vol. 2. Madrid, Facultad de Derecho de La Universidad Complutense, 1985.

SANTI, Eurico Marcos Diniz de. *Lançamento Tributário.* São Paulo, Max Limonad, 1999.

SANTOS, Juarez Cirino dos. *Manual de Direito Penal: parte geral.* São Paulo, Conceito Editorial, 2011.

SCACCIA, Gino. *Gli 'Strumenti' della Ragionevolezza nel Giudizio Costituzionale.* Milano, Giuffrè, 2000.

SCHAUER, Frederick. *Playing by the Rules: a philosophical examination of rule-based decision-making in law and in life.* Oxford, Claredon, 2002.

_____. *Thinking like a Lawyer: a new introduction to legal reasoning.* Cambridge, Harvard University, 2012.

SCHOLLER, Heinrich. "Princípio da proporcionalidade nos direitos constitucional e administrativo da Alemanha", *Revista do Tribunal Regional Federal da 4ª Região*, vol. 11, n. 38. Porto Alegre, 2000.

SCHONBERG, Soren. *Legitimate Expectations in Administrative Law.* USA, Oxford University, 2003.

SCHOUERI, Luis Eduardo. *Direito Tributário.* São Paulo, Saraiva, 2011.

SEIXAS FILHO, Aurélio Pitanga. "Sanções administrativas tributárias", *Revista Fórum de Direito Tributário,* vol. 1, n. 1. Belo Horizonte, jan.-fev. 2003.

_____. "Sanções administrativas tributárias", *Revista Fórum de Direito Tributário,* vol. 4, n. 21. Belo Horizonte, maio-jun. 2006.

SHAPIRO, Scott J. *Legality.* Cambridge, Harvard University, 2011.

SILVA, José Afonso da. *Curso de Direito Constitucional Positivo.* 5ª ed. São Paulo, Ed. RT, 1989; 39ª ed., rev. e atual. até a EC 90/2015. São Paulo, Malheiro Editores, 2016.

SILVA, Luís Virgílio Afonso da. "O proporcional e o razoável", *RT* 798. São Paulo, 2002.

308 SANÇÕES TRIBUTÁRIAS: DEFINIÇÃO E LIMITES

SILVA, Paulo Roberto Coimbra. *Direito Tributário Sancionador.* São Paulo, Quartier Latin, 2007.

_____. *Grandes Temas do Direito Tributário Sancionador.* São Paulo, Quartier Latin, 2010.

_____. "Sanção tributária: limites quantitativos e qualitativos", *Revista Internacional de Direito Tributário.* Belo Horizonte, jul./dez. 2005.

_____. "Sanção tributária: natureza jurídica e funções", *Revista Fórum de Direito Tributário,* vol. 3, n. 17. Belo Horizonte, set.-out. de 2005.

SILVA, Sergio André Rocha Gomes da. "Sanção tributária: natureza jurídica e funções", *Revista Fórum de Direito Tributário,* vol. 3, n. 17. Belo Horizonte, set.-out. de 2005.

_____. "Sanções tributárias?", *Revista Dialética de Direito Tributário,* n. 92. São Paulo, maio 2003.

SORIANO, Leonor Moral. "A modest notion of coherence in legal reasoning. A model for the European Court of Justice", *Ratio Juris,* vol. 16, n. 3, set. 2003.

SOUZA, Hamilton Dias de. "Comentários", in MARTINS, Ives Gandra da Silva (coord.). *Comentários ao Código Tributário Nacional,* vol. 1. São Paulo, Saraiva. 1998.

SOUZA, Rubens Gomes de. *Compêndio de Legislação Tributária.* 3ª ed. Rio de Janeiro, Edições Financeiras, 1960.

STAMMLER, Rudolf. *Modernas Teorías del Derecho y del Estado.* México, Botas Ediciones Librería, 1955.

_____. *Tratado de Filosofía del Derecho.* México, Editora Nacional, 1980.

STRECK, Lênio Luiz. *Jurisdição Constitucional Hermenêutica: uma nova crítica do direito.* Porto Alegre, Livraria do Advogado, 2002.

SUAY RINCÓN, José. *Sanciones Administrativas.* Bolonia, Publicaciones del Real Colegio de España, 1989.

SUMMERS, Robert S. *Essays in Legal Theory.* Netherlands, Kluwer, 2000.

SUNDFELD, Carlos Ari. *Direito Administrativo Ordenador.* São Paulo, Malheiros Editores, 1997.

_____. "Infrações e sanções administrativas", *RF* 298. São Paulo, 1985.

TABOADA, Carlos Palao (org.). *Comentario Sistemático a la nuova Lei General Tributaria.* Madrid, Centro de Estudios Financeiros, 2004.

TAKANO, Caio Augusto. "Crimes contra a ordem tributária: constituição do crédito tributário, consumação e persecução penal à luz da atual jurisprudência do Supremo Tribunal Federal", *Revista Dialética de Direito Tributário,* n. 206. São Paulo, nov. 2012.

TAVARES, Juarez. *Teorias do Delito (variações e tendências).* São Paulo, Ed. RT, 1980.

TIPKE, Klaus. *Moral Tributária do Estado e dos Contribuintes.* Trad. de Luiz Dória Furquim. Porto Alegre, Fabris, 2012.

_____; LANG, Joachim. *Direito Tributário,* vol. 1. Trad. de Luiz Dória Furquim. Porto Alegre, Fabris, 2008.

BIBLIOGRAFIA

TOLEDO, Francisco de Assis. *Princípios Básicos de Direito Penal.* 5ª ed. São Paulo, Saraiva, 2007.

TORRES, Ricardo Lobo. *Curso de Direito Financeiro e Tributário.* 14ª ed. Rio de Janeiro, Renovar, 2007.

_____. "Direitos fundamentais do contribuinte", in MARTINS, Ives Gandra da Silva (coord.). *Direitos Fundamentais do Contribuinte.* São Paulo, Centro de Extensão Universitária/Ed. RT, 2000.

_____. "As influências germânicas no direito financeiro e tributário brasileiro", *RF* 327. Rio de Janeiro, jul.-set. 1994.

_____. "As influências italianas no direito tributário brasileiro", *Revista de Direito Tributário*, n. 84. São Paulo, 2002.

_____. *Normas de Interpretação e Integração do Direito Tributário.* 4ª ed. Rio de Janeiro, Renovar, 2006.

_____. "A segurança jurídica e as limitações constitucionais ao poder de tributar", in FERRAZ, Roberto Catalano Botelho (coord.). *Princípios e Limites da Tributação.* São Paulo, Quartier Latin, 2005.

_____. *Tratado de Direito Constitucional Financeiro e Tributário*, vol. 3. 3ª ed. Rio de Janeiro, Renovar, 2005.

_____. *Tratado de Direito Constitucional, Financeiro e Tributário*, vol. 2. 2ª ed. Rio de Janeiro, Renovar, 2014.

TOVILLAS MORÁN, José Maria. "Error invencible de hecho y error invencible de derecho como causas de exclusión de la culpabilidad", in SILVA, Paulo Roberto Coimbra. *Grandes Temas do Direito Tributário Sancionador.* São Paulo, Quartier Latin, 2010.

UCKMAR, Victor. *Principi Comuni di Diritto Costituzionale Tributario.* 2ª ed. Padova, Cedam, 1999.

VANONI, Ezio. *Naturaleza y Interpretación de las Leyes Tributarias.* Madrid, Instituto de Estudios Fiscales, 1973.

_____. *Natureza e Interpretação das Leis Tributárias.* Trad. de Rubens Gomes de Souza. Rio de Janeiro, Edições Financeiras, 1932.

VELLOSO, Andrei Pitten. *Conceitos e Competências Tributárias.* São Paulo, Dialética, 2005.

_____. *Constituição Tributária Interpretada.* São Paulo, Atlas, 2007.

_____. *O Princípio da Isonomia Tributária: da teoria da igualdade ao controle das desigualdades impositivas.* Porto Alegre, Livraria do Advogado, 2010.

VILANOVA, Lourival. *Causalidade e Relação no Direito.* 4ª ed. São Paulo, Ed. RT, 2000.

_____. *As Estruturas Lógicas e o Sistema do Direito Positivo.* São Paulo, Max Limonad, 1997.

VILLEGAS, Hector B. *Curso de Finanzas, Derecho Financiero y Tributario.* 9ª ed. Buenos Aires, Astrea, 2013.

310 SANÇÕES TRIBUTÁRIAS: DEFINIÇÃO E LIMITES

_____. *Direito Penal Tributário*. Trad. de Elisabeth Nazar. São Paulo, Ed. RT, 1974.

_____. "Infrações e sanções tributárias", in ATALIBA, Geraldo. *Elementos de Direito Tributário*. São Paulo, Ed. RT, 1978.

VITTA, Heraldo Garcia. *A Sanção no Direito Administrativo*. São Paulo, Malheiros Editores, 2003.

WALDRON, Jeremy. "Vagueness in law and language: some philosophical issues", *California Law Review*, n. 82, 1994.

WRÓBLEWSKI, Jerzy. *The Judicial Application of Law*. Dordrecht, Kluwer, 1992.

XAVIER, Alberto. *Os Princípios da Legalidade e da Tipicidade da Tributação*. São Paulo, Ed. RT, 1978.

_____. *Tipicidade da Tributação, Simulação e Norma Antielisiva*. São Paulo, Dialética, 2001.

ZANCANER, Weida. "Razoabilidade e moralidade: princípios concretizadores do perfil constitucional do Estado Social e Democrático de Direito", *Revista Diálogo Jurídico*, vol. 1, n. 9. Salvador, dez. 2001. Disponível em: http://direitopublico.com.br. Acesso em: 2014.

ZORNOZA PEREZ, Juan J. *El Sistema de Infracciones y Sanciones Tributarias (los principios constitucionales del derecho sancionador)*. Madrid, Civitas, 1992.

_____. "Prólogo", in MADRIGAL, Francisco Javier Alonso. *Legalidad de la Infracción Tributaria (reserva de ley y tipicidad en el Derecho Tributario Sancionador)*. Madrid, Dykinson, 1999.

* * *

00664

GRÁFICA PAYM
Tel. [11] 4392-3344
paym@graficapaym.com.br